Die Bedeutung von Investivlöhnen und Gewinnbeteiligungen für Einkommensverteilung und Beschäftigung

Hohenheimer Volkswirtschaftliche Schriften

Herausgegeben von
Prof. Dr. Michael Ahlheim, Prof. Dr. Ansgar Belke,
Prof. Dr. Rolf Caesar, Prof. Dr. Harald Hagemann, Prof. Dr. Klaus Herdzina,
Prof. Dr. Walter Piesch, Prof. Dr. Ingo Schmidt, Prof. Dr. Ulrich Schwalbe,
Prof. Dr. Peter Spahn, Prof. Dr. Gerhard Wagenhals,
Prof. Dr. Helmut Walter

Band 48

PETER LANG
Frankfurt am Main · Berlin · Bern · Bruxelles · New York · Oxford · Wien

Matthias Rösch

Die Bedeutung von Investivlöhnen und Gewinnbeteiligungen für Einkommensverteilung und Beschäftigung

PETER LANG
Frankfurt am Main · Berlin · Bern · Bruxelles · New York · Oxford · Wien

Bibliografische Information Der Deutschen Bibliothek
Die Deutsche Bibliothek verzeichnet diese Publikation in der Deutschen Nationalbibliografie; detaillierte bibliografische Daten sind im Internet über <http://dnb.ddb.de> abrufbar.

Zugl.: Hohenheim, Univ., Diss., 2004

D 100
ISSN 0721-3085
ISBN 3-631-52711-X

www.peterlang.de

„Die Ökonomie bedeutet für mich eine Faszination und Herausforderung für den Verstand ..., sie bietet noch immer die Hoffnung, durch größeres Verstehen das Los der Menschheit zu verbessern.“

James Tobin

Vorwort

Die vorliegende Arbeit wurde von der Fakultät Wirtschafts- und Sozialwissenschaften der Universität Hohenheim im Februar 2004 als Dissertation angenommen.

Mein erster und besonderer Dank gilt Herrn Prof. Dr. Harald Hagemann für die Betreuung und Begutachtung der vorliegenden Arbeit und das in mich gesetzte Vertrauen und die damit verbundene Freiheit bei der Erstellung des Manuskripts. Danken möchte ich auch Herrn Prof. Dr. Klaus Herdzina für das Zweitgutachten sowie Herrn Prof. Dr. Peter Spahn für seine Beteiligung am Promotionsverfahren.

Meinen Eltern und meinem Bruder möchte ich für den wertvollen familiären Rückhalt während der Promotionszeit danken. Einen ganz besonderen Dank gebührt auch meiner Kollegin Dr. Karin Knottenbauer, die durch sehr hilfreiche Anregungen immer wieder zum positiven Fortschreiten der Arbeit beitrug. Für viele wertvolle Tipps möchte ich zudem meinem Kollegen Dr. Stephan Seiter danken.

Für eine große emotionale Unterstützung und hilfreiche Anregungen bin ich einer Reihe von Freunden überaus dankbar, insbesondere Katja Buckenhüskes und Bernd Funk sowie Katja Feichtinger, Andrea Graf, Sven Mogler und Malte Obal.

Für sehr wertvolle Diskussionen und das familiäre Arbeitsklima bin ich – neben den schon genannten – einer Reihe weiterer jetziger und ehemaliger Kollegen zu großem Dank verpflichtet, insbesondere Anand Chopra, Christine Eisenbraun, Andreas Findeis, PD Dr. Björn Frank, Oliver Froer, Daniel Hartmann, Dr. Guntram Hepperle, Dr. Bernhard Holwegler, Oliver Kreh, Dr. Peter Kühnl, Ulrike Lehr, Prof. Dr. Gerhard Mauch, Marc Radke, Oliver Schelling, Dr. Olaf Schneider, Markus Schreyer, Gerald Seidel, Prof. Dr. Hans-Michael Trautwein, Dr. Udo Vullhorst, Carsten Wander und Ursula Wolf. Unvergessen bleiben die unzähligen Diskussionen und „Events" im Sozialraum.

Dank gebührt zudem der Stiftung Landesbank Baden-Württemberg, die mit einem Druckkostenzuschuss die Veröffentlichung dieser Arbeit unterstützt hat.

Mit Unterstützung der
Stiftung
Landesbank Baden-Württemberg
LB≡BW

Hohenheim im März 2004

Matthias Rösch

Inhalt

Abbildungsverzeichnis

Tabellenverzeichnis

Abkürzungs- und Symbolverzeichnis

A	Anzahl der beschäftigten Arbeitnehmer; Arbeitseinsatz
AEQ	Arbeitseinkommensquote
AGB	tatsächliche und unterstellte Sozialbeiträge der Arbeitgeber
AK^n	Abschreibungen in jeweiligen Preisen
BG	Bemessungsgrundlage
BLG	Bruttolöhne und -gehälter
BNE^n	Bruttonationaleinkommen in jeweiligen Preisen
BNE^r	Bruttonationaleinkommen in konstanten Preisen
c	Konsumquote
E	Anzahl der Erwerbstätigen
E_A	Summe der Lohn- und Profiteinkünfte der Arbeitnehmer
Ek	Eigenkapital
GE	Gütereinheiten
I	Investitionen
I_a	Autonome Investitionen
i	Marktzinssatz; Fremdkapitalzinssatz
K	Kapital
$\hat{K}$	Wachstumsrate des Kapitals
K_A	Kapital der Arbeitnehmer
K_G	Gini-Koeffizient
L	Arbeitnehmerentgelte
LQ	Lohnquote
LQ^{mod}	modifizierte Lohnquote
Ls	Bruttolohnsumme
l	Lohnsatz
l^{nom}	Nominallohnsatz
l^r	Reallohnsatz
n	Natürliche Wachstumsrate
P	Profiteinkommen / Unternehmens- und Vermögenseinkommen
P_A	Profiteinkommen der Arbeitnehmer
P_K	Profiteinkommen der Kapitalisten
PQ	Profitquote

p	Preisniveau
p^{Iv}	Deflator der inländischen Verwendung
RNE	Realwert des Nationaleinkommens
RSP	Réserve Spéciale de Participation
r	Renditerate auf das Vermögen der Arbeitnehmer
S	Sparen
S_A	Sparen der Arbeitnehmer
S_L	Sparen aus Lohneinkommen
S_P	Sparen aus Profiteinkommen
SNG	Steuerbarer Nettogewinn
Su	Subventionen
s	Sparquote
s_A	Sparquote der Arbeitnehmer
s_A^{aI}	Sparquote der Arbeitnehmer im additiven Investivlohnfall
s_A^{sI}	Sparquote der Arbeitnehmer im substitutiven Investivlohnfall
s_K	Sparquote der Kapitalisten
s_L	Sparquote aus Lohneinkommen
s_P	Sparquote aus Profiten
T	Produktions- und Importabgaben
v	marginaler Kapitalkoeffizient
Ws	Wertschöpfung
x	Merkmalswert; Investivlohn
Y	Einkommen; Nettonationaleinkommen
Y^r	reales Bruttoinlandsprodukt (bei Lohnstückkosten) bzw. reales Volkseinkommen (bei Lohnquote)
z	Zinssatz
α	Partielle Produktionselastizität der Arbeit
σ	Substitutionselastizität
Ω	Gewinnanteil der Arbeitnehmer

1 Einführung

„Wer ... erkannt hat, daß die marktwirtschaftliche Ordnung als Teil der freiheitlich demokratischen Gesamtordnung unentbehrlich ist, wird seine Aufgabe darin erkennen, die Marktwirtschaft vollkommener zu machen und sie durch Elemente zu ergänzen, die ihr einen noch höheren Grad an Gerechtigkeit und Menschlichkeit verleihen. Als ein strategischer Punkt ist hierbei die Vermögensverteilung anzusehen. ... Wenn es gelingt, immer breitere Schichten zu besitzenden Bürgern zu machen, haben die Feinde unserer Ordnung eine Schlacht verloren."

Ludwig Erhard[1]

In diesem Zitat des ersten Wirtschaftsministers der neu gegründeten Bundesrepublik Deutschland spiegelt sich das zentrale Anliegen wider, „Elemente" zu finden, welche die Marktwirtschaft als die geeignetste Koordinationsform in ihrem Dasein bestärken. Zwei in diesem Zusammenhang häufig genannte Begriffe, mit denen eine lang anhaltende wissenschaftliche Diskussion sowie häufige und immer wiederkehrende tagespolitische Auseinandersetzungen verbunden sind, stellen die beiden denkbaren Entgeltgestaltungsformen „Investivlohn" und „Gewinnbeteiligung" dar. Der Ursprung der Idee, Arbeitnehmer in Form von Kapital- oder Gewinnbeteiligungen am Erfolg des Unternehmens zu partizipieren, ist so alt, dass er nicht mehr datiert werden kann. Während die Debatte allerdings zeitweise deutlich an Stellenwert und Umfang verlor und nicht relevant erschien, gewann die Diskussion in den letzten Jahren unter neuen Aspekten eine unerwartete Renaissance. Für die aktuelle Popularität finden sich eine Reihe von Gründen:

- Die Arbeitgeber wie auch die Gewerkschaften hatten bis in die 1990er Jahre – mit jeweils unterschiedlicher Argumentation[2] – eine grundsätzliche Abneigung gegen die Einführung materieller Mitarbeiterbeteiligungsformen und waren höchstens unter bestimmten Bedingungen (zum Beispiel dass die andere Partei die Kosten allein zu tragen hat) dazu bereit, welche die jeweilige Gegenseite nicht akzeptieren wollte. Dies hat sich jedoch erheblich verändert. Beide Seiten befürworten nun grundsätzlich Investivlohn- und Gewinnbeteiligungsmodelle, auch wenn viele Detailfragen (etwa hinsichtlich der Einführungsebene) weiterhin sehr strittig sind.

---

[1] Ludwig Erhard im Vorwort zu Willgerodt/Bartel/Schillert (1971, S. 10).

[2] Vgl. Kapitel 2.1.2.

- Das Emporstreben vieler neu gegründeter Unternehmen der New Economy sowie der Mangel an hochqualifizierten Arbeitskräften in bestimmten Berufsgruppen führte zu innovativen Lohnmodellen, bei denen Gewinn- und Kapitalbeteiligungskomponenten deutlich an Gewicht zugenommen haben.[3]
- Der Bundestag schuf zudem 1994 mit der Novelle des Aktiengesetzes die rechtlichen Rahmenbedingungen zur Verwirklichung der „kleinen AG", die auch mittelständischen Unternehmen die Möglichkeit zur Schaffung einer beteiligungsfreundlichen Gesellschaftsform einräumt.
- Die gegenwärtige Bundesregierung gab dem Thema zudem durch die Aufnahme in die Diskussionsrunden des Bündnisses für Arbeit neues Gewicht.[4]
- Auf überstaatlicher Ebene sind in den letzten Jahren ebenso verstärkte Anstrengungen unternommen worden, wie zum Beispiel die PEPPER-Initiative[5] der Europäischen Union zeigt.
- Eine Reihe von neuen Herausforderungen, von denen speziell die Bundesrepublik Deutschland (wie bei der Wiedervereinigung Deutschlands 1990) oder aber alle Nationen gemeinsam (zum Beispiel die Erfahrung einer zunehmenden internationalen Verflechtung – „Globalisierung") betroffen sind, bedürfen Lösungsansätze, unter denen auch alternative Lohnformen rege diskutiert werden.
- In Deutschland führte in jüngster Zeit auch die Debatte um die zukünftige Altersversorgung zu einem verstärkten Nachdenken über mögliche Ausgleichsformen in Form von Kapitalbeteiligungen für die nur noch beschränkt leistungsfähige gesetzliche Alterssicherung.

Eine Reihe von Aufsätzen aus der jüngeren Zeit und eine unüberschaubare Menge an älteren Beiträgen zeigt die Faszination dieser alternativen Lohnformen, in deren Bann sich eine Vielzahl von Wissenschaftlern bis heute gezogen fühlt. Sie verdeutlichen aber auch, dass das Thema komplexer Natur ist. Im Rahmen der vorliegenden Arbeit soll der Frage nachgegangen werden, welche verteilungs- und beschäftigungsrelevanten Folgen mit einer breiten Einführung von Investivlohn- und Gewinnbeteiligungsmodellen verbunden sind und inwieweit diese Entgeltarten somit eine brauchbare Antwort auf die aktuell bestehenden Herausforderungen darstellen.

Das erste Gebiet, die Verteilungsproblematik, wurde insbesondere in den siebziger Jahren des 20. Jahrhunderts intensiv diskutiert. In der darauf folgenden Zeit wurden die in diesem Zusammenhang stehenden Fragen dagegen von vielen

---

[3] Vgl. zum Beispiel Balz (2000, S. 31) und Eschbach (1999).

[4] Vgl. Bundesregierung (2000, S. 5).

[5] Die Abkürzung PEPPER steht für „Promotion of Employee Participation in Profits and Enterprise Results". Vgl. Kommission der Europäischen Gemeinschaften (1991) und Kapitel 2.2.2.

Politikern lediglich noch als marginales Anliegen behandelt und fanden auch in der wissenschaftlichen Diskussion nur noch wenig Gehör. Mit der wachsenden Ungleichverteilung in der Bundesrepublik Deutschland und den daraus schon existierenden und zu erwartenden verstärkten sozialen Spannungen findet aber zunehmend ein Umdenken statt. Das steigende Interesse spiegelt sich nicht zuletzt in jüngeren Veröffentlichungen des Sachverständigenrates wider. Seit dem Jahresgutachten 1998/99 beschränkt sich dieser bei der Erfüllung des gesetzlichen Auftrages, zur Einkommensverteilung Stellung zu nehmen, nicht mehr nur auf eine Darstellung der funktionalen Einkommensverteilung, sondern betrachtet in einer ausführlichen Analyse auch die personelle Einkommensverteilung.[6]

Ganz anders sieht es bei der Frage der Beschäftigungswirkungen aus. Die traurige Tatsache der seit Mitte der 1970er Jahre drastisch gestiegenen Zahl von Arbeitslosen, die auch in wirtschaftlich guten Zeiten nicht wesentlich reduziert werden konnte, führte zu einer lang anhaltenden, breiten gesellschaftlichen Debatte über den ursächlichen Zusammenhang und mögliche Therapien dieser Persistenz. Die Auseinandersetzung dauert bis in die Gegenwart an. Auch die denkbare Veränderung der Entgeltformen spielte hier immer wieder eine Rolle. Allerdings lag das Gewicht der Diskussion sehr oft in der Frage einer stärkeren Lohndifferenzierung. Die Implikationen von Investivlohn- und Gewinnbeteiligungsmodellen wurden dagegen meines Erachtens zu wenig debattiert. Daher liegt hier ein zweiter Schwerpunkt der Arbeit.

Doch bevor darauf näher eingegangen wird, findet zunächst im zweiten Kapitel die Erläuterung und Systematisierung verschiedener in der Literatur leider überhaupt nicht einheitlich verwendeter Definitionen der Begriffe Investivlohn und Gewinnbeteiligung statt. Damit verbunden ist eine kurze Darstellung der geschichtlichen Entwicklung, der Ziele sowie einiger relevanter Klassifizierungsmerkmale. Nach Behandlung dieser Grundlagen befasst sich das dritte Kapitel mit der für die folgende Forschungsarbeit ebenso wichtigen Erfassung des gegenwärtigen Ist-Zustandes der staatlichen Förderung und Verbreitung relevanter Investivlohn- und Gewinnbeteiligungsformen. Dabei stehen jene Länder im Mittelpunkt des Interesses, bei denen die monetären Beteiligungsmodelle am stärksten in der Gesellschaft integriert sind: Deutschland, die Vereinigten Staaten von Amerika, Großbritannien und Frankreich. Die das Kapitel abschließende Darstellung einiger konkreter in der Praxis verwendeter Modelle soll die später auf höherem Abstraktionsniveau zu behandelnde Diskussion erleichtern.

---

[6] Vgl. Sachverständigenrat zur Begutachtung der gesamtwirtschaftlichen Entwicklung (1998, S. 141ff., Rn. 199ff.).

Das vierte Kapitel befasst sich dann mit der bereits angekündigten Verteilungsfrage. Dazu wird, nach der kurzen Erläuterung einiger wichtiger distributionstheoretischer Grundlagen, zunächst das aktuelle empirische Bild in Deutschland, den Vereinigten Staaten, Großbritannien und Frankreich in relevanten Ausschnitten wiedergegeben. Der Hauptteil des Kapitels analysiert die Wirkung von Investivlöhnen und Gewinnbeteiligungen auf die Einkommensverteilung, dargestellt anhand eines neoklassischen und postkeynesianischen Untersuchungsrahmens. Abschließend wird der daraus abgeleitete Zusammenhang mit den empirischen Ergebnissen verglichen.

Die zweite Kernfrage der Arbeit, die Beschäftigungswirkungen von Investivlöhnen und Gewinnbeteiligungen, wird im fünften Kapitel behandelt. Dazu wird zunächst die aktuelle Situation bezüglich der Erwerbstätigkeit, der Arbeitslosenquote und des wirtschaftlichen Wachstums in der Bundesrepublik Deutschland, Frankreich, Großbritannien, Italien, Japan und den USA beleuchtet. Eine darauf folgende ausgiebige Analyse der Veränderung von Angebots- und Nachfragebedingungen infolge der Einführung neuer Beteiligungsmodelle ist die Grundlage für die Abschätzung der Beschäftigungswirkungen. Die Darstellung der in der Literatur vorzufindenden empirischen Befunde soll die daraus abgeleitete These auf Sinnhaftigkeit überprüfen.

Oben wurden als wichtige Gründe für die gegenwärtige Popularität von Investivlohn- und Gewinnbeteiligungsmodellen u.a. die Herausforderungen aus der zunehmenden internationalen Verflechtung und der Wiedervereinigung Deutschlands sowie dem daraus resultierenden Bedarf nach neuen Lösungsansätzen genannt. Kapitel sechs beschäftigt sich daher mit der Frage, inwieweit Hoffnungen berechtigt sind, dass die zunehmende Etablierung der diskutierten Entgeltkomponenten einen deutlichen Beitrag zur Überwindung der existierenden und erwarteten Probleme darstellt.

Die Öffnung der innerdeutschen Grenze im Jahr 1989 und das Inkrafttreten der deutschen Währungs-, Wirtschafts- und Sozialunion zum 1. Juli 1990 führte im Osten wie im Westen zu erheblichen ökonomischen Konsequenzen. Die vielfach maroden und mit einem unzureichenden Kapitalstock ausgestatteten Ost-Betriebe konnten mit der hohen Produktivität und Qualität der Unternehmen aus dem Westen in der Regel nicht mithalten. Die aufgestaute Nachfrage nach Westprodukten in den neuen Bundesländern, die mangelnde preisliche Wettbewerbsfähigkeit der ostdeutschen Wirtschaft infolge der Währungsunion sowie der Wegfall von RGW-Nachfrage schwächte die ehemals sozialistischen Produktionseinheiten zudem. Die Treuhandanstalt wurde damit beauftragt, die volkseigenen Betriebe zu privatisieren und dabei möglichst viele Arbeitsplätze zu sichern. Schon frühzeitig wurden in diesem Zusammenhang Pläne erwogen, mit der Privatisierung eine umfangreiche Vermögensbildung der Arbeitnehmer einhergehen zu lassen.[7] Kapitel 6.1 befasst sich daher mit der Frage, inwieweit eine breite und baldige Einführung von Investivlöhnen nach der Wiedervereinigung geholfen hätte, die Beschäftigung zu stabilisieren sowie einen Anstieg der Einkommensdisparität abzuwehren. Ebenso wird die Überlegung angestellt, welche Folgen die verstärkte Etablierung gewinnabhängiger Lohnkomponenten gehabt hätte. Und es wird danach gefragt, ob eine nachträgliche, umfangreiche Einführung der beiden alternativen Lohnformen im 13. Jahr nach der Wiedervereinigung noch dazu beitragen kann, die Vielzahl der existierenden Probleme der ostdeutschen Wirtschaft zu überwinden.

Als zweite große Herausforderung, vor der die Bundesrepublik Deutschland aktuell steht, wird häufig die zunehmende Globalisierung genannt. In der Globalisierung sehen viele Bürger die Ursache der wirtschaftlichen und sozialen Probleme der Gegenwart und fürchten sich davor bzw. wehren sich dagegen. Eine Gefahr sehen viele Arbeitnehmer insbesondere darin, dass die deutschen Unternehmen im Wettbewerb mit den Billiglohnländern verlieren und somit Arbeitsplätze verloren gehen oder die Löhne sinken. Kapitel 6.2 betrachtet die wissenschaftlichen Erkenntnisse zu den Beschäftigungs- und Verteilungseffekten einer zunehmenden internationalen wirtschaftlichen Verflechtung und untersucht, inwieweit eine volkswirtschaftlich breite Einführung von Investivlohn- und Gewinnbeteiligungsmodellen dazu beitragen kann, die schwierigen aktuellen und zukünftigen Herausforderungen zu meistern.

Das abschließende Kapitel fasst die gewonnenen Ergebnisse zusammen und zieht wirtschaftspolitische Schlussfolgerungen. Im Verlauf der Arbeit wird sich zeigen, dass die schon seit langer Zeit diskutierten alternativen Entgeltformen Investivlohn und Gewinnbeteiligung keine museumsreifen Überbleibsel einer vergangenen Zeit darstellen, sondern aktueller denn je sind und sich für die Bewältigung der beiden erwähnten Herausforderungen in der entsprechenden Ausgestaltung als äußerst geeignete und moderne Instrumente anbieten. Ihre bisher eingeschränkte Verbreitung in der Bundesrepublik Deutschland lag nicht – wie noch näher ausgeführt wird – an der fehlenden Qualität der Lohnformen, sondern vielmehr an der Ablehnung durch wesentliche Interessengruppen. Da dieser Widerstand in letzter Zeit geringer geworden ist und die Verbreitung von Investivlöhnen und Gewinnbeteiligungen zunimmt, lohnt es sich nicht nur, sondern ist es sogar dringend notwendig, ihre Wirkungen und Chancen vor den Herausforderungen unserer Zeit neu zu bewerten.

---

[7] Vgl. Sinn/Sinn (1991).

2 Begriffliche und konzeptionelle Grundlagen

„Die Misere des Kapitalismus, so müssen wir den Sozialisten sagen, besteht nicht darin, daß die einen Kapital haben, sondern darin, daß die anderen es nicht haben und daher Proletarier sind."
Wilhelm Röpke[8]

2.1 Der Investivlohn

2.1.1 Definition

Eine exakte Erläuterung dessen, was unter Investivlöhnen beziehungsweise einem Investivlohnkonzept zu verstehen ist, fehlt in vielen Beiträgen gänzlich. Die vorliegenden Definitionen fallen zudem unterschiedlich aus. Im Folgenden soll in Anlehnung an Schäfer/Rürup von Investivlohn immer dann gesprochen werden, wenn „die Anlage von Ersparnis nun nicht als individueller und singulärer Wahlakt aus dem normalen Lohn gespeist" wird, „sondern aufgrund besonderer Vereinbarungen (durch Tarifvertrag zwischen den Tarifparteien oder Betriebsvereinbarung zwischen Arbeitgeber und Betriebsrat oder durch Einzelvertrag zwischen Arbeitgeber und vielen Beschäftigten) umgesetzt"[9] wird. Ähnlich wurde diese Definition bereits 1961 von Winterstein gesetzt.[10] In diesem Sinne – so könnte man nun kritisch anmerken – sollte man besser von einem „Sparlohn" denn einem Investivlohn sprechen. Eingebürgert hat sich allerdings der Begriff Investivlohn. Zu betonen ist auch, dass in dem hier verstandenen Sinne die relevante Ersparnis in Produktivkapital angelegt werden muss. So zählt zum Beispiel die Finanzierung des Eigenheims nicht dazu.

Diese Definition unterscheidet sich eindeutig von der von Wagner, welcher zufolge unter „betrieblichen Investivlohnmodellen ... die Beteiligung von Mitarbeitern mit Kapital am Kapital verstanden"[11] wird. Meines Erachtens ist dies jedoch eine zu weite Definition, da hier von einem Investivlohn auch dann zu sprechen ist, wenn einzelne Arbeitnehmer aufgrund einer individuellen Entscheidung aus ihrem Ersparten Aktien oder Schuldverschreibungen irgendeines Unternehmens am Markt erwerben. Dann wäre das Konzept „Investivlöhne" in der Tat weit verbreitet. Einen sogar noch umfassenderen Begriffsinhalt liefert Burgbacher, der jeden nicht konsumierten Einkommensteil als Investivlohn be-

[8] Zitiert nach Oswalt (1993, S. 77).
[9] Schäfer/Rürup (1998, S. 6). Vgl. zum Beispiel auch Jettmar (1980, S. 59f.).
[10] Vgl. Winterstein (1961, S. 10).
[11] Wagner (1994, S. 27).

zeichnet.[12] Damit wären also neben der gesamten Arbeitnehmerersparnis auch jene Profite Investivlohn, die der Unternehmer nicht verkonsumiert. Die Definition von Burgbacher hat ebensowenig Zustimmung gefunden wie die Definition von Dullinger, welcher zufolge jener Teil des Gesamtlohnes, der die Produktivitätsgrenze übersteigt und gespart wird, als Investitionslohn[13] zu bezeichnen ist. Andere Definitionen sind dagegen häufig zu eng. So gehen einige Autoren davon aus, dass Investivlöhne immer vom Arbeitgeber zusätzlich zum regulären Lohn zu zahlen sind. Meines Erachtens ist das eine zu eingeschränkte Sicht, die auch nicht der herrschenden Meinung entspricht.

Die oben genannte Definition von Schäfer/Rürup trifft, so denke ich, die von vielen vertretene Vorstellung eines Investivlohnkonzeptes am besten.[14] Sie berücksichtigt auch, dass die konkrete Ausgestaltung des Investivlohns ganz unterschiedlich ausfallen kann. Im Abschnitt 2.1.4 sollen die vielen denkbaren Varianten durch die Aufzählung verschiedener Klassifizierungsmerkmale systematisiert und verdeutlicht werden.

Wird im Folgenden von einer Kapitalbeteiligung der Arbeitnehmer gesprochen, so ist damit grundsätzlich die Ansammlung von Kapital mittels Investivlohn gemeint. Entsprechend soll auch der Begriff Arbeitnehmerkapitalbeteiligungsmodell als Synonym für die Bezeichnung Investivlohnmodell verwendet werden. Diese Gleichsetzung erfolgt im Bewusstsein, dass es auch Kapitalbeteiligungsmodelle gibt, die nicht den strengen Anforderungen der obigen Definition von Investivlöhnen entsprechen. So bildet der Arbeitnehmer zum Beispiel auch dann Kapital, wenn er aus seinen Einkünften in einer individuellen Entscheidung regelmäßig in eine Lebensversicherung einzahlt. Im Folgenden ist aber immer aus Investivlohn gebildetes Produktivkapital gemeint, wenn von einer Kapitalbeteiligung der Arbeitnehmer gesprochen wird.

In der politischen Diskussion findet auch noch der Begriff *Mitarbeiterbeteiligung* Verwendung. Darunter werden allerdings nicht nur die Beteiligung in Form von Investivlöhnen, sondern auch alle immateriellen Formen, d.h. die gesetzliche Mitbestimmung sowie jede freiwillige Partizipation, subsumiert (vgl. Abbildung 1). Zudem lassen sich auch sämtliche Formen der Gewinnbeteiligung hierunter eingliedern. Die Definition der Mitarbeiterbeteiligung ist aber nicht nur umfangreicher, sondern in bestimmten Punkten auch enger als die des Investivlohns. Denn von Investivlöhnen wird auch dann gesprochen, wenn der Lohn nicht innerhalb des eigenen Unternehmens, sondern überbetrieblich ange-

[12] Vgl. Burgbacher (1964, S. 161).
[13] Vgl. Dullinger (1963, S. 40f.). Der Begriff Investitionslohn (anstatt Investivlohn) hat sich nicht durchgesetzt und wird in den weiteren Ausführungen auch nicht verwendet.
[14] Vgl. Priewe/Havighorst (1999, S. 4).

legt wird. Der Begriff Mitarbeiterbeteiligung berücksichtigt aber nur die Form der betrieblichen Anlage.

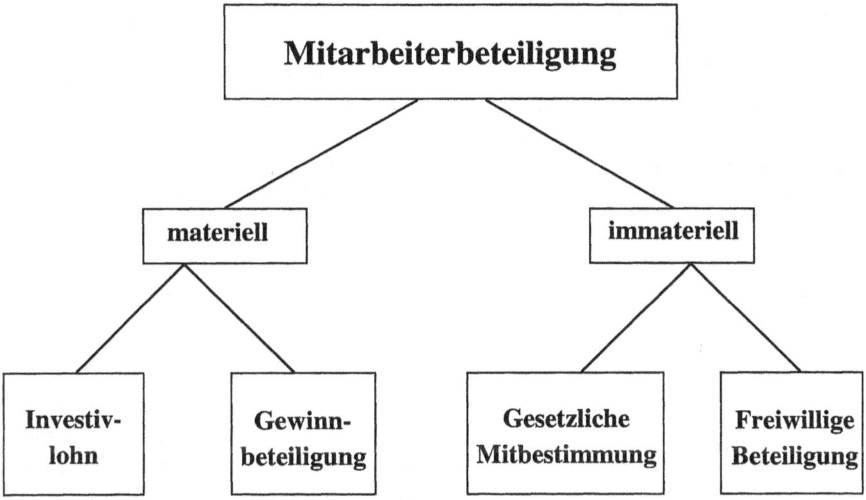

Abbildung 1: Formen der Mitarbeiterbeteiligung

Quelle: eigene Darstellung.

2.1.2 Historische Entwicklung

Im mittelalterlichen Handwerk machte man sich über die Zurechnung des Ergebnisses auf die beiden eingesetzten Produktionsfaktoren Arbeit und Kapital noch wenig Gedanken. Denn die gesamten Produktionsmittel, die der Handwerker benötigte, waren in der Regel sein Eigentum. Seit Beginn des industriellen Zeitalters muss man dagegen zwischen mindestens zwei Klassen unterscheiden: den Kapitalisten und den Arbeitern. Aufgrund der Verwendung teurer Maschinen waren die Arbeiter nicht mehr in der Lage, die benötigten Produktionsmittel selbst zu finanzieren. Sie mussten für die Verwertung ihrer Arbeitskraft einen Finanzier suchen, der die nötigen Investitionen tätigt. Infolgedessen erhielten sie auch nur noch einen Teil des Produktionsergebnisses, der Rest blieb bei den Kapitalgebern. Mit der Trennung von Arbeit und Kapital erhob sich nun die Frage nach der gerechten Entlohnung der beiden Produktionsfaktoren. In der Geschichte der Ökonomie gibt es hierzu die unterschiedlichsten Theorien. Eine extreme Ansicht vertrat Marx, der – ausgehend von der ricardianischen Arbeitswertlehre – allein Arbeit als den Faktor ansieht, der einem Produkt einen Wert zufügen kann, der höher ist als die Aufwendungen für den Produktionsfaktor.[15] Der Kapitalist erhalte diesen Mehrwert aufgrund seiner Machtposition, nicht aber aufgrund seiner eigenen Arbeit. Marx sah daher eine ungerechte Verteilungssituation. Ob eine Verteilung gerecht oder ungerecht ist, kann wissenschaftlich aber nicht begründet werden und soll im Rahmen dieser Arbeit auch nicht behandelt werden. Entscheidend ist vielmehr die Frage, wie eine als gerecht empfundene Verteilung möglich wird, wenn die gegenwärtige Wirtschaftsordnung des Kapitalismus eine nicht veränderbare Grundlage der Überlegungen darstellt.

Mit dieser Frage hat sich auch die katholische Soziallehre intensiv auseinandergesetzt, die – anders als Marx – betont, dass weder das Kapital noch die Arbeit den alleinigen Anspruch auf den Mehrertrag haben. Da sich Arbeit und Kapital gegenseitig bedürfen[16], sind auch Kapitalverzinsung und Gewinn moralisch vertretbar.[17] Das erklärte Ziel der katholischen Soziallehre ist daher nicht die Bekämpfung des Privateigentums an Produktionsmitteln, sondern die Ermöglichung und Förderung der Produktivkapitalbildung aller Arbeitnehmer. Schon vor der mit der päpstlichen Enzyklika „Rerum novarum" („Über die Arbeiterfrage") von 1891 begründeten katholischen Soziallehre gab es auf kirchlicher Seite die Überzeugung, dass es durch adäquate Maßnahmen jedem Arbeitnehmer möglich sein sollte, eine Beteiligung am Produktivkapital zu erhalten.[18] Bereits 1847, d.h. ein Jahr vor dem *Kommunistischen Manifest* und 20 Jahre vor dem Erscheinen des *Kapital*s, forderte zum Beispiel der rheinische Katholikenführer Peter Franz Reichensperger eine „Eigentumsbildung in Arbeitnehmerhand".[19] In der schon genannten Sozialenzyklika „Über die Arbeiterfrage" be-

---

[15] Vgl. zum Beispiel Marx (1975, S. 168ff. und 267ff.).

[16] „So wenig das Kapital ohne die Arbeit, so wenig kann die Arbeit ohne das Kapital bestehen." Leo XIII. (1963, S. 10).

[17] Die katholische Soziallehre verurteilt aber die Nutzung der Kapitalmacht zur Ausbeutung der Arbeitnehmer: „die Arbeiter dürfen nicht wie Sklaven angesehen und behandelt werden; ... unehrenvoll dagegen und unwürdig ist es, Menschen bloß zu eigenem Gewinne auszubeuten und sie nur so hoch anzuschlagen, als ihre Arbeitskräfte reichen." Leo XIII. (1963, S. 11).

[18] Vgl. Höffner (1966a, S. 186ff.) und Höffner (1966b, S. 443ff.).

[19] Vgl. Reichensperger (1847, S. 253f.). Ähnlich dachten in der folgenden Zeit zum Beispiel der Schweizer Kapuzinerpater Theodosius Florentini, der Bischof Wilhelm Emmanuel von Ketteler und Karl Freiherr von Vogelsang. Vgl. Höffner (1966a, S. 186ff.).

tont Papst Leo XIII., wie wichtig es sei, mittels eines ausreichenden Lohnes der Bevölkerung die Bildung von Eigentum zu ermöglichen:[20]

> „Gewinnt der Arbeiter einen genügenden Lohn, um sich mit Frau und Kind anständig zu erhalten, ist er zugleich weise auf Sparsamkeit bedacht, so wird er es, wozu die Natur selbst anzuleiten scheint, auch dahin bringen, daß er einen *Sparpfennig* zurücklegen und zu einer kleinen Habe gelangen kann. Will man zu irgendeiner wirksamen Lösung der sozialen Frage gelangen, so ist unter allen Umständen davon auszugehen, das Recht auf persönlichen Besitz müsse heilig gehalten werden. Der Staat muß dieses Recht in seiner Gesetzgebung begünstigen und sollte in seinen Maßregeln dahin zielen, daß möglichst viele aus den Staatsangehörigen eine eigene Habe zu erwerben trachten."[21]

Diese Forderung blieb essentieller Bestandteil der katholischen Soziallehre, wie dies eine Reihe weiterer Enzykliken und anderer Publikationen zeigte[22] und auch immer wieder das Engagement von einflussreichen Kirchenvertretern – einer der bekanntesten aus der jüngeren Geschichte ist mit Sicherheit Oswald von Nell-Breuning[23] – belegte. Erst vor kurzem wurde im gemeinsamen Wort des Rates der Evangelischen Kirche in Deutschland und der Deutschen Bischofskonferenz zur wirtschaftlichen und sozialen Lage in Deutschland („Für eine Zukunft in Solidarität und Gerechtigkeit") wieder die Forderung vertreten, mit Hilfe von Investivlohnmodellen eine breitere Vermögensstreuung zu erlangen:

> „Nicht nur Armut, auch Reichtum muß ein Thema der politischen Debatte sein ... Um so wichtiger wird das von den Kirchen seit langem vertretene Postulat einer breiteren Vermögensstreuung. Dafür wurden eine Reihe von Investivlohnmodellen entwickelt."[24]

---

[20] Die Veröffentlichung der Sozialenzyklika „Rerum novarum" des innerkirchlich eher konservativen Papstes Leo XIII. (er hatte das Amt von 1878 bis 1903 inne) überraschte die damalige Weltöffentlichkeit. Eine Stellungnahme der katholischen Kirche zur Arbeiterfrage hatte es bislang noch nicht gegeben und sorgte daher für großes Aufsehen. Leo XIII. verurteilte darin sowohl die Position des Sozialismus wie die des ungezügelten Liberalismus und warb für seine eigene Position eines mittleren Weges. Vgl. Binkowski (1963, S. XI ff.) und Leo XIII. (1963, S. 1 ff.).

[21] Leo XIII. (1963, S. 26).

[22] Vgl. dazu insbesondere Pius XI. (1963, S. 58f.) und Johannes XXIII. (1963, S. 116f.) sowie Höffner (1966b, S. 443ff.).

[23] Eine Vielzahl von fundierten und wegweisenden Beiträgen machten den Jesuitenpater und Hochschullehrer zu einem der führenden Vertreter in der Debatte um die Vermögensbildung der Arbeitnehmer. Sein umfangreiches Wirken als Mitglied verschiedener Beiräte der Bundesregierung beeinflusste die sozial- und wirtschaftspolitische Entwicklung in Nachkriegsdeutschland.

[24] Kirchenamt der Evangelischen Kirche in Deutschland/Sekretariat der Deutschen Bischofskonferenz (2000, S. 13).

Aber auch führende Ökonomen des 19. Jahrhunderts sahen die Notwendigkeit einer stärkeren Beteiligung der Arbeitnehmer. So forderte John Stuart Mill in seinem 1848 erschienenen Werk „Principles of Political Economy“, die Arbeitnehmer am Kapital und Gewinn teilhaben zu lassen. Beispielhaft führte er die Reisegewinnbeteiligung der Seeleute auf amerikanischen Schiffen sowie den Unternehmer Leclaire aus Paris an.[25] Er wendet sich aber gegen einen Produktivkapitalraub seitens der Arbeitnehmer und spricht sich für einen Schutz der bisherigen Eigentümer aus. Den Arbeitnehmern soll lediglich die Chance gegeben werden, Kapital erwerben zu können.[26]

Auf eine lange Tradition der Mitarbeiterkapitalbeteiligung können insbesondere die angelsächsischen Länder sowie Frankreich zurückblicken. In Letzterem zum Beispiel wurde schon 1917 mit dem „Briand-Gesetz“ der Weg dafür frei gemacht, dass die Unternehmen an ihre Arbeitnehmer kostenlose sogenannte „Arbeiter-Aktien“ ausgeben dürfen, die zwar kein Stimmrecht, aber ansonsten alle Eigenschaften regulärer Aktien verbrieften.[27] Nach Ende des Zweiten Weltkriegs erhielt die materielle Mitarbeiterbeteiligung eine starke Förderung und wurde später sogar für alle Unternehmen zwingend eingeführt.[28] Die staatliche Förderung des Investivlohns begann in der Bundesrepublik Deutschland durch die Verabschiedung des Gesetzes zur Förderung der Vermögensbildung der Arbeitnehmer im Jahr 1961.[29] Diese sah eine Lohnsteuerreduktion und Sozialabgabenbefreiung für Lohnanteile (maximal 312 DM) vor, die der Bildung von Vermögen dienen sollten.[30] Einen Auftrieb erhielt die Diskussion Ende der 1960er Jahre insbesondere durch eine vom Bundesministerium für Arbeit und Sozialordnung in Auftrag gegebene und von Krelle, Schunck und Siebke durchgeführte Studie, welche zu dem Ergebnis kam, dass nur 1,7 Prozent der Bevölkerung etwa 70 Prozent des Eigentums an Unternehmen besaßen.[31] 1970 folgte denn auch das dritte Vermögensbildungsgesetz[32], das gegenüber

---

[25] Vgl. Mill (1848, S. 324ff.).

[26] Vgl. Decker (1980, S. 195ff.).

[27] Vgl. Kommission der Europäischen Gemeinschaften (1991, S. 64).

[28] Vgl. ISA Consult (2000b, S. 87f.).

[29] Zwar gab es bereits schon weit davor Regelungen, die das Sparen durch Einkommensteuerermäßigungen unterstützten (Vgl. Winterstein (1961, S. 32)), sowie seit 1959 das Spar-Prämiengesetz, doch diese förderten generell die Vermögensbildung, ohne dass dies an die Lohnzahlung seitens der Arbeitgeber anknüpfte.

[30] Vgl. Burgbacher (1966, S. 223ff.), Föhl/Wegner/Kowalski (1964, S. 140ff.).

[31] Vgl. Krelle/Schunck/Siebke (1968b, S. 378f.). Die Situation hat sich seit damals nicht wesentlich verändert. Neueren Daten zufolge besaßen 1996 etwa drei Prozent der Bevölkerung rund 80 Prozent des Produktivvermögens. Vgl. Deutscher Bundestag (1996, S. 54).

[32] Erwähnenswert ist in diesem Zusammenhang auch das von Föhl et al. im Auftrag des Bundeswirtschaftsministeriums erarbeitete Gutachten, das das 1. Vermögensbildungsgesetz kritisierte und Verbesserungsvorschläge lieferte, die zum Teil in nachfolgenden Vermögensbildungsgesetzen umgesetzt wurden. Vgl. Föhl/Wegner/ Kowalski (1964, S. 133ff.).

dem ersten und zweiten wesentliche Neuerungen mit sich brachte.[33] So wurde nicht nur der Begünstigungsrahmen von 312 DM auf 624 DM pro Jahr erhöht, sondern auch die Art der Förderung veränderte sich. Statt einer Steuer- und Sozialabgabenvergünstigung wird seitdem die sogenannte Arbeitnehmer-Sparzulage gewährt. Diese hat den Vorteil, dass sie auch denjenigen verstärkt unter die Arme greift, die keine oder nur wenig Steuer- und Sozialabgaben zahlen müssen, also sowieso schon wenig verdienen.[34] Demgegenüber hat die alte Förderungspraxis besonders den Großverdienern geholfen.

Die von den einzelnen Parteien in den 1960er und 1970er Jahren aufgestellten Forderungen gingen aber zum Teil erheblich über das hinaus, was bis heute erreicht worden ist beziehungsweise sind sogar konträr zu dem, was manche Parteien heute beabsichtigen. So hatte zum Beispiel die SPD auf ihrem Parteitag im April 1973 in Hannover das Ziel vor Augen, dass die Kapitalgesellschaften Beteiligungsrechte an ihrem Eigenkapital an eine den Arbeitnehmern gehörende Kapitalgesellschaft abzuführen haben.[35] Daraus folgte ein Kabinettsbeschluss der Regierung unter Willy Brandt, der eine Vermögensabgabepflicht von bis zu zehn Prozent[36] für alle Unternehmen vorsah, die eine bestimmte Gewinnhöhe überschritten.[37] Das geplante Vorhaben stieß jedoch auf heftige Kritik seitens der Wirtschaft, aber auch der Gewerkschaften. Letztere waren sowieso untereinander zerstritten, welches Konzept auf den richtigen Weg führen würde. Dies trug wahrscheinlich auch dazu bei, dass der Kabinettsbeschluss niemals in Form eines Gesetzes Verwirklichung fand, und dass auch von der darauf folgenden Regierung unter Helmut Schmidt diesbezüglich nichts unternommen wurde.

Dagegen wurde das Gesetz zur Förderung der Vermögensbildung der Arbeitnehmer immer weiter ausgebaut, zuletzt durch die bis 1998 amtierende Regierung von Helmut Kohl. Während die Versionen vergangener Zeit vor allem zu einem staatlich geförderten Abschluss von Sparverträgen und Lebensversicherungen führten, direkte Kapitalbeteiligungen der Arbeitnehmer dadurch

---

[33] Das 2. Vermögensbildungsgesetz von 1965 regelte vor allem zwei Neuerungen: Vermögenswirksame Arbeitgeberleistungen konnten nun auch tarifvertraglich vereinbart sein und gegen die simple Umwandlung bestehender Sozialleistungen in vermögenswirksame Leistungen wurde eine Klausel eingeführt.

[34] Vgl. Schutz (1993, S. 16f.).

[35] Vgl. SPD (1973, S. 10ff.).

[36] Falls die Abgabe nicht in Anteilen, sondern in Geld geleistet worden wäre, hätte sie sich nochmals um einen Zuschlag von bis zu 15 Prozent erhöht. Vgl. Bundesregierung (1974, S. 43ff.).

[37] Vgl. Bundesregierung (1974, S. 43ff.).

aber nur wenig realisiert wurden[38], sollte das Gesetz nun zugunsten Letzterer geändert werden, was allerdings auch nur partiell gelang. Von der darauf folgenden Bundesregierung unter Gerhard Schröder wurden bisher mit Hinweis auf die Notwendigkeit einer Haushaltskonsolidierung[39] nur wenige neue Akzente gesetzt. Auf die aktuelle Rechtslage geht Kapitel 3.1.1 ausführlich ein.

Investivlohnmodelle sind in Deutschland noch recht wenig verbreitet.[40] Untersuchungen wie die des Allensbacher Instituts für Demoskopie aus dem Jahr 1989 mit knapp 2000 Befragten zeigen deutlich, dass insbesondere eine mangelnde Kenntnis der Möglichkeiten und der staatlichen Fördermaßnahmen zu der unzufriedenstellenden Diffusion beiträgt.[41] Die eigentliche, tiefer liegende Ursache der sehr trägen Entwicklung von Investivlohnkonzepten dürfte aber insbesondere in der sowohl auf Arbeitnehmer- als auch auf Arbeitgeberseite nur bedingt positiven Einstellung liegen.[42] Offen gibt der Deutsche Gewerkschaftsbund in einem jüngst veröffentlichten Aufsatz zu:

> „Für Eingeweihte ist es kein Geheimnis, dass man die bisherige Beziehung der Gewerkschaften gegenüber der Mitarbeiterbeteiligung im allgemeinen und speziell in Klein- und mittelständischen Betrieben nicht gerade als Liebesverhältnis bezeichnen kann."[43]

Gefahren sahen die Gewerkschaften insbesondere in einer eventuellen „Schwächung der Kampfkraft"[44] der Arbeitnehmerseite bei Streitigkeiten mit der anderen Tarifseite. Zudem war es ihr Anliegen, die notwendigen Mittel für das neue Entgeltmodell zusätzlich zum Lohn zu erhalten, während die Arbeitgeber diese eher substitutiv zum Barlohn bereitstellen wollten. Eine Einigung – insbesondere in Anbetracht der nur recht geringen Reallohnzuwächse in den vergangenen Jahren – war schon deswegen nur in Einzelfällen möglich. Letztere waren zum Beispiel durch die Sanierungsfälle (insbesondere) in Ostdeutschland bedingt, bei denen oftmals schon eine teilweise Umwandlung des Lohnes in

---

[38] Vgl. Bundesministerium für Arbeit und Sozialordnung (2002, S. 6). Dies deutet auch auf eine früher vorherrschende Skepsis der Arbeitnehmer gegenüber einer direkten Beteiligung hin.

[39] Vgl. Schröder (2000, S. 323).

[40] Vgl. die ausführliche Darstellung in Kapitel 3.2.1.

[41] Vgl. Ministerium für Arbeit, Gesundheit, Familie und Sozialordnung Baden-Württemberg (1990).

[42] Zur teils sehr negativen Einstellung der Arbeitnehmer- und Arbeitgebervertreter im 19. und frühen 20. Jahrhundert vgl. Siegler (1979, S. 147ff.). Bezüglich der Gewinnbeteiligung zeigten die Tarifparteien bis vor wenigen Jahren oftmals eine ähnliche Haltung.

[43] DGB-Bundesvorstand (2000, S. 1). Der DGB war in seiner Einstellung zur Vermögenspolitik lange Zeit gespalten. Gewerkschaftliche Pioniere waren die Deutsche Angestellten Gewerkschaft sowie die IG Bau Steine Erden. Vgl. Andersen (1976, S. 166).

[44] DGB-Bundesvorstand (2000, S. 2).

Beteiligungsrechte die Liquidität der Unternehmen erhalten konnte. Die in den 1970er Jahren entwickelte negative Einstellung zu Investivlohnmodellen bewahrte sich somit bis in die 1990er Jahre. Die Arbeitgeberseite sah insbesondere Gefahren bezüglich eines Zugewinns an gewerkschaftlichem Einfluss. Dazu kam wohl eine allgemeine Skepsis der Arbeitnehmer gegenüber der Anlage des Vermögens in eine Unternehmensbeteiligung und eine Präferenz zugunsten von Immobilien (Bausparen), (Lebens-) Versicherungen und dem traditionellen Sparbuch, dem auch die staatlichen Fördermaßnahmen nicht entgegensteuerten.

Inzwischen scheint es, als ob sich die Arbeitnehmer- und Arbeitgebervertreter nun vermehrt für die Idee des Investivlohnkonzeptes interessieren.[45] So spricht der DGB-Bundesvorstand über die Sicht der Gewerkschaften von „einer gewissen Öffnung gegenüber der traditionellen Bewertung von betrieblichen Mitarbeiterbeteiligungsmodellen"[46] und einer „pragmatischeren Haltung"[47], und der ehemalige Vorsitzende des DGB, Dieter Schulte, betonte:

> „Wichtige Themen für die nächste Bündnisrunde sind die Ausbildung und die Beteiligung der Arbeitnehmer am Produktivvermögen. ... Klar ist aber auch: Wenn wir uns jetzt für längere Zeit tarifpolitisch binden sollten, dann braucht man ein Instrument, um die Arbeitnehmer am Erfolg des Unternehmens zu beteiligen. Wenn schon Börseneuphorie und Shareholder Value, dann wollen wir auch ein Stück vom Kuchen haben. Die Beteiligung der Arbeitnehmer am Produktivvermögen ist das geeignete Instrument."[48]

2.1.3 Ziele

Die Notwendigkeit der Förderung von Investivlöhnen wird von den einzelnen Parteien mit Zielen begründet, die höchst verschieden und zum Teil wider-

---

[45] Vgl. Arentz (2002, S. 174).

[46] DGB-Bundesvorstand (2000, S. 10).

[47] DGB-Bundesvorstand (2000, S. 10). Vgl. zur positiveren Einstellung der Gewerkschaftsseite auch o.V. (2000g, S. 17), o.V. (2000c, S. 1). Bei der Beschlussfassung des DGB-Grundsatzprogramms 1996 in Dresden spiegelt sich der Prioritätszuwachs wider: „Wir wollen deshalb unsere Anstrengungen für eine bessere Beteiligung der Beschäftigten am Produktivkapital verstärken." Zitiert nach Geuenich (1998, S. 9). Der Kurswechsel der Gewerkschaften resultiert nicht zuletzt aufgrund der neuen Herausforderungen durch die jungen Unternehmen der New Economy, in denen die Gewerkschaften kaum mehr vertreten sind. In jüngster Zeit gewinnt die Mitarbeiter-Mitbestimmung aber auch hier an Bedeutung. Vgl. pol-di.net e.V./ politik-digital.de (2001). Vgl. zu den neuen Vorschlägen der IG Metall bei Hauschild (2000a) und Hauschild (2000b). Die positiven Reaktionen der Arbeitgeberseite finden sich in o.V. (2000d).

[48] o.V. (2000e). Interview vom 3.2.2000. Auch auf europäischer Gewerkschaftsebene werden Mitarbeiterbeteiligungen zunehmend positiv bewertet. Vgl. Buschak/Hutsebaut (2000, S. 90ff.).

sprüchlich sind. So versprechen sich die Arbeitgeber in erster Linie eine höhere Motivation und Produktivität der Arbeitnehmer[49], da sie u.a. folgende positive Verhaltensveränderungen erwarten:[50]

- Verbesserte Informationsweitergabe
- Mitdenken über mögliche Verbesserungen im Arbeitsprozess und deren Kommunikation
- Höhere Bereitschaft zur Investition in firmenspezifisches Humankapital
- Größere Sorgfalt im Umgang mit Material oder beim Einsatz von Maschinen
- Stärkeres Kostenbewusstsein
- Zunehmende Interessenidentität und damit verbesserte Zusammenarbeit
- Höhere Bereitschaft zu technologischen, auch arbeitsparenden Veränderungen
- Rückgang an Fehlzeiten

Allerdings treten derartige Produktivitätseffekte nur dann auf, wenn die Arbeitnehmer am arbeitgebenden Unternehmen beteiligt sind. Investivlöhne, die zum Aufbau eines risikoärmeren Aktienportefeuilles oder eines Fremdkapitaldarlehens mit gewinnunabhängiger Verzinsung eingeführt werden, können die Motivation der Mitarbeiter kaum erhöhen. Abschwächend auf die Motivation wirkt natürlich auch ein nur sehr geringer Einfluss der eigenen Leistung auf das Betriebsergebnis, wie dies vor allem in großen Unternehmen der Fall ist. Der Effizienz dient ebenso das Ziel einer stärkeren Bindung der Beschäftigten an das Unternehmen[51] beziehungsweise eine leichtere Anwerbung neuer leistungsfähiger Arbeitskräfte. Letzter Aspekt hat in den vergangenen Jahren besonders an Bedeutung gewonnen, da in einer Reihe boomender Branchen – vor allem der sog. New Economy – die wenigen guten Spezialisten nur durch die Bezahlung hoher Gehälter oder durch die Einräumung von materiellen Partizipationsrechten gewonnen werden konnten.[52] Ein weiteres Ziel von Unternehmen kann in der erwünschten Zuführung von Eigen- und Fremdkapital liegen. Zudem können Mitarbeiterkapitalbeteiligungen hilfreich sein, feindliche Übernahmen abzuwehren – zumindest dann, wenn die beteiligten Arbeitnehmer nur wenig bereit

[49] Die Stärkung des Arbeitnehmerinteresses am Unternehmenserfolg wurde im Rahmen einer Untersuchung des Forschungszentrums für finanzielle Beteiligung von den befragten europäischen Unternehmen gleichzeitig als das wichtigste und das erfolgreichste Ziel angesehen. Die Untersuchung mangelte allerdings an der fehlenden Trennung zwischen Gewinnbeteiligungs- und Investivlohnkonzepten. Vgl. Europäische Kommission (2000, S. 28f.). Auf die produktivitätssteigernde Wirkung von Eigentumsbildung hatte schon Papst Leo XIII. in der bereits oben erwähnten Sozialenzyklika „Über die Arbeiterfrage" hingewiesen: „Denn bei dem Bewußtsein, auf Eigentum zu arbeiten, arbeitet man ohne Zweifel mit größerer Betriebsamkeit und Hingabe;" (Leo XIII. (1963, S. 26)).

[50] Vgl. Möller (2001, S. 2).

[51] Vgl. Meyer (1987).

[52] Vgl. Eschbach (1999, S. 44).

sind, die Anteile an den „Feind" zu verkaufen.[53] Auch kann mit Hilfe von Investivlöhnen der Betriebsfriede gefördert werden (was natürlich auch wieder der Produktivität dienlich ist). So zeigte sich, dass in den im Neuen-Markt-Index Nemax 50 vertretenen Unternehmen, von denen 85 Prozent Aktienmodelle für ihre Mitarbeiter aufgelegt hatten, nur in 16 Prozent aller Fälle Betriebsräte für notwendig erachtet wurden.[54] Zudem erhoffen sich die Arbeitgeber, dass die Arbeitnehmer dadurch verstärkt Züge einer Kapitalgeber- oder Unternehmermentalität annehmen.[55] So könnte es durchaus sein, dass die Lohnforderungen seitens der Arbeitnehmer mäßiger ausfallen, da sie wissen, dass das Einkommen des Jahres nicht allein vom Verhandlungsergebnis zu Jahresbeginn abhängt, sondern eine gute Gewinnsituation auch ihnen zugute kommt. Eine derartige Lohnzurückhaltung ist für den Arbeitgeber vor allem bei einer unsicheren zukünftigen Marktentwicklung hilfreich, oder wenn die Existenz des Unternehmens im Rahmen eines Sanierungsplans nur durch Lohnkürzungen erhalten werden kann. Im letzteren Fall werden die Arbeitnehmer vor allem dann einwilligen, wenn sie als Ausgleich für die Lohnkürzung mit der Übertragung von Unternehmensanteilen zumindest partiell entschädigt werden.[56] Als weiteres Argument für das

[53] Dies wird zum Beispiel in einer Studie, die sich auf Daten aus den 1980er und frühen 1990er Jahren bezieht, bestätigt. Übernahmen von Unternehmen mit einer merklichen Mitarbeiterkapitalbeteiligung waren danach weit weniger wahrscheinlich. Vgl. Blair/Kruse (1999, S. 2).

[54] Neben der umfangreichen Beteiligung von Mitarbeitern am Kapital dürften aber noch eine Reihe weiterer Gründe für das geringe Bedürfnis nach Betriebsräten verantwortlich sein. So gibt es in 95 Prozent der betrachteten Unternehmen sehr offene, flache Hierarchien und in 87 Prozent regelmäßige Infoveranstaltungen, die eine erheblich größere Transparenz vermuten lassen. Vgl. Weidenfeld (2000). Ob die Mitarbeiter aber auch in wirtschaftlich schwierigen Zeiten ohne Betriebsrat auskommen wollen, wird sich bald zeigen. In einer Umfrage aus dem Jahr 2001 unter 225 Unternehmen des Neuen Marktes sowie 38 Start-ups gaben immerhin 26 Prozent an, einen Betriebsrat zu haben. Vgl. pol-di.net e.V./politik-digital.de (2001).

[55] So konstatiert eine Untersuchung des Allensbacher Instituts für Demoskopie, beziehend auf Erkenntnisse der Arbeitsgemeinschaft zur Förderung der Partnerschaft in der Wirtschaft (AGP), einen Lernprozess der Arbeitnehmer: „Während junge Aktienbesitzer im allgemeinen erst bei beginnender Kurzarbeit eine veränderte wirtschaftliche Lage des Unternehmens erkannten, haben langjährige Aktienbesitzer sich schon anhand der Auftragseingänge Gedanken über die künftige Entwicklung des Unternehmens gemacht und dementsprechend ihr Beteiligungsverhalten der neuen Lage angepaßt. Damit hat sich herausgestellt, daß betriebliche Kapitalbeteiligungen ein gutes Lerninstrument sind, Mitarbeitern wirtschaftliche Zusammenhänge vertraut zu machen." Ministerium für Arbeit, Gesundheit, Familie und Sozialordnung Baden-Württemberg (1990, S. 35). Allerdings muss ergänzt werden, dass ältere Arbeitnehmer schon allein aufgrund ihrer langjährigen Erfahrungen besser als jüngere Kollegen über wirtschaftliche Zusammenhänge des Unternehmens Bescheid wissen müssten.

[56] Als Beispiele lassen sich die Restrukturierungen bei der Northwest Airlines und der TWA im Jahr 1993 und bei der United Airlines im Jahr 1994 anführen. Im letzteren Fall hatten die Mitarbeiter nach der Sanierung mehr als 50 Prozent der Anteile. Vgl. Blair/Kruse (1999, S. 3).

Interesse der Arbeitgeber an Investivlöhnen wird manchmal angeführt, dass es dadurch möglich würde, die Gewerkschaften in ihrer Kraft zu schwächen. Allerdings gibt es für eine unbedeutendere Rolle von Gewerkschaften in Unternehmen mit Mitarbeiterkapitalbeteiligung keine empirischen Anzeichen. [57]

In der Regel wird mit der Einführung von Investivlöhnen auch ein positives Medienecho ausgelöst. Die betreffenden Unternehmen werden als fortschrittlich dargestellt, wodurch letztlich auch das Management profitiert. Es können aber auch soziale Motive sein, welche die Unternehmer dazu bewegen, die Arbeitnehmer am Kapital des Unternehmens zu beteiligen.[58] In jüngerer Zeit wird auch das Ziel einer erfolgreichen Unternehmensübergabe immer wichtiger. Denn wenn keine Erben vorhanden sind, kann es das Ziel sein, eine gleitende Übernahme des Betriebs durch die Belegschaft zu ermöglichen und den Fortbestand somit zu gewährleisten.[59]

Seitens der Arbeitnehmer besteht natürlich das primäre Interesse an der Vermögensbildung und den damit erhofften zukünftigen Profiteinkommen, die zusätzlich zum traditionellen Lohn einen zweiten Einkommensstrom darstellen sollen. Ein weiteres oft verfolgtes Ziel resultiert aus dem Arbeitnehmerwillen, auf Unternehmensentscheidungen besser einwirken zu können.[60] Ein gemein-

---

[57] Vgl. Poutsma (1999, S. 3).

[58] So ergab eine im Handelsblatt veröffentlichte Untersuchung, dass nur sieben Prozent der befragten Manager die Meinung vertreten, dass die Unternehmen einer allein am Interesse der Anteilseigner orientierten (Shareholder Value) Strategie folgen sollten, dagegen 72 Prozent der Ansicht waren, dass das Interesse der Anteilseigner, der Mitarbeiter sowie das Gemeinwohl gleichermaßen gewichtet werden sollten. Vgl. Welter (2000).

[59] Vgl. Eschenbach/Heering (2001, S. 4).

[60] Die Möglichkeit zu einer ausgedehnteren Mitbestimmung fand zunächst in den US-amerikanischen Gewerkschaften Interesse, da aufgrund der geringen staatlichen Renten die Pensionsfonds hier mittlerweile ein Anlagevolumen von über acht Billionen aufweisen. Nun wollen auch die EU-Gewerkschaften dem amerikanischen Vorbild nachfolgen. Vgl. Gersemann/Hoffmann/Losse (2000). Vgl. zu der Einflussnahme amerikanischer Gewerkschaften Waizenegger (2000, S. 157ff.). Auf der Ebene des Internationalen Bundes Freier Gewerkschaften wurde 1999 eine Task Force eingerichtet, die das Ziel hat, zwischen den Gewerkschaften ein Informationsnetz aufzubauen und damit auch die Einflussmöglichkeiten zu erhöhen. Über die Ziele des Netzwerkes im Einzelnen erläuterte das DGB-Bundesvorstandsmitglied Heinz Putzhammer: „Erstens darüber, wie denn solche Gelder angelegt werden, man will ja schließlich wissen, wie die Politik gegenüber den Gewerkschaften im Unternehmen ist, in die dann solche Pensionfundsgelder angelegt werden. Zweitens auch eine Art Frühwarnsystem aufzubauen, um rechtzeitig auf Veränderungen der Situation auf nationaler Ebene und Unternehmensebene reagieren zu können, und drittens dafür zu sorgen, dass es vielleicht möglich wird, mit Hilfe eines Informationsnetzes gezielter und wirksamer auf Politik von Unternehmen Einfluss nehmen zu können." Putzhammer (2000, S. 78).

sames Ziel von Arbeitnehmern und Arbeitgebern kann in der Mitnahme von staatlichen Subventionen oder Steuererleichterungen liegen.

Die bisher genannten Interessen sollen hier als einzelwirtschaftliche Zielsetzungen zusammengefasst werden.[61] Davon zu unterscheiden sind die gesamtwirtschaftlichen Interessen des Staates. Die Förderung der Beschäftigung, des Wachstums sowie die Verminderung der Einkommens- und Vermögensungleichheit stellen solche gesamtwirtschaftliche Zielsetzungen dar. Zwei davon sollen – wie im Titel dieser Arbeit bereits angekündigt – Schwerpunkt der Betrachtung sein.

Neben diesen primär ökonomischen Zielsetzungen gibt es aber noch weitere Ziele, zum Beispiel die Verhinderung von für die Demokratie schädlicher Machtkonzentration, die Erhaltung der Wirtschafts- und Sozialordnung, die Verwirklichung von persönlicher Freiheit mittels Vermögen, die Förderung der Arbeitnehmermitbestimmung und die Sicherung der Altersversorgung. Letzteres wird angesichts einer ungewissen Zukunft der gesetzlichen Rentenversicherung aktuell häufig thematisiert[62], während die Abwehr von anderen Wirtschaftssystemen sowie machtpolitische Zielsetzungen vor allem in den 1960er und 1970er Jahren im Vordergrund standen.[63]

2.1.4 Klassifizierungsmerkmale

Die nachfolgend aufgeführten Klassifizierungsmerkmale versuchen die Vielzahl denkbarer Ausprägungen des Investivlohnkonzptes systematisch zu ordnen. Dabei handelt es sich nicht um eine abschließende Aufzählung – dies wäre wohl kaum möglich. Stattdessen werden in erster Linie diejenigen Merkmale besprochen, die für die weitere Bearbeitung des Themas von besonderer Relevanz sind.

Einführungsebene

Das Investivlohnkonzept kann auf gesamtwirtschaftlicher Ebene, innerhalb der Branche, für ein einzelnes Unternehmen oder aber auch nur für einzelne Arbeitnehmer eingeführt werden. Die Etablierung in der gesamten Wirtschaft aufgrund eines allgemeingültigen Gesetzes hat eine tiefgreifendere makroökonomische Wirkung als eine nur wenige Arbeitnehmer betreffende Realisierung. Gewerkschaften sprechen sich für eine mindestens branchenweite Einführung

---

[61] Vgl. zu den genannten einzelwirtschaftlichen Zielsetzungen die sehr detaillierte empirische Studie von Guski/Schneider (1983).

[62] Vgl. zum Beispiel o.V. (1999a), Frank (2000).

[63] Vgl. zum Beispiel Priewe/Havighorst (1999, S. 6ff.), Burgbacher (1966, S. 215).

des Investivlohnkonzepts aus, weil bei unternehmens- oder arbeitnehmerspezifischen Regelungen die Beschäftigten einer Branche in Besser- und Schlechtergestellte gespalten würden. Die Einführungsebene betrifft aber noch eine weitere Dimension – so können Investivlohnmodelle in den jeweiligen Unternehmen nur für bestimmte Personenkreise (zum Beispiel den Vorstand, das Top-Management) oder für die gesamte Belegschaft verwirklicht werden.

Mittelaufbringung
Die Mittel für eine Investivlohnkomponente können aus drei verschiedenen Quellen fließen:

- Einerseits kann der investive Gehaltsbestandteil eine zusätzliche Leistung des Arbeitgebers sein („additiver" Investivlohn). Der Extralohn, die darauf anfallenden Steuern sowie die Sozialversicherungsbeiträge stellen dann allesamt zusätzliche Kosten für den Arbeitgeber dar.[64]
- Ist der Arbeitgeber dazu nicht bereit, sind die Arbeitnehmer aber dennoch an einem Investivlohnmodell interessiert, muss der Investivlohn vollständig vom Arbeitnehmer aufgebracht werden („substitutiver" beziehungsweise „alternativer" Investivlohn). Dies wäre dann der Fall, wenn die Lohnkosten für den Arbeitgeber gleich bleiben, ein Teil des Gehalts aber nun als Investivlohn geleistet wird.
- Wie später noch gezeigt wird, fördern einige Staaten die Beteiligung der Arbeitnehmer am Produktivvermögen. Die gewährten Steuererleichterungen oder Zulagen sollen die Einführung eines Investivlohnkonzeptes erleichtern (staatlich geleisteter Investivlohn). Allerdings müssen die dafür aufgewendeten Beträge wiederum vom Staat finanziert werden, so dass dafür möglicherweise notwendige Steuererhöhungen die Gesamtheit der Arbeitnehmer und Arbeitgeber belasten würden.

Oftmals leisten Arbeitgeber, Arbeitnehmer und der Staat gemeinsam die notwendigen Mittel zur Einführung eines Investivlohnkonzeptes, d.h. Kombinationen der additiven, substitutiven sowie staatlich finanzierten Varianten sind möglich. Es ist zudem äußerst schwierig, wenn nicht unmöglich zu bestimmen, ob die Mittel seitens des Arbeitnehmers oder Arbeitgebers aufgebracht wurden. Denn eine Arbeitgeberleistung kann auch ein verdeckter Arbeitnehmerbeitrag sein, wenn die Beschäftigten in Tarifverhandlungen auf eine sonst resultierende stärkere Lohnerhöhung zugunsten von Investivlohnkomponenten verzichtet haben.

---

[64] Investivlöhne oder Gewinnbeteiligungen, die additiv zum Lohn gezahlt werden, bergen natürlich immer die Gefahr, dass die Unternehmer die zusätzlichen Kosten – soweit ihnen das in der jeweiligen konjunkturellen Lage möglich ist – auf die Preise überwälzen und real dann doch vom Arbeitnehmer zu tragen sind. Es soll jedoch hier davon ausgegangen werden, dass dies nicht möglich ist.

Anlagegegenstand – betrieblich vs. überbetrieblich
Die Anlage des Investivlohns erfolgt entweder im arbeitgebenden Unternehmen oder in einem überbetrieblichen Fonds. Im ersten Fall spricht man von einer betrieblichen Beteiligung.[65] Typische Beispiele sind die Belegschaftsaktie oder das Arbeitnehmer-Darlehen an den beschäftigenden Betrieb. Im zweiten Fall wird von einer überbetrieblichen Beteiligung der Arbeitnehmer gesprochen. Kennzeichnend für die überbetriebliche Anlageform ist die fehlende unmittelbare ökonomische oder juristische Verbindung zum arbeitgebenden Unternehmen.[66] Die betriebliche Beteiligung entfaltet eine höhere Motivationswirkung, da der Arbeitnehmer weiß, dass er mit einer höheren Produktivität genau dem Unternehmen dient, an dem er beteiligt ist. Kritik daran übt jedoch die Gewerkschaftsseite.[67] Sie spricht von einer Risikoakkumulation beziehungsweise einem „doppelten Risiko", da im Insolvenzfall neben der Gefahr des Arbeitsplatzverlustes das Vermögensrisiko hinzukommt.[68] Allerdings wird dieses Argument entkräftet, wenn die betriebliche Beteiligung gegen die Insolvenzgefahr versichert ist.[69] Nur wenn kein Versicherungsschutz vorliegt, ist die überbetriebliche Beteiligung aufgrund der verlustrisikominimierenden Eigenschaft einer Vermögensstreuung diesbezüglich vorteilhafter. Letztere hat zudem das Privileg, dass sie prinzipiell für alle Arbeitnehmer offen steht, während eine betriebliche Beteiligung im gesamten öffentlichen Dienst oder bei Unternehmen, deren Eigentümer sich gegen eine Abgabe von Eigentumsanteilen aussprechen, unmöglich ist. Skeptiker sehen in der betrieblichen Beteiligung ferner die Gefahr, dass die Freizügigkeit und Mobilität der Arbeitskräfte gemindert würde.[70] Zudem würden jene Arbeitnehmer begünstigt, die in Unternehmen mit einer überdurchschnittlichen Kapitalrendite tätig sind. Die betriebliche Beteiligung wird aber auch im Arbeitgeberlager nicht einhellig begrüßt. Insbesondere die

---

[65] Die Begriffe Unternehmen und Betrieb sollen im Rahmen dieser Arbeit synonym verwendet werden.

[66] Überbetrieblich ist die Anlage selbst dann, wenn die Kapitalsammelstelle auch einige Anteile am arbeitgebenden Betrieb hält. Vgl. Schäfer/Rürup (1998, S. 6).

[67] Vgl. DGB-Bundesvorstand (2000, S. 11).

[68] Vgl. IG Metall (1999, S.10), Besters (1985, S. 6f.). Zudem sind die Arbeitnehmer in der Regel nicht in der Lage, einen drohenden Insolvenzfall durch Zuschuss von weiteren Geldbeträgen abzuwenden – auch wenn sie aufgrund des drohenden Arbeitsplatzverlustes dazu in der Regel bereit wären.

[69] So garantiert zum Beispiel die Bürgschaftsbank zu Berlin-Brandenburg unter bestimmten Bedingungen 80 Prozent der eingezahlten Eigenkapitalbeteiligungssumme und des vertraglich vereinbarten Beteiligungsertrages (bis insgesamt zwölf Prozent). Vgl. Bürgschaftsbank Berlin-Brandenburg GmbH (2002). Vgl. auch die Programme der Bürgschaftsbank Thüringen GmbH (2003) und der Bürgschaftsbank Sachsen-Anhalt GmbH (2003). Eine privatrechtliche Lösung zur Absicherung vor Insolvenzgefahren hat die Arbeitsgemeinschaft zur Förderung der Partnerschaft in der Wirtschaft e.V. (AGP) zusammen mit der Versicherungswirtschaft entwickelt. Vgl. Mahr (2002, S. 357ff.).

[70] Vgl. Winterstein (1961, S. 109f.).

Sorge vor dem Verlust der Entscheidungsfreiheit führt zu einer skeptischen bis ablehnenden Haltung vieler Eigentümer kleinerer und mittelständischer Betriebe. Aber auch größere Unternehmen sehen die Gefahr in einer Übermacht der Arbeitnehmer. In jenen Aktiengesellschaften, bei denen der Aufsichtsrat bereits gesetzlich zur Hälfte oder zu einem Drittel aus Arbeitnehmervertretern besteht, könnte sich die Machtbalance zugunsten der Arbeitnehmer verschieben. Bei der überbetrieblichen Beteiligung können sich Probleme der Fondsbildung und deren Verwaltung ergeben. So ist insbesondere die Frage nach den Mitspracherechten der Fonds in den einzelnen Unternehmen, die Verteilung der Investitionsmittel sowie die Besetzung der Leitungsorgane heftig umstritten. Eine Reihe von Arbeitgebern sehen hier die Gefahr eines zu großen Einflusses der Gewerkschaften.

Eigen- vs. Fremdkapital

Jede Disposition der Ersparnis umfasst neben der Wahl zwischen betrieblicher und überbetrieblicher Beteiligung auch die Entscheidung zwischen der Anlage in Eigen- oder Fremdkapital beziehungsweise einer Mischform von beiden. Während Fremdkapital zu von vornherein festgelegten Terminen getilgt und verzinst wird, handelt es sich bei einer Eigenkapitalbeteiligung um eine dauerhafte Anlage, deren Verzinsung von der Gewinnsituation des Unternehmens abhängt. Zudem haftet das Eigenkapital für alle Unternehmensverbindlichkeiten, partizipiert dafür aber in der Regel auch an der Substanzentwicklung und verspricht ein Mitwirkungsrecht bei unternehmerischen Entscheidungen. Die Existenz einer angemessenen Eigenkapitalbasis ist für jedes Unternehmen lebenswichtig, da diese aufgrund ihrer Haftungseigenschaft die Aufnahme von Fremdkapital bei Kreditinstituten erleichtert beziehungsweise überhaupt erst möglich macht und im Falle von Verlusten der Gefahr einer Überschuldung vorbeugt.[71] Eine übliche Form der Fremdkapitalbeteiligung stellt das Mitarbeiter-Darlehen dar. Da allerdings in § 3 Nr. 1 des Kreditwesengesetzes das sog. Werksparkassenverbot verankert ist, erlaubt das Bundesaufsichtsamt für das Kreditwesen solche Mitarbeiterdarlehen nur im Falle einer bankbürgschaftlichen Absicherung.[72] Die Möglichkeit zur Beteiligung am Eigenkapital des Unternehmens ist vor allem von der Rechtsform des Unternehmens abhängig. Bei Personengesellschaften und im Falle einer GmbH sollte eine bestimmte Anzahl von Gesellschaftern nicht überschritten werden, da der formale Aufwand insbesondere auch hinsichtlich des Neueintritts von Gesellschaftern sonst unvertretbare Ausmaße annimmt. Daher eignen sich Unternehmen solcher Rechtsform nur beschränkt beziehungsweise nur dann, wenn die Arbeitnehmeranteile in Form einer Beteiligungsgesellschaft gebündelt vertreten sind. Gute Bedingungen ge-

---

[71] Vgl. Schultz (1987, S. 79ff.).

[72] Inhaber- oder Orderschuldverschreibungen sind hiervon allerdings ausgenommen. Vgl. Boos/Fischer/Schulte-Mattler (2000, S. 223ff.).

währleistet dagegen die Rechtsform der Aktiengesellschaft, weswegen die Mitarbeiterbeteiligung in Form von Belegschaftsaktien auch stark verbreitet ist. Gelegentlich werden auch Mischformen einer Eigen- und Fremdkapitalbeteiligung angeboten. Dazu gehören insbesondere die stillen Gesellschaftsanteile[73] sowie die Genussrechte beziehungsweise -scheine.[74] Einen Überblick über die Verteilung von Mitarbeiter-Kapitalbeteiligungen auf die einzelnen Formen gibt eine Untersuchung der Arbeitsgemeinschaft Partnerschaft in der Wirtschaft e.V. in Kooperation mit der Gesellschaft für innerbetriebliche Zusammenarbeit GmbH (vgl. Tabelle 1).

Beteiligungsform	Unternehmen		Mitarbeiter		Kapital (Nennwert)	
	Anzahl	prozentual	Anzahl	prozentual	Mio. €	prozentual
Darlehen	550	18,3	100.000	4,2	420	3,5
Stille Beteiligung	800	26,7	200.000	8,3	240	2,0
Indirekte Beteiligung[75]	400	13,3	80.000	3,3	190	1,6
Genussrecht	300	10,0	100.000	4,2	780	6,5
Belegschaftsaktie	500	16,7	1.900.000	79,2	10.300	86,0
Genossenschaft	300	10,0	15.000	0,6	25	0,2
GmbH-Beteiligung	150	5,0	5.000	0,2	28	0,2
Summe	3.000	100,0	2.400.000	100,0	11.987	100,0

Stand: 1.1.2002.

Datenquelle: Gesellschaft für innerbetriebliche Zusammenarbeit GmbH (GIZ) (2002, S. 1). Die Statistik basiert auf empirischen Erhebungen der GIZ und wurde mit Hilfe von Expertenschätzungen durch die Arbeitsgemeinschaft Partnerschaft in der Wirtschaft e.V. und die GIZ fortgeschrieben.

Tabelle 1: Verbreitungsgrad unterschiedlicher Beteiligungsformen zu Beginn des Jahres 2002

Anlagedauer

Während die Anlagedauer bei einer Fremdkapitalbeteiligung zwischen Unternehmer und Mitarbeiter individuell ausgehandelt werden kann, gilt für Eigenkapital grundsätzlich ein unbefristetes Beteiligungsverhältnis. Hiervon ausgenommen sind nur solche Anlageformen, bei denen der Arbeitnehmer die Mög-

[73] Insbesondere bei der häufig vorkommenden Form der Einzelunternehmung stellt sich die Frage, ob zur Beteiligung von Mitarbeitern zunächst die Form der stillen Gesellschaft verwendet werden soll oder gleich eine Personen- oder Kapitalgesellschaft gegründet wird.

[74] Vgl. dazu die ausführliche Darstellung bei Schultz (1987, S. 107ff.).

[75] Diese Position bezieht sich aber lediglich auf jene Fälle indirekter Beteiligung, bei denen betriebliche Beteiligungsgesellschaften zwischengeschaltet wurden. Überbetriebliche Beteiligungen wurden dagegen nicht berücksichtigt.

lichkeit hat, seine Anteile frei zu veräußern, welches jedoch häufig vertraglich verboten oder zumindest innerhalb einer bestimmten Sperrfrist nicht erlaubt ist.

2.2 Die Gewinnbeteiligung

2.2.1 Definition

Bereits im 19. Jahrhundert wurde der Begriff der Gewinnbeteiligung in der wissenschaftlichen Diskussion als Ausdruck für eine Beteiligung der Arbeitnehmer am wirtschaftlichen Erfolg des arbeitgebenden Unternehmens verwendet.[76] Allerdings wurde die genaue Definition, insbesondere die exakte Abgrenzung, welche Formen (Umsatzbeteiligung, Akkordbonus, etc.) hinzuzurechnen seien, lange Zeit heftig diskutiert. Einige Autoren sahen schließlich in folgender Systematisierung die Lösung des Problems. Danach gibt es drei Gruppen von Arbeitnehmerbeteiligungsformen, nach der Bemessungsgrundlage gebildet und unter dem Begriff der Erfolgsbeteiligung zusammengefasst[77]:

- die Leistungsbeteiligung
- die Ertragsbeteiligung
- die Gewinnbeteiligung

Zur *Leistungbeteiligung* zählt wiederum die Produktions-, die Kostenersparnis- sowie die Produktivitätsbeteiligung. Zur *Ertragsbeteiligung* wird die Umsatz-, die Wertschöpfungs- sowie die Brutto- und Nettoertragsbeteiligung gerechnet. Die *Gewinnbeteiligung* wird allein auf die Bilanz- und Ausschüttungsgewinnbeteiligung sowie die Substanzzuwachsbeteiligung beschränkt. Diese Abgrenzung ist jedoch in mehrerer Hinsicht problematisch, insbesondere dahingehend, dass die Unterscheidung zwischen Ertrags-, Gewinn- und Leistungsbeteiligung willkürlich erfolgt. Dazu seien nur zwei Beispiele angeführt. So wird die Wertschöpfungsbeteiligung hier als Ertragsbeteiligung bezeichnet. Sie könnte aber, da ebenso aus Größen der Gewinn- und Verlustrechnung abgeleitet, genauso gut zu den Gewinnbeteiligungen gezählt werden. Das gleiche gilt für die Produktivitätsbeteiligung, welche als Leistungsbeteiligung bezeichnet wird, da diese Form nur die Leistung der Mitarbeiter berücksichtige, nicht aber die Einflüsse des Marktes. Führt allerdings eine verringerte Nachfrage zu einer geringeren

[76] Zum Beispiel definierte man schon 1889 auf einem internationalen Kongress zum Thema Gewinnbeteiligung in Paris: „Profit sharing refers to definite arrangements under which workers regularly receive, in addition to their wages and salaries, a share on some predetermined basis, in the profits of the undertaking, the sum allocated to workers varying with the level of profits." Zitiert nach OECD (1995, S. 141), Originalquelle nicht verfügbar.

[77] Vgl. Gaugler (1982, S. 129).

Produktionsmenge, so wird bei konstant bleibenden Fixkosten auch die Produktivität beeinflusst. Zudem ist eine Verbindung zwischen Produktivität und Gewinn gegeben, eine Abgrenzung zwischen Leistungs- und Gewinnbeteiligung ist also ebenso nicht möglich. Meines Erachtens ist eine solche Systematisierung für das weitere Vorgehen ungeeignet.

Gemäß der gegenwärtig herrschenden Meinung soll von Gewinnbeteiligungen immer dann gesprochen werden, wenn die Arbeitnehmer für die Arbeitsleistung nach einer vorab festgelegten Formel „neben ihrem festen Lohn ein variables Einkommenselement erhalten, das direkt an den Gewinn oder irgendein anderes Maß des Unternehmenserfolgs gebunden ist (also nicht in einem vorab festgelegten Verhältnis zum Lohn steht)“[78]. Es wird somit ersichtlich, dass die Gewinnbeteiligung gemäß dieser Definition erheblich mehr denkbare Formen der Arbeitnehmerbeteiligung umfasst als dies nach obigen Definitionen der Fall ist.

Die Gewinnbeteiligung ist aber streng vom sogenannten Leistungslohn zu unterscheiden.[79] Da bei Letzterem der *individuelle* oder *gruppenspezifische* überdurchschnittliche Einsatz durch Akkordzuschläge oder dergleichem belohnt wird, kann es sein, dass das Unternehmen Verluste erleidet, während einige Mitarbeiter aufgrund von überdurchschnittlichen Arbeitsleistungen Lohnzuschläge erhalten. Der Leistungslohn hat also mit der Höhe des Gewinns nichts zu tun und es wäre fehlerhaft, diesen – wie zum Teil zu beobachten – unter den Oberbegriff Gewinnbeteiligung zu subsumieren.

Auch die Definition von Gerlach und Hübler ist problematisch, weil Gewinnbeteiligungen hiernach „Prämien und Gratifikationen“ darstellen, „die zusätzlich zu den üblichen Löhnen an Teile der Belegschaft oder die gesamte Belegschaft gezahlt werden“[80]. Erfolgsbeteiligungen müssen aber keineswegs zusätzlich zum bisherigen Lohn gewährt werden. Unternehmer können sie genauso substitutiv anbieten. Die Arbeitnehmer verzichten dann auf einen Teil ihres Festgehalts.

Während die Einführung von Investivlohnmodellen grundsätzlich mit einem wachsenden Kapitalbesitz der Arbeitnehmer einher geht, ist dies im Falle von Gewinnbeteiligungen nicht zwingend der Fall. Die Arbeitnehmer werden zwar am Unternehmenserfolg beteiligt, aber nicht unbedingt am Kapital. Gewinn-

[78] Kommission der Europäischen Gemeinschaften (1991, S. 6). Vgl. auch Priewe/Havighorst (1999, S. 4), Europäische Kommission (2000, S. 7). Ähnlich definierte bereits zu Beginn des 20. Jahrhunderts Zwiedineck-Südenhorst Gewinnbeteiligungen. Vgl. Zwiedineck-Südenhorst (1924, S. 98ff.).

[79] Vgl. Kommission der Europäischen Gemeinschaften (1996, S. 6).

[80] Gerlach/Hübler (1994, S. 365).

beteiligungen beeinflussen somit das Einkommen direkt nur im Jahr der Ausschüttung. Die Investivlöhne wirken dagegen langfristig, denn die Kapitalanlage wird – hoffentlich – auch in ferner Zukunft Rendite erwirtschaften und damit das Einkommen erhöhen. Natürlich lässt sich eine Gewinnbeteiligung mit dem Investivlohnkonzept verbinden, zum Beispiel indem die Höhe des Investivlohns gewinnabhängig ist.[81] An dieser Stelle sei auch der ab und an verwendete Begriff „laboristische Kapitalbeteiligung“ zu nennen, der von Esser/Faltlhauser wie folgt definiert wird:

> „Dieser Grundtyp versucht sowohl die Mitarbeiter aufgrund ihrer Mitarbeit am Erfolg zu beteiligen, als auch aufgrund eines Kapitalanteils, der sich über die Erfolgsbeteiligung in der Firma ansammelt.“[82]

Im Sinne einer analytischen Klarheit sollen jedoch Investivlohn- und Gewinnbeteiligungskonzepte im Folgenden jeweils getrennt dargestellt werden. Für Gewinnbeteiligungen und Investivlöhne ist gemeinsam kennzeichnend, dass sie Personalaufwendungen darstellen, d.h., sie reduzieren den bilanziellen Gewinn.

Missverständlich wird der Begriff Gewinnbeteiligung in wenigen Fällen auch für das Arbeitnehmereinkommen aus Kapital verwendet.[83] Diese Bezeichnung entspricht aber nicht der herrschenden Meinung und findet sich in der deutschsprachigen Literatur so gut wie nicht wieder.

In jüngster Zeit setzte sich insbesondere eine spezielle Ausgestaltungsvariante durch, auf die wegen ihrer besonderen Eigenschaften hier noch kurz eingegangen wird. Eine immer größer werdende Zahl von Unternehmen – insbesondere die der New Economy – zahlt einen Teil des Lohnes (substitutiv oder additiv) in Form von Aktienoptionen aus.[84] Die Mitarbeiter erhalten damit das Recht, aber nicht die Pflicht, innerhalb einer bestimmten Zeitspanne Aktien des Unternehmens zu einem festgesetzten Preis zu erwerben. Eine gute Entwicklung des Unternehmensergebnisses, welche mit den festgesetzten Preis übersteigenden Aktienkursen einher geht, führt bei Ausübung der Option zu einem Differenzgewinn. Bis zu jenem Tag müssen die Mitarbeiter kein oder nur sehr wenig Kapital einsetzen. Erst bei Ausübung ist der vorab festgesetzte Kaufpreis fällig. Es handelt sich trotz notwendigen Erwerbs der Aktien dann nicht um ein Investivlohnkonzept, sondern vielmehr um eine spezielle Form der Gewinnbeteiligung, wenn es wieder zum sofortigen Verkauf der Aktien kommt, da keine

[81] Vgl. zum Beispiel Mückl (2000, S.59ff.).
[82] Esser/Faltlhauser (1974, S. 20).
[83] Vgl. dazu Poutsma (1999, S. 9).
[84] Rund 80 Prozent der Unternehmen am Neuen Markt hatten im Jahr 2000 Aktienoptionspläne zumindest für einen Teil ihrer Mitarbeiter realisiert. Vgl. Balz (2000, S. 31).

Sperrfrist für das Halten der Aktien vorgegeben ist.[85] Nur für den Fall, dass die Aktien über einen mittel- bis langfristigen Zeitraum gehalten werden müssen, wird mit dem Erwerb der Aktien eine Investivlohnkomponente geschaffen. Wichtige Bedingung ist dabei jedoch, dass das Halten der Aktien durch eine vertragsrechtliche Bedingung zwischen Arbeitnehmer und Arbeitgeber geregelt ist.

Allerdings entsprechen Aktienoptionspläne auch nicht exakt der obigen Definition von Gewinnbeteiligungsmodellen, da die Arbeitnehmer, anders als bei der üblichen Gewinnbeteiligung, über die Wertsteigerung der Anteilsscheine partizipieren und sich darin der Erfolg des Unternehmens zwar widerspiegeln kann, gleichzeitig aber eine Reihe weiterer Faktoren eingehen. Doch aufgrund der überwiegenden Übereinstimmung mit den Kennzeichen einer Gewinnbeteiligung und der Tatsache, dass auch die anderen Faktoren zum großen Teil zumindest indirekt den (erwarteten) Erfolg des Unternehmens widerspiegeln, werden im Folgenden Aktienoptionspläne unter die (Groß-)Familie der Gewinnbeteiligungsmodelle subsumiert. Doch ist zu beachten, dass die Ausgabe solcher Optionen prinzipiell weder zum Zeitpunkt der Vergabe noch später bei der Einlösung zu Lohnkosten im traditionellen Sinn führen. Bei anderen Gewinnbeteiligungsformen zählen die Bonuszahlungen zu den regulären Personalkosten. Trotzdem sind diese Optionen für die bisherigen Kapitaleigner nicht „kostenlos“. Denn durch die Ausgabe der Aktien zu einem ermäßigten Preis erleiden die bisherigen Aktionäre einen Verlust am Unternehmenssubstanzwert, also indirekt eine Belastung. Abhängig von den jeweiligen staatlichen Regelungen müssen auch Lohnsteuer sowie Sozialversicherungsbeiträge abgeführt werden, d.h. hier entstehen zudem Lohnkosten.[86]

2.2.2 Historische Entwicklung

Die Ursprünge der Gewinnbeteiligung reichen weit zurück. Bereits 1924 blickte Otto von Zwiedineck-Südenhorst in seiner Sammelbesprechung „Neuere Literatur über Gewinnbeteiligung“ in den Jahrbüchern für Nationalökonomie und Statistik auf eine umfangreiche wissenschaftliche Diskussion in der Vergangenheit:

[85] Allerdings kann als Unternehmensziel auch die langfristige Unternehmensbeteiligung durch das Setzen von Sperrfristen im Vordergrund stehen.

[86] Die steuerliche Behandlung in Deutschland wurde insbesondere durch zwei Urteile des Bundesfinanzhofs im Jahr 2001 festgelegt. Vgl. zu dieser ausgestaltungsabhängigen Regelung die ausführliche Darstellung bei Pinkernell (2001). Vgl. auch Faltlhauser (2002, S. 263ff.). Im Fall von „virtuellen“ Optionsprogrammen, zum Beispiel bei SAP, stellt aber der volle Umfang der Gewinnbeteiligung unmittelbar Lohnkosten dar.

„Nun stehen wir heute ... allem Anschein nach wieder in einer Phase sehr gesteigerten Interesses für die Beteiligungsidee und starken Glaubens an ihre Mission. Es ist etwa die vierte Woge der Begeisterung, wenn wir jene der dreißiger Jahre des vorigen Jahrhunderts, die von Frankreichs kommunistischen Kreisen ihren Ausgang nahm, aber auch Robert Mohl erfaßte (der sogar die gesetzliche Erzwingung der GB. [Gewinnbeteiligung; Anm. d. Verf.] durch den Staat forderte) als die erste, jene der 60er Jahre, hauptsächlich in Großbritannien wirksam, in Deutschland namentlich von Engel verfochten als zweite, endlich die der achtziger und neunziger Jahre gleichfalls vornehmlich in Großbritannien bemerkbar mit dem Höhepunkt 1889-1892 ..., die in Deutschland in Böhmert ihren begeisterten und tatkräftigen theoretischen Befürworter fand, als dritte Woge ansehen."[87]

Neben den schon genannten Protagonisten der Beteiligungsidee Mohl, Engel und Böhmert sind aus dem 19. Jahrhundert vor allem noch Lujo Brentano und der Mainzer Bischof Wilhelm Emmanuel Freiherr von Ketteler zu nennen.[88] Einen wichtigen Beitrag in der Debatte leisteten auch Neumann, von Plener, Weigert und Wertheim, die 1874 im Auftrag des Vereins für Socialpolitik das Gutachten „Ueber Betheiligung der Arbeiter am Unternehmergewinn" erstellten, welches heutzutage verwendete Argumente für die Gewinnbeteiligung bereits damals diskutierte.

Aber nicht nur in der theoretischen Debatte, auch im praktischen Handeln der Unternehmer spiegelte sich die Idee der Gewinnbeteiligung wider. In Deutschland, den USA, aber auch in Großbritannien und Frankreich[89] gab es eine Reihe von Betrieben, die diese Möglichkeit bereits sehr früh als sinnvolle Ergänzung zum bisherigen Entlohnungssystem ansahen. Im deutschsprachigen Raum führte zum Beispiel Ernst Abbe bei Zeiss in Jena 1896 die Neuerung ein.[90] Und schon lange davor – seit dem Jahr 1848 – versuchte Heinrich von Thünen die Produktivität seiner Arbeiter mittels Gewinnbeteiligung zu erhöhen.[91] Aus den USA wird die Realisierung des ersten Gewinnbeteiligungsplanes auf das Jahr 1794 datiert.[92] Albert Gallatin, Finanzminister unter Jefferson und Madison, führte in seinem Glaswerk in New Geneva, Pennsylvania, die neuartige Entlohnungsform überzeugt ein.[93] Viele wertvolle

[87] Zwiedineck-Südenhorst (1924, S. 98).
[88] Vgl. Siegler (1979, S. 144).
[89] Frankreich wird bisweilen auch als das Land angesehen, dass die längsten historischen Wurzeln bei der Gewinnbeteiligung aufzuweisen hat. Vgl. Cooper (1949, S. 487).
[90] Vgl. Föhl (1964, S. 141f.).
[91] Vgl. Thünen (1930, S. 671ff.). Pionierarbeit leistete zum Beispiel auch Siemens. Vgl. die ausführliche Darstellung bei Conrad (1986, S. 60ff.).
[92] Vgl. Coates (1991, S. 20).
[93] Vgl. Genttner (1994, S. 4).

Hinweise über die damalige Verbreitung liefert der 1891 von Gilman/Katscher veröffentlichte Beitrag „Die Teilung des Geschäftsgewinns zwischen Unternehmern und Angestellten. Ein praktischer Beitrag zur Arbeiter- und Lohnfrage". [94]

Nur in wenigen Ländern wurden derartige Systeme aber von staatlicher Seite gefördert. Bereits früh diskutierte man dazu im französischen Parlament. Ein 1885 eingebrachter Vorschlag (der dann aber nicht angenommen wurde) sah eine Pflichtbeteiligung der Arbeitnehmer vor.[95] Nach dem Zweiten Weltkrieg erhielt die Ergebnisbeteiligung durch die Befürwortung der damaligen Regierung von Michel Debré und dem Staatspräsidenten de Gaulle eine starke Förderung, wodurch die gesetzlichen Rahmenbedingungen für das 1959 eingeführte System der Gewinnbeteiligung geschaffen wurden.

In der Nachkriegszeit konnte man dann in fast allen entwickelten westlichen Ländern Unternehmen finden, die Arbeitnehmer am Gewinn beteiligten. Einen deutlichen Auftrieb erhielt die Verbreitung mit der Börseneuphorie um die „New Economy" Ende der 1990er Jahre. Eine Vielzahl von Unternehmen der neu entstandenen Wirtschaftszweige führte zur Personalgewinnung, zur Motivation und zur Liquiditätsentlastung eine stärker gewichtete gewinn- oder börsenkursabhängige Lohnkomponente ein. Die Unternehmen der „Old Economy" zogen dann – auch infolge der rasant steigenden Aktienkurse – in abgeschwächter Form nach und führten mehr ergebnisabhängige Lohnbestandteile ein. Die ursprünglich vor allem für das obere Management konstruierten Gewinnbeteiligungsmodelle wurden zunehmend auf den gesamten Mitarbeiterkreis ausgedehnt. Schlechte Börsenjahre, wie die beiden letzten, zeigen allerdings die Kehrseite der Medaille. Auf die heutige Situation in Deutschland, aber auch in den Vorreiterstaaten USA, Großbritannien und Frankreich wird ausführlich Kapitel 3 eingehen.

In der wissenschaftlichen Diskussion löste Weitzman 1984 mit der Veröffentlichung seines Buches „The Share Economy"[96] und der darin enthaltenen Behauptung, eine Wirtschaft mit Gewinnbeteiligungssystemen würde die unbeschäftigten Arbeitskräfte fast automatisch komplett absorbieren, eine heftige Debatte aus, die bedeutsame Beiträge nach sich zog.[97] Eine Vielzahl weiterer

---

[94] Aufschlüsse über die Einstellung der Arbeitnehmer zu Beginn des 20. Jahrhunderts gibt Totomianz (1927, S. 561ff.).

[95] Vgl. Kommission der Europäischen Gemeinschaften (1991, S. 64).

[96] Die deutsche Ausgabe „Das Beteiligungsmodell: Vollbeschäftigung durch flexible Löhne" erschien 1987 im Campus Verlag: Weitzman (1987).

[97] Eine ausführliche Diskussion findet sich in der Veröffentlichung verschiedener Beiträge des im Juni 1985 an der Universität Yale stattgefundenen Symposiums „The Share Economy", abgedruckt im „Journal of Comparative Economics" (Heft Nr. 4 – Dezember 1986).

Modelle wurde von der Wissenschaft, aber auch seitens der Arbeitgeber- und Arbeitnehmervertreter entwickelt und zum Teil tatsächlich in die Praxis umgesetzt. Ebenso sind auf der Ebene der Europäischen Union in den 1990er Jahren bemerkenswerte Anstrengungen erfolgt. So wurde 1991 der erste PEPPER-Bericht (PEPPER = Promotion of Employee Participation in Profits and Enterprise Results = Förderung der Gewinn- und Betriebsergebnisbeteiligung der Arbeitnehmer)[98] veröffentlicht, dem 1996 ein zweiter folgte.[99] Das Ziel, Gewinnbeteiligungen in jedem Mitgliedsstaat umfassender oder überhaupt erst staatlicherseits zu fördern, konnte in einigen Punkten – von Land zu Land aber unterschiedlich – realisiert werden, wenn sich auch die Grundeinstellungen der Regierungen in Bezug auf PEPPER in den fünf Jahren zwischen dem Erscheinen des ersten und zweiten Berichts nicht wesentlich verändert haben.[100]

Zusammenfassend lässt sich festhalten, dass die Entwicklung der Gewinnbeteiligung noch andauert. Die traditionelle Einkommensverteilung wird heute immer weniger akzeptiert. Die Arbeitnehmer beabsichtigen, den Gewinnanteil nicht mehr allein dem Faktor Kapital zu überlassen. Bedingt durch den zunehmenden Wohlstand sind diese auch vermehrt bereit, das daraus resultierende Risiko zu tragen.

2.2.3 Ziele

Die mit der Einführung von Gewinnbeteiligungsformen verbundenen Ziele sind zum Teil deckungsgleich mit den bereits besprochenen Zielen bei der Realisierung von Investivlohnmodellen. So sind die Steigerung der Produktivität und Motivation sowie die Wahrung des Betriebsfriedens auch hier zentrale Anliegen seitens der Arbeitgeber. Damit einher geht die Hoffnung, dass die Arbeitnehmer durch eine Beteiligung am Betriebsergebnis die Interessen der Arbeitgeber vermehrt teilen. Von Mohl sah eine veränderte Entlohnung bereits 1835 als zwingend notwendig an, „um diesen giftigen Saamen von Feindschaft auszurotten“[101]. Solange Konkurrenzbetriebe nicht nachziehen, wird es darüber hinaus dem Unternehmen, zumindest im additiven Fall, leichter fallen, neue Arbeits-

---

[98] Offizielle Übersetzung gemäß der Kommission der Europäischen Gemeinschaften (1991, S. III).

[99] Auch die Aufnahme des Themas in das von der Europäischen Kommission 2001 herausgegebenen Grünbuches über die Förderung europäischer Rahmenbedingungen für die soziale Verantwortung der Unternehmen zeigt das Interesse der Institution, entsprechende Verbesserungen durchzusetzen. Vgl. Europäische Kommission (2001).

[100] Vgl. Kommission der Europäischen Gemeinschaften (1996, S. 1ff.).

[101] Zitiert nach Schultz (1987, S. 35).

kräfte anzuwerben.[102] Außerdem kann erwartet werden, dass die Arbeitnehmer bei Lohnverhandlungen in schwierigen Zeiten eher bereit sind, die Lohnforderungen zu beschränken, da im Falle einer Besserung ein „Lohnaufschlag“ in Form der Gewinnausschüttung ex post erfolgt.[103] Aber auch in wirtschaftlich guten Zeiten ist es denkbar, dass die Arbeitnehmer die Fixlohnkomponente zugunsten eines erfolgsabhängigen Teils reduzieren möchten. Denn solche risikofreudigeren Mitarbeiter können bei guter Prosperität auf einen insgesamt höheren Lohn hoffen.[104] Dadurch wird auch eine Diskussion um eventuelle Nachholansprüche unwahrscheinlicher. Ein makroökonomisches Ziel könnte in diesem Zusammenhang zudem die Schaffung einer Anreizgewährung und Lenkungsfunktion sein, die durch höhere Einkommen in den leistungsfähigen Branchen und damit einer stärkeren Lohndifferenzierung zustande kommt.[105] Die beschleunigte Realisierung eines beabsichtigten Strukturwandels wäre damit ein zusätzliches Politikinteresse an der Gewinnbeteiligung.

Das elementare Gerechtigkeitsziel, nach dem ein stärkerer Arbeitseinsatz auch höher entlohnt werden soll, spricht aus Sicht der Arbeitnehmer für die Realisierung von Gewinnbeteiligungsmodellen. Allerdings wird der einzelne Arbeitnehmer nur für die Gesamtleistung des Betriebes entlohnt und nicht für seine individuelle Arbeit. Dadurch ist die Motivation des Einzelnen sicher geringer als dies bei einer arbeitnehmerspezifischen Entlohnung der Fall wäre – vor allem

[102] Vgl. zum Beispiel die Umfrageergebnisse bei Hübler (1995). „Insbesondere in den Schlüsselmärkten dieser Branche wie in den USA sind Aktienoptionspläne ein weit verbreiteter, weithin geforderter und deshalb unverzichtbarer Bestandteil von modernen Vergütungssystemen. Um unseren ausgewählten Führungskräften sowie sonstigen Leistungsträgern im Vergleich zum Wettbewerb attraktive Rahmenbedingungen und zielorientierte Motivationsanreize bieten zu können, muss sich auch die SAP die Möglichkeit schaffen, Bezugsrechte auf Aktien als Vergütungsbestandteil anbieten zu können.“ Kagermann (2000, S. 5). Aber auch traditionellere Unternehmen sehen die Mitarbeiterbeteiligung als Notwendigkeit an, im internationalen Wettbewerb die Spitzenkräfte zu halten beziehungsweise neu zu gewinnen. Vgl. o.V. (2000f). Eine erfolgsabhängige Managementvergütung wird weltweit immer bedeutender. Vgl. zum Beispiel Kramarsch (2000). Allerdings kann eine negative Aktienkursentwicklung (wie man diese in letzter Zeit nicht nur bei einigen Internet-Unternehmen sah) auch zu einer umgekehrten Entwicklung des Abwanderns hochqualifizierter Mitarbeiter führen.

[103] Gewinnbeteiligungen haben gegenüber Investivlöhnen den Vorteil, dass die Kostenseite der gewinnlosen Grenzbetriebe durch die Gewinnbeteiligung nicht weiter belastet wird. Fraglich ist allerdings, ob dies mittel- bis langfristig nicht zu einer entsprechenden Abwanderung der guten Arbeitnehmer führt und dadurch die Effizienz und damit auch die Zukunftsfähigkeit des Unternehmens sinkt.

[104] Bis zum Niedergang der Börseneuphorie am Neuen Markt warben vor allem die jungen, finanzschwächeren Unternehmen mit vom Aktienkurs abhängigen Komponenten, die auch von einer Vielzahl von Arbeitnehmern gern angenommen wurden.

[105] Vgl. Sachverständigenrat zur Begutachtung der gesamtwirtschaftlichen Entwicklung (1982, S. 143f., Rn. 231).

dann, wenn viele Kollegen ein „Free-rider-Verhalten“ an den Tag legen. Zu Zeiten einer Negativentwicklung des Unternehmensergebnisses besteht zudem die Gefahr einer Stimmungsverschlechterung mit möglicherweise motivationshemmenden Folgen, insbesondere bei einer eingeschlossenen Verlustbeteiligung. Verstärkt wird dies dann, wenn die verlustbringenden Faktoren von den Arbeitnehmern nicht beeinflusst werden können, zum Beispiel im Falle einer gesamtwirtschaftlichen Nachfrageschwäche.

Ein Ziel seitens der Arbeitnehmer und der Arbeitgeber kann zudem in der Mitnahme von Steuererleichterungen oder Subventionen liegen, die auf die Einführung oder Existenz von Gewinnbeteiligungsmodellen gewährt werden. Wie bereits mehrfach erwähnt, liegt der Schwerpunkt dieser Untersuchung in den makroökonomischen Implikationen von Gewinnbeteiligungsmodellen, d.h. in der Frage, inwieweit die verteilungs- und beschäftigungspolitischen Ziele des Staates verwirklicht werden können. Hierzu gehen ausführlich die Kapitel 4 und 5 ein.

2.2.4 Klassifizierungsmerkmale

Die nachfolgende Aufzählung von Klassifizierungsmerkmalen versucht die Vielzahl denkbarer Formen von Gewinnbeteiligungskonzepten systematisch darzustellen. Wie bei den Ausführungen zum Investivlohn gilt auch hier, dass es sich nicht um eine abschließende Kategorisierung handelt, sondern es werden in erster Linie jene Merkmale besprochen, die für die weitere Bearbeitung des Themas von besonderer Relevanz sind.

Einführungsebene

Analog zu den Ausführungen über die Einführungsbreite von Investivlöhnen kann auch hier zwischen gesamtwirtschaftlicher Ebene, der branchenweiten, der unternehmensbezogenen oder sogar der nur vertragsindividuellen Einführung von Gewinnbeteiligungen unterschieden werden. Eine vom Staat geregelte Etablierung von Gewinnbeteiligungssystemen, wie dies zum Beispiel in Frankreich der Fall ist, hat natürlich eine tiefgreifendere makroökonomische Wirkung als die Einführung in einzelnen Unternehmen. Die zweite Dimension der Einführungsebene betrifft die Frage, ob Gewinnbeteiligungssysteme nur für bestimmte Personenkreise oder für die gesamte Belegschaft verwirklicht werden.

Mittelaufbringung

Die Gewinnbeteiligung wird entweder zusätzlich zum bisherigen Lohn ausgezahlt (additive Variante) oder das feste Element des Gehaltes wird entsprechend reduziert (substitutive Gewinnbeteiligung). Zudem besteht die Möglichkeit, dass der Staat einen Zuschuss gibt. Die Last liegt damit entweder beim Arbeitgeber, beim Arbeitnehmer, bei der öffentlichen Hand oder – wie dies oftmals der Fall ist – bei einer Kombination der Parteien.[106]

Art der Ausschüttung
Für die Verteilung der den einzelnen Arbeitnehmern zustehenden Gewinnanteile bieten sich drei Möglichkeiten an:

- Die Unternehmen zahlen die Beträge den Arbeitnehmern direkt aus.
- Der Gewinnanteil verbleibt in Form von Eigen- und/oder Fremdkapital im Unternehmen.
- Die fälligen Beträge werden vom Unternehmen bei einer dritten Stelle angelegt, zum Beispiel bei einem überbetrieblichen Fonds.

Es wird deutlich, dass die beiden letzten Formen der Gewinnbeteiligung gleichzeitig eine Investivlohnkomponente beinhalten.

Gewinn- und Verlustbeteiligung
Gewinnbeteiligungssysteme können sich entweder – wie der Name sagt – auf die Verteilung entstehender Gewinne beschränken, oder aber, sie stellen eine Beteiligung an positiven wie negativen Ergebnissen dar. Letzteres bedeutet, dass der Arbeitnehmer zumindest anteilig auch am Verlust beteiligt wird.

[106] Jedoch kann sich die Gewinnbeteiligung (ebenso wie der Investivlohn) auch aus der gestiegenen Produktivität der Abläufe refinanzieren. Darauf und damit auf die Frage der dynamischen Wirkungen einer Einführung der Gewinnbeteiligung wird später ausführlich eingegangen.

3 Zur gegenwärtigen Situation: Staatliche Förderung von Investivlohn- und Gewinnbeteiligungskonzepten in ausgewählten Ländern, Verbreitungsgrad und Modelltypen

„Wellen überzogen das westdeutsche Wirtschaftswunderland, auch Vermögenswellen – Geldvermögen, Wohnungseigentum, Auto ... Aber eine breite Welle der Vermögensbildung im produktiven Bereich brach sich an den alten Riffen der hergebrachten Kapitalbindungen. Dafür gab es viele Gründe, und einer davon war die alte Lohnmaschine. Sie ratterte wie eh und je, gut geschmiert von Arbeitgebern und Gewerkschaften, Kapital und Arbeit. Diese Maschine spuckte viel Geld, aber eben kaum Kapitalbeteiligung aus. Und betroffen reiben wir uns die Augen und sehen, dass sich nicht viel an der alten Kapitalverteilung verändert hat."

Norbert Blüm[107]

Dieses Kapitel beschäftigt sich zunächst im Abschnitt 3.1 mit der staatlichen Förderung verschiedener Modelle der Kapital- und Gewinnbeteiligung in Deutschland sowie in den Vorreiterstaaten USA, Frankreich und Großbritannien. Jene Modelle, die von der Fiskalpolitik bevorzugt wurden, fanden in der Regel auch eine starke Verbreitung, wie im Abschnitt 3.2 verdeutlicht wird, der ausführlich auf die aktuelle Beteiligungssituation in den genannten Ländern eingeht. Mit dieser Erfassung des Ist-Zustandes soll das Fundament für die später zu erörternden wirtschaftspolitischen Schlussfolgerungen gelegt werden. Die Darstellung einiger konkreter betrieblicher Beteiligungsmodelle im letzten Teil des Kapitels soll die später auf höherem Abstraktionsniveau zu behandelnde Diskussion erleichtern.

Da der Begriff Investivlohn international praktisch nicht verwendet wird, unterscheiden ausländische Informationsquellen in der Regel nicht, ob die jeweiligen Arbeitnehmerkapitalbeteiligungsmodelle den strengen Anforderungen obiger Definition von Investivlöhnen entsprechen. So lässt sich zum Beispiel nicht immer ausschließen, dass die erfasste Bildung von Kapital auf einen individuellen Wahlakt zurückzuführen ist. Um dennoch einen internationalen Überblick über die Förderung und Verbreitung der Kapitalbeteiligungen von Arbeitnehmern zu erhalten, sollen diese Mängel hingenommen werden. Genauso gilt, dass die jeweiligen nationalstaatlichen Regelungen dem Begriff Gewinnbeteiligung eine von der obigen Definition gewisse abweichende Bedeutung zumessen können.

[107] Original nicht mehr verfügbar. Abgedruckt in Kühlewind (2000, S. 2).

3.1 Die staatliche Förderung in Deutschland, den Vereinigten Staaten, Großbritannien und Frankreich

Der Umfang sowie die Ausgestaltung der Kapital- und Gewinnbeteiligungssysteme unterscheiden sich deutlich von Land zu Land. Dies liegt nicht zuletzt an der unterschiedlichen Ausgestaltung der nationalstaatlichen Förderprogramme und normativen Beschränkungen.[108] Daher soll im Nachfolgenden zunächst ein Überblick über die wichtigsten Rahmenbedingungen in den einzelnen Staaten erfolgen.

3.1.1 Bundesrepublik Deutschland

Auf die geschichtliche Entwicklung der staatlichen Anstrengungen in der Bundesrepublik Deutschland wurde in den Kapiteln 2.1.2 und 2.2.2 eingegangen. Nachfolgend wird ein knapp gefasster Überblick über die in den vergangenen Jahren zunehmend komplizierter gewordene deutsche Förderpraxis gegeben.

3.1.1.1 Das fünfte Vermögensbildungsgesetz und dritte Vermögensbeteiligungsgesetz

Wie bereits dargelegt, wurde die Idee der Investivlöhne schon in den 1960er Jahren von vielen Politikern und Institutionen in Deutschland unterstützt und für förderungswürdig angesehen. Das Vermögensbildungsgesetz von 1961 war – von einzelnen betrieblichen Regelungen abgesehen – der Anfang des Investivlohns in Deutschland. Die staatlichen Förderungsbedingungen und -konditionen wurden seitdem mehrmals geändert und sind aktuell im dritten Vermögensbeteiligungsgesetz von 1998, im fünften Vermögensbildungsgesetz von 1994 sowie in § 19a der gültigen Fassung des Einkommensteuergesetzes niedergelegt. Das zentrale Förderinstrument – die sogenannte Arbeitnehmer-Sparzulage – wird in den beiden zuerst genannten Normen geregelt. In deren Begünstigung kommen allein stehende Arbeitnehmer bis zu einem zu versteuernden Jahreseinkommen in Höhe von 17.900 € und Verheiratete bis zu einem zu versteuernden Jahreseinkommen in Höhe von 35.800 €.[109] Seit der letzten Gesetzesänderung im Jahr 1998 werden hierbei jedoch zwei Fördertöpfe unterschieden[110] (vgl. Tabelle 2):

---

[108] Vgl. hierzu insbesondere Kommission der Europäischen Gemeinschaften (1991, 1996) und Priewe/ Havighorst (1999).

[109] Vgl. Bundesministerium für Arbeit und Sozialordnung (2002, S. 4).

[110] Vgl. Bundesministerium für Arbeit und Sozialordnung (2002, S. 4 und 9) und Klöckner (1998, S. 1631f.).

- Zunächst gibt der Staat wie schon vor der Gesetzesänderung einen Zuschuss in Höhe von neun Prozent für Anlagen zum Wohnungsbau[111]. Die maximal bezuschusste Anlagesumme beträgt 470 € pro Jahr.[112]
- Werden die vermögenswirksamen Leistungen für betriebliche oder außerbetriebliche Beteiligungen verwendet, so gilt ein gesonderter Höchstbetrag von 400 € jährlich. Die Arbeitnehmersparzulage ist hier mit 18 Prozent doppelt so hoch wie beim ersten Fördertopf.[113] Ostdeutsche Arbeitnehmer erhalten sogar eine Zulage von 22 Prozent.[114] Die zulässigen Anlageformen werden in § 2 des fünften Vermögensbildungsgesetzes näher spezifiziert, dessen Katalog durch das dritte Vermögensbeteiligungsgesetz von 1998 nochmals erweitert wurde. Als Bedingung für die Förderung ist eine Mindestvertragslaufzeit von sechs bis sieben Jahren vorgeschrieben.

Die maximale staatliche Sparzulage beträgt somit 114,30 € für westdeutsche und 130,30 € für ostdeutsche Arbeitnehmer pro Jahr. Die Förderung für Arbeitnehmer durch das Vermögensbildungsgesetz soll nach einer Schätzung des Arbeitsministeriums infolge der Gesetzesnovelle insgesamt 1,83 Mrd. DM (circa 0,94 Mrd. €)[115] pro Jahr betragen.[116] Das Ministerium zählte im Jahr 1998 23 Mio. Arbeitnehmer, die vermögenswirksame Leistungen angelegt haben, wobei nur 10 Mio. Anspruch auf die staatliche Förderung durch Sparzulage im Gesamtumfang von 0,7 Mrd. DM (circa 0,36 Mrd. €)[117] hatten.[118] Während in Westdeutschland 94 Prozent der durch Tarifvertrag erfassten Arbeitnehmer Anspruch auf vermögenswirksame Leistungen der Arbeitgeber hatten, galt dies in Ostdeutschland nur für 62 Prozent.

---

[111] Investivlöhne werden durch den ersten Fördertopf nicht bezuschusst.

[112] Vor dem 1. Januar 2004 gab der Staat noch einen Zuschuss von zehn Prozent für eine maximale Anlage von 480 Euro, der jedoch im Zuge des Haushaltsbegleitgesetzes 2004 entsprechend reduziert wurde. Vgl. Bundesministerium für Arbeit und Sozialordnung (2002, S. 4) und Bundesregierung (2003, S. 3087).

[113] Vor dem 1. Januar 2004 gab der Staat noch einen Zuschuss von 20 Prozent für eine maximale Anlage von 408 Euro, der jedoch im Zuge des Haushaltsbegleitgesetzes 2004 entsprechend reduziert wurde. Vgl. Bundesministerium für Arbeit und Sozialordnung (2002, S. 4) und Bundesregierung (2003, S. 3087).

[114] Bis 31.12.2003: 25 Prozent. Diese Sonderregelung ist bis zum Jahre 2004 befristet. Vgl. Bundesministerium für Arbeit und Sozialordnung (2000, S. 9) und Bundesregierung (2003, S. 3087).

[115] Der gerundete Euro-Betrag wurde mit dem amtlichen Kurs (1 € = 1,95583 DM) errechnet.

[116] Vgl. Bundesministerium für Arbeit und Sozialordnung (1998, S. 1) und Bundesministerium für Arbeit und Sozialordnung (2000, S. 4f.). Dabei sind die genannten Änderungen zum 1. Januar 2004 noch nicht berücksichtigt.

[117] Der gerundete Euro-Betrag wurde mit dem amtlichen Kurs (1 € = 1,95583 DM) errechnet.

[118] Nach Berechnung des Arbeitsministeriums können zwei Drittel der Arbeitnehmer Zulagen für die Anlage von vermögenswirksamen Leistungen erhalten. Vgl. Bundesministerium für Arbeit und Sozialordnung (2000, S. 9).

	Sparzulage des Staates			
	18 % (in D-Ost: 22 % bis zum Jahr 2004) max. 72 € (D-Ost: 88 €) p.a.		9 % max. 42,30 € p.a.	0 % ---
Anlageformen	Produktivkapital im arbeitgebenden Betrieb: • Aktien • GmbH-Anteile • Genossenschaftsguthaben • Stille Beteiligung • Genussrechte/ -scheine • Arbeitnehmer-Darlehen	Außerbetrieblich: • Investmentfonds • Beteiligungs-sondervermögen	Wohnungsbau • Bausparverträge	Geldvermögen • Kontensparen • Lebens-versicherungen
Maximal förderfähiger Sparbetrag	400 € p.a.		470 € p.a.	---
	Aus lohnsteuer- und sozialversicherungspflichtigen vermögenswirksamen Leistungen finanziert			
Einkommens-grenzen staatlicher Förderung	Arbeitnehmer mit einem zu versteuernden Einkommen von bis zu 17.900 € (Alleinstehende) bzw: 35.800 € (Verheiratete); dies entspricht bei sozialversicherungspflichtigen Arbeitnehmern ohne weitere Einkünfte einem Bruttoarbeitslohn von circa 21.000 € bei Alleinstehenden, circa 52.500 € für verheiratete Alleinverdiener mit zwei Kindern.			---
Sperrfrist	6 Jahre	7 Jahre		---
	(Eine vorzeitige Verfügung über das Guthaben führt zum Verlust der Sparzulage; Ausnahmen bei Heirat, längerer Arbeitslosigkeit, Erwerbsunfähigkeit, Beginn einer selbständigen Tätigkeit)			
Quelle: Bayerische Staatsregierung (2001, S. 19), modifizierte Darstellung mit eigenen Ergänzungen versehen; vgl. auch Bundesministerium für Arbeit und Sozialordnung (2002, S. 4) und Bundesregierung (2003, S. 3087).				

Tabelle 2: Sparzulage in der Bundesrepublik Deutschland nach dem 5. Vermögensbildungsgesetz

Von den insgesamt angelegten 16 Mrd. DM (circa 8 Mrd. €)[119] vermögenswirksamer Leistungen waren etwa die Hälfte Arbeitgeberleistungen.[120] Allerdings lässt sich über die Höhe der Summe des Arbeitgeberbeitrags wahrhaftig streiten:

> „Trotz teilweise explizit deklarierter Zusätzlichkeit sind tarifliche vermögenswirksame Leistungen zumindest vorübergehend vorenthaltener Barlohn; d.h. es liegt faktisch eine Substitution von Barlohn durch Sparlohn bzw. Investivlohn vor. Denn ohne die tarifpolitische Vereinbarung vermögenswirksamer Leistungen wäre in den entsprechenden Lohnrunden die Barlohnerhöhung spürbarer ausgefallen."[121]

Wird der Betrag im eigenen Unternehmen angelegt, so ist der Arbeitgeber seit dem 1. Januar 1999 verpflichtet, zusammen mit dem Arbeitnehmer Vorkehrungen zur Absicherung des Anlagebetrags bei Zahlungsunfähigkeit des Unternehmens zu treffen. Die Insolvenzsicherung soll der Gefahr des gleichzeitigen Arbeitsplatz- und Kapitalverlustes, dem „doppelten Risiko", das vor allem von den Gewerkschaften angemahnt wird, entgegenwirken.[122] Die konkrete Ausgestaltung bleibt dabei den Vertragspartnern überlassen und wird daher sehr unterschiedlich praktiziert.[123] Es erfolgt auch keine Sanktionierung im Falle der Nichtabsicherung. Die Sparzulage wird davon unabhängig gewährt.

3.1.1.2 § 19a Einkommensteuergesetz

§ 19a des Einkommensteuergesetzes stellt den zweiten Pfeiler der staatlichen Förderung der Vermögensbildung von Arbeitnehmern dar.[124] Danach kann der Arbeitgeber Vermögensbeteiligungen vergünstigt an Arbeitnehmer abgeben, ohne dass der Vorteil aus dem verbilligten Erwerb versteuert werden muss. Dies gilt aber nur für maximal 135 € jährlich und auch nur dann, wenn der Vorteil die Hälfte des Beteiligungswertes nicht übersteigt.[125] Mit der Steuerfreiheit ist die Sozialabgabenfreiheit verbunden. 1998 haben eine Million Arbeitnehmer

---

[119] Der gerundete Euro-Betrag wurde mit dem amtlichen Kurs (1 € = 1,95583 DM) errechnet.

[120] Vgl. Bundesministerium für Arbeit und Sozialordnung (2000, S. 6).

[121] Schäfer/Rürup (1998, S. 23).

[122] Vgl. Priewe/Havighorst (1999, S. 9).

[123] Nur das Mitarbeiterdarlehen muss gemäß dem Kreditwesengesetz zwingend durch eine Bankbürgschaft abgesichert werden. Die aus dem sogenannten Werksparkassenverbot resultierende Norm gemäß § 3 Kreditwesengesetz bezieht sich aber nicht auf Inhaber- oder Orderschuldverschreibungen. Vgl. Boos/Fischer/Schulte-Mattler (2000, S. 223f.).

[124] Eine weitere Maßnahme für eine breite Vermögensbildung aller Bevölkerungsgruppen außerhalb der Produktivkapitalförderung stellt das Wohnungsbau-Prämiengesetz dar. Vgl. zum Beispiel Bundesministerium für Arbeit und Sozialordnung (2000, S. 7).

[125] Bis zum Ende des Jahres 2003 lag die Höchstsumme noch bei 154 Euro, welche aber im Rahmen des Haushaltsbegleitgesetzes entsprechend reduziert wurde. Vgl. Bundesministerium für Arbeit und Sozialordnung (2002, S. 7) und Bundesregierung (2003, S. 3082).

Beteiligungen im Wert von 0,75 Mrd. DM (circa 0,38 Mrd. €)[126] vom Arbeitgeber erworben, welches eine Verdreifachung gegenüber dem Wert von 1983 darstellt. Der Umfang der durch die Steuer- und Abgabenfreiheit resultierenden staatlichen Förderung belief sich 1998 auf insgesamt rund 200 Mio. DM (circa 102 Mio. €)[127].[128]

3.1.2 USA

Die starke Verbreitung von Kapitalbeteiligungsmodellen in den USA beruht in erster Linie auf der nur mangelhaften staatlichen Altersvorsorge. Dadurch kommt der betrieblichen Altersversorgung ein wesentlich größeres Gewicht zu und damit natürlich auch der Kapitalbeteiligung von Arbeitnehmern.[129] Mit diesem Argument lässt sich auch die starke Diffusion von jenen Gewinnbeteiligungssystemen erklären, die gleichzeitig mit einem Investivlohnmodell verknüpft sind. Dagegen beruht die Verbreitung reiner Gewinnbeteiligungsmodelle wohl eher auf anderen Ursachen, zum Beispiel der Anwerbung von Spezialisten. Mit hoher Wahrscheinlichkeit wäre aber die Gewinn- und Kapitalbeteiligung von Arbeitnehmern niemals so bedeutend geworden, wenn nicht eine umfangreiche staatliche Förderung dazu beigetragen hätte. Diese soll dem aktuellen Stand entsprechend nachfolgend kurz dargestellt werden.

3.1.2.1 Employee Stock Ownership Plans (ESOPs)

Mit Hilfe von ESOPs wurden seit den 1970er Jahren viele US-amerikanische Arbeitnehmer am Kapital des sie beschäftigenden Unternehmens beteiligt. Dabei wird folgendermaßen vorgegangen: Das Unternehmen, das seine Mitarbeiter beteiligen möchte, richtet einen Treuhandfonds ein. Dieser nimmt – wenn er nicht direkt mit Kapital des Unternehmens ausgestattet wird – ein Darlehen bei einer Bank auf, um damit Aktien des Unternehmens am Markt oder im Rahmen einer Kapitalerhöhung zu kaufen. Der Betrieb zahlt daraufhin jährlich steuerlich abzugsfähige Beiträge in den Fonds ein, womit das aufgenommene Darlehen und die dafür anfallenden Zinsen getilgt werden.[130] Die gesetzliche Definition eines ESOP in § 4975 (e) (7) Internal Revenue Code (I. R. C.) verlangt die Erfüllung der folgenden fünf Kriterien:[131]

- Beitragszahler müssen das Unternehmen, die Belegschaft oder beide zusammen sein

[126] Der gerundete Euro-Betrag wurde mit dem amtlichen Kurs (1 € = 1,95583 DM) errechnet.
[127] Der gerundete Euro-Betrag wurde mit dem amtlichen Kurs (1 € = 1,95583 DM) errechnet.
[128] Vgl. Bundesministerium für Arbeit und Sozialordnung (2000, S. 7).
[129] Vgl. Priewe/Havighorst (1999, S. 20).
[130] Vgl. Priewe/Havighorst (1999, S. 15) und NCEO (1998, S. 1ff.).
[131] Vgl. dazu auch Paefgen (1992, S. 469).

- Die Arbeitnehmer beziehungsweise die von diesen benannten Begünstigten sind die ausschließlichen Nutznießer des ESOP
- Die Teilnahme an dem ESOP darf nicht an Zulassungsvoraussetzungen (zum Beispiel bestimmte Gehaltsgrenzen) gebunden sein, sondern muss jedem Belegschaftsmitglied offen stehen.
- Die ESOP-Bedingungen müssen einen angemessenen Zeitplan für die Erstarkung der Ruhegeldanwartschaften zum Vollrecht enthalten.
- Die Höchstgrenze für die jährliche Beitragsleistung liegt bei 25 Prozent der Vergütung beziehungsweise US-$ 30.000.

Erfüllt der ESOP diese Bedingungen, so gelten diverse Steuervergünstigungen.[132] Anders als das Vermögensbildungsgesetz in Deutschland, schreibt der I. R. C. keine Absicherung des Anlagerisikos vor.

3.1.2.2 401(k)-Pläne

401(k)-Pläne ermöglichen den Arbeitnehmern, einen Teil ihres Einkommens unter bestimmten Bedingungen steuerfrei in Investmentfonds anzulegen, die von ihrem Unternehmen aufgelegt werden.[133] Im Unterschied zu einem ESOP dürfen die Gelder aber nicht nur für den Kauf von Anteilen des sie beschäftigenden Unternehmens verwendet werden, sondern der Fonds kann auch Anteile fremder Unternehmen erwerben. Die Einzahlungen der Arbeitgeber und Arbeitnehmer dürfen jährlich nicht mehr als 15 Prozent des zu versteuernden Einkommens betragen. Die Grenze verringert sich zudem, wenn andere steuervergünstigte Alterssicherungsprogramme genutzt werden.[134]

3.1.2.3 Employee Stock Purchase Plans (ESPPs)

Als ESPPs werden sowohl die steuerlich anerkannten 423-Pläne wie aber auch nicht entsprechend qualifizierte Konzepte bezeichnet. Erstere sind unter anderem dadurch gekennzeichnet, dass in der Regel Arbeitnehmer, die mindestens zwei Jahre lang im Betrieb beschäftigt sind, teilnahmeberechtigt sein müssen. Die Pläne ermöglichen den Arbeitnehmern, Aktien innerhalb eines bestimmten Zeitraums (3 bis 27 monatige „offering period") günstiger zu erwerben, üblicherweise mit einem Abschlag von bis zu 15 Prozent des Marktpreises.[135] Für die anerkannten Pläne gelten gewisse Steuervorteile. Die höchstmögliche Kaufsumme ist dabei auf 25.000 US-$ pro Jahr begrenzt.[136]

---

[132] Vgl. dazu ausführlich Paefgen (1992, S. 469).
[133] Vgl. NCEO (1998, S. 10).
[134] Vgl. Priewe/Havighorst (1999, S. 16).
[135] Vgl. NCEO (2001, S. 2).
[136] Vgl. NCEO (2002, S. 13f.).

3.1.2.4 Granted Stock Options (GSO)

Während die Realisation von ESOPs, 401(k)-Plänen und ESPPs zu einem unmittelbaren Vermögenszuwachs bei den Arbeitnehmern führt, stellt der Erwerb von Aktienoptionen seitens der Arbeitnehmer lediglich das Recht dar, Aktien an einem bestimmten Zeitpunkt zu einem bestimmten Preis zu erwerben. Ob die Arbeitnehmer dadurch profitieren, hängt entscheidend von der Entwicklung des Aktienkurses ab. Zudem sind die Optionen oftmals mit bestimmten Sperrfristen versehen, so dass sie frühestens nach einigen Jahren ausgeübt werden können[137]. Die Beteiligung der Arbeitnehmer am Produktivvermögen erfolgt erst und auch nur dann, wenn die Arbeitnehmer bei Ausübung ihrer Optionsrechte in den Besitz der Aktien kommen und diese behalten. Steuererleichterungen werden auf die sogenannten Incentive Stock Options (ISO) gewährt, die im Gegensatz zu den Non-Qualified Stock Options (NSO) die vorgegebenen IRS (Internal Revenue Service)-Anforderungen erfüllen. Zu Letzteren zählt eine bestimmte Mindesthaltepflicht.[138]

3.1.2.5 Deferred Profit-Sharing (DPS)

Während die reine Gewinnbeteiligung, mit Ausnahme von Aktienoptionsmodellen, keinerlei Förderung unterliegt, erhalten die Arbeitnehmer Steuervergünstigungen, wenn sie an einer Mischform aus Gewinn- und Kapitalbeteiligung, dem DPS, teilnehmen und die dafür geltenden Regelungen des „Employee Retirement Income Security Act“ von 1974 einhalten.[139] Der Gewinnanteil kann dabei sowohl betrieblich als auch in fremden Unternehmen angelegt werden.

3.1.3 Großbritannien

Die Beteiligung von Arbeitnehmern ist in Großbritannien durch eine lange Geschichte gekennzeichnet. Seit Mitte des 19. Jahrhunderts gab es in unregelmäßigen Abständen Fortschritte wie auch Niederlagen für die Beteiligungsidee. Eine staatliche Förderung erhielten einige Modelle in der zweiten Hälfte des 20. Jahrhunderts, erstmals durch einen Beschluss der konservativen Regierung Heath Anfang der 1970er Jahre. Diese wurde jedoch infolge eines Machtwechsels zugunsten der Labour Party bald wieder abgeschafft und so dauerte es bis zum Ende der 1970er Jahre, bis für bestimmte Modelle erhebliche steuerliche Erleichterungen wieder eingeführt wurden.[140]

---

[137] Vgl. NCEO (1998, S. 13).

[138] Vgl. FMR Corp. (2002, S. 7f.).

[139] Die Unternehmen erhalten allerdings keine Steuerermäßigung. Vgl. Priewe/Havighorst (1999, S. 19).

[140] Vgl. Kommission der Europäischen Gemeinschaften (1991, S. 157f.).

Die bekanntesten staatlich geförderten Formen sind: das Approved Profit-sharing Scheme (APSS), Save-As-You-Earn-Option-Scheme (SAYE), Profit-Related Pay (PRP), der Company Share Option Plan (CSOP) und Share Incentive Plan/New All-Employee Share Ownership Plan.[141]

3.1.3.1 Approved Profit-sharing Scheme (APSS)

Bei dieser Variante einer Mitarbeiterbeteiligung stellt das Unternehmen zunächst einen bestimmten Betrag in einen Treuhandfonds ein, der dann dazu verwendet wird, Stammaktien des Unternehmens zu erwerben. Danach werden diese Anteile wiederum den einzelnen Arbeitnehmern gutgeschrieben, wobei das gesetzliche Eigentum zunächst noch beim Treuhandfonds verbleibt. Solche APSSs werden seit dem Finance Act von 1978 derart begünstigt, dass die Arbeitnehmer den Wert der gutgeschriebenen Anteile nicht mehr zu versteuern brauchen.[142] Allerdings setzt dies die Einhaltung entsprechender Vorschriften voraus. Dazu zählt die Bedingung, dass alle Arbeitnehmer (die mindestens fünf Jahre im Unternehmen beschäftigt sind[143]) das Recht auf Teilnahme erhalten müssen, ebenso wie eine Sperrfrist von drei Jahren, in denen die Anteile beim Treuhänder verbleiben. Zudem gilt für den Wert der gutgeschriebenen Anteile ein Höchstbetrag von UK£ 3000 respektive zehn Prozent des persönlichen Gehalts, maximal jedoch UK£ 8000 je Steuerjahr (es gilt der größere Betrag, d.h. der Höchstbetrag bewegt sich zwischen UK£ 3000 und UK£ 8000).[144] Der Namensbestandteil "profit-sharing" ist allerdings insofern missverständlich, als der Beteiligungsumfang nicht an die Gewinnhöhe gekoppelt sein muss.[145] Mit dem Finance Act 2000 wurde eine neue Form, die sog. Share Incentive Plans, beschlossen, welche die Approved Profit Sharing Schemes ersetzen sollen. Die Förderung für die APSSs läuft daher aus.[146]

3.1.3.2 Save-As-You-Earn-Option-Scheme (SAYE)

Im Rahmen dieser – auch als Sharesave Scheme bezeichneten – Konzeption sparen die Arbeitnehmer über drei, fünf oder sieben Jahre hinweg monatlich einen Betrag zwischen UK£ 5 und UK£ 250. Statt Zinsen wird am Ende der

---

[141] Vgl. zu den einzelnen Beteiligungsformen die Ausführungen bei Priewe/Havighorst (1999, S. 27ff.), Proshare (2001a), Proshare (2001b), Proshare (2001c), Proshare (2001d), Inland Revenue (2002a) und Inland Revenue (2002b).

[142] Der Wertzuwachs der Anteile sowie die gezahlten Dividenden bleiben aber weiterhin steuerpflichtig. Vgl. Proshare (2001c, S. 2).

[143] Vgl. Inland Revenue (2002a, S. 1).

[144] Vgl. Proshare (2001c, S. 1).

[145] Vgl. Priewe/Havighorst (1999, S. 28).

[146] Vgl. Inland Revenue (2002a, S. 1).

Vertragsdauer ein Bonus in Höhe von 2,75/7,5/13,5 Monatsbeiträgen bei 3/5/7 Jahren Laufzeit ausgezahlt.[147] Dazu erhält der Arbeitnehmer für die Höhe der angesparten Summe Aktienbezugsrechte, deren Konditionen zu Beginn festgelegt werden, die aber erst bei Vertragsende ausübbar sind. Auch diese Form der Vermögensbildung wird staatlich gefördert, da der verdiente Bonus für den Arbeitnehmer von der Einkommensteuer und Sozialversicherung befreit ist.[148] Sofern kein Freibetrag mehr vorhanden ist, muss der Anteilswertgewinn allerdings versteuert werden.[149] Genauso wie bei den Profit Sharing Schemes muss die Teilnahme an SAYEs jedem Arbeitnehmer im Unternehmen (der mindestens fünf Jahre beschäftigt ist) zu den gleichen Konditionen möglich sein.

3.1.3.3 Profit-Related Pay (PRP)

Beim PRP handelt es sich um ein staatlich gefördertes Gewinnbeteiligungsmodell, das 1987 mit dem Ziel eingeführt wurde, die Arbeitslosigkeit durch das Aufbrechen von Lohnstarrheiten zu reduzieren. Die an die Arbeitnehmer ausgeschütteten Gewinnanteile sind bis zu einer Höhe von 20 Prozent des Gehalts, maximal aber bis UK£ 4000 p. a. steuerfrei, wenn nachfolgende Bedingungen eingehalten werden:

- Die an die Arbeitnehmer zu verteilende Summe wird nach einer vorab festgelegten Formel direkt vom Gewinn errechnet,
- mindestens 80 Prozent aller Arbeitnehmer mit einer Betriebszugehörigkeit von mindestens drei Jahren müssen damit einverstanden sein und beteiligt werden,
- alle Berechtigten müssen ähnliche Bedingungen für eine Beteiligung erhalten,
- die Laufzeit beträgt mindestens ein Jahr.[150]

Mit dem Finance Act 1997 wurde beschlossen, dass diese staatliche Form der Förderung der Gewinnbeteiligung mit dem Jahr 2000 ausläuft.[151]

3.1.3.4 Company Share Option Plan (CSOP)

Mit dem Finance Act von 1994 wurden die Steuererleichterungen für „Discretionary Share Options" (DSO) aufgehoben und Letztere durch den „Company Share Option Plan" ersetzt. Der Arbeitnehmer erhält hierbei ein Aktienoptionsrecht, bei dessen Ausübung auf die üblicherweise fälligen Steuerzahlungen Ab-

---

[147] Vgl. Proshare (2001b, S. 1).
[148] Vgl. Inland Revenue (2002a, S. 1).
[149] Vgl. Proshare (2001b, S. 2).
[150] Vgl. Priewe/Havighorst (1999, S. 29f.).
[151] Vgl. Inland Revenue (2002b, S. 1).

schläge gewährt werden. Allerdings müssen hierzu eine Reihe von Bedingungen erfüllt werden. Dazu zählt die Auflage, dass der Gesamtwert der Optionen, die im Rahmen eines CSOP oder irgend eines anderen staatlich genehmigten Plans gehalten werden, nicht den Wert von UK£ 30.000 überschreitet. Neben weiteren Restriktionen gilt vor allem auch die Einschränkung, dass die Ausführung frühestens nach drei Jahren möglich ist.[152]

3.1.3.5 Share Incentive Plan

Als Ersatz für das Profit Sharing Scheme wurde mit dem Finance Act 2000 diese auch als New All-Employee Share Ownership Plan bekannte Variante eingeführt. Sie ist durch drei Schlüsselmerkmale gekennzeichnet:

- „Free shares“: Die Arbeitgeber können den Arbeitnehmern jedes Jahr Aktien bis zu einem Gesamtwert von UK£ 3.000 kostenlos überlassen.
- „Partnership shares“: Die Arbeitnehmer können aus ihrem Bruttolohn bis zu einem Wert von UK£ 1.500 Aktien kaufen, d.h. für diesen Lohnanteil sind weder Einkommensteuer noch Sozialversicherungsbeiträge fällig.
- „Matching Shares“: Für jede durch den Arbeitnehmer gekaufte „Partnership share“ kann der Arbeitgeber zwei kostenlose Aktien dazu geben.

Mit Ausnahme der Partnership shares müssen die Aktien mindestens fünf Jahre im Fonds verbleiben, damit hierauf weder Einkommensteuer noch Sozialversicherungsbeiträge fällig werden. Bei einer Haltezeit zwischen drei und fünf Jahren fallen reduzierte Steuern und Sozialversicherungsbeiträge an. Während die Aktien im Fonds sind und an Wert gewinnen, wird keine Kapitalgewinnsteuer fällig. Die Unternehmen erhalten für die ihnen entstehenden Kosten Steuererleichterungen.[153]

3.1.4 Frankreich

Auch in Frankreich hat die Beteiligung der Arbeitnehmer eine lange Tradition und wurde insbesondere unter de Gaulle, aber auch bei nachfolgenden Präsidenten und Regierungschefs (zum Beispiel von d'Estaing, Mitterand und Chirac) vorangetrieben. Obwohl die Arbeitgeber und die Gewerkschaften – ähnlich wie in Deutschland – demgegenüber negativ eingestellt waren, entwickelte sich das französische System umfassend und erfolgreich. Man zählt hauptsächlich fünf Formen der Gewinn- und Kapitalbeteiligung: Intéressement

[152] Vgl. Proshare (2001d, S. 1f.).
[153] Vgl. Inland Revenue (2002a, S. 2f.).

des salariés, Participation aux fruits de l'expansion, Unternehmenssparpläne, Aktienoptionen und Belegschaftsaktien.[154]

3.1.4.1 Intéressement des salariés

Hierbei handelt es sich um einen flexiblen Lohnbestandteil, dessen Berechnung zwischen Arbeitgeber und den Beschäftigten frei vereinbar ist und damit auch an eine andere Größe wie die des Unternehmenserfolgs bindbar ist. Somit handelt es sich nicht unbedingt um eine Form der Gewinnbeteiligung. Doch ist nach einer Untersuchung der OECD in 80 Prozent der Fälle der Unternehmensgewinn allein die Bezugsbasis[155], weswegen in der Regel also doch berechtigt von einer Gewinnbeteiligung gesprochen werden kann. Die Höchstgrenze für die staatliche Förderung liegt bei 20 Prozent der Bruttolohnsumme beziehungsweise bei der Hälfte der jährlichen Beitragsbemessungsgrenze für die Sozialversicherung.[156] Einzahlungen auf den Unternehmenssparplan (vgl. Kapitel 3.1.4.3) erweitern jedoch die Höchstsumme. Voraussetzungen sind, dass die Berechnung einheitlich für alle Arbeitnehmerkategorien vorgenommen wird und dass die Unternehmen ihrer Pflicht zur Wahl von Arbeitnehmervertretern nachkommen.[157] Die staatliche Förderung umfasst die Sozialversicherungsfreiheit auf Arbeitgeber- und Arbeitnehmerseite sowie die Anerkennung der Beträge als Kosten auf Unternehmerseite. Zudem entfällt die Einkommensteuerpflicht für den Fall, dass der Arbeitnehmer die Beträge in einen Unternehmenssparplan anlegt.[158]

3.1.4.2 Participation aux fruits de l'expansion

Unternehmen mit mindestens 50 Arbeitnehmern müssen aus einem Teil des Gewinns eine sogenannte „besondere Beteiligungsreserve" (Réserve Spéciale de Participation – RSP) errichten, also einen Fonds, über den die gesamte Belegschaft am Produktivkapital beteiligt werden soll.[159] Frankreich hat somit als einziges europäisches Land eine obligatorische Gewinnbeteiligung für Unternehmen ab einer bestimmten Größe, die zudem durch Sperrfristen für die Ausschüttung aus dem Fonds zu einem Kapitalstock der Beschäftigten führt.[160] Die Höhe des abzuführenden Gewinns berechnet sich nach folgender, durch den Gesetzgeber vorgegebenen Formel oder nach einer anderen Berechnungsgrund-

---

[154] Vgl. Priewe/Havighorst (1999, S. 20ff.).
[155] Vgl. OECD (1995, S. 142).
[156] Vgl. Kommission der Europäischen Gemeinschaften (1991, S. 69), Fondact (2002, S. 1).
[157] Vgl. Priewe/Havighorst (1999, S. 21ff.).
[158] Vgl. Priewe/Havighorst (1999, S. 21ff.).
[159] Vgl. Kommission der Europäischen Gemeinschaften (1991, S. 69).
[160] Vgl. Kommission der Europäischen Gemeinschaften (1996, S. 19f.).

lage, die aber die Arbeitnehmer nicht schlechter stellen darf (allerdings soll die RSP auch eine gewisse Höhe nicht übersteigen):[161]

$$RSP = \frac{1}{2}\left(SNG - \frac{5Ek}{100}\right)\frac{Ls}{Ws} \qquad (1)$$

RSP = Réserve Spéciale de Participation; SNG = steuerbarer Nettogewinn; Ek = Eigenkapital; Ls = Bruttolohnsumme; Ws = Wertschöpfung

Die Verteilung des Gewinns auf den einzelnen Mitarbeiter erfolgt nach der Höhe des jeweiligen Arbeitsentgelts beziehungsweise optional 50 Prozent nach der Dauer der Betriebszugehörigkeit, wobei individuelle Höchstgrenzen zu beachten sind. Freiwillige Beiträge der Arbeitnehmer wie der Arbeitgeber sind zusätzlich möglich. Die Mittel können sowohl im eigenen Unternehmen wie auch überbetrieblich angelegt werden. Möglich ist aber auch die Verwendung für zusätzliche Freizeit oder für den Kauf von Autos oder Wohneigentum. Letztere Optionen wurden aus konjunkturpolitischen Gründen im Jahr 1994 geschaffen.[162] Bei diesem Erfolgsbeteiligungsmodell handelt es sich somit nur dann auch um ein Investivlohnsystem, wenn die Gewinnanteile für Unternehmensinvestitionen und nicht für private Zwecke, wie dem Kauf von Autos, Verwendung finden. Auch hier umfasst die staatliche Förderung eine Abzugsfähigkeit als Betriebsausgaben für das Unternehmen sowie den Verzicht auf die Sozialversicherungsbeiträge. Zudem sind die Gewinnanteile für die Arbeitnehmer von der Einkommensteuer befreit.[163]

3.1.4.3 Unternehmenssparpläne

Die Entwicklung eines Unternehmenssparplanes ist für die Unternehmen freiwillig, ebenso die Teilnahme für die Arbeitnehmer. Die Arbeitnehmer können aus ihrem Lohn (eventuell mit einem Zuschuss des Arbeitgebers) eine betriebliche oder überbetriebliche Kapitalbeteiligung erwerben. Allen Mitarbeitern muss die Teilnahme möglich sein. Die Sperrfrist beträgt fünf Jahre.[164] Die Beiträge der Unternehmen sind für die Arbeitnehmer wie auch die Arbeitgeber steuer- und sozialabgabenbefreit. Für Leistungen der Arbeitnehmer gilt allerdings keine Befreiung.[165]

---

[161] Vgl. Kommission der Europäischen Gemeinschaften (1991, S. 70).
[162] Vgl. Priewe/Havighorst (1999, S. 21ff.).
[163] Vgl. Priewe/Havighorst (1999, S. 21ff.).
[164] Vgl. Priewe/Havighorst (1999, S. 23ff.).
[165] Vgl. Priewe/Havighorst (1999, S. 23ff.).

3.1.4.4 Aktienoptionen

Diese Variante der Mitarbeiterbeteiligung steht vor allem den Führungskräften von Aktiengesellschaften und Kommanditgesellschaften auf Aktien offen.[166] Für die Arbeitgeber sind die Kosten der Einräumung von Aktienoptionen weitestgehend steuerlich abzugsfähig. Für die Beschäftigten sind die Gewinne bei der Ausübung unter bestimmten Rahmenbedingungen steuerbegünstigt.[167]

3.1.4.5 Belegschaftsaktien

Diese Form der staatlichen Förderung ermöglicht es Aktiengesellschaften oder Kommanditgesellschaften auf Aktien, die innerhalb der letzten drei Geschäftsjahre mindestens zweimal Dividenden an ihre Aktionäre gezahlt haben, ihren Mitarbeitern eine bestimmte Menge an Belegschaftsaktien unter dem Kurswert auszugeben.[168] Auch hier gilt wieder die Befreiung von Steuern und Sozialabgaben für das Unternehmen sowie zusätzlich der Erlass der einprozentigen Registrierungssteuer im Falle der Kapitalerhöhung. Für die Arbeitnehmer ist der bis zu einer Höhe von FF 3.000 (457 €)[169] aufgewendete Lohnanteil steuerfrei, genauso der Zuschuss des Unternehmens, der zusätzlich auch nicht der Sozialabgabenpflicht unterliegt.[170]

3.2 Volkswirtschaftlicher Diffusionsgrad und betriebliche Modellierung

3.2.1 Empirische Erhebungen zur Verbreitung

Während noch bis vor ein paar Jahren die Beteiligung von Mitarbeitern am Kapital oder Gewinn nur sehr geringe Ausmaße annahm und die wenigen Unternehmen, die hier besonders aktiv wurden, eine recht hohe Bekanntheit erlangten – zu denken sei zum Beispiel an die Porst-Gruppe[171] oder an die

---

[166] Vgl. Priewe/Havighorst (1999, S. 24ff.).

[167] Vgl. Priewe/Havighorst (1999, S. 24ff.).

[168] Vgl. Priewe/Havighorst (1999, S. 24ff.).

[169] Der gerundete Euro-Betrag wurde mit dem amtlichen Kurs (1 € = 6,55957 FF) errechnet.

[170] Vgl. Priewe/Havighorst (1999, S. 24ff.).

[171] Als im Jahr 1972 der damalige Alleineigentümer Hannsheinz Porst die Mitarbeiter weitreichend materiell und immateriell beteiligte, führte dies zu einer großen öffentlichen Beachtung und weitgehender Ablehnung seitens der Gewerkschaften als auch der Arbeitgeberorganisationen. Aufgrund erheblicher wirtschaftlicher Schwierigkeiten des Unternehmens musste das sogenannte Porst-Modell wenige Jahre später auch wieder aufgegeben werden. Vgl. Müller (1986, S. 83ff.).

Rosenthal AG[172] –, ist dies seit einiger Zeit, insbesondere für die Unternehmen am Neuen Markt, beinahe schon eine Selbstverständlichkeit. Dennoch bleibt festzustellen, dass in Deutschland das statistische Zahlenmaterial sehr dürftig ist. Die nachfolgende Betrachtung der Arbeitnehmerkapitalbeteiligungsmodelle in Deutschland kann deshalb – im Unterschied zu obiger Definition von Investivlöhnen – i.d.R. auch nur Beteiligungen der Mitarbeiter am eigenen Unternehmen, nicht aber überbetriebliche Anlagen berücksichtigen. Auch kann es sein, dass die erfassten Kapitalanteile nicht immer mittels Investivlohn gebildet wurden.

Laut dem Institut für Arbeitsmarkt- und Berufsforschung (2002) ergab die Erhebung des IAB-Betriebspanels im Jahr 2001 (9. Welle West, 6. Welle Ost), dass im Westen knapp sieben Prozent und im Osten 3,3 Prozent der Beschäftigten in Unternehmen arbeiten, die Kapitalbeteiligungsprogramme anbieten. Weit mehr Arbeitnehmer sind in Betrieben mit Gewinnbeteiligungsmodellen tätig: 22 Prozent der Beschäftigten im Westen, 11,8 Prozent der Beschäftigten im Osten. Doch nicht alle Mitarbeiter in diesen Betrieben können oder wollen an solchen Beteiligungsformen partizipieren. Durchschnittlich etwa zwei Drittel aller Arbeitnehmer in Unternehmen mit Kapitalbeteiligungsprogrammen nehmen teil, d.h. etwa 1,4 Mio. Arbeitnehmer in Gesamtdeutschland (circa vier Prozent aller beschäftigten Arbeitnehmer). Nur 56 Prozent der Mitarbeiter in Betrieben mit einem Gewinnbeteiligungsmodell partizipieren am Unternehmensergebnis, d.h. etwa 3,8 Mio. Arbeitnehmer (circa elf Prozent aller beschäftigten Arbeitnehmer). Etwa 2,4 (8,7) Prozent aller Betriebe bieten ein Kapitalbeteiligungsmodell (Gewinnbeteiligungsmodell) an, das entspricht hochgerechnet 52.200 (185.000) Betrieben.[173]

Nach einer Statistik des Frankfurter Aktieninstituts gab es im Jahr 1999 knapp zwei Millionen Belegschaftsaktionäre mit einem Beteiligungskapital von etwa 25 Mrd. DM (circa 12,8 Mrd. €)[174] bei 2500 Unternehmen.[175] Doch die Zahlen zum Umfang von Kapital- und Gewinnbeteiligungsmodellen variieren in den

---

[172] Der Unternehmer Philip Rosenthal, Sohn des gleichnamigen Firmengründers, gehört zu den Pionieren der Vermögensbildung in Arbeitnehmerhand. Bereits Anfang der 1960er Jahre führte er ein Beteiligungskonzept ein, das einer Vielzahl von Arbeitnehmern eine umfangreiche Kapitalbildung ermöglichte. Vgl. Bornträger (1989, S. 308f.). Rosenthal, der von 1969 bis 1983 Mitglied des Bundestages war, wurde 1970 von Karl Schiller zum Parlamentarischen Staatssekretär im Bundeswirtschaftsministerium ernannt. Er gab das Amt jedoch bereits vierzehn Monate später wieder auf – unter anderem auch deswegen, da die Beteiligung der Arbeitnehmer am Produktivvermögen aus seiner Sicht durch die damalige Regierung ungenügend gefördert würde. Vgl. Areion Online (2003, S. 2f.).

[173] Vgl. Institut für Arbeitsmarkt- und Berufsforschung (2002). Eigene Berechnungen.

[174] Der gerundete Euro-Betrag wurde mit dem amtlichen Kurs (1 € = 1,95583 DM) errechnet.

[175] Vgl. o.V. (2000b).

einzelnen Untersuchungen. So kommt die Arbeitsgemeinschaft Partnerschaft in der Wirtschaft gemäß Tabelle 1[176] zwar zu etwa der gleichen Zahl von Belegschaftsaktionären, doch geht sie von deutlich weniger beteiligten Unternehmen (500) und geringerem Beteiligungskapital (10,9 Mrd. €) aus.

Die Kommission der Europäischen Gemeinschaften spricht im PEPPER II-Bericht für Deutschland lediglich von insgesamt 1,5 Mio. Arbeitnehmern, die im Jahr 1994 am Gewinn oder Kapital beteiligt gewesen seien und von 1.500 bis 2.000 Unternehmen, die solche Modelle praktizierten.[177] Gemäß dem Bundesministerium für Arbeit und Sozialordnung haben im Jahr 2000 eine Million Arbeitnehmer Beteiligungen von ihrem Arbeitgeber erhalten und zwei Millionen Beschäftigte, also etwa sechs Prozent der Arbeitnehmer in Deutschland, Anteile am Unternehmenskapital gehalten.[178] Laut dem Employment Outlook der OECD für das Jahr 1995 ist bei ebenso vielen Arbeitnehmern der Arbeitslohn von einer oder mehreren Komponenten (Gewinne, Wertschöpfung, Umsatzzahlen) direkt abhängig. Der Anteil der Arbeitnehmer, die Kapitalbeteiligungen erhielten, lag hier bei vier Prozent.[179] Die Zahl der Unternehmen, die ihre Mitarbeiter am Gewinn oder Kapital beteiligten, summierte sich auf 1 beziehungsweise 0,5 Prozent.

Die doch sehr unterschiedlichen Schätzungen resultieren zum einen aus mangelhaft vorliegendem Zahlenmaterial und zum anderen aus unterschiedlichen Definitionsauffassungen. Zudem kann die Stichprobenwahl mittels einseitiger Selektion von Unternehmen mit bestimmten Strukturmerkmalen (zum Beispiel nur größere Unternehmen, in denen durchschnittlich mehr Arbeitnehmer am Kapital beteiligt sind[180]) das Ergebnis deutlich verzerren. Sicher ist nur, dass die Beteiligung der Arbeitnehmer noch in den Kinderschuhen steckt.

Die Bereitschaft der Arbeitnehmer scheint jedoch wesentlich größer zu sein. Eine Umfrage des Meinungsforschungsinstituts Forsa ergab, dass 79 Prozent der Befragten eine Beteiligung der Mitarbeiter am Aktienkapital befürworten, nur zehn Prozent würden sie gänzlich ablehnen (vgl. Abbildung 2). An Aktien des eigenen Unternehmens[181] wären immerhin rund 67 Prozent interessiert, wobei vor allem die jüngeren Arbeitnehmer sowie die Beschäftigten in Westdeutschland ein größeres Interesse bekundeten. 60 Prozent der 1000 Befragten

[176] Siehe Kapitel 2.1.4.

[177] Vgl. Kommission der Europäischen Gemeinschaften (1996, S. 14). Zu beachten ist aber die spezifische Abgrenzung von PEPPER-Modellen. Vgl. Kommission der Europäischen Gemeinschaften (1991, S. 10).

[178] Bundesministerium für Arbeit und Sozialordnung (2002, S. 7).

[179] Vgl. OECD (1995, S. 143).

[180] Vgl. Möller (2000, S. 570).

[181] Meines Erachtens ist die Wortwahl des Fragestellers hier nicht so überlegt gewählt.

würden dafür sogar auf einen Teil ihres Gehalts verzichten. Hier sind allerdings die älteren wesentlich bereiter als die jüngeren, vermutlich da diese finanziell eher die Möglichkeit haben, einen Teil ihres Gehalts in dieser Form anzulegen.

Studie/Institution	**Erhebungsjahr**	**Ergebnis**
Institut für Arbeitsmarkt- und Berufsforschung (2002) (IAB-Betriebspanel)	2001	1,4 Mio. Beschäftigte (circa 4 % der Arbeitnehmer) partzipieren an Kapitalbeteiligungsmodellen; 3,8 Mio. Beschäftigte (circa 11 % der Arbeitnehmer) erhalten Gewinnanteile; 2,4 % (8,7 %) aller Betriebe bieten ein Kapitalbeteiligungsmodell (Gewinnbeteiligungsmodell) an - das entspricht hochgerechnet 52.200 (185.000) Betrieben.
Frankfurter Aktieninstitut[182]	1999	2 Mio. Belgeschaftsaktionäre bei 2.500 Unternehmen (7 % der Arbeitnehmer)
PEPPER II-Bericht der Europäischen Union[183]	1994	Kapital-/Erfolgsbeteiligung von 1,5 Mio. Arbeitnehmern in 1.500 bis 2.000 Unternehmen (5 % aller Arbeitnehmer)
Bundesministerium für Arbeit und Sozialordnung (2002)	2000	3 % der Arbeitnehmer haben Beteiligungen von ihrem Arbeitgeber erworben.
OECD (1995)	1995	4 % der Arbeitnehmer erhalten Kapitalanteile, 6 % erhalten ein variables Entgelt, das von einer oder mehreren Größen abhängt (zum Beispiel Gewinn, Umsatz); Die Zahl der Unternehmen, die ihre Mitarbeiter am Gewinn oder Kapital beteiligen, summiert sich auf 1 beziehungsweise 0,5 %.
Quelle: eigene Darstellung.		

Tabelle 3: Empirische Erhebungen zur Beteiligungssituation in Deutschland

[182] Vgl. o.V. (2000b).
[183] Vgl. Kommission der Europäischen Gemeinschaften (1996, S. 14).

Sollen Mitarbeiter mit Aktien am Unternehmensgewinn beteiligt werden?

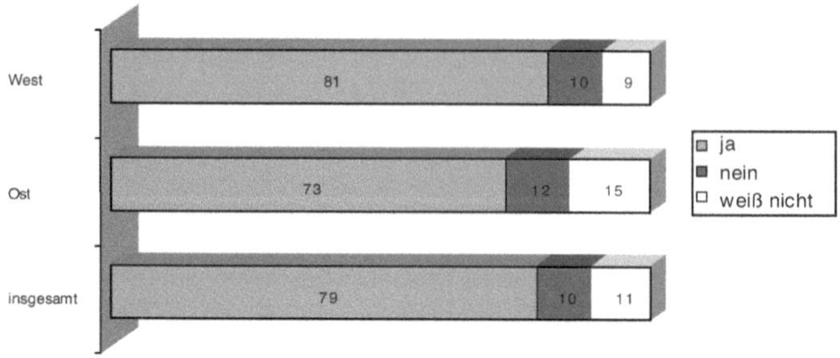

Würden Sie auf einen Teil Ihres Gehalts verzichten, wenn Sie dafür Aktien bekämen?

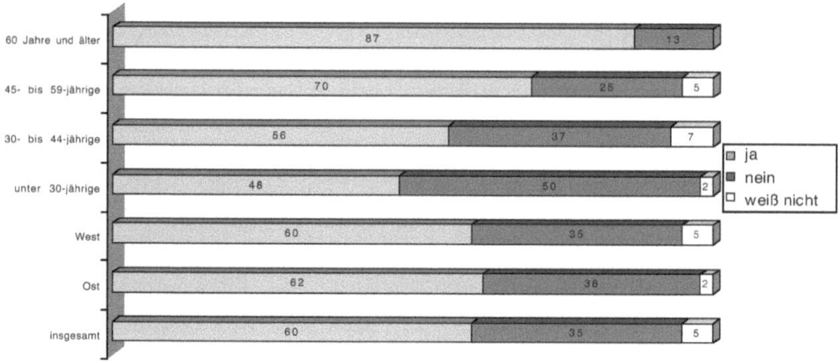

Wären Sie an Aktien Ihres eigenen Unternehmens interessiert?

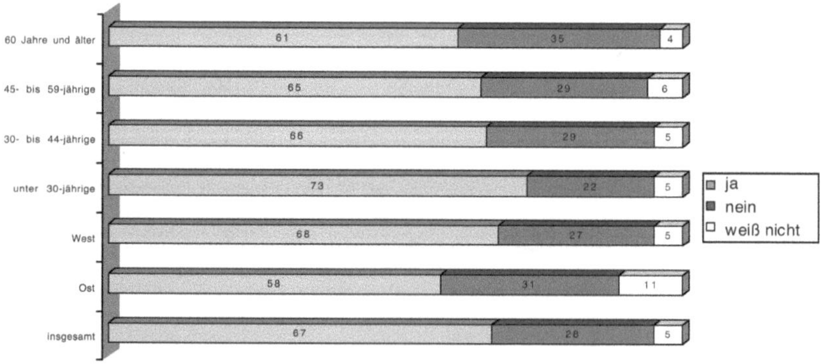

Abbildung 2: Ergebnisse der Forsa-Umfrage (Angaben in Prozent)

Datenquelle: o.V. (2000a).

In einer Umfrage des Forschungsinstituts für Ordnungspolitik waren immerhin 46,9 Prozent bereit, auf einen Teil des Barlohnes zugunsten einer Kapitalbeteiligung zu verzichten. Die Bereitschaft war bei den Geringverdienern mit einem monatlichen Haushaltsnettoeinkommen von unter 2.000 DM (1022,58 €) erwartungsgemäß am kleinsten (30,8 Prozent), während die Befragten mit einem Einkommen von 5.000 bis 5.999 DM (2556,46 bis 3067,24 €) mehrheitlich und am stärksten (57,6 Prozent) Akzeptanz zeigten. Ähnliches ergibt sich bei der Frage nach einer Flexibilisierung der Lohngestaltung. Durchschnittlich sprachen sich gut die Hälfte der Befragten (50,5 Prozent) für eine Flexibilisierung aus, wobei wiederum die geringste Zustimmung bei den Personen mit einem Haushaltsnettoeinkommen von unter 2.000 DM (1022,58 €) verzeichnet wurde (39,8 Prozent), während diejenigen mit einem Einkommen von über 6.000 DM (3067,75 €) mit 61,4 Prozent deutlich Fürsprache bekundeten.[184] Eine immer größere Zahl von Unternehmen stehen der Kapital- und/oder Gewinnbeteiligung offen gegenüber. Von den DAX 100-Unternehmen boten im Jahr 2000 bereits über 50 Prozent Optionen für eine finanzielle Mitarbeiterbeteiligung an, von den Unternehmen im Nemax 50 waren es sogar 70 Prozent.[185]

Weltweit sind vor allem die Vereinigten Staaten, Großbritannien und Frankreich für eine umfangreiche Etablierung derartiger Systeme bekannt. In den Vereinigten Staaten haben im Jahr 2001 durch ESOPs und ähnliche Formen schätzungsweise 8,5 Mio. Arbeitnehmer, durch Broad Stock Option Pläne[186] acht bis zehn Millionen, mittels 401k-Plänen über zwei Millionen und durch ESPPs 15,7 Millionen Beschäftigte an Kapital- und Gewinnbeteiligungsmodellen partizipiert (vgl. Abbildung 3).[187] Die Anzahl der beteiligten Unternehmen belief sich bei den ESOPs und ähnlichen Plänen auf 11.500, bei Broad Stock Option Plänen auf 4.000, bei 401k-Plänen auf 2.000 und bei ESPPs auf 4000.[188] All diese, wie auch die noch später für andere Länder vorgestellten Investivlohn- oder Gewinnbeteiligungsformen, sind i.d.R. durch eine mehr oder minder umfangreiche staatliche Förderung gekennzeichnet. Nicht geförderte Formen können im Folgenden kaum berücksichtigt werden, d.h. die Verbreitung ist in der Realität noch größer.

Das in ESOP-Plänen gebundene Kapital wird auf über 400 Mrd. US-$ geschätzt.[189] Allein 1999 wurden 20 Mrd. US-$ in ESOPs angelegt. Etwa 1500

---

184 Vgl. Forschungsinstitut für Ordnungspolitik (1999, S. 10ff.). Die Euro-Beträge wurden mit dem amtlichen Kurs (1 € = 1,95583 DM) errechnet.

185 Vgl. ISA Consult (2000b, S. 11).

186 Dabei handelt es sich nur um die Unternehmen, welche GSO-Pläne für mindestens 50 Prozent ihrer Vollzeitbeschäftigten einführten.

187 Vgl. NCEO (2001, S. 1f.).

188 Vgl. NCEO (2001, S. 1).

189 Vgl. NCEO (2001).

ESOP-Unternehmen gehören sogar zu 100 Prozent den Mitarbeitern.[190] Der Wert der Broad Stock Option Pläne wird auf mehrere hundert Mrd. US-$ geschätzt, ist aber schwer berechenbar.[191] Die Beträge sind natürlich auch stark von der aktuellen Börsensituation abhängig. Bei heftigen Kursausschlägen, wie zum Beispiel im Jahr 2001 infolge der Terroranschläge und allgemein rezessiver Tendenzen, veränderte sich der Wert in kurzer Frist deutlich, ohne dass es zu einer Zu- oder Abnahme des Interesses von Unternehmer- oder Arbeitnehmerseite gekommen ist.

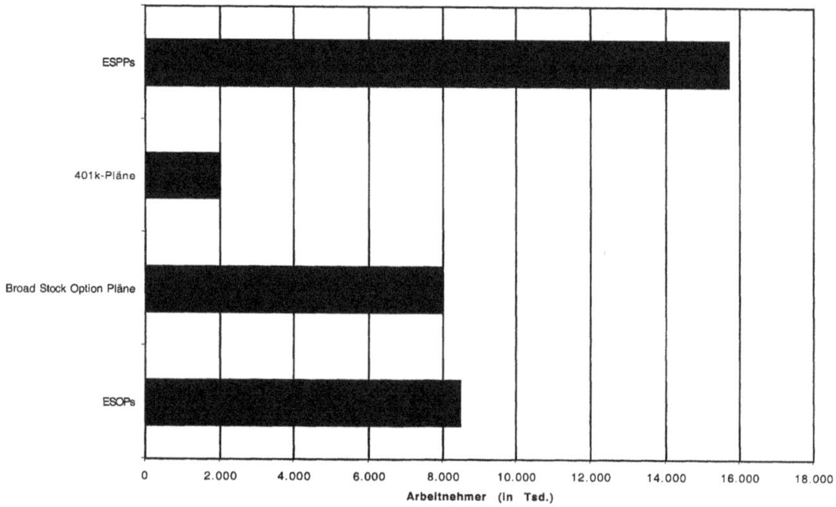

Abbildung 3: Beteiligung der Arbeitnehmer in den USA

Datenquelle: Schätzungen der NCEO (2001, S. 1f.).
Im Schaubild ist die untere Grenze der geschätzten Anzahl (acht bis zehn Millionen) der beteiligten Arbeitnehmer an den Broad Stock Option Plänen abgetragen.

Den Bedeutungsgewinn von Unternehmensbeteiligungen zeigt auch eindrucksvoll eine Studie von Kruse und Blasi, wonach im Jahr 1991 Mitarbeiter in 148 großen börsennotierten Unternehmen einen Mindestanteil von 18 Prozent besaßen, während dies 1974 nur bei einer (Sears Roebuck) und 1983 erst bei 27 Gesellschaften der Fall war.[192] Bei Deferred Profit Sharing (DPS)-Plänen

[190] Vgl. ESOP Association (2001).
[191] Vgl. NCEO (2001, S. 1).
[192] Vgl. Blair/Kruse (1999, S. 1).

konnten die USA ebenso einen hohen Zuwachs erzielen. In 15 Prozent aller amerikanischen Unternehmen mit mehr als 100 Mitarbeitern sollen solche kombinierten Gewinn- und Kapitalbeteiligungsmodelle mittlerweile verbreitet sein.[193] Für die Gesamtzahl der Unternehmen mit Gewinnbeteiligungsmodellen gehen andere Schätzungen sogar von deutlich über 20 Prozent aus.[194]

Nach der britischen Organisation Proshare waren im Jahr 2001 3,5 Mio. Arbeitnehmer in Form von Approved Profit-sharing Schemes, Save-As-You-Earn-Option-Schemes oder Company Share Option-Plänen am Kapital beziehungsweise Erfolg ihres Unternehmens beteiligt, wobei die populärste Form mit 1,75 Mio. Arbeitnehmern das Save-As-You-Earn-Option-Scheme darstellt (vgl. Abbildung 4).[195] Die Bedeutung der Approved Profit Sharing Schemes wird allerdings aufgrund der auslaufenden staatlichen Förderung in den folgenden Jahren sinken. Dafür wird erwartet, dass das Nachfolgemodell „New All-Employee Share Ownership Plan" entsprechend an Gewicht gewinnt, wofür momentan aber noch keine Statistiken verfügbar sind.

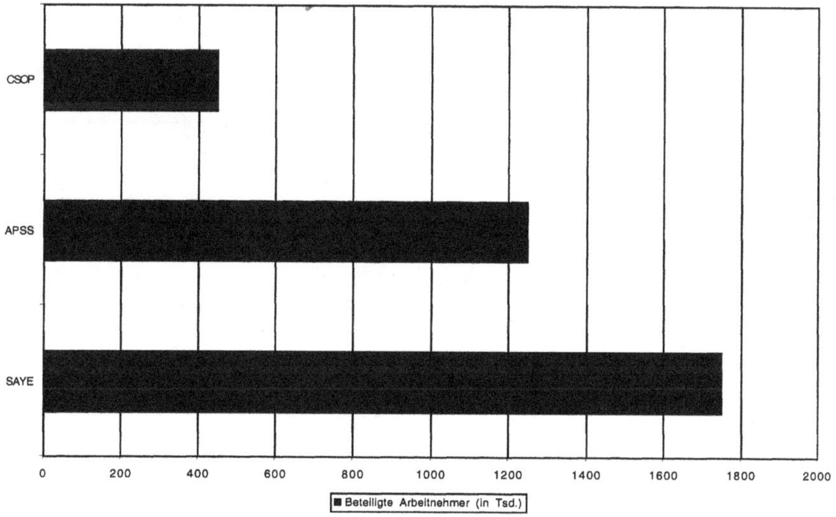

Abbildung 4: Beteiligte Arbeitnehmer am CSOP, APSS und SAYE

Datenquelle: Proshare (2001a, S.1).

193 Vgl. Priewe/Havighorst (1999, S. 19).
194 Vgl. Jones/Kato/Pliskin (1994, S. 4).
195 Vgl. Proshare (2001a, S. 1).

Noch größer war aber der Teil der britischen Arbeitnehmer, die durch Profit-Related-Pay (PRP) direkt vom Gewinn profitierten. Mehr als 4,6 Mio. Arbeitnehmer hatten 1998 gewinnabhängige Lohnbestandteile.[196] Die Menge der Gewinnbeteiligungsmodelle war in den letzten Jahren rasant angestiegen. Im September 1988, ein Jahr nach der Einführung, belief sich die Zahl der teilnehmenden Beschäftigten noch auf 107.000, drei Jahre später immerhin schon auf 350.000 Arbeitnehmer.[197] In den folgenden sieben Jahren setzte mehr als eine Verzehnfachung auf über 4,6 Mio. beteiligte Mitarbeiter ein (vgl. Abbildung 5). Insgesamt 14.000 Betriebe wurden im Jahr 1997 mit PRP-Systemen registriert.[198] Die OECD hat für das Jahr 1993 geschätzt, dass circa zwei bis fünf Prozent des Jahresgehalts erfolgsabhängig ausgezahlt wurde. Durch das im Finance Act 1997 geregelte Auslaufen der Einkommensteuererleichterung ging die Zahl der beteiligten Arbeitnehmer aber drastisch auf 1,6 Mio. im Jahr 2000 zurück.

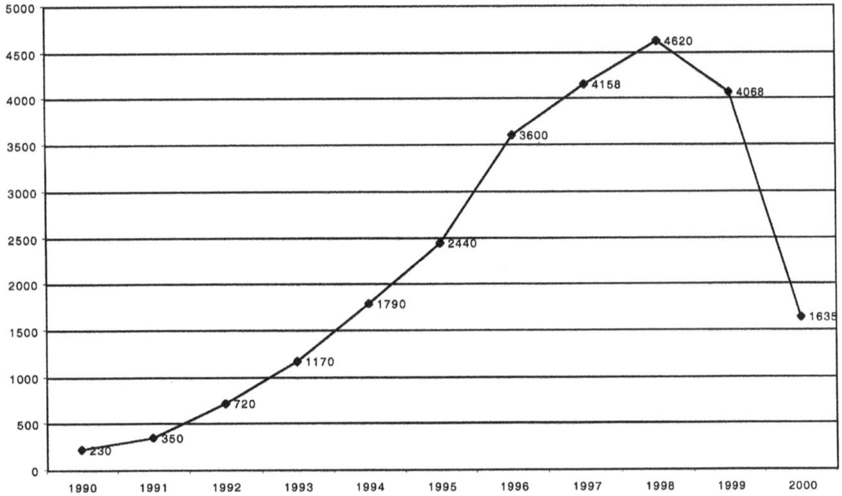

Abbildung 5 : Entwicklung der Teilnehmerzahl (in Tsd.) an PRP-Programmen in Großbritannien

Datenquelle: bis 1996: Hardes/Wickert (2000, S. 66); 1997 – 2000: Inland Revenue (2002c, S. 1).

[196] Vgl. Priewe/Havighorst (1999, S. 31).
[197] Vgl. Gerlach (1997, S. 322).
[198] Vgl. ISA Consult (2000b, S. 90ff.).

Im Nachbarland Frankreich werden 500.000 Arbeitnehmer mit Belegschaftsaktien gezählt, die einem Gesamtwert von etwa 15 Mrd. Euro entsprechen.[199] Die Summe aller Beschäftigten, die Unternehmensanteile oder Anteilsäquivalente erhalten, wird bei etwa fünf Millionen vermutet.[200] Die Zahl der Unternehmen mit Arbeitnehmerkapitalbeteiligungsplänen wird allerdings sehr unterschiedlich geschätzt, die Spannbreite liegt zwischen 2.000 und 19.000.[201] Aufgrund der obligatorischen Gewinnbeteiligung nehmen etwa fünf Millionen Arbeitnehmer per „Participation", also etwa ein Viertel aller französischen Arbeitnehmer, am Unternehmenserfolg teil. Circa drei Millionen Beschäftigte profitieren am Gewinn in Form von Jahreserfolgsbeteiligungen (Intéressement). Der Anteil gewinnabhängiger Lohnanteile wird auf maximal sieben Prozent geschätzt.[202]

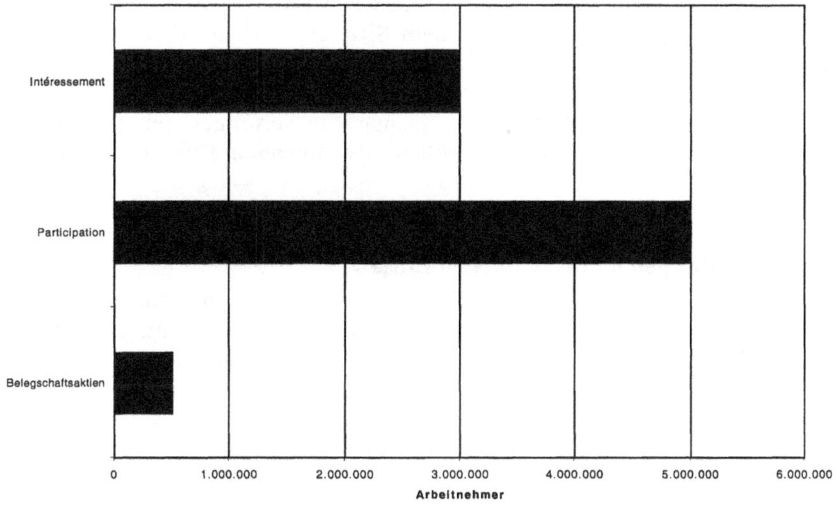

Abbildung 6: Beteiligung der Arbeitnehmer in Frankreich

Datenquelle: ISA Consult (2000b, S. 90ff.).

199 Vgl. ISA Consult (2000b, S. 90ff.). Die Euro-Beträge wurden mit dem amtlichen Kurs (1 € = 1,95583 DM) errechnet.

200 Vgl. Bohne (2000, S.8).

201 Vgl. Poutsma (1999, S. 24) und Bohne (2000, S. 8).

202 Vgl. ISA Consult (2000b, S. 90ff.). Bei letzterer Zahl liegen die Schätzungen zum Teil weit auseinander. Ein deutlich niedrigerer Wert findet sich bei Poutsma (1999, S. 23).

Natürlich gibt es noch weitere Länder, die hier erwähnenswert wären, jedoch aus Platzgründen nicht alle berücksichtigt werden können. Zu nennen sei zum Beispiel Japan, das seit Jahren ein ausgeprägtes Bonussystem praktiziert. 97 Prozent aller Unternehmen mit 30 oder mehr Arbeitnehmern zahlen zweimal jährlich Boni aus, die mindestens ein Viertel des Gehalts ausmachen.[203] Allerdings handelt es sich hier oftmals nicht um Gewinnbeteiligungsmodelle im Sinne obiger Definition, da die Bonushöhe in vielen Betrieben erst im nachhinein festgelegt wird. Zudem ist es fraglich, ob deren Veränderung nicht mehr durch Lohnsteigerungen als durch Gewinnveränderungen bestimmt wird.[204] Daher und aus weiteren, zum Beispiel die Arbeitsmarktstatistik betreffenden Gründen, muss auch die häufig diskutierte Aussage Weitzmans „Japan bietet sozusagen ein lebendiges Laboratorium“[205] mit Skepsis angesehen werden.[206]

Eine Umfrage der Wirtschaftsprüfungsgesellschaft Arthur Andersen bei den 1.250 weltgrößten Unternehmen lässt für die Zukunft ein stabiles Wachstum der Arbeitnehmerkapitalbeteiligung erwarten. Zehn Prozent der Unternehmen mit europäischem oder nordamerikanischem Sitz, die bis Juli 1998 eine Antwort abgaben, wollten in unmittelbarer Zukunft Beteiligungsmodelle einführen. Nach diesen Berechnungen könnten mehr als eine Million neuer Belegschaftsaktionäre gewonnen werden.[207] Die statistischen Auswertungen der nächsten Zeit werden belegen, ob diese hoffnungsvollen Erwartungen in Erfüllung gingen.

3.2.2 Modelltypen im betrieblichen Einsatz

Im Folgenden werden noch einige konkrete Beispiele der finanziellen Mitarbeiterbeteiligung in Deutschland und im Ausland genannt. Dies hat den Zweck, einen Einblick in die Variationsbreite der Systeme zu geben und zu verdeutlichen, dass die schon seit vielen Jahren auf wissenschaftlicher Ebene geführte Diskussion breite Aufmerksamkeit in der Praxis gefunden hat.

Eine recht fortgeschrittene Entwicklung zeigt sich zum Beispiel beim Stuttgarter Autokonzern DaimlerChrysler. Die Mitarbeiter in Deutschland erhielten für das Geschäftsjahr 2000 eine Ergebnisbeteiligung von 3.111 DM je Kopf.[208] Daneben ermöglicht DaimlerChrysler den Kauf von Belegschaftsaktien.[209] Dem Management wurden zusätzlich umfangreiche Aktienoptionen eingeräumt, wobei diese

---

[203] Vgl. Jones/Kato/Pliskin (1994, S. 7).
[204] Vgl. Peck (1986, S. 429ff.).
[205] Weitzman (1987, S. 93).
[206] Vgl. Estrin/Grout/Wadhwani (1987, S. 40). Vgl. auch FitzRoy (1987, S. 7).
[207] Vgl. Dahmen (1999, S. 40).
[208] Vgl. DaimlerChrysler AG (2001).
[209] Vgl. DaimlerChrysler AG (2002).

an relativ hohe Kurssteigerungen der Papiere gebunden sind, weswegen die Gefahr droht, dass diese, wie bereits bei früheren Programmen, letztlich wertlos sind.[210]

Zu den Pionieren der Mitarbeiterbeteiligung zählt die deutsche Tochter des amerikanischen Computerunternehmens IBM, die bereits in den 1950er Jahren Belegschaftsaktien ausgab. Bis zu zehn Prozent des Gehalts kann der Mitarbeiter in IBM-Aktien anlegen, wobei der Kaufpreis durch steuerpflichtige Zuschüsse um 15 Prozent unter dem Börsenkurs liegt. Eine einjährige Sperrfrist soll eine sofortige Wiederveräußerung verhindern. Für die leitenden Angestellten wurden seit Anfang der 1970er Jahre zudem Aktienoptionen ausgegeben.[211]

Auch der Volkswagen-Konzern führte schon frühzeitig Aktienoptionen ein, die allerdings im Unterschied zu DaimlerChrysler und IBM neben dem Management auch sämtlichen tariflichen Beschäftigten zustehen.[212] Der Siemens-Konzern baute sein Entlohnungssystem noch radikaler um. Bereichsvorstände und Hauptabteilungsleiter bekommen nur noch 40 Prozent ihrer Bezüge fest, der Rest wird in Abhängigkeit von der Ergebnissituation ausbezahlt. Zusätzliche Aktienoptionen sollen zu noch größerer Leistung anspornen.[213] Auch die Lufthansa beteiligt die Mitarbeiter am Ergebnis und bietet zudem für die Führungskräfte wie aber auch für alle anderen Arbeitnehmer ein in der Ausgestaltung vielfältiges Aktienkaufprogramm an.[214] Ein noch umfangreicheres und für das Unternehmen in der Vergangenheit sehr teures Mitarbeiterbeteiligungsprogramm existiert beim Softwarehersteller SAP. Die Kosten für „Star" betrugen zum Beispiel im Jahr 1999 allein im ersten Quartal 239 Mio. Euro bei einem Umsatz von 1,18 Mrd. Euro.[215] Extreme Beispiele lassen sich auch im Ausland finden. Das Computerunternehmen Dell mit Sitz in Austin (Texas) hat seit seiner Gründung im Jahr 1984 etwa 3.000 Beschäftigten durch Mitarbeiteraktien zum Millionärsstatus verholfen.[216]

---

[210] Vgl. Fröhlich/Reinking (2000).
[211] Vgl. IBM Deutschland GmbH (2000, S. 161).
[212] Vgl. Winter (2000, S. 53).
[213] Vgl. Eicker (1999).
[214] Vgl. Ott (2002, S. 372ff.).
[215] Vgl. o.V. (2000i).
[216] Vgl. Halusa (1999).

4 Implikationen für die Einkommensverteilung

„Das geheiligte Kreuz, das wir nach wie vor auf uns nehmen, ist der »Lohnstandard«. An dieses Kreuz haben wir unzählige Generationen wirtschaftlichen Wohlstands genagelt – d.h. verlorene Güter und Dienstleistungen im Werte Billionen von heutigen Dollar – und zwar haben wir sie geopfert für das zweifelhafte Verdienst, den Arbeitskräften einer Nation zu erlauben, als angeheuerter Produktionsfaktor zum Vergnügen des Kapitals dienen zu können, anstatt bei der Produktion als Partner der Gesamtwirtschaft zu fungieren. Der Lohnstandard ist keineswegs eine universelle unvermeidliche Konsequenz irgendwelcher göttlichen Kräfte, natürlicher Gesetze oder sogar der menschlichen Natur. Er ist vielmehr ein spezifischer und relativ willkürlicher kurzfristiger Mechanismus zur Aufteilung des Sozialproduktkuchens auf die verschiedenen Gruppen und Klassen, die zu seiner Herstellung beigetragen haben."

Martin L. Weitzman[217]

Kaum eine andere Frage der Wirtschaftspolitik wird so fortwährend und von so vielen Menschen diskutiert wie die der "richtigen Einkommensverteilung". Sobald ein neues Gesetz die Verteilungssituation derart verändert, dass sich eine soziale Gruppe ungerechtfertigt behandelt fühlt, bricht eine Diskussion aus, die letztlich bis zu sozialen Unruhen und einem Machtwechsel an der Spitze des Staates führen kann. Aber auch die jährlichen Tarifverhandlungen sind regelmäßig Anlass für eine Debatte über die Gerechtigkeit der bestehenden Einkommensverteilung. Letzteres kann jedoch von der Wissenschaft nicht bestimmt werden. Gerechtigkeit ist und bleibt eine subjektive Größe. Die Forschung kann allerdings Zusammenhänge und Kausalitäten aufspüren, die mit einer bestimmten Einkommensverteilung einhergehen, zum Beispiel hinsichtlich des Anteils der Bevölkerung, der in absoluter Armut lebt, des Umfangs der Kriminalität, des wirtschaftlichen Wachstums u.s.w.[218] Allgemein gilt, dass eine zu große Einkommensdisparität eine Reihe negativer gesamtgesellschaftlicher Folgen mit sich bringt. Wenn die Politik über die Höhe der gewünschten Einkommensverteilung entschieden hat, kann die ökonomische Forschung Wege aufzeigen, die zu diesem gesteckten Ziel führen. Letztere sind allerdings mit unterschiedlichen volkswirtschaftlichen Kosten verbunden. Denn es darf nicht vergessen werden, dass bestimmte Maßnahmen der Umverteilung – wenn sie

---

[217] Weitzman (1987, S. 179).

[218] Vgl. zum Beispiel zur Wirkung auf die Kriminalität Demougin/Schwager (1999), zur Beziehung zwischen Einkommensverteilung und wirtschaftlichem Wachstum Grossmann (2001).

denn überhaupt erfolgreich sind – mit erheblichen Effizienzverlusten einhergehen.

Im Rahmen des vierten Kapitels wird zunächst auf einige Grundlagen der Verteilungstheorie eingegangen. Dieser Darstellung folgt eine empirische Bestandsaufnahme der deutschen Situation. Die dann folgenden zwei Unterkapitel gehen ausführlich auf die Implikationen von Investivlöhnen und Gewinnbeteiligungen hinsichtlich der Verteilungssituation ein, über die Lampert und Althammer so hoffnungsvoll meinen:

> „Nach allem, was wir über den volkswirtschaftlichen Kreislauf, die tragenden endogenen Kräfte wirtschaftlicher Entwicklung und über die Verteilung von Einkommen und Vermögen wissen, kann eigentlich kein Zweifel mehr bestehen, daß der Weg zu einer gleichmäßigeren Verteilung der Chancen des Vermögenserwerbes und zur Verhinderung sowie zum Abbau von Vermögenskonzentration nur über die Vergrößerung der Sparfähigkeit der Bezieher kleiner und mittlerer Einkommen durch die Öffnung des Zuganges zu der für die Vermögensbildung entscheidenden Quelle, nämlich des Gewinnes, für die Arbeitnehmer führt. Dazu stehen zwei Instrumente zur Verfügung: der Investivlohn und die Ertragsbeteiligung.“[219]

Eine Analyse empirischer Befunde, die das 4. Kapitel beschließt, soll die bis dahin erzielten Resultate kritisch überprüfen.

4.1 Funktionelle und personelle Einkommensverteilung

4.1.1 Die notwendige Unterscheidung zwischen funktioneller und personeller Einkommensverteilung

4.1.1.1 Die funktionelle Einkommensverteilung

Die funktionelle Einkommensverteilung beschreibt die Verteilung des Einkommens auf die einzelnen Produktionsfaktoren. Während die Klassiker noch ein Drei-Faktorenmodell (Arbeit, Kapital, Boden) verwendeten, reduzierte man dies in der Folge vereinfachend auf die beiden Aggregate Arbeit und Kapital.[220] Man unterteilt dementsprechend in Lohn- und Profiteinkommen, die in Relation zum Gesamteinkommen die Lohn- und Profitquoten ergeben.

---

[219] Lampert/Althammer (2001, S. 405f.).

[220] Der Faktor Arbeit kann natürlich auch differenzierter betrachtet werden, zum Beispiel nach hoch-, mittel- und geringqualifizierten Arbeitnehmern.

(2) $$LQ_t = \frac{L_t}{Y_t}$$

(3) $$PQ_t = \frac{P_t}{Y_t}$$

L = Arbeitnehmerentgelte; *P* = Unternehmens- und Vermögenseinkommen; *Y* = Volkseinkommen;

Statt der einfachen Lohnquote findet häufig die modifizierte Lohnquote (LQ_t^{mod}) Verwendung, die sich dadurch unterscheidet, dass sie unterstellt, dass das Verhältnis von beschäftigten Arbeitnehmern (A) und der Gesamtzahl der Erwerbstätigen (E) in allen Jahren konstant bleibt. Sie wird folgendermaßen berechnet (wie auch in den folgenden empirischen Untersuchungen wird dabei angenommen, dass die Beschäftigungsstruktur des Jahres 1980 konstant bleibt):[221]

(4) $$LQ_t^{mod} = \frac{L_t}{Y_t} \cdot \frac{\frac{A_{1980}}{E_{1980}}}{\frac{A_t}{E_t}}$$

L = Arbeitnehmerentgelte; *Y* = Volkseinkommen; A_{1980} = Anzahl der beschäftigten Arbeitnehmer im Jahr 1980; E_{1980} = Anzahl der Erwerbstätigen im Jahr 1980;

Die modifizierte Lohnquote hat den Vorteil, dass sie von einer Veränderung des Verhältnisses von beschäftigten Arbeitnehmern und Erwerbstätigen nicht beeinflusst wird.[222] Bei der einfachen Lohnquote führt dagegen eine Verminderung des Anteils der Selbständigen zu einer Erhöhung der Lohnquote, ohne dass sich der Lohnanteil der bisher abhängig beschäftigten Arbeitnehmer verändert hat. Zum Teil findet auch die Arbeitseinkommensquote Verwendung:

(5) $$AEQ_t = \frac{L_t}{Y_t} \cdot \frac{E_t}{A_t}$$

L = Arbeitnehmerentgelte; *Y* = Volkseinkommen; *A* = Anzahl der beschäftigten Arbeitnehmer; *E* = Anzahl der Erwerbstätigen;

---

[221] Vgl. zum Beispiel Rothschild (1968).

[222] Allerdings ist die Bereinigung rein rechnerischer Natur. Es kann daraus nicht die Schlussfolgerung gezogen werden, dass die Lohnquote diesen Wert angenommen hätte, wenn sich die Erwerbstätigenstruktur tatsächlich nicht verändert hätte. Vgl. die ausführliche Kritik bei Kalmbach (1995, S. 278ff.).

Diese geht davon aus, dass die Selbständigen beziehungsweise mithelfenden Familienangehörigen das durchschnittliche Bruttoeinkommen eines beschäftigten Arbeitnehmers für ihren Arbeitseinsatz erhalten.[223] Damit wird versucht, die problematische Mischkategorie des Einkommens selbständiger Unternehmer in Arbeits- und Kapitalbestandteile zu entflechten. Die Entlohnung des Faktors Arbeit ist somit entsprechend größer als wenn nur das Arbeitnehmerentgelt Berücksichtigung findet. Wie bei der modifizierten Lohnquote soll somit eine Änderung des Verhältnisses von beschäftigten Arbeitnehmern und Erwerbstätigen keinen Einfluss auf die Höhe der Quote haben.[224] Sie unterscheidet sich von der modifizierten Lohnquote nur durch einen Niveauunterschied.[225]

Zur Verdeutlichung der verschiedenen Effekte, welche auf die Arbeitseinkommensquote einwirken, ist eine tautologische Aufspaltung der Quote dienlich, wie dies zum Beispiel folgendermaßen vom Sachverständigenrat durchgeführt wird[226]:

$$AEQ_t = \frac{\overbrace{\frac{BLG_t}{A_t}}^{F_1} \cdot \overbrace{\left(1+\frac{AGB_t}{BLG_t}\right)}^{F_2}}{\underbrace{\frac{BNE_t^r}{E_t}}_{F_3} \cdot \underbrace{\frac{RNE_t}{BNE_t^r}}_{F_4} \cdot \underbrace{p_t^{lv}}_{F_5} \cdot \underbrace{\left(1-\frac{AK_t^n}{BNE_t^n}\right)}_{F_6} \cdot \underbrace{\left(1-\frac{T_t - Su_t}{BNE_t^n - AK_t^n}\right)}_{F_7}}$$

BLG = Bruttolöhne und -gehälter; *AGB* = tatsächliche und unterstellte Sozialbeiträge der Arbeitgeber; BNE^r = Bruttonationaleinkommen in konstanten Preisen; *RNE* = Realwert des Nationaleinkommens; p^{lv} = Deflator der inländischen Verwendung; AK^n = Abschreibungen in jeweiligen Preisen; BNE^n = Bruttonationaleinkommen in jeweiligen Preisen; *T* = Produktions- und Importabgaben; *Su* = Subventionen;

Die Effekte F_3 bis F_7 bestimmen die Höhe eines möglichen Verteilungsspielraums. An erster Stelle steht hier natürlich der Produktivitätsfaktor F_3, gefolgt vom Terms-of-Trade-Faktor F_4, der die Tauschbedingungen im internationalen

---

[223] Vgl. Kalmbach (1995, S. 282).

[224] Vgl. Kalmbach (1995, S. 283).

[225] Die Arbeitseinkommensquote und die modifizierte Lohnquote unterscheiden sich nur durch einen fixen Faktor. Die Arbeitseinkommensquote erhält man, indem man die modifizierte Lohnquote durch den Unselbständigenanteil des Basisjahres dividiert. Vgl. Kalmbach (1995, S. 282).

[226] Vgl. Sachverständigenrat zur Begutachtung der gesamtwirtschaftlichen Entwicklung (2001, S. 345f., Anhang V). Vgl. eine ähnliche Komponentenbildung bei Krämer (1996, S. 133ff.).

Handel widerspiegelt. Bedeutsam für die Höhe der jährlichen Lohnforderungen der Gewerkschaften ist auch die Preisentwicklung, ausgedrückt durch den Deflator F_5. F_6 stellt den Abschreibungsfaktor und F_7 den Nettoproduktionsabgabenfaktor dar. Inwieweit ein möglicher Verteilungsspielraum (über-/unter-) ausgenutzt wurde, wird durch die Höhe des Lohnfaktors F_1 und Sozialbeitragsfaktors F_2 bestimmt.[227]

4.1.1.2 Die personelle Einkommensverteilung

Die *funktionelle* Einkommensverteilung wird vor allem beim jährlichen „Tarifvertragspoker" von Arbeitgeberseite, den Gewerkschaften und der Öffentlichkeit kritisch betrachtet und diskutiert. Die *personelle* Einkommensverteilung beschreibt dagegen die Verteilung des Einkommens auf die einzelnen Personen oder Haushalte – unabhängig davon, mit welchem Produktionsfaktor das Einkommen erwirtschaftet wurde.[228] Wird nach der wirtschaftlichen Situation von Arbeitnehmern gefragt, ist die personelle und nicht die funktionelle Einkommensverteilung relevant. Denn Erstere berücksichtigt, dass eine Querverteilung[229] existiert, d.h., dass Arbeitnehmer nicht nur Löhne, sondern in der Regel auch Kapitaleinkommen erhalten. Zudem zeigen sich in der personellen Einkommensverteilung auch die Wirkungen der staatlichen Umverteilung, während die funktionelle nur das unmittelbare Markteinkommen betrachtet. Die personelle Einkommensverteilung legt damit auch offen, welches Einkommen denjenigen zufließt, die weder Lohn- noch Kapitaleinkommen beziehen. Die Kenntnis der personellen Einkommensverteilung ist für nachfrageorientierte Ansätze unabdingbar, da die Kaufkraft der einzelnen Gruppen von den Haushaltseinkommen und nicht von den Faktoreinkommen abhängt. Ein Vorteil der personellen Sicht kann auch in einem eventuell niedrigen Aggregationsgrad liegen, wodurch eine größere Homogenität der betrachteten Gruppen gewährleistet sein kann.[230] Als Bezugseinheiten sind eine Reihe von Größen denkbar, zum Beispiel das einzelne Individuum, der einzelne Haushalt oder eine soziale Gruppe beziehungsweise Klasse. Während sich zum Beispiel Clark für das Individuum als Bezugspunkt entschied, wird stattdessen seit längerem üblicherweise der Haushalt gewählt. Das liegt insbesondere darin begründet, dass Einkommenserzielungs- und -verwendungsentscheidungen auf der Haushaltsebene stattfinden und die schlichte Betrachtung der Einkommensbezieher unberücksichtigt ließe, wie viele von diesem Einkommen abhängen.[231] Zudem handelt es sich oftmals

---

[227] Eine ausführliche Komponentenanalyse zur Entwicklung in Deutschland führte Krämer (1996, S. 133ff.) durch.

[228] Vgl. hierzu zum Beispiel Krupp (1967), Hauser/Wagner (2002).

[229] Der Begriff der Querverteilung geht auf Stobbe (1962, S. 35ff.) zurück.

[230] Vgl. Grüske (1985, S. 39f.).

[231] Vgl. Grüske (1985, S. 43f.).

um eine empirische Notwendigkeit, da sich das meiste Zahlenmaterial zur Verteilungssituation auf die Haushaltsebene oder auf bestimmte Klassen bezieht.

4.1.2 Daten zur aktuellen Situation in ausgewählten Ländern

4.1.2.1 Entwicklung der funktionellen Einkommensverteilung in Deutschland

Als Datenbasis für die Beschreibung der Situation in der Bundesrepublik Deutschland werden Zeitreihen des Sachverständigenrates herangezogen. Tabelle 4 zeigt in Spalte 2 zunächst die Entwicklung der Arbeitnehmerentgelte. Spalte 3 stellt dem die Entwicklung der Unternehmens- und Vermögenseinkommen gegenüber. Aufgrund der Umstellung der Volkswirtschaftlichen Gesamtrechnung der Bundesrepublik Deutschland auf das Europäische System Volkswirtschaftlicher Gesamtrechnungen sowie der Wiedervereinigung gibt es einen Bruch in der Zeitreihe im Jahr 1991. Alle Angaben vor 1991 beziehen sich auf das alte Bundesgebiet nach traditioneller Konzeption der Volkswirtschaftlichen Gesamtrechnung. Die Daten ab 1991 wurden nach neuem System für das vereinigte Deutschland ermittelt. Die Summe aus den Spalten 2 und 3 ergibt das Volkseinkommen in Spalte 4. Aus diesen Daten lässt sich somit die Lohn- (Spalte 5) und Profitquote (Spalte 6) ableiten.

Wie bereits weiter oben erwähnt, wird die einfache Lohnquote auch durch eine Veränderung des Anteils der Selbständigen beeinflusst. Diesen unerwünschten Effekt versucht die modifizierte Lohnquote rein rechnerisch zu eliminieren. Dazu wird das Verhältnis aus der Zahl der beschäftigten Arbeitnehmer zur Gesamtzahl der Erwerbstätigen benötigt, das die Spalte 4 der Tabelle 5 wiedergibt. Die Entwicklung der modifizierten Lohnquote wird dann in Spalte 5 dargestellt. Geht man davon aus, dass auch die nicht abhängig beschäftigten Arbeitnehmer ein Lohnentgelt in Höhe des durchschnittlichen Entgelts der abhängig beschäftigten Arbeitnehmer erhalten, so kommt man zur Arbeitseinkommensquote, die den gleichen Verlauf wie die modifizierte Lohnquote aufweist, allerdings auf einem anderen Niveau (Spalte 6).

(1) Jahr	(2) Arbeitnehmer-entgelte [in Mrd. €]	(3) Unternehmens- und Vermögens-einkommen [in Mrd. €]	(4) Volksein-kommen [in Mrd. €]	(5) Lohnquote	(6) Profitquote
1960	73,83	48,94	122,77	60,13	39,87
1961	83,24	50,08	133,32	62,44	37,56
1962	92,10	52,14	144,24	63,85	36,15
1963	98,76	53,51	152,26	64,86	35,14
1964	107,97	59,35	167,32	64,53	35,47
1965	119,71	63,56	183,27	65,32	34,68
1966	128,88	65,30	194,18	66,37	33,63
1967	128,76	65,91	194,67	66,14	33,86
1968	138,24	75,52	213,77	64,67	35,33
1969	155,47	81,23	236,7	65,68	34,32
1970	184,39	86,80	271,19	67,99	32,01
1971	208,99	90,75	299,74	69,72	30,28
1972	231,35	97,65	329,00	70,32	29,68
1973	263,06	105,27	368,33	71,42	28,58
1974	290,73	102,83	393,56	73,87	26,13
1975	303,50	105,83	409,32	74,15	25,85
1976	327,51	121,53	449,04	72,94	27,06
1977	351,79	125,60	477,39	73,69	26,31
1978	375,57	139,38	514,95	72,93	27,07
1979	406,26	147,98	554,24	73,30	26,70
1980	441,69	140,96	582,66	75,81	24,19

(1) Jahr	(2) Arbeitnehmer-entgelte [in Mrd. €]	(3) Unternehmens- und Vermögens-einkommen [in Mrd. €]	(4) Volksein-kommen [in Mrd. €]	(5) Lohnquote	(6) Profitquote
1981	463,22	140,01	603,23	76,79	23,21
1982	477,51	143,29	620,80	76,92	23,08
1983	487,49	166,00	653,48	74,60	25,40
1984	505,33	183,45	688,78	73,37	26,63
1985	524,80	194,47	719,27	72,96	27,04
1986	551,93	213,75	765,69	72,08	27,92
1987	575,05	217,45	792,5	72,56	27,44
1988	597,89	238,34	836,24	71,50	28,50
1989	624,74	263,93	888,68	70,30	29,70
1990	673,42	294,04	967,47	69,61	30,39
1991	846,04	321,15	1167,20	72,49	27,51
1992	916,31	326,27	1242,58	73,74	26,26
1993	937,95	317,90	1255,85	74,69	25,31
1994	961,28	341,45	1302,73	73,79	26,21
1995	996,24	362,40	1358,65	73,33	26,67
1996	1005,26	376,51	1381,77	72,75	27,25
1997	1009,33	395,40	1404,73	71,85	28,15
1998	1030,40	411,63	1442,03	71,45	28,55
1999	1058,25	405,85	1464,10	72,28	27,72
2000	1089,33	416,56	1505,89	72,34	27,66

Datenquelle: Sachverständigenrat zur Begutachtung der gesamtwirtschaftlichen Entwicklung (1998, S. 350, Tab. 22* und 2001, S. 390, Tab. 17*). Ab 1999 vorläufige Ergebnisse. Die Euro-Beträge wurden mit dem amtlichen Kurs (1 € = 1,95583 DM) errechnet.

Tabelle 4: Verteilung des Volkseinkommens

(1) Jahr	(2) Zahl der beschäftigten Arbeitnehmer [in Tausend]	(3) Zahl der Erwerbstätigen [in Tausend]	(4) Anteil der beschäftigten Arbeitnehmer [in Prozent]	(5) Modifizierte Lohnquote (1980) [in Prozent]	(6) Arbeitseinkommensquote [in Prozent]
1960	20.257	26.247	77,18	68,81	77,92
1961	20.730	26.591	77,96	70,73	80,09
1962	21.032	26.690	78,80	71,56	81,03
1963	21.261	26.744	79,50	72,05	81,59
1964	21.484	26.753	80,31	70,96	80,35
1965	21.758	26.887	80,92	71,28	80,71
1966	21.765	26.801	81,21	72,18	81,73
1967	21.054	25.950	81,13	72,00	81,53
1968	21.183	25.968	81,57	70,01	79,28
1969	21.752	26.356	82,53	70,28	79,58
1970	22.246	26.668	83,42	71,98	81,51
1971	22.605	26.772	84,44	72,93	82,57
1972	22.841	26.875	84,99	73,07	82,74
1973	23.222	27.160	85,50	73,77	83,53
1974	23.036	26.829	85,86	75,98	86,04
1975	22.467	26.110	86,05	76,10	86,17
1976	22.512	25.974	86,67	74,32	84,15
1977	22.686	26.008	87,23	74,61	84,48
1978	22.961	26.219	87,57	73,55	83,28
1979	23.472	26.652	88,07	73,51	83,23
1980	23.897	27.059	88,31	75,81	85,84
1981	23.907	27.033	88,44	76,68	86,83

(1) Jahr	(2) Zahl der beschäftigten Arbeitnehmer [in Tausend]	(3) Zahl der Erwerbstätigen [in Tausend]	(4) Anteil der beschäftigten Arbeitnehmer [in Prozent]	(5) Modifizierte Lohnquote (1980) [in Prozent]	(6) Arbeitseinkommensquote [in Prozent]
1982	23.639	26.725	88,45	76,80	86,96
1983	23.293	26.347	88,41	74,52	84,38
1984	23.351	26.393	88,47	73,23	82,92
1985	23.559	26.593	88,59	72,73	82,36
1986	23.910	26.960	88,69	71,78	81,28
1987	24.141	27.157	88,89	72,09	81,63
1988	24.365	27.366	89,03	70,92	80,30
1989	24.750	27.761	89,15	69,64	78,85
1990	25.460	28.486	89,38	68,78	77,88
1991	34.919	38.499	90,70	70,58	79,92
1992	34.243	37.885	90,39	72,05	81,59
1993	33.667	37.356	90,12	73,19	82,87
1994	33.491	37.279	89,84	72,54	82,14
1995	33.498	37.330	89,73	72,17	81,71
1996	33.371	37.210	89,68	71,64	81,12
1997	33.231	37.145	89,46	70,93	80,31
1998	33.575	37.549	89,42	70,57	79,91
1999	34.067	38.015	89,61	71,23	80,66
2000	34.654	38.636	89,69	71,23	80,65

Datenquelle: Sachverständigenrat zur Begutachtung der gesamtwirtschaftlichen Entwicklung (1998, S. 339, 350 (Tab. 16*, 22*) und 2001, S. 388, 390 (Tab. 15*, 17*)). Ab 1999 vorläufige Ergebnisse.

Tabelle 5: Modifizierte Lohnquote (1980) und Arbeitseinkommensquote

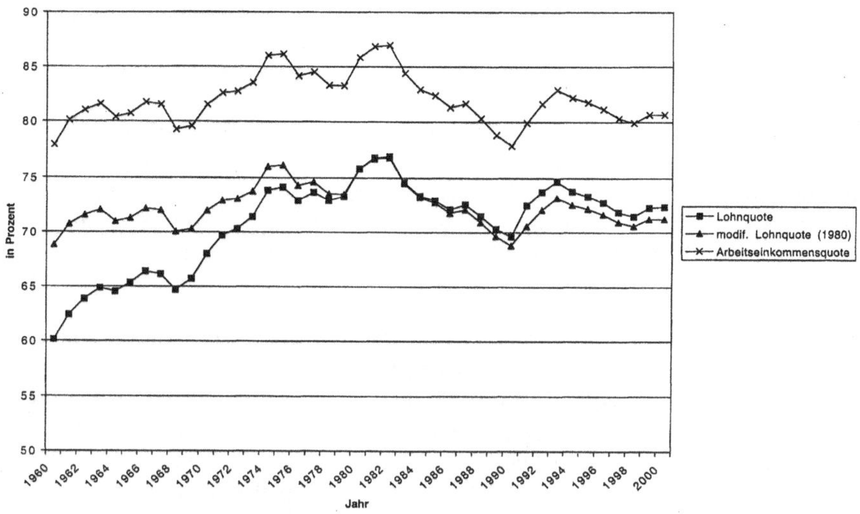

Abbildung 7: Entwicklung der Lohnquote, der modifzierten Lohnquote (1980) sowie der Arbeitseinkommensquote in Deutschland

Datenquelle: Tabelle 4 und Tabelle 5.

Während die einfache Lohnquote von 1960 bis 2000 einen um insgesamt gut zwöf Prozentpunkte gestiegenen Entlohnungsanteil des Faktors Arbeit widerspiegelt, zeigt die modifizierte Lohnquote sowie die Arbeitseinkommensquote ein anderes Bild. Demnach hat sich, verglichen mit dem Beginn der 1960er Jahre, so gut wie keine Veränderung der Verteilung des Einkommens auf die beiden Produktionsfaktoren ergeben. Diese Aussage gilt auch dann, wenn man nur die Zeit bis vor dem Strukturbruch im Jahr 1991 berücksichtigt. Der Anstieg der einfachen Lohnquote beruht vor allem auf einer Veränderung des Selbständigenanteils. Dies alles deutet darauf hin, dass die traditionelle Lohnpolitik die Einkommensverteilung langfristig nicht verändern konnte und bestärkt die Befürworter von Investivlohn- oder Gewinnbeteiligungsmodellen. Allerdings lässt sich von diesen Maßen allein nicht auf eine Verbesserung oder Verschlechterung der Arbeitnehmerstellung schließen. Absolut erhielten die Arbeitnehmer in Deutschland im Zeitraum von 1960 bis 2000 durchschnittlich 27.789,96 € mehr, dies entspricht einer Zunahme um mehr als das siebenfache (von 3.644,44 € im Jahr 1960 auf 31.434,40 € im Jahr 2000)[232] bei gleichzeitig gesunkener Arbeitszeit (allerdings um über das dreifache gestiegenen Preisen[233]). Auch lässt

[232] Die Euro-Beträge wurden mit dem amtlichen Kurs (1 € = 1,95583 DM) errechnet.

[233] Vgl. Sachverständigenrat zur Begutachtung der gesamtwirtschaftlichen Entwicklung (2001, S. 445, Tab. 59*).

sich am Lohnquotenkonzept kritisieren, dass zu den Arbeitnehmerentgelten sowohl die Spitzengehälter wie auch die Einkommen unterer Lohngruppen gehören und somit über das Ausmaß einer ausgeglicheneren Einkommensverteilung nichts ausgesagt werden kann. Letzteres auch deswegen nicht, da die sogenannte Querverteilung von Einkommen, d.h., die Arbeitnehmer beziehen Kapitaleinkünfte, nicht berücksichtigt wird. Daher soll im Folgenden ein Blick auf die Entwicklung der personellen Einkommensverteilung geworfen werden. D.h. es soll der Frage nachgegangen werden, inwieweit sich die Einkommensverteilung zwischen verschiedenen Personengruppen verändert hat.

4.1.2.2 Entwicklung der personellen Einkommensverteilung in Deutschland

Die Ergebnisse des Sozio-oekonomischen Panels (SOEP), der Einkommens- und Verbrauchsstichprobe (EVS) sowie die darauf aufbauenden Berechnungen des Sachverständigenrats zur Begutachtung der gesamtwirtschaftlichen Entwicklung stellen die Datenbasis der Betrachtungen dar. Im Rahmen des SOEP wurden im Jahre 2000 rund 7.200 Haushalte (17.300 Personen) über ihre Einkommenssituation und weitere sozioökonomische Merkmale befragt. Die EVS wird dagegen nur alle fünf Jahre durchgeführt, hat dafür aber einen wesentlich größeren Stichprobenumfang von über 62.000 Haushalten mit etwa 160.000 Personen (0,2 Prozent der Gesamtbevölkerung) im Jahr 1998. Bei Letzterer ist allerdings zu beachten, dass diejenigen Haushalte mit einem monatlichen Nettoeinkommen von über 35.000 DM (17.895,22 €)[234] sowie (auch im SOEP) Personen in Kasernen, Altersheimen, Justizvollzugsanstalten, Sammelunterkünften und diejenigen ohne festen Wohnsitz nicht ausgewiesen werden, weshalb das Ausmaß der Ungleichverteilung unterschätzt wird.[235]

Zur Beurteilung der Verteilung gibt es eine Reihe von Maßen, die nachfolgend kurz dargestellt werden:

- Der Gini-Koeffizient (K_G) ist die bekannteste Größe zur Messung der relativen Konzentration und wird folgendermaßen definiert:

$$K_G = \frac{1}{2\bar{x}} \cdot \frac{1}{n^2} \sum_i \sum_j \left| x_i - x_j \right|$$

$\bar{x}$ = Arithmetisches Mittel der Werte $x_1, \ldots, x_n$

Er kann mit Hilfe der Lorenzkurve auch graphisch bestimmt werden. Diese ergibt sich, indem man die Einkommensbezieher nach der Höhe ihres Ein-

[234] 1988: 25.000 DM (12.782,30 €). Die Euro-Beträge wurden mit dem amtlichen Kurs (1 € = 1,95583 DM) errechnet.

[235] Vgl. Sachverständigenrat zur Begutachtung der gesamtwirtschaftlichen Entwicklung (2000, S. 261, Rn. 498ff.).

kommens ordnet und fortwährend abträgt, welchen Anteil am Gesamteinkommen der kumulierte Anteil dieser Einkommensbezieher aufweist:

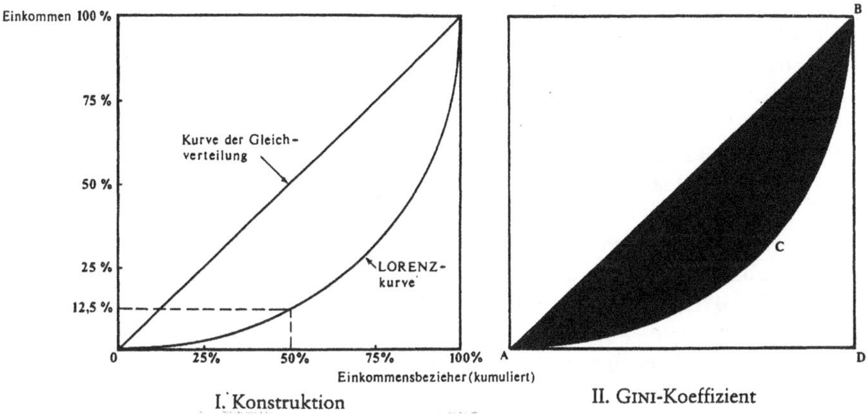

Abbildung 8: Lorenzkurve

Quelle: Woll (1993, S. 455).

Der Gini-Koeffizient entspricht dann dem Anteil der Fläche zwischen der Lorenzkurve und der Geraden bei vollständiger Gleichverteilung (ABC) an der gesamten Dreiecksfläche (ABD).[236] Er kann somit Werte zwischen null (vollständige Gleichverteilung) und eins (größtmögliche Ungleichverteilung) annehmen.

- Weil der Gini-Koeffizient stark von den Einkommen im durchschnittlichen Bereich beeinflusst wird, berücksichtigt man häufig weitere Konzentrationsmaße ergänzend, zum Beispiel die beiden Theil-Koeffizienten. Letztere geben die durchschnittliche Abweichung der logarithmierten Einkommen vom logarithmierten Mittelwert an. Der erste Theil-Koeffizient reagiert besonders sensitiv auf Veränderungen im unteren Einkommensbereich.[237] Vollständige Gleichverteilung ist dann erreicht, wenn der Koeffizient den Wert null annimmt. Anders als der Gini-Koeffizient ist er aber nach oben nicht auf den Wert eins begrenzt.[238] Beim zweiten Theil-Koeffizienten werden die logarithmierten Abweichungen zusätzlich mit dem Einkommensanteil gewichtet, wodurch das Maß weniger anfällig gegenüber Veränderungen im niedrigen Einkommensbereich ist.[239] Genauso wie beim ersten Theil-Koeffi-

[236] Vgl. Siebke (1995, S. 397).
[237] Vgl. Grabka (2000, S. 293).
[238] Vgl. Grabka (2000, S. 293).
[239] Vgl. Sachverständigenrat zur Begutachtung der gesamtwirtschaftlichen Entwicklung (1999, S. 144, Rn. 207).

zienten ist vollständige Gleichverteilung mit dem Wert null verbunden, der Wert nach oben ist wieder offen.

In Tabelle 6 wird zunächst die Entwicklung des Gini-Koeffizienten nach den Daten des sozio-oekonomischen Panels wiedergegeben. Dabei wird nach Markt- und Nettoeinkommen differenziert. Erstes entspricht dem Einkommen, das einem Haushalt zur freien Disposition stünde, wenn keine staatlichen Transfers und Abgaben anfielen.[240] Das Nettoeinkommen bezieht sich auf die Summe, über welche die Haushalte *nach* staatlicher Umverteilung verfügen können. Das Markteinkommen wird folglich um die Einkommensteuer und die Pflichtbeiträge zur Sozialversicherung (Arbeitgeber- und Arbeitnehmeranteil) gekürzt, Renten- und Pensionszahlungen[241] sowie Sozialtransfers werden dagegen hinzu addiert. Weil bei größeren Haushalten ein geringeres Pro-Kopf-Einkommen notwendig ist, um dasselbe Wohlfahrtsniveau wie bei einem kleinen Haushalt zu erreichen, wurde eine entsprechende Äquivalenzgewichtung vorgenommen.[242]

Jahr	**Markteinkommen**			**Nettoeinkommen**		
	Früheres Bundesgebiet	Neue Bundesländer	Gesamt-deutschland	Früheres Bundesgebiet	Neue Bundesländer	Gesamt-deutschland
1985	0,4229	--	--	0,2689	--	--
1988	0,4157	--	--	0,2637	--	--
1991	0,4109	0,3813	0,4242	0,2701	0,2224	0,2827
1994	0,4338	0,4329	0,4373	0,2829	0,2259	0,2764
1997	0,4432	0,4668	0,4504	0,2795	0,2269	0,2733
2000	0,4459	0,4758	0,4549	0,2843	0,2253	0,2777
Datenquelle: Sachverständigenrat zur Begutachtung der gesamtwirtschaftlichen Entwicklung (2002, S. 351, Tab. 68).						

Tabelle 6: Entwicklung des Gini-Koeffizienten bei den Markt- und Nettoeinkommen (Datenbasis: SOEP)

240 Zu den Markteinkommen zählen auch die Arbeitgeberbeiträge zur Sozialversicherung und private Renten. Sachverständigenrat zur Begutachtung der gesamtwirtschaftlichen Entwicklung (2002, S. 349, Rn. 635)

241 Unter Rentenzahlungen sind die Bezüge aus der Gesetzlichen Rentenversicherung gemeint. Die Renten aus privaten Vorsorgeverträgen werden – anders als früher – nun auch zum Markteinkommen gerechnet. Vgl. Sachverständigenrat zur Begutachtung der gesamtwirtschaftlichen Entwicklung (2002, S. 349, Rn. 635).

242 Vgl. Sachverständigenrat zur Begutachtung der gesamtwirtschaftlichen Entwicklung (2000, S. 262, Rn. 502).

Die Ergebnisse für Deutschland sind zum einen für das Bundesgebiet im gesamten, zum anderen aber auch für den Osten und Westen differenziert dargestellt. Es zeigt sich, dass die Verteilung der Markteinkommen in den alten Ländern während der 1990er Jahre zunehmend ungleicher geworden ist. Noch stärker gilt dies für den Osten der Republik. In nur neun Jahren, von 1991, dem Beginn der Aufzeichnung, bis 2000, hat der Gini-Koeffizient drastisch an Wert gewonnen. Während noch im Jahr 1991 im Osten eine geringere Ungleichverteilung vorherrschte, führte wohl die deutlich höhere Arbeitslosigkeit zu dem Ergebnis, dass seit 1997 der Westen – obwohl auch hier der Wert des Gini-Koeffizienten stieg – eine geringere Ungleichverteilung aufwies. Trotz einer raschen Angleichung der Gehälter in Ost- und Westdeutschland, die für das Gesamtgebiet stark nivellierend wirken müsste, stieg auch der Gini-Koeffizient für Gesamtdeutschland deutlich. Betrachtet man die Nettoeinkommen, so zeigt sich, dass die staatlichen Maßnahmen zu einer erheblichen Umverteilung zugunsten einer geringeren Konzentration beigetragen haben. Dies gilt für den Osten der Republik noch stärker als für den Westen. Dennoch lässt sich auch bei den Nettoeinkommen anhand des Vergleichs der Jahre 1991 und 2000 eine zunehmende Ungleichverteilung in den alten wie den neuen Bundesländern feststellen. Nur für Gesamtdeutschland zeigt sich eine leicht wachsende Gleichverteilung, welches insbesondere aus der fortschreitenden Annäherung der Gehälter in beiden Teilen des Landes resultieren dürfte. Ein Vergleich der Werte für die Jahre 1997 und 2000 lässt allerdings auch hier eine abnehmende Gleichverteilung in jüngster Zeit erkennen.

Ein etwas abweichendes Bild liefert allerdings die Einkommens- und Verbrauchsstichprobe[243] (Tabelle 7), wonach die Disparität bei den Markteinkommen im früheren Bundesgebiet von 1988 bis 1998 geringfügig abgenommen hat. Dies könnte aber an der Stichprobenselektion liegen, da die EVS, wie bereits erwähnt, die Haushalte mit einem monatlichen Nettoeinkommen von über 35.000 DM (17.895,22 €)[244] unberücksichtigt lässt. Analog zu den obigen Ergebnissen zeigt sich auch bei dieser Datenbasis für den Osten der Republik sowohl bei den Markt- als auch bei den Nettoeinkommen eine zunehmende Ungleichverteilung. Die Werte für Gesamtdeutschland spiegeln im Rahmen der EVS eine Konstanz der Einkommensverteilung wider.

---

[243] Vgl. hierzu zum Beispiel auch Hauser/Becker (2000, S. 72ff.).

[244] 1988: 25.000 DM (12.782,30 €). Die Euro-Beträge wurden mit dem amtlichen Kurs (1 € = 1,95583 DM) errechnet.

Jahr	Markteinkommen			Nettoeinkommen		
	Früheres Bundesgebiet	Neue Bundesländer	Gesamt-deutschland	Früheres Bundesgebiet	Neue Bundesländer	Gesamt-deutschland
1988	0,4320	--	--	0,2687	--	--
1993	0,4239	0,4573	0,4411	0,2772	0,2165	0,2815
1998	0,4285	0,4641	0,4395	0,2844	0,2327	0,2830
Datenquelle: Sachverständigenrat zur Begutachtung der gesamtwirtschaftlichen Entwicklung (2000, S. 264, Tab. 64).						

Tabelle 7: Entwicklung des Gini-Koeffizienten bei den Markt- und Nettoeinkommen (Datenbasis: EVS)

Das Bild einer zunehmenden Ungleichverteilung seit Beginn der 1990er Jahre zeichnet sich grundsätzlich bei Betrachtung des ersten und zweiten Theil-Koeffizienten (vgl. Tabelle 8 und Tabelle 9) ab. Sowohl bei den Markt- als auch bei den Nettoeinkommen (Datenbasis: SOEP) gibt es bis zum Jahr 1997 teils erhebliche Zuwachsraten in der Ungleichverteilung. Ein leichter Rückgang der Einkommensdisparität liegt allerdings bei den Nettoeinkommen für Gesamtdeutschland vor, wohl bedingt durch den schon genannten Effekt der zunehmenden Angleichung der Gehälter in Ost und West. Beim Vergleich der Jahre 1997 und 2000 zeigt sich bei den Markteinkommen eine abnehmende Tendenz der durch den Theil 1-Koeffizienten gemessenen Einkommensdisparität, für welches eine gegenüber dem Jahr 1997 gesunkene Arbeitslosigkeit im Jahr 2000 mitverantwortlich sein dürfte.[245] Ein leichter Rückgang in der Entwicklung der Ungleichheit zeigt sich zudem bei den Nettoeinkommen im Osten zwischen den Jahren 1997 und 2000, während im selben Zeitraum im Westen und Gesamtdeutschland die Werte der Theil 1- und Theil 2- Koeffizienten stiegen.

[245] Vgl. Sachverständigenrat zur Begutachtung der gesamtwirtschaftlichen Entwicklung (2002, S. 350, Rn. 636).

Jahr	Markteinkommen			Nettoeinkommen		
	Früheres Bundesgebiet	Neue Bundesländer	Gesamt-deutschland	Früheres Bundesgebiet	Neue Bundesländer	Gesamt-deutschland
1985	0,6767	--	--	0,1376	--	--
1988	0,6441	--	--	0,1253	--	--
1991	0,6155	0,5212	0,6200	0,1369	0,0877	0,1448
1994	0,6547	0,6786	0,6656	0,1445	0,0947	0,1454
1997	0,7209	0,7604	0,7348	0,1481	0,0974	0,1407
2000	0,6693	0,7439	0,6920	0,1514	0,0890	0,1423

Datenquelle: Sachverständigenrat zur Begutachtung der gesamtwirtschaftlichen Entwicklung (2002, S. 263, Tab. 63).

Tabelle 8: Entwicklung des Theil 1-Koeffizienten bei den Markt- und Nettoeinkommen (Datenbasis: SOEP)

Jahr	Markteinkommen			Nettoeinkommen		
	Früheres Bundesgebiet	Neue Bundesländer	Gesamt-deutschland	Früheres Bundesgebiet	Neue Bundesländer	Gesamt-deutschland
1985	0,3320	--	--	0,1320	--	--
1988	0,3190	--	--	0,1239	--	--
1991	0,3072	0,2614	0,3220	0,1267	0,0816	0,1365
1994	0,3377	0,3327	0,3426	0,1406	0,0892	0,1346
1997	0,3492	0,3818	0,3600	0,1361	0,0896	0,1306
2000	0,3532	0,3942	0,3670	0,1422	0,0846	0,1354

Datenquelle: Sachverständigenrat zur Begutachtung der gesamtwirtschaftlichen Entwicklung (2002, S. 351, Tab. 68).

Tabelle 9: Entwicklung des Theil 2-Koeffizienten bei den Markt- und Nettoeinkommen (Datenbasis: SOEP)

Alarmierend ist auch die Betrachtung des wohlhabendsten Fünftels und des einkommensschwächsten Fünftels der westdeutschen Einkommensbezieher. Die Personen des Ersteren erhielten nämlich 1995 zusammen 37,5 Prozent, die des Letzteren nur 9,1 Prozent des verfügbaren Einkommens.[246] Bei der Verteilung der Zins- und Dividendeneinkünfte zeigt sich eine noch stärkere Ungleichverteilung: Das reichste Fünftel kassierte 1996 über vier Fünftel (80,5 Prozent) dieser Einkünfte, das ärmste nur 0,6 Prozent.[247] Das geht mit der Tatsache einher, dass circa drei Prozent der Haushalte über 80 Prozent der Produktivmittel verfügt.[248]

Insgesamt lässt sich somit konstatieren, dass die traditionelle Lohnpolitik sowie die staatlichen Umverteilungsbemühungen letztendlich die Situation der personellen Einkommensverteilung hinsichtlich einer größeren Gleichverteilung nicht verändern konnten – im Gegenteil: Die Ungleichverteilung der Einkommen hat zugenommen. Ein entscheidender Schlüssel zu einer größeren Gleichverteilung kann in einer umfangreicheren Förderung des Investivlohns gesehen werden. Diese Vermutung wird durch eine nochmalige Betrachtung der Vemögenseinkommen auf Basis der EVS bekräftigt (Tabelle 10). Danach haben über 41 Prozent aller Haushalte im alten Bundesgebiet und fast die Hälfte aller Haushalte in den neuen Ländern und Berlin-Ost überhaupt keine Einnahmen aus Vermögen beziehungsweise negative Vermögenseinkommen. Weitere 5,6 (14,7) Prozent haben im früheren Bundesgebiet (in den neuen Ländern) nur ein monatliches Vermögenseinkommen bis maximal 51,13 €[249]. Es zeigt sich, dass eine große Zahl an Haushalten ihr monatliches Einkommen fast vollständig aus Lohneinkommen erzielt. Die Bildung eines Grundstocks an Vermögen in den Händen aller Arbeitnehmer könnte somit eine markante Verringerung der Ungleichverteilung bewirken.

---

[246] Vgl. Kühlewind (2000, S. 2).

[247] Vgl. DIW, zitiert nach Scharping (1998, S. 7).

[248] Vgl. Lautenbacher/Netzler (1999, S. 6). An der nur mangelhaften Produktivvermögensbildung in Deutschland war ursächlich weniger eine zu geringe Sparquote Schuld (Deutschland gehört zu den Ländern mit den höchsten Sparquoten), sondern vielmehr die relativ geringe Risikobereitschaft und eine ausgeprägte Präferenz zu Gunsten von Wohneigentum. Vgl. Loeffelholz (1998, S. 22ff.). Eine mittlerweile recht umfangreiche Verbreitung von Grundvermögen und hohe Erbsummen, die in den nächsten Jahren der jüngeren Generation überschrieben werden, lässt – auch bei vorübergehend eingetrübten Börsenerwartungen – auf eine weitere Verstärkung des begonnenen Trends hin zu Aktienvermögen schließen.

[249] 100 DM = 51,13 €. Der Euro-Betrag wurde mit dem amtlichen Kurs (1 € = 1,95583 DM) errechnet.

Monatliche Einnahmen aus Vermögen von ... bis unter ... DM (in €)	Früheres Bundesgebiet		Neue Länder und Berlin-Ost	
	Haushalte in Prozent	Einnahmen je Haushalt und Monat in DM (in €)	Haushalte in Prozent	Einnahmen je Haushalt und Monat in DM (in €)
Keine Einnahmen aus Vermögen	41,0	--	48,8	--
Unter 0	0,1	- 176 (- 90,0)	0,1	- 124 (- 63,4)
0 – 20 (0 – 10,2)	2,0	8 (4,1)	2,5	8 (4,1)
20 – 50 (10,2 – 25,6)	1,4	33 (16,9)	1,8	33 (16,9)
50 – 100 (25,6 – 51,1)	2,2	69 (35,3)	10,4	63 (32,2)
100 – 150 (51,1 – 76,7)	1,2	122 (62,4)	2,4	122 (62,4)
150 – 200 (76,7 – 102,3)	0,8	172 (87,9)	1,3	172 (87,9)
200 – 250 (102,3 – 127,8)	0,7	223 (114,0)	1,2	222 (113,5)
250 – 300 (127,8 – 153,4)	0,6	273 (139,6)	1,0	270 (138,0)
300 – 350 (153,4 – 179,0)	0,5	322 (164,6)	0,9	321 (164,1)
350 – 400 (179,0 – 204,5)	0,5	375 (191,7)	0,8	375 (191,7)
400 – 450 (204,5 – 230,1)	0,6	426 (217,8)	0,7	422 (215,8)
450 – 500 (230,1 – 255,6)	0,6	474 (242,4)	1,1	475 (242,9)
500 – 1000 (255,6 – 511,3)	10,9	780 (398,8)	13,1	776 (396,8)
1000 – 2000 (511,3 – 1022,6)	25,0	1425 (728,6)	12,0	1302 (665,7)
2000 und mehr (1022,6 und mehr)	11,8	3379 (1727,7)	1,7	3137 (1603,9)
Summe	100	858 (438,7)	100	344 (175,9)
Datenquelle: Münnich (2000, S. 682). Datenbasis: EVS. Die Euro-Beträge wurden mit dem amtlichen Kurs (1 € = 1,95583 DM) errechnet und auf eine Nachkommastelle genau gerundet.				

Tabelle 10: Einnahmen aus Vermögen der privaten Haushalte im Jahr 1998 (ohne Haushalte mit einem monatlichen Haushaltsnettoeinkommen von 35.000 DM (17.895,22 €) und mehr und ohne Personen in Anstalten und Gemeinschaftsunterkünften)

4.1.2.3 Entwicklung der personellen[250] Einkommensverteilung in Großbritannien, Frankreich und den USA

Abbildung 9 zeigt zunächst die Entwicklung des Gini-Koeffizienten im Vereinigten Königreich für das Markt- (Earnings) und Nettoeinkommen (Income). Demnach ist die Ungleichverteilung seit Ende der 1970er Jahre drastisch gestiegen. Allerdings verlief die Entwicklung der Markt- und Nettoeinkommen nicht immer analog. Die Ungleichverteilung wuchs in der zweiten Hälfte der 1980er Jahre bei den Nettoeinkommen deutlich stärker als bei den Markteinkommen. In den 1990er Jahren dagegen stieg die Ungleichverteilung bei den Markteinkommen weiter, während der Gini-Koeffizient für die Nettoeinkommen einem zyklischen Verlauf um ein gleichbleibend hohes Niveau folgte.

Die Abbildungen 10 und 11 stellen die Entwicklung des Gini-Koeffizienten für die Nettoeinkommen bei einer Reihe weiterer Länder dar. Anders als Großbritannien kann Frankreich im Berichtszeitraum auf eine, wenn auch nur schwach ausgeprägte, zunehmendere Gleichverteilung zurückblicken. Die Entwicklung zeigt zudem einen recht stabilen Verlauf, allerdings auf einem relativ hohen Niveau. Durch eine gewisse Kontinuierlichkeit ist auch die US-amerikanische Geschichte der Einkommensverteilung in den letzten beiden Dekaden geprägt. Doch verlief die Entwicklung hier in die entgegengesetzte Richtung einer zunehmenderen Ungleichverteilung auf einem zudem insgesamt sehr hohen Niveau. Eine ergänzende Analyse der Daten liefert Kapitel 4.4 im Anschluss an die folgende theoretische Fundamentierung aus neoklassischer und postkeynesianischer Sicht.

[250] Auf eine Betrachtung der funktionellen Einkommensverteilung wird zugunsten einer (für die folgende Arbeit relevanteren) ausführlicheren Darstellung der personellen Einkommensverteilung verzichtet.

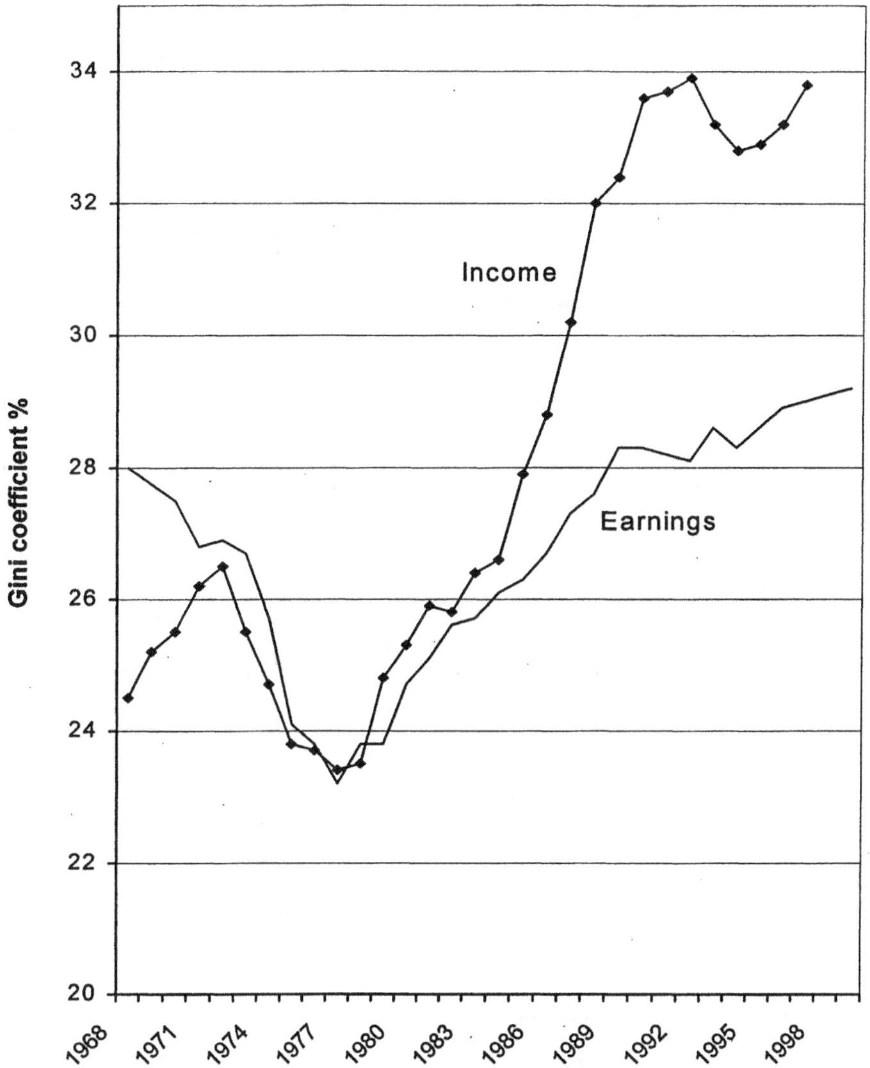

Abbildung 9: Entwicklung des Gini-Koeffizienten im Vereinigten Königreich

Quelle: Atkinson (2000, S. 60).

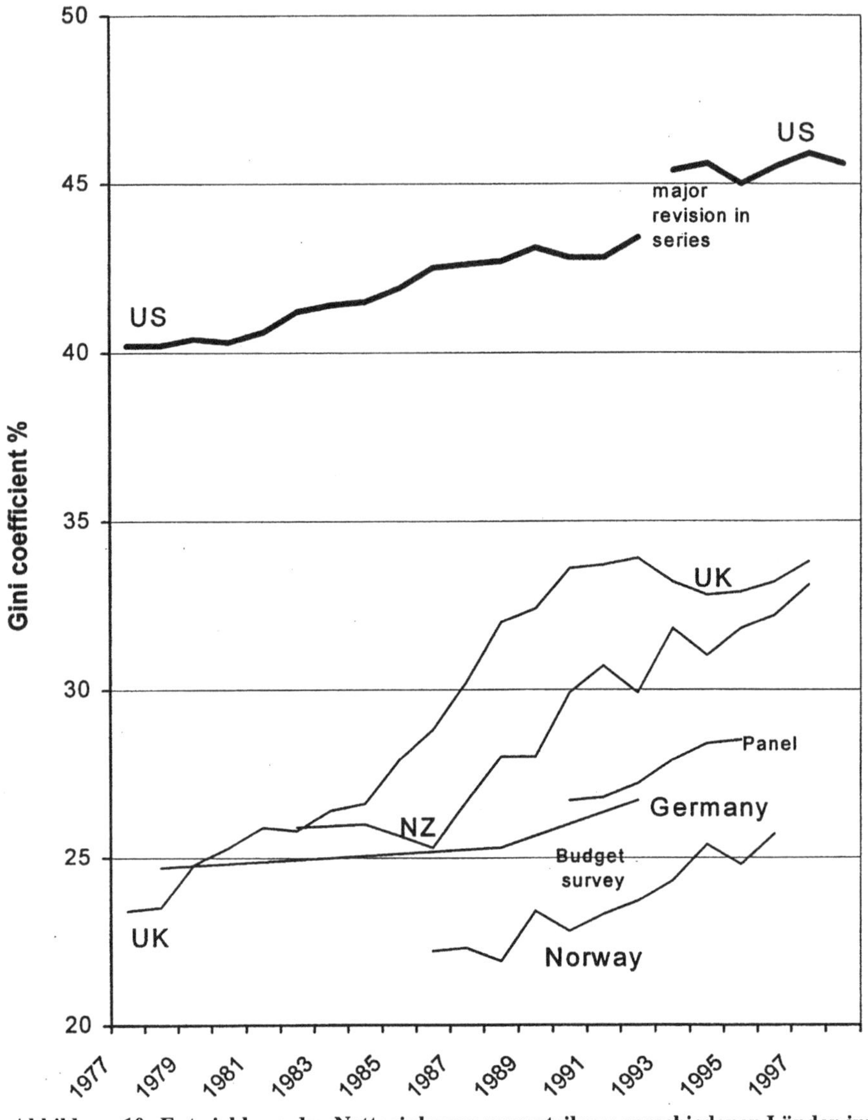

Abbildung 10: Entwicklung der Nettoeinkommensverteilung verschiedener Länder im Vergleich – Teil I

Quelle: Atkinson (2000, S. 57).

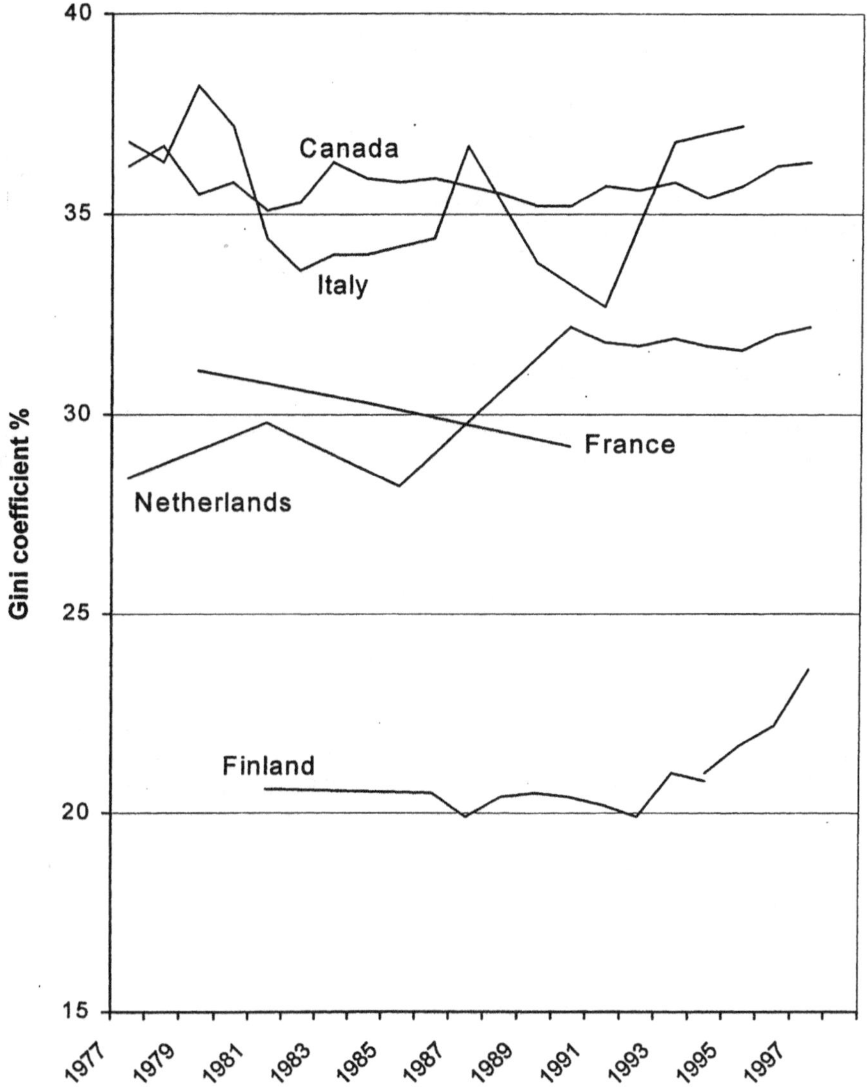

Abbildung 11: Entwicklung der Nettoeinkommensverteilung verschiedener Länder im Vergleich – Teil II

Quelle: Atkinson (2000, S. 58).

4.2 Die Wirkung von Investivlöhnen und Gewinnbeteiligungen gemäß dem Ansatz der neoklassischen Verteilungstheorie

4.2.1 Das neoklassische Konzept

Die Grenzproduktivitätstheorie wird sowohl auf mikro- wie makroökonomischer Ebene angewandt. Zentrale Annahmen sind gleichwohl insbesondere die Voraussetzung der vollkommenen Konkurrenz sowie die Zugrundelegung einer neoklassischen Produktionsfunktion:

(6) $$Y = f(A, K)$$

Y = Einkommen; A = Arbeitseinsatz; K = Kapital;

Letztere ist vor allem dadurch gekennzeichnet, dass der zusätzliche Einsatz eines Faktors bei Konstanz aller anderen die Produktionsmenge zwar steigen lässt, dies aber mit zunehmend sinkenden Absolutbeträgen, d.h. es liegen positive aber abnehmende Grenzerträge vor.

(7) $$f'(K) > 0,\; f'(A) > 0$$

$$f''(K) < 0,\; f''(A) < 0$$

Die Annahme der vollkommenen Konkurrenz gibt vor, dass die Preise der Produktionsfaktoren und die der Endprodukte für den einzelnen Unternehmer unbeeinflussbar sind, während sie auf dem Markt gemäß Angebot und Nachfrage variieren können. Damit sich die Gewinne der einzelnen Unternehmen maximieren, werden diese jeweils so viel von den Produktionsfaktoren nachfragen, dass die Grenzproduktivität der letzten zusätzlich eingesetzten Faktoreinheit dem Faktorpreis entspricht.

(8) $$f'(K) = i$$

(9) $$f'(A) = l$$

i = Zinssatz[251]; l = Lohnsatz;

---

[251] Im Gleichgewicht stimmt der Zinssatz i mit der Profitrate überein.

Fragt der einzelne Unternehmer mehr nach, so übersteigen die zusätzlichen Faktorkosten den zusätzlichen Ertrag, womit sein Gewinn schrumpft. Geht man nun von der Annahme aus, dass alle Unternehmen der Volkswirtschaft entsprechend handeln, so ergibt sich für die gesamtwirtschaftliche Einkommensverteilung folgendes Resultat: Die Höhe der Lohnsumme ergibt sich durch Multiplikation des Grenzprodukts der Arbeit mit dem Arbeitsvolumen, die Profitsumme durch Multiplikation des Grenzprodukts des Kapitals mit der Kapitalmenge.

(10) $$L = f'(A) \cdot A$$

(11) $$P = f'(K) \cdot K$$

Bei Annahme einer homogenen Produktionsfunktion 1. Ordnung wird das gesamte Produktionsergebnis an die einzelnen Faktoren verteilt (Adding-up-Theorem). Während in einzelwirtschaftlicher Betrachtung die Faktorpreise feststehen und der Unternehmer über die Höhe der einzusetzenden Faktormengen entscheidet, gilt für die Gesamtwirtschaft eine vorgegebene Faktormenge, deren Vollbeschäftigung beziehungsweise Vollauslastung über eine Variation der Faktorpreise erreicht wird. Die funktionale Einkommensverteilung ergibt sich somit letztlich aus der zugrunde gelegten Produktionsfunktion (sowie der daraus folgenden Produktivität der Einsatzfaktoren) und der Höhe des Arbeits- und Kapitalvolumens. Bei abnehmenden Grenzerträgen führt ein relativ höherer Einsatz des Faktors Kapital zu einer geringeren Grenzproduktivität (Verzinsung des Kapitals), weshalb auf Richtung und Umfang der Veränderung der Profitsumme bei einer Variation des Kapitals ohne genaue Kenntnis der Produktionsfunktion nicht geschlossen werden kann. Liegt diese jedoch vor, so lässt sich daraus die *Substitutionselastizität* ableiten, mit deren Hilfe die Veränderung der funktionellen Einkommensverteilung berechnet werden kann. Denn die Substitutionselastizität gibt an, wie sich das Faktoreinsatzverhältnis bei einer Variation des Faktorpreisverhältnisses prozentual ändert und ist damit ein Maß für die Leichtigkeit beziehungsweise Schwere der Substitution zwischen den beiden Produktionsfaktoren Arbeit und Kapital.[252]

(12) $$\sigma = \frac{d\left(\frac{K}{A}\right) \Big/ \frac{K}{A}}{d\left(\frac{l}{i}\right) \Big/ \frac{l}{i}}$$

[252] Das Konzept der Substitutionselastizität wurde 1932 von Hicks maßgeblich entwickelt. Vgl. Hicks (1963).

Bei einer Substitutionselastizität $\sigma>1$ steigt die Kapitalintensität infolge höheren Kapitaleinsatzes stärker als die Lohn-Zins-Relation aufgrund der gesunkenen Verzinsung und des gestiegenen Lohnsatzes an Wert gewinnt, weshalb die Profitquote zunimmt. Entsprechend kommt es zum entgegengesetzten Fall, wenn $\sigma<1$ ist. Im Falle einer linear-homogenen Produktionsfunktion weist die Substitutionselastizität den Wert 1 auf, d.h. die funktionale Einkommensverteilung bleibt – unabhängig von den eingesetzten Faktormengen – immer gleich.[253] Dieses Resultat widerspricht also allen Hoffnungen und Bemühungen der Gewerkschaften hinsichtlich einer Einkommensumverteilung zugunsten der Arbeitsleistung.

Bisher wurde aber lediglich die funktionelle Einkommensverteilung betrachtet. Die Arbeiterklasse kann nämlich auch selbst dann besser gestellt sein, wenn die Profitquote steigt. Entscheidend ist hier nur, welchen Anteil die Arbeitnehmer von den Profiten in Zukunft erhalten. Die personelle Einkommensverteilung hängt also insbesondere auch vom Kapitalanteil der Arbeitnehmer ab, d.h. der Frage, inwieweit es den Arbeitnehmern in der Vergangenheit gelungen ist, Produktivvermögen zu akkumulieren. Je mehr ihnen dies möglich war, desto höher ist auch ihr aktueller Einkommensanteil.

4.2.2 Der Einfluss von Investivlöhnen

Welche Folgen hätte nun in diesem Modell die Einführung eines Investivlohnkonzeptes? Um eine derart komplexe Frage beantworten zu können, müssen zunächst eine Reihe daraus abgeleiteter Fragen geklärt werden. Zuerst gilt das Interesse einigen wichtigen makroökonomischen Größen, allen voran dem Sparverhalten und der Kapitalbildung. Denn von deren investivlohnbedingter Variation und neuer Höhe hängt es ab, inwieweit sich das Faktoreinsatzverhältnis der gesamtwirtschaftlichen Produktion verändert. Bereits hier muss aber erwähnt werden, dass im Rahmen des neoklassischen Konzepts lediglich die Betrachtung des substitutiven Investivlohnfalls möglich ist. Denn die im Modell vorausgesetzte Annahme, dass der Lohnsatz mit der Grenzproduktivität der Arbeit übereinstimmt, schließt eine zum regulären Lohn additiv gewährte Investivlohnkomponente aus.

Der Vorgang einer Umwandlung eines Teils des Barlohns in „Sparlohn" führt für sich allein gesehen zu einem zusätzlichen Sparen des Arbeitnehmers. Diesem, dem ersten Anschein nach eindeutig positiven Einfluss auf das gesamt-

[253] Dies setzt allerdings einen neutralen technischen Fortschritt (im Sinne von Hicks, Harrod oder Solow) voraus. Der Einfluß von arbeit- oder kapitalsparendem technischen Fortschritt wird erst später diskutiert.

wirtschaftliche Sparen, steht allerdings ein entgegenwirkender Effekt gegenüber. So kann der „Sparlohn“ dazu führen, dass die Arbeitnehmer nun anderweitig weniger sparen. Gemäß der neoklassischen Sparfunktion ist die Höhe der Ersparnis vom Zinssatz abhängig. Der Zinssatz bewirkt – wie in Abbildung 12 dargestellt – die Übereinstimmung des Sparens mit den Investitionen. Eine insgesamt höhere Sparsumme ist somit nur dann möglich, wenn sich die Investitions- oder die Sparfunktion nach rechts verschiebt. Daraus folgt, dass Investivlöhne nur dann zu einem größeren Sparen führen, wenn gleichzeitig die Investitionsbereitschaft zinsunabhängig ansteigt und/oder das Sparen zinsunabhängig steigt.

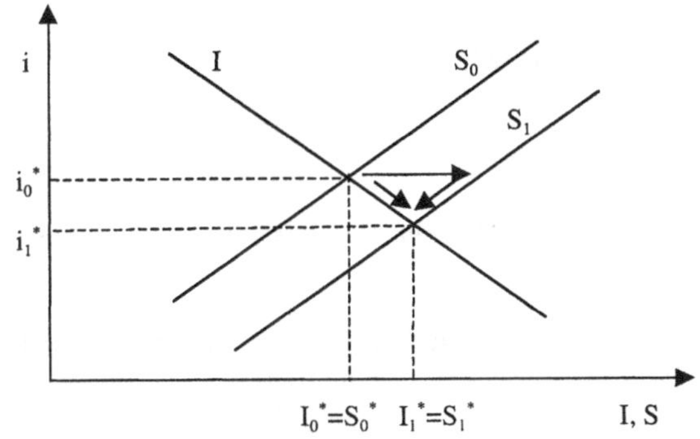

Abbildung 12: Investitions- und Sparfunktion im neoklassischen Modell

Quelle: eigene Darstellung.

Unterstellt man, dass die Arbeitnehmer die Investivlohnanteile tatsächlich zusätzlich – unabhängig vom Zins – sparen und dies die ohnehin gesparten Beträge nur geringfügig substituiert, so kommt es tatsächlich zu einem größeren Sparen in der Volkswirtschaft. Die Sparfunktion verschiebt sich entsprechend nach rechts (S1 in Abbildung 12). Das Überangebot an Sparen bei i_0^* führt zu einem Sinken des Zinssatzes, weswegen zum einen mehr investiert wird, zum anderen aber auch die Ersparnis aufgrund des geringeren Sparanreizes wieder zurückgeht, bis sich ein neues Gleichgewicht bei geringerem Zinssatz und höheren Investitionen sowie höherem Sparen (im Vergleich zur Ausgangssituation) einstellt. Der Kapitalstock müsste demzufolge steigen, d.h., das Faktoreinsatzverhältnis ändert sich zugunsten einer höheren Kapitalintensität.

Welche Folgen hat dies nun für die Faktorentlohnung? Da die verfügbare Arbeitsmenge relativ knapper wird, muss der Lohnsatz bis zum ebenso gestiegenen (durch die höhere Kapitalintensität) Wert der Grenzproduktivität der

Arbeit zunehmen. Die Arbeitnehmer erhalten also ein höheres Entgelt. Aufgrund der für die Produktion zur Verfügung stehenden größeren Kapitalmenge bei gleichbleibender Arbeitsmenge wird die marginale Produktivität der letzten eingesetzten Kapitaleinheit gemäß Gleichung (7) sinken, d.h. die Verzinsung des Produktivkapitals fällt geringer aus. Ob sich dadurch die Höhe der funktionellen Einkommensverteilung verändert, ist aber – wie bereits oben besprochen – von produktionstechnischen Gegebenheiten abhängig. Daher kann auf eine mögliche Veränderung ohne Kenntnis der Produktionsfunktion nicht geschlossen werden. Folglich führt eine zusätzliche Kapitalakkumulation infolge von Investivlöhnen nur dann zu einer neuen funktionellen Verteilung, wenn die Substitutionselastizität ungleich eins ist. Bei Zugrundelegung der Cobb-Douglas-Produktionsfunktion mit konstanten Skalenerträgen

(13) $$Y = A^{\alpha} \cdot K^{1-\alpha}$$

α = Partielle Produktionselastizität der Arbeit;

bleibt die funktionelle Einkommensverteilung unverändert, denn die Substitutionselastizität hat den Wert eins.

Die bisherige Betrachtung ließ allerdings die Möglichkeit von technischem Fortschritt und damit einer effizienteren Produktion außen vor. Investivlöhne können aber zweifellos zu einer höheren Motivation beitragen und somit die Entwicklung besserer Verfahrensabläufe oder neuer Produkte anstoßen. Die gestiegene Produktivität kann sowohl arbeit- wie auch kapitalvermehrend wirken. Davon abhängig verändert sich die Einkommensverteilung zugunsten des einen oder anderen Faktors. Ohne hier ausführlich auf die Klassifikationen des technischen Fortschritts eingehen zu wollen, sei erwähnt, dass sowohl nach der Definition von Hicks wie auch nach der von Harrod im Falle des arbeitsparenden technischen Fortschritts der Lohnanteil sinkt, während kapitalsparender technischer Fortschritt zu Lasten der Profitquote geht.[254]

Es bleibt bezüglich der funktionellen Einkommensverteilung festzuhalten, dass die Folgen einer breiten Einführung von Investivlöhnen nur bei Kenntnis der Produktionsfunktion, der davon abgeleiteten Substitutionselastizität sowie der Art des investivlohnbedingten technischen Fortschritts abgeschätzt werden können. Nun ist noch zu fragen, wie es sich mit der klassenspezifischen Einkommensverteilung verhält. Weil die zusätzliche, investivlohnbedingte Ersparnis allein durch die Arbeitnehmer aufgebracht wird, erhalten die Kapitalisten bei nicht verändertem Sparverhalten bedingt durch die sinkenden Zinsen einen

[254] Vgl. Krelle (1962, S. 52).

geringeren Anteil am Gesamteinkommen. Die Arbeitnehmer erhalten dagegen neben einem höheren Lohn nun auch die zusätzlichen Zinseinnahmen für ihr neu hinzugewonnenes Kapital und damit insgesamt ein größeres Stück am zu verteilenden Kuchen. Damit fällt die Veränderung der klassenspezifischen Einkommensverteilung durch die Einführung von Investivlöhnen zugunsten der Arbeitnehmer aus. Die einzige unsichere Komponente stellt der investivlohnbedingte technische Fortschritt dar. Je nachdem, ob dieser arbeit- oder kapitalsparend wirkt, werden die Kapitalisten (beziehungsweise Arbeitnehmer mit sehr hohen Kapitaleinkünften) oder die Arbeitnehmer hierdurch bevorteilt.

Wenn Investivlöhne nun also zu einem höheren Arbeitnehmereinkommen führen, so müsste daraus auch eine gesamtgesellschaftlich größere Gleichverteilung des Einkommens resultieren. Es liegt nahe anzunehmen, dass der Wert des Gini-Koeffizienten bei einer breiten Einführung von Investivlöhnen eine geringere Konzentration anzeigt. Denn die vorliegende Ungleichverteilung liegt zu einem großen Teil an der starken Diskrepanz zwischen den Einkommen der Arbeitnehmer und den der Kapitaleigentümer, die durch eine Querverteilung zumindest ansatzweise beseitigt werden kann. Nur für den Fall, dass Investivlöhne allein für die hoch dotierten Arbeitsplätze eingeführt werden, wäre die Wirkung fraglich. Bei einer breiten Etablierung müsste eine größere Gleichverteilung möglich werden, wobei die Arbeitnehmer, die bisher kein Vermögen besaßen, am meisten profitieren, denn diese haben keine Verluste durch eine eventuell sinkende Kapitalverzinsung des „alten“ Kapitals (s. oben).

4.2.3 Der Einfluss von Gewinnbeteiligungen

Anders als bei den Investivlöhnen läßt sich aus der Einführung von Gewinnbeteiligungen keine Veränderung der Spar- oder Investitionsbereitschaft ableiten. Wie gesehen, wird die funktionelle Einkommensverteilung aber auch durch die produktionstechnischen Gegebenheiten sowie die Art des technischen Fortschritts bestimmt, so dass ohne Kenntnis der Produktionsfunktion ohnehin keine pauschalen Schlussfolgerungen getroffen werden können. Gewinnbeteiligungen unterscheiden sich von Investivlöhnen dahingehend, dass die Arbeitnehmer nun nicht Barlohn gegen Investivlohn eintauschen, d.h. „Lohn gegen Lohn“, sondern eventuell auf einen Teil ihres Gehalts zugunsten einer Gewinnbeteiligung verzichten, d.h. „Lohn gegen Profite“. Denn sehen die Beschäftigten die Gewinnbeteiligung als ein gewisses Substitut für ihr Lohneinkommen an, so kann es sein, dass diese bereit sind, einen niedrigeren Lohn für eine entsprechende Gewinnbeteiligung zu akzeptieren. Natürlich ist auch diese Entlohnung dem Produktionsfaktor Arbeit zu verdanken, so dass dieses „Profiteinkommen“ eigentlich als Lohneinkommen zu betrachten ist.

Ohnehin interessanter und relevanter ist aber wiederum die personelle Verteilungssituation. Bei *substitutiver* Gewinnbeteiligung erhalten die Arbeitnehmer im Durchschnitt grundsätzlich nicht mehr Einkommen als bei früherer Lohngestaltung, nur dass dieses mit der wirtschaftlichen Situation schwankt. Allein wenn es ihnen gelingt, die Produktivität merklich zu steigern, kommen sie auch in den Genuss der zusätzlichen Rendite und damit einem Mehreinkommen.

Aus Unternehmersicht läßt sich im neoklassischen Modell für die Gewährung einer *additiven* Gewinnbeteiligung prinzipiell kein Grund ableiten, denn diese reduziert letztlich nur seinen Gewinn. Lediglich die Hoffnung auf eine Produktivitätsverbesserung könnte in dynamischer Sicht eine solche Aktion als vernünftig erscheinen lassen. Anders als im Investivlohnfall schliesst das neoklassische Modell eine additive Gewährung der Gewinnbeteiligung aber nicht aus, da diese – wenn sie als Pauschalsumme für alle Arbeitnehmer gewährt wird – keine Grenzkosten darstellt.[255]

Im Unterschied zum Investivlohnfall führt die Gewinnbeteiligung an sich jedoch auch zu keiner Kapitalakkumulation durch die Arbeitnehmer, d.h. die Profiteinkommen sind nicht dauerhaft gewährleistet, sondern von der Gunst des Unternehmers beziehungsweise den jährlichen Tarifverhandlungen abhängig. Damit einhergehend ist die Verteilungssituation der Zukunft auch wesentlich unsicherer zu prognostizieren.

4.2.4 Zur Kritik an der neoklassischen Verteilungstheorie

Die Verteilung der Einkommen erklärt sich gemäß dem Grundmodell in obiger Darstellung allein aus dem Einsatz der Produktionsmittel, den produktionstechnischen Gegebenheiten sowie dem technischen Fortschritt. Im krassen Gegensatz zur Wirklichkeit werden somit alle sonstigen sozialen, politischen und ökonomischen Faktoren vernachlässigt.[256] Die damit einhergehende Problematik verdeutlicht schon allein die in der Realität vielfach eingeschränkte Wettbewerbssituation. Statt vollkommener Konkurrenz weisen eine Reihe von Märkten einen oligopolartigen, wenn nicht sogar monopolistischen Charakter auf. Kritik kann auch an einer Vielzahl weiterer restriktiver Annahmen, wie der völligen Preisflexibilität oder der vollständigen Voraussicht, geübt werden, über die Kaldor vernichtend urteilt:

---

[255] Vgl. zur näheren Erläuterung die ausführliche Darstellung des den Überlegungen zugrunde gelegten Weitzman-Modells in Kapitel 5.2.1.1.

[256] Vgl. Krelle (1962, S. 53f.). Eine ausführliche Diskussion zum Erkenntniswert und den "Grenzen der Grenzproduktivitätstheorie" findet sich in Preiser (1981). Für eine fundierte Kritik an der neoklassischen Theorie vgl. auch Howard (1979, S. 63ff.).

„Kennzeichnend für den neoklassischen Ökonomen ist der Glaube, daß ungeachtet der hohen Abstraktionsebene, von der er ausgeht, es ihm am Ende doch gelingen werde, eine realistische Analyse auf neoklassischer Grundlage aufzustellen. Hierzu brauche er nur die Analyse weit genug fortzusetzen, um das Gerüst seiner Annahmen Stück für Stück abzubauen, ohne daß dabei sein Lehrgebäude einstürze. In der Tat werden aber diese Stützen nie weggenommen; die Entfernung irgendeiner von einer Anzahl solcher stützenden Annahmen – etwa die Einbeziehung von zunehmenden Skalenerträgen oder ›learning by doing‹ – reicht aus, um das ganze Gebäude wie ein Kartenhaus einstürzen zu lassen."[257]

Zudem ist die Übertragung der einzelwirtschaftlichen Theorie auf die Gesamtwirtschaft äußerst problematisch. Denn bei solch einer derart simplen Verallgemeinerung wird lediglich die Angebotsseite der Volkswirtschaft betrachtet, die Nachfrageseite dagegen vernachlässigt. Damit einhergehend wurde auch die Aufstellung einer einzigen makroökonomischen Produktionsfunktion umfassend kritisiert. Allein die Reduzierung der großen Anzahl von Inputs auf wenige, oft nur auf Arbeit und Kapital, verursacht schwerwiegende Aggregationsprobleme.[258] Fraglich ist zudem die angenommene Substituierbarkeit von Arbeit und Kapital, da die Faktoren in einer Reihe von Produktionsprozessen in einem komplementären Verhältnis stehen[259] und eine Veränderung auch in substitutiven Verfahren, beispielsweise durch langlaufende Verträge oder Nichtwiederveräußerbarkeit von Industrieanlagen, kurzfristig unmöglich ist.

Die in diesem Zusammenhang von Robinson erhobene Frage, in welchen Einheiten das Kapital, in physischen oder in monetären, gemessen werde, deckte ein noch grundsätzlicheres Problem auf und stellt ein Kernanliegen einer umfassenden Kapital-Diskussion dar, die als Cambridge-Cambridge-Kontroverse in die ökonomische Theoriegeschichte einging.[260]

Somit muss Krelles hartem Urteil weitestgehend zugestimmt werden:

„Man muß also zum Ergebnis kommen, daß die gesamtwirtschaftliche Grenzproduktivitätstheorie an recht erheblichen Mängeln leidet. Sie erreicht ihre Einfachheit, indem sie schwere Fehler macht. In Wirk-

---

[257] Übersetzung abgedruckt in Roberts (1980, S. 144). Original in Kaldor (1966, S. 310).

[258] Vgl. zum Beispiel Schmitt-Rink (1978, S. 30ff.), Roberts (1980, S. 143).

[259] Es gibt natürlich zum Teil auch die Möglichkeit der Technikenwahl. Ein kombinierter Einsatz verschiedener Verfahren kann ebenso zu einer gewissen Substitutionalität verhelfen. Allerdings wird dies nicht immer – vor allem nicht kurzfritig – möglich sein.

[260] Vgl. Roberts (1980, S. 143).

> lichkeit ist eben die Verteilung nicht ausschließlich technisch bestimmt."[261]

Trotz aller Nachteile gibt die Theorie aber einige interessante Aufschlüsse und Hinweise über den Zusammenhang von Faktoreinsatz, Produktionsfunktion, technischem Fortschritt und Einkommensverteilung, die für eine umfassende Analyse nicht vernachlässigt werden dürfen. Insbesondere muss die dargelegte Wirkungsrichtung einer erhöhten Kapitalbildung der Arbeitnehmer auf die Einkommensverteilung im Blick behalten werden.

4.3 Die Wirkung von Investivlöhnen und Gewinnbeteiligungen gemäß dem Ansatz der postkeynesianischen Verteilungstheorie

4.3.1 Die kreislaufanalytischen Modelle von Kaldor und Pasinetti

Die zuvor erläuterte Grenzproduktivitätstheorie der Verteilung betrachtet die Angebots- und Kostenseite der Unternehmen und vernachlässigt dabei – wie bereits angedeutet – die Nachfrageseite, d.h. der Kreislaufzusammenhang einer Volkswirtschaft und seine Folgen werden nicht berücksichtigt. Die neoklassische Theorie sieht somit lediglich die Entstehung des Einkommens, die Verausgabung bleibt unbeachtet. Doch die Weiterverfolgung keynesianischer Gedankengänge[262] machte deutlich, dass die Verwendung der Einkünfte über die Einkommensverteilung mitentscheidet.

> „Ein wirkliches Verständnis für die sich simultan abspielenden Vorgänge des Wirtschaftskreislaufes ist ohne eine solche Übung [im Kreislaufdenken; Anm. d. Verf.] nach meiner Ansicht nicht zu erreichen. Worauf es ankommt, ist zu erkennen, daß die Sache nicht zu Ende ist mit der Wirkung, die A auf B ausübt, sondern daß die Reaktion von B ihrerseits wieder auf A zurückwirkt und so fort. Derartige Problemstellungen sind dem Physiker und Techniker durchaus geläufig. Der Mehrzahl der Wirtschaftswissenschaftler jedoch sind sie leider heute noch fremd, obgleich es sich bei den von ihnen zu untersuchenden Fragen vorwiegend um derartige Zusammenhänge handelt."[263]

Auch fünf Jahrzehnte nach dieser Aussage muss konstatiert werden, dass die gegenwärtige Lage wieder weitestgehend der von Föhl in den 1950er Jahren beschriebenen Situation entspricht.

---

[261] Krelle (1962, S. 56).

[262] Dabei ist anzumerken, dass sich Keynes für das Verteilungsproblem wohl nie besonders interessiert hat. Vgl. Kaldor (1976, S. 119).

[263] Föhl (1953, S. 99). Vgl. auch Roberts (1980, S. 166).

Die Kenntnis der kaldorianischen Verteilungstheorie[264] stellt die Basis aller weiteren Überlegungen dar. Daher beginnt die Ausführung mit einer Erläuterung der Grundzüge dieses kreislauftheoretischen Modells. Nach Kaldors Ansatz bestimmt die effektive Nachfrage über Preiseffekte die funktionelle Einkommensverteilung. Das Modell basiert auf drei Bausteinen:

(14) $$Y \equiv L + P$$

(15) $$I = S$$

(16) $$S = S_L + S_P$$

Gleichung (14) stellt die Identitätsgleichung des Volkseinkommens von der Verteilungsseite her dar. Es wird gemäß einer funktionellen Einkommensverteilung zwischen Lohn- (*L*) und Profiteinkommen (*P*) unterschieden. Die gesamtwirtschaftliche Produktion (*Y*) ist kurzfristig gegeben und entspricht dem Vollbeschäftigungs-Inlandsprodukt. Damit geht Kaldor zunächst von einem statischen Modell aus, Kapazitätseffekte aus Nettoinvestitionen und ein Wachstum der Volkswirtschaft bleiben unberücksichtigt.[265]

Gleichung (15) gibt die Bedingung für ein Gleichgewicht auf dem Gütermarkt wieder. Während das Sparen einkommensabhängig ist, werden die Investitionen nicht modellendogen bestimmt, sie sind autonom.[266] In keynesianischer Manier ist die Investitionstätigkeit unabhängig vom Umfang des Sparens. Denn die entscheidenden Akteure in der keynesianischen Volkswirtschaft sind die Unternehmer, an deren Investitionen sich das Sparen anpasst. Kaldor beschreibt das Revolutionäre an Keynes' General Theory zusammenfassend in folgenden Worten:

> „expenditure decisions determine incomes, and not the other way round, or, what comes to the same thing, that it is investment which determines savings, and not savings which determine investment"[267].

Für den Ausgleich von Investitionen und Ersparnissen sorgt bei Kaldor letztlich die Variation der Einkommensverteilung.

Gleichung (16) zeigt, dass die gesamtwirtschaftliche Ersparnis das Ergebnis der Ersparnis aus Löhnen plus der Ersparnis aus Profiten ist. Kaldor führt zudem folgende Annahme über die Sparneigung ein:

---

[264] Vgl. insbesondere Kaldor (1976, S. 119ff.).

[265] Vgl. Domenghino (1981, S. 45).

[266] Im langfristigen Wachstumsmodell ist die Investitionsquote $\frac{}{Y}$ allerdings gleich dem Produkt aus der natürlichen Wachstumsrate n und dem Kapitalkoeffizienten v.

[267] Kaldor (1959, S. 214). Vgl. auch Domenghino (1981, S. 12).

(17) $$S_L = s_L \cdot L$$

(18) $$S_P = s_P \cdot P$$

Er nimmt somit lineare Sparfunktionen an, d.h., dass die marginale und durchschnittliche Sparneigung innerhalb der jeweiligen Einkommenskategorien identisch ist.[268] Zudem trifft Kaldor die Annahme, dass aus Profiteinkommen ein größerer Teil als aus Lohneinkommen gespart wird, d.h. die Sparquote aus Profiten (s_P) ist immer größer als die Sparquote aus der Lohnsumme (s_L).

Mit Hilfe dieser drei Bausteine lässt sich dann folgendes Ergebnis ableiten:

(19) $$\frac{P}{Y} = \frac{\frac{I}{Y} - s_L}{s_P - s_L}$$

Die funktionale Einkommensverteilung wird demnach durch die Höhe der einkommensspezifischen Sparquoten und der Investitionsquote bestimmt. Der daraus abgeleitete Term

(20) $$\frac{\partial(P/Y)}{\partial(I/Y)} = \frac{1}{s_P - s_L}$$

wird von Kaldor als „Sensitivitätskoeffizient der Einkommensverteilung"[269] bezeichnet, da dieser das Ausmaß der Verteilungsänderung infolge einer Änderung der Investitionsquote bestimmt. Eine geringe Differenz der Sparquoten aus Lohn- und Profiteinkommen lässt auf eine starke Reaktion des Systems schließen. Bei einer Konstanz von s_L und s_P ist die Gewinnquote eine lineare Funktion der Investitionsquote.

Die Stabilität des Modells wird dadurch gewährleistet, dass flexible Preise und kurzfristig starre Nominallöhne beziehungsweise nicht im Ausmaß der Preisveränderung variierende Löhne angenommen werden:

(21) $$\left| \frac{\frac{dl^{nom}}{dt}}{l^{nom}} \right| < \left| \frac{\frac{dp}{dt}}{p} \right|$$

---

[268] Die Höhe der aggregierten Sparquote $s = s_L \bullet \frac{L}{Y} + s_p \bullet \frac{P}{Y}$ ist aber variabel und von der Verteilungssituation abhängig.

[269] Kaldor (1976, S. 122).

Ein Anstieg (Rückgang) der Nachfrage und ein Rückgang (Anstieg) der Ersparnis führt zu einem Preisanstieg (Preisverfall), der größer ist als der Anstieg (Rückgang) des Nominallohnniveaus, weswegen die Profitquote ansteigt (sinkt). Zudem wird die Stabilitätsbedingung $s_P > s > s_L$ angenommen, d.h., die Sparquote aus Profiteinkommen ist immer größer als die aus Lohneinkommen. Dadurch bewirkt eine Erhöhung (Reduktion) der Profitquote auch einen Anstieg (Rückgang) der gesamtwirtschaftlichen Ersparnis. Damit sinkt (steigt) wiederum die Konsumnachfrage, das System ist stabil und kehrt zum Gleichgewicht S = I zurück.

Nicht zu übersehen sind eine Reihe „unkeynesianischer“ Annahmen, die Kaldor getroffen hat. Anders als bei Keynes bestimmt die Investitions- und Sparneigung nicht die Höhe der Beschäftigung (es wird von der Annahme der Vollbeschäftigung ausgegangen), sondern die Verteilung des Einkommens. Über eine zu geringe Arbeitsnachfrage macht sich Kaldor dagegen weniger Sorgen. Er sieht in der Preisflexibilität einen Mechanismus, der zumindest tendenziell zur Vollbeschäftigung führt.[270] Das Grundmodell von Kaldor wurde aber nicht nur diesbezüglich heftig attackiert. In diesem Zusammenhang soll aber zunächst nur auf die Kritik von Pasinetti eingegangen werden, der Kaldor einen „logischen Fehler“ vorwirft.[271] Denn Kaldor habe die Querverteilung unberücksichtigt gelassen – ein Lohnempfänger, der spart, muss auch Profiteinkommen beziehen.

> „Die Autoren haben die eine wesentliche Tatsache nicht beachtet, daß ein Individuum, wenn es einen Teil seines Einkommens spart, in jeder Art von Gesellschaft berechtigt sein muß, diesen Teil zu besitzen, da es andernfalls überhaupt nicht sparen würde. Das heißt, daß der im System existierende Kapitalstock Eigentum derjenigen Personen (Kapitalisten oder Arbeiter) ist, die in der Vergangenheit die entsprechenden Ersparnisse getätigt haben. Und da Kapitalbesitz den Besitzer zu einem Zinseinkommen berechtigt, werden die Arbeiter, wenn sie gespart haben und damit einen Teil des Kapitalstocks besitzen (direkt oder durch Darlehen an Kapitalisten), auch ihren Anteil an den Gesamtprofiten erhalten. Deshalb muß der Gesamtprofit selbst in zwei Kategorien aufgeteilt werden: Profite, die den Kapitalisten zufallen, und Profite, die die Arbeiter erhalten.
> Gerade diese Unterscheidung fehlt in der eben betrachteten Theorie. Dadurch, daß alle Profite den Kapitalisten zugesprochen werden, impliziert die Theorie, unwillkürlich, aber notwendig, daß alle Ersparnisse der Arbeiter immer als Geschenk an die Kapitalisten transferiert werden. Das ist natürlich absurd. Um dem zu entgehen, müssen wir das Modell von Anfang an umformulieren und die Verwirrung bereinigen, die durch zwei verschiedene Begriffe der Einkommensverteilung

[270] Vgl. Domenghino (1981, S. 15).
[271] Vgl. Pasinetti (1976, S. 205ff.).

> entstanden ist: die Einkommensverteilung zwischen Profiten und Löhnen und die Einkommensverteilung zwischen Kapitalisten und Arbeitern. Die beiden Begriffe stimmen nur in einem Sonderfall überein, wenn es nämlich keine Ersparnisse aus Löhnen gibt."[272]

Dementsprechend führt Pasinetti klassenspezifische Sparquoten ein. Der Suffix „A" von s_A bezieht sich auf alle Arbeitnehmer, „K" von s_K auf die Kapitalisten. Die Arbeiter beziehen nun Lohn- und Profiteinkommen, von denen entsprechend Gleichung (22) gespart wird:

(22) $$S_A = s_A(L + P_A)$$

Die Kapitalisten beziehen nur Profiteinkommen, von dem $s_K P_K$ gespart wird. Daraus lässt sich die Verteilung in analoger Weise wie im Kaldor-Modell ableiten. Der Einkommensanteil der Kapitalisten entspricht demnach:

(23) $$\frac{P_K}{Y} = \frac{\frac{I}{Y} - s_A}{s_K - s_A}$$

Er ist von der Investitionsquote und den klassenspezifischen Sparquoten abhängig. Es fällt sofort auf, dass Gleichung (23) ein sehr unbefriedigendes Ergebnis für die Gewerkschaften darstellt. Denn demnach ist die Nominallohnpolitik wirkungslos[273] und allein vermehrte Anstrengungen des Sparens seitens der Arbeitnehmer können zu deren Besserstellung beitragen. Bei konstanten Sparquoten und unveränderter Investitionsquote bleibt die Verteilung der Einkünfte zwischen Arbeitnehmern und den Kapitalisten immer gleich. Lassen sich die Arbeitnehmer jedoch davon überzeugen, mehr zu sparen, so erhalten sie – im Aggregat – auch einen größeren Anteil am Volkseinkommen, was dann dem nahe kommt, das Nell-Breuning als „Sparen ohne Konsumverzicht"[274] titulierte.

---

[272] Pasinetti (1976, S. 209). Allerdings betonten später Samuelson und Modigliani, dass das Kaldor-Modell nicht unbedingt einen „logical slip" besitzen müsse: „Actually, it might be argued that there need not be a 'logical slip' in the Kaldorian model, if it will merely assume that the propensity to save out of income from capital is s_c [s_P gemäß obiger Symbolik; Anm. d. Verf.] whether that income is received by capitalists or workers" (Samuelson/ Modigliani (1966, S. 270)). Bei der Annahme der Abhängigkeit der Sparneigung von der Einkommensart bestimmt das Kaldor-Modell die funktionelle Einkommensverteilung ohne logischen Fehler. Wenn man also davon ausgeht, dass Kaldor lediglich die funktionelle, nicht aber die klassenspezifische Einkommensverteilung ermitteln wollte und die Sparquote auf Profiteinkommen bei Kapitalisten und Arbeitnehmern gleich hoch ist, lässt sich das Kaldor-Modell aufrechterhalten. Es spricht auch einiges dafür, dass die Sparquote der Arbeitnehmer bezogen auf Profiteinkommen höher ist als auf Lohneinkommen (vgl. dazu Craven (1979, S. 69)).

[273] Vgl. Oberhauser (1996, S. 137).

[274] Nell-Breuning (1957).

Während im neoklassischen Modell sowie im postkeynesianischen Ansatz von Kaldor die funktionelle Einkommensverteilung ermittelt wurde, erhält man im Pasinetti-Modell nun eine klassenspezifische Verteilung. Aufgrund der heutzutage vorhandenen Querverteilung ist diese Größe bezüglich der gesellschaftlichen Beurteilung der Ungleichverteilung wesentlich wichtiger. Daher soll in nachfolgenden Untersuchungen zur Wirkung von Investivlöhnen und Gewinnbeteiligungen auch nur diese Berücksichtigung finden.

Betrachtet man jedoch trotzdem nicht die klassenspezifische Einkommensverteilung, sondern die rein funktionelle, so ergibt sich im Rahmen des Pasinetti Modells ein zunächst unerwartetes Ergebnis[275].

(24)
$$\frac{P}{Y} = \frac{I}{(s_K - s_A)\cdot Y} - \frac{s_A}{s_K - s_A} + \frac{r \cdot K_A}{Y}$$

Gleichung (24) definiert die Profitquote, wobei r die Renditerate auf das Vermögen der Arbeitnehmer (K_A) wiedergibt. Unter den vereinfachenden Annahmen, dass der Anteil der Arbeitnehmerersparnisse an den gesamten Ersparnissen gleich dem Vermögensanteil der Arbeitnehmer am Gesamtvermögen entspricht $\left(\frac{K_A}{K} = \frac{S_A}{S} = \frac{s_A(Y - P_K)}{I}\right)$ und dass die Rendite auf das Vermögen der Arbeitnehmer nicht von der gesamtwirtschaftlichen Ertragslage abweicht $\left(r = \frac{P}{K}\right)$, ergibt sich folgendes Ergebnis (unter der Bedingung eines langfristigen Gleichgewichtszustandes, in dem alle Parameter ihre Gleichgewichtswerte erlangt haben) für die Höhe der gesamtwirtschaftlichen Profitquote[276]:

(25)
$$\frac{P}{Y} = \frac{I}{s_K \cdot Y}$$

Das Resultat ist verblüffend. Trotz Berücksichtigung der Vermögenseinkommen der Arbeitnehmer und unter Verzicht auf eine Sparneigung der Arbeitnehmer von null, kommt Pasinetti zum selben Ergebnis wie Kaldor. Demnach können die Arbeitnehmerhaushalte die *funktionelle* Einkommensverteilung durch ihr Sparverhalten nicht beeinflussen, d.h., die Höhe der Profit- und Lohnquote ist davon unabhängig („Pasinetti-Paradoxon"):

> „It means that, in the long run, workers´ propensity to save, though influencing the distribution of income between capitalists and workers ... does not influence the distribution of income between profits and

---

[275] Vgl. dazu Roberts (1980, S. 170).

[276] Eine ausführlichere Darstellung findet sich zum Beispiel bei Roberts (1980, S. 1170f.).

wages ... Nor does it have any influence whatsoever on the rate of profit ...“[277]

Der Grund für dieses überraschende Ergebnis liegt jedoch ganz banal in der zugrunde gelegten Annahme, dass das Sparaufkommen der Arbeiter einen festen Teil der Gesamtersparnis ausmacht:

(26) $$\frac{S_A}{S} = \frac{K_A}{K}$$

Dies bedeutet nämlich, dass einer Erhöhung der Ersparnis der Kapitalisten auch eine Erhöhung der Ersparnis der Arbeitnehmer folgt und vice versa. Die Umformulierung der Gleichung (26) verdeutlicht dies noch einmal auf eine andere Weise:

(27) $$\frac{S}{K} = \frac{S_A}{K_A}$$

Demnach muss die Wachstumsrate des Kapitals in Händen der Arbeitnehmer der Wachstumsrate des Kapitals der Gesamtwirtschaft entsprechen. D.h. eine einseitige Vergrößerung des Anteils des Arbeitnehmerkapitals wird mit dieser Annahme ausgeschlossen und kann im Rahmen dieses Modells nicht mehr untersucht werden.[278] Lässt man diese jedoch fallen, so können die Arbeitnehmer die funktionelle Verteilung sehr wohl beeinflussen (vgl. Gleichung (24)).[279] Wie bereits erwähnt soll die funktionelle Einkommensverteilung jedoch nicht weiter von Interesse sein.

Ein großer Vorteil des Pasinetti-Modells liegt eindeutig im einfachen Aufbau, der dennoch gut verdeutlicht, dass die klassenspezifische Verteilung des Einkommens entscheidend von den Sparneigungen der beiden Einkommensbeziehergruppen abhängt und somit die Arbeitnehmer – bei gegebener Investitionsquote und gegebenem Konsumverhalten der Kapitalisten – besser gestellt werden, wenn sie einen höheren Anteil ihres Einkommens zum Sparen verwenden. Zwar werden auch in diesem Modell die Arbeitnehmer und Kapitalisten nur im gesamten betrachtet, d.h. eine Aufgliederung nach sozialen Gruppen ist nicht möglich, doch lässt eine Besserstellung der Arbeiter vermuten, dass die gesamtgesellschaftliche Ungleichverteilung, wie man sie zum Beispiel mit Hilfe des Gini-Koeffizienten misst, geringer wird.

---

[277] Pasinetti (1962, S. 272).

[278] Vgl. dazu insbesondere Kromphardt (1966, S. 254ff.).

[279] Die funktionelle Einkommensverteilung kann sich folglich auch bei konstanten Sparquoten und gleichbleibender Investitionsquote verändern.

4.3.2 Resultierende Investivlohneffekte im Pasinetti-Modell

4.3.2.1 Wirkung von Investivlöhnen auf das Sparen und Investieren

Welche Wirkung hätte nun eine branchenweite oder sogar die gesamte Wirtschaft umfassende Einführung von investiven Lohnbestandteilen im Rahmen des Pasinetti-Modells?[280] Um diese Frage beantworten zu können, wird nun im Folgenden zunächst analysiert, wie sich die verschiedenen relevanten gesamtwirtschaftlichen Größen direkt nach Einführung des neuen Lohnkonzepts verändern. Dabei werden im ersten Schritt nur die unmittelbaren Investivlohnwirkungen berücksichtigt. Möglicherweise positiv wirkende Produktivitätseffekte bleiben zunächst unberücksichtigt. Es handelt sich also um eine ausgesprochen kurzfristige Analyse, die die Situation unmittelbar vor und nach Verwirklichung des Investivlohngedankens komparativ-statisch betrachtet.[281] Bedeutsam für das Verständnis der Resultate ist die Unterscheidung zwischen dem mikroökonomischen Individualkalkül und dem makroökonomisch sinnvollen Handeln. Oftmals sind die Entscheidungen der Kapitalisten zwar individuell rational (zum Beispiel das Kürzen der Investitionen aufgrund gestiegener Lohnkosten), nicht aber gesamtwirtschaftlich, wie sich weiter unten noch zeigen wird.

- *Kapitalistensparquote*

In der folgenden Primäranalyse wird zunächst – gemäß der Modellannahme – eine konstante Sparquote der Kapitalisten unterstellt, die also unabhängig von der Höhe der Profiteinkommen ist. D.h., die Kapitalisten passen ihren Konsum entsprechend der gesunkenen oder gestiegenen Profite an. Erst im Rahmen einer weiterführenden Betrachtung im Kapitel 0 soll auf den Fall einer sinkenden oder steigenden marginalen Sparquote der Kapitalisten eingegangen werden, die dahingehend realistischer ist, dass die Kapitalisten ihren Konsum bei einer Veränderung des Einkommens nicht linear anpassen können oder wollen.

- *Arbeitnehmersparquote*

Die Einführung von Investivlohnkonzepten führt dazu, dass ein Teil des Einkommens der Arbeitnehmer nicht mehr bar ausbezahlt, sondern gespart wird. Daraus folgt – unabhängig davon, ob es sich um die substitutive oder additive Investivlohnvariante handelt – zunächst eine höhere Ersparnisbildung der Arbeitnehmer. Denn der Teil des Einkommens x, den der Mitarbeiter als Investivlohn anlegt, hat eine Sparquote von s_x=1. Für den *substitutiven* Fall gilt nun dementsprechend folgende neue Gesamtsparquote der Arbeitnehmer (s_A^{sI})[282]:

---

[280] Vgl. eine frühe Untersuchung zur Wirkung der Arbeitnehmerkapitalbildung auf die Einkommensverteilung und eine kritische Bezugnahme auf das Pasinetti-Modell bei Kromphardt (1966).

[281] Der Staat bleibt in diesem Rahmen ebenso unberücksichtigt.

[282] Die Abkürzung „*sI*“ steht für „substitutiver Investivlohn“.

(28) $$s_A^{sI} = \frac{s_A(P_A + L - x) + x}{P_A + L}$$

Der Einfachheit halber wird auch hier eine Übereinstimmung der durchschnittlichen mit der marginalen Sparquote innerhalb der drei Einkommenskategorien (Kapitalerträge der Arbeitnehmer, Investivlohn und restliches verfügbares Barlohneinkommen) angenommen.[283] Die Sparquote der Arbeitnehmer setzt sich somit aus einem gewichteten Mittel der bisherigen Sparquote s_A (die für die Kapitaleinkünfte und den Barlohn identisch ist) und der Sparquote auf Investivlöhne in Höhe von 1 zusammen. Zusätzlich soll angenommen werden, dass eine Verbesserung oder Verschlechterung der Einkommenssituation der Arbeitnehmer zugleich mit einer um den gleichen Umfang variierenden Höhe des Investivlohnanteils einher geht. Dies bedeutet, dass eine Veränderung des Arbeitnehmer-Gesamteinkommens zu keiner Änderung der durchschnittlichen Arbeitnehmer-Gesamtsparquote führt, d.h. also, dass die marginale der durchschnittlichen Sparquote entspricht.

Im *additiven* Fall lässt sich die neue durchschnittliche Gesamtsparquote der Arbeitnehmer (s_A^{aI})[284] in analoger Weise bestimmen:

(29) $$s_A^{aI} = \frac{s_A(P_A + L) + x}{P_A + L + x}$$

Dabei wird angenommen, dass die Arbeitnehmer den additiven Lohnanteil zunächst zur Gänze zusätzlich erhalten, d.h. es wird im Moment jene kurzfristige Situation betrachtet, in welcher noch keine Preisbewegungen und damit noch kein nachfragebedingter Umverteilungsprozess stattgefunden hat.[285]

Bevor auf notwendige Ergänzungen und Relativierungen eingegangen wird, soll ein einfaches Rechenbeispiel das Gesagte verdeutlichen. Angenommen, das bisherige Lohn- und Profiteinkommen der Arbeitnehmer beträgt 112 Gütereinheiten (GE), die Höhe des Investivlohns 5 GE, die Sparquote der Arbeitnehmer s_A = 0,1, dann ergibt sich im substitutiven Fall eine neue durchschnittliche Gesamtsparquote der Arbeitnehmer von

(30) $$s_A^{sI} = \frac{0{,}1(112 - 5) + 5}{112} = 0{,}140$$

---

[283] Eine hier verwendete Variation des Pasinetti-Modelle stellt aber die Einführung zweier Lohneinkommenskategorien dar. Dies ist notwendig, da die Höhe der Sparquote für die investiven Gehaltsbestandteile unabhängig von der Sparneigung der Arbeitnehmer für die sonstigen Gehaltsbestandteile ist.

[284] Die Abkürzung „aI“ steht für „additiver Investivlohn“.

[285] Hierbei wird auch vereinfachend von zunächst konstanten Arbeitnehmerprofiten ausgegangen, da dies keine wesentlichen Auswirkungen für die folgende Analyse hat.

Für den additiven Fall wird ebenfalls von einem Investivlohn in Höhe von 5 GE ausgegangen, wodurch sich folgende Sparquote s_A^{al} ergibt:

(31) $$s_A^{al} = \frac{0{,}1 \cdot 112 + 5}{112 + 5} = 0{,}138$$

Wie diese Rechnung zeigt, ist die Arbeitnehmersparquote im additiven Fall ein wenig geringer als bei der substitutiven Variante. Der Unterschied ist bei einem nicht allzu großen Anteil des Investivlohns an der Gesamtlohnsumme jedoch kaum von Bedeutung.

Die bisherige Betrachtung geht davon aus, dass die Sparquote für die sonstigen Einkommensbestandteile (die Kapitaleinkünfte der Arbeitnehmer und das Barlohneinkommen) konstant bleibt. Allerdings ist es wahrscheinlich, dass das investivlohnbedingte Sparen gleichzeitig zu einer gewissen Reduktion des Sparens aus diesem restlichen Einkommen führt[286], wenn die Arbeitnehmer insgesamt doch nicht soviel sparen wollen oder der Konsum im substitutiven Fall nicht derart eingeschränkt werden kann. Somit werden die Arbeitnehmer aus dem restlichen Einkommen weniger sparen, d.h. s_A wird an Wert verlieren und damit auch s_A^{sl} beziehungsweise s_A^{al}. Weil aber das investivlohnbedingte Sparen i.d.R. nicht hinreichend substitutiv zum restlichen Sparen ist, kann mit Investivlöhnen dennoch insgesamt eine höhere Sparneigung der Arbeitnehmer erwartet werden. So sind oftmals insbesondere die Bindungsfristen bei den Anlageformen des Investivlohns länger, womit Letztere ein jederzeit disponibles Sparguthaben nicht ersetzen können.[287] Eine Umstrukturierung der Ersparnis kann natürlich auch nur von jenen Arbeitnehmern erfolgen, die bisher anderweitig gespart haben. Ein großer Teil der Niedrigverdienenden hat in der Vergangenheit nur ein sehr geringes oder überhaupt kein Vermögen akkumu-

[286] Neben einer Reduktion der Ersparnis aus dem laufenden Einkommen ist als Kompensation auch an eine eventuelle Verringerung der vorhandenen Vermögenswerte zu denken.

[287] Es wird davon ausgegangen, dass die investierten Mittel zumindest nicht kurzfristig wieder für konsumtive Zwecke verwendet werden können, d.h., dass Sperrfristen mittleren oder langfristigen Charakters vorliegen (wie dies oft auch der Fall ist). Die Gefahr bei jeder Sperrfrist liegt aber darin begründet, dass die Arbeitnehmer die Ersparnis nach Ablauf doch noch für Konsumzwecke verwenden. Dies wirkt sich entsprechend mindernd auf die Sparquote aus, d.h., auch wenn die Investivlöhne momentan nicht verkonsumiert werden können, so haben doch diejenigen Arbeitnehmer, die bereits früher von einem solchen Lohnmodell Nutznießer waren, nach der Sperrfrist die Möglichkeit, das Gesparte zu verkonsumieren und damit das Ziel einer höheren Sparquote zu torpedieren. Vgl. Föhl/Wegner/Kowalski (1964, S. 124f.). Sperrfristen können auch dadurch umgangen werden, dass die Arbeitnehmer die ersparten, momentan aber nicht veräußerbaren Vermögenswerte einer Bank als Sicherheit überschreiben und hierfür einen Kredit erhalten, der ihnen unmittelbar zur Verfügung steht. Restriktive Bankgrundsätze, ein verhältnismäßig hoher Aufwand und emotionale Hemmnisse werden solch ein Vorgehen aber eher zur Ausnahme machen.

lieren können. Ein Anstieg der Arbeitnehmersparquote kann schon deshalb relativ sicher erwartet werden.

- *Veränderung der Investitionsnachfrage*

Ginge man von einem neoklassischen Modellrahmen aus, so würde die Veränderung der Ersparnis automatisch zu einer Veränderung der Investitionen führen, da die Unternehmer hier eine vikarische Funktion ausüben, d.h., die Investitionen passen sich mittels dem Zinsmechanismus an die Höhe der Ersparnis an. Eine gesunkene (gestiegene) Konsumnachfrage, die mit einer gestiegenen (gesunkenen) Ersparnis einhergeht, führt demnach zu steigenden (sinkenden) Investitionen, wodurch die gesamtwirtschaftliche Investitions- und Konsumnachfrage immer auf Vollbeschäftigungsniveau verbleibt.[288] Ganz anders ist hier aber die keynesianische Sicht der Dinge. Investitionen sind demnach unabhängig vom Sparen, das Sparen passt sich der Investitionshöhe an und nicht umgekehrt. Eine veränderte Sparquote der privaten Haushalte führt im keynesianischen Multiplikatormodell zu einer Veränderung des Volkseinkommens, wodurch sich die Ersparnis wieder an den Investitionsumfang anpasst.

In den postkeynesianischen Modellen von Kaldor und Pasinetti – in denen von Vollbeschäftigung ausgegangen wird – kommt es zu einem neuen Gleichgewicht durch eine entsprechende Umverteilung des Einkommens. Gleichsam wird aber auch hier von autonomen Investitionen ausgegangen. Eine Unabhängigkeit der Investitionen von der Ersparnis heißt aber nicht, dass sich die Investitionshöhe bei der Einführung von Investivlohnmodellen nicht gleichgerichtet mit der Veränderung der Ersparnis bewegen kann.

Eine Reihe von Determinanten bestimmen die keynesianische Investitionsfunktion. Anders als im neoklassischen Modell ist die zentrale Größe für die Investitionsentscheidungen die Grenzleistungsfähigkeit des Kapitals und nicht die Grenzproduktivität. Erstere basiert nämlich auf den erwarteten zukünftigen Kapitalerträgen, während Letztere nur die gegenwärtige Grenzproduktivität als Kriterium heranzieht. Die Grenzleistungsfähigkeit des Kapitals ist jener Diskontfaktor, bei dem der Barwert der Investition mit den Anschaffungskosten übereinstimmt. Neben der Entwicklung der Kapitalmarktzinsen spielen zum Beispiel auch die Erwartungen über die zukünftige wirtschaftliche Entwicklung einen nicht unbedeutenden Part (vgl. dazu zum Beispiel das im Harrod-Modell verwendete Akzeleratorprinzip). Solange die Grenzleistungsfähigkeit größer als der Marktzinssatz ist, werden die Unternehmer investieren. Graphisch wird die Investitionsfunktion in Abbildung 13 dargestellt. Die Kurve I_1 zeigt, dass die

[288] Vgl. Kapitel 4.2.2. Ein erneutes Gleichgewicht auf dem Investitions- und Konsumgütermarkt setzt dann natürlich voraus, dass die produzierten Güter sowohl zur Befriedigung der Konsumnachfrage wie auch investiv Verwendung finden können.

Investitionsbereitschaft mit sinkendem Marktzinssatz zunimmt. Dieser Verlauf ist das Resultat der Annahme, dass die Grenzleistungsfähigkeit des Kapitals mit steigendem gesamtwirtschaftlichen Investitionsvolumen abnimmt.

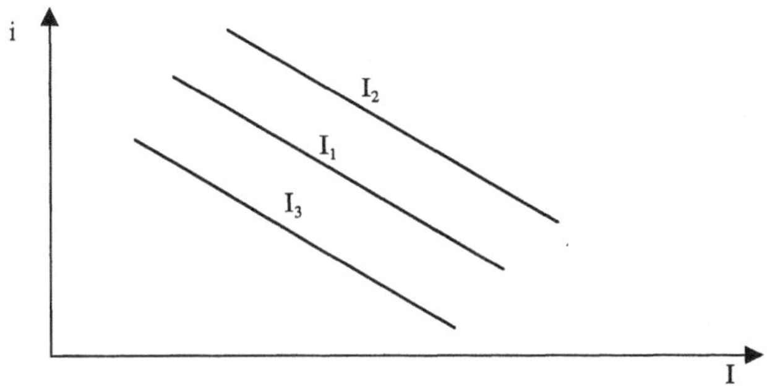

i = Marktzinssatz; I = Investitionsvolumen

Abbildung 13: Investitionsfunktionen

Quelle: eigene Darstellung.

Eine erwartete zusätzliche Kostenbelastung des Unternehmens durch den Aufwand für additive Investivlöhne reduziert die Grenzleistungsfähigkeit und führt zu einer Linksverschiebung der Kurve, wie beispielhaft durch I_3 dargestellt. Es ist jedoch zu betonen, dass die Unternehmen aufgrund erwarteter Kosten planen. Ob das Investivlohnmodell später tatsächlich zu einer Reduktion der Rendite führt, wird durch den nachfragebedingten Verteilungsprozess bestimmt, der entscheidend von der Investitionshöhe abhängt. Die Unternehmen planen aber nach ihrem mikroökonomischen Rationalkalkül und damit in Erwartung steigender Lohnkosten aufgrund additiver Investivlöhne. Generell ist die Investitionsabnahme durch steigende erwartete Lohnkosten umso größer, je flacher die I-Kurve verläuft. Die Kurve verschiebt sich nur dann nicht, wenn die Einführung von Investivlohnmodellen auf Kosten der Arbeitnehmer geschieht (substitutive Variante), oder aber die höheren Kosten für den Arbeitgeber durch eine erwartete Produktivitätssteigerung aufgefangen werden. Für Letzteres spricht die Effizienzlohnhypothese, wonach ein verhältnismäßig höherer Lohn die Arbeitnehmer zu einer höheren Leistung anspornt, entweder aus reiner Dankbarkeit, oder da diese befürchten, dass sie ihre gut bezahlte Arbeitsstelle ansonsten verlieren.[289] Ein in der Branche überdurchschnittlicher Lohn führt natürlich auch zu einer Selektion der besonders Leistungsfähigen. Investivlöhne können aber auch zu einer erwarteten relativen Kostenreduktion führen, nämlich dann, wenn es

[289] Vgl. FitzRoy/Kraft (1992, S. 210f.).

infolge ihrer Einführung zu einer erwarteten Lohnmäßigung in der aktuellen oder in zukünftigen Lohnrunden kommt, oder wenn der Staat mittels Steuererleichterungen oder niedrigeren Sozialabgaben die Lohnkosten subventioniert.[290] In diesem Fall verschiebt sich die Investitionsfunktion in Abbildung 13 nach rechts (I_2).

Die erwarteten Gewinne werden aber nicht nur von der Kostenseite bestimmt. Auch die zukünftigen Absatzerwartungen spielen eine entscheidende Rolle für die geplante Rendite. Gemäß dem Akzeleratormodell verändern sich die Nettoinvestitionen proportional zur erwarteten Veränderung des Outputs. Erwarten die Unternehmen aufgrund wachsender Kapitaleinkünfte der Arbeitnehmer eine zukünftig höhere Konsumnachfrage, steigt die Grenzleistungsfähigkeit des Kapitals und damit auch die Investitionsneigung. Steigende Investitionen des einen Unternehmens ziehen zudem weitere Investitionen anderer Unternehmen nach sich, wenn diese daraufhin eine allgemein ansteigende Nachfrage und damit verbunden eine bessere Auslastung ihres Kapitals vermuten. Die Investitionsfunktion verschiebt sich dann nach rechts – ein selbstverstärkender Effekt setzt ein.

Die Investitionstätigkeit wird aber noch von einer Reihe weiterer Faktoren beeinflusst, die damit die Lage der Funktion in Abbildung 13 ebenso bestimmen. So können zum Beispiel auch erfolgsunabhängige Wachstumsziele die Investitionsnachfrage erhöhen. Andererseits trägt ein hohes Sicherheitsstreben und eine große Unsicherheit über zukünftige Entwicklungen zu einer sehr restriktiven Investitionstätigkeit bei.

Für die Realisierung von Investitionen ist aber auch nicht nur die eben besprochene Investitionsneigung entscheidend, sondern primäre Voraussetzung dazu ist die Fähigkeit zur Investition.[291] Bei Betrachtung der Werte in Tabelle 11 über die Finanzierung von Investitionen in der Bundesrepublik Deutschland wird deutlich, dass in allen erfassten Jahren über die Hälfte und in den Jahren 1993 bis 1998 sowie in 2001 über zwei Drittel aller Investitionen in Unternehmen aus Abschreibungen und nicht entnommenen Gewinnen finanziert wurden. Dies legt nahe, dass das Ausmaß der Finanzierbarkeit aus eigenen Mitteln doch recht entscheidend auf die Höhe des Investitionsvolumens einwirkt.[292]

---

[290] Dies setzt natürlich voraus, dass der Staat die dafür nötigen Ausgaben nicht wiederum über eine anderweitige Besteuerung des Faktors Arbeit hereinholt.

[291] Vgl. auch Schebitz (1972, S. 137ff.).

[292] Zu beachten ist aber, dass ein Teil der Kapitalgüter, die abgeschrieben werden, durch Fremdkapital finanziert wurden. In diesen Fällen kann bei der Finanzierung aus Abschreibungen eigentlich nicht von „eigenen Mitteln" gesprochen werden.

(1) Jahr	(2) Brutto-investitionen [in Mrd. Euro]	(3) Abschreibungen [in Mrd. Euro]	(4) Abschreibungen in % der Bruttoinvestitionen	(5) Nicht entnommene Gewinne [in Mrd. Euro]	(6) Nicht entnommene Gewinne in % der Bruttoinvestitionen	(7) (4) + (6)	(8) Saldo der Vermögensübertragungen [in Mrd. Euro]	(9) Fremde Mittel [in Mrd. Euro]
1991	204,6	124,0	60,6	-3,6	-1,8	58,8	18,5	65,7
1992	204,3	136,2	66,7	-9,4	-4,6	62,3	14,8	62,7
1993	182,3	144,5	79,3	-19,8	-10,9	68,4	15,0	42,7
1994	196,4	149,2	76,0	-11,2	-5,7	70,3	11,3	47,1
1995	205,4	153,4	74,7	15,9	7,8	82,5	12,2	23,9
1996	199,0	156,7	78,8	18,2	9,1	87,9	10,5	13,6
1997	204,9	159,7	77,9	10,7	5,2	83,1	10,1	24,5
1998	218,7	163,1	74,6	14,0	6,4	81,0	11,8	29,8
1999	222,7	167,1	75,0	-20,9	-9,4	65,6	10,0	66,5
2000	274,6	173,4	63,1	-30,5	-11,1	52,0	10,7	121,0
2001	215,4	179,6	83,4	-28,6	-13,3	70,1	16,2	48,2

Datenquelle: Institut der deutschen Wirtschaft (2003, S. 25), eigene Berechnungen.

Tabelle 11: Bruttoinvestitionen der Kapitalgesellschaften (ohne finanzielle Kapitalgesellschaften) und ihre Finanzierung in der Bundesrepublik Deutschland

Anders als vielfach als Annahme vorausgesetzt gibt es in der Wirklichkeit eben keine vollkommenen Kapitalmärkte. Insbesondere kleinere und mittelständische Unternehmen sind durch die Höhe des Eigenkapitals und der Fähigkeit zur Selbstfinanzierung in ihrer Investitionsfähigkeit beschränkt. Während sich Banken in wirtschaftlich guten Zeiten bei der Kreditlinie relativ großzügig verhalten, dreht sich die Situation in Rezessionszeiten genau um. Selbst wirtschaftlich erfolgversprechende Vorhaben werden dann oftmals nicht mehr finanziert. Kreditrationierungen stellen somit eine nicht zu unterschätzende Determinante von Investitionsentscheidungen dar.[293] Die Stärkung des eigenen Kapitals durch die Zuführung von Mitarbeitermitteln kann oftmals die eine oder andere Neu-

[293] Die neue Baseler Eigenkapitalvereinbarung (Basel II) wird die Finanzierung von Investitionen zukünftig zusätzlich erschweren.

anschaffung überhaupt erst ermöglichen. Die Bedeutung der Selbstfinanzierung für die Investitionstätigkeit der Unternehmen wird eindrucksvoll auch durch eine Studie von Fazzari, Hubbard und Petersen verdeutlicht. Tabelle 12 zeigt die Finanzierung von Unternehmen des produzierenden Gewerbes in den USA zwischen 1970 und 1984. Durchschnittlich 71,1 Prozent des Kapitals wurde durch einbehaltene Gewinne generiert, bei den Betrieben mit einem Vermögen von unter einer Milliarde US-$ liegt die Quote durchschnittlich sogar noch deutlich höher.[294] Dass für die kleineren Unternehmen der Zugang zum Kapitalmarkt besonders schwer ist und dass diese auf die Einbehaltung von Gewinnen oder alternative Finanzierungsmöglichkeiten stark angewiesen sind, lassen die Ergebnisse der letzten Spalte in Tabelle 12 vermuten. Mit sinkender Unternehmensgröße steigt die durchschnittliche Thesaurierungsquote von 52 auf knapp 80 Prozent.

Unternehmens-größe (Vermögen) [in Mio. US-$]	Quellen des Kapitals [in Prozent]*				Durchschnitt-liche Thesau-rierungsquote
	Kurzfristige Bankschulden	Langfristige Bankschulden	Andere langfristige Schulden	Einbehaltene Gewinne	
Alle	0,6	8,4	19,9	71,1	0,60
< 10	5,1	12,8	6,2	75,9	0,79
10-50	5,9	17,4	6,9	69,8	0,76
50-100	3,1	12,9	5,3	78,7	0,68
100-250	-0,2	13,3	12,0	74,9	0,63
250-1000	-2,3	10,6	15,4	76,3	0,56
> 1000	-0,6	4,8	27,9	67,9	0,52

Datenquelle: Fazzari/Hubbard/Petersen (1988, S. 147).
*Kapital, das über neu ausgegebenes Eigenkapital gewonnen wurde, ist in dieser Berechnung ausgeschlossen.

Tabelle 12: Quellen des Kapitals im produzierenden Gewerbe der USA (1970-1984)

Wird ein Investivlohnmodell auf substitutiver Basis eingeführt und verbleibt das dann gebildete Arbeitnehmerkapital im Unternehmen, so verbessert sich die Finanzierungsmöglichkeit für Investitionen bei gleichzeitig konstant bleibenden

[294] Die Bedeutung der Selbstfinanzierung ist unter Berücksichtigung stiller Reserven sogar noch größer. Vgl. Fazzari/Hubbard/Petersen (1988, S. 146f.).

Lohnkosten. Eine Belebung der Investitionsnachfrage dürfte daraufhin nicht lange auf sich warten lassen. Im additiven Fall sieht es etwas anders aus. Hier wirken zwei Effekte gegeneinander. Steigende Lohnkosten aufgrund der zusätzlichen Belastung durch die neue Entgeltkomponente lassen die Profite sinken. Eine geringere Rentabilität sowie ein eventueller Liquiditätsabzug lässt somit auf einen Rückgang der Investitionsnachfrage schließen. Demgegenüber stehen Erwartungen auf positive Produktivitätsentwicklungen. Motivierte, unternehmerisch denkende Arbeitnehmer können – wie bereits ausgeführt – zu einer deutlichen Effizienzsteigerung im Betrieb beitragen. Es spricht einiges dafür, dass der zuletzt genannte Effekt überwiegt und daher die Investitionen auch im additiven Investivlohnfall ansteigen.

4.3.2.2 Veränderung der klassenspezifischen Einkommensverteilung

Aus den bisherigen Überlegungen bleibt festzuhalten, dass infolge von Investivlöhnen die Arbeitnehmersparquote steigt – umso mehr, je geringer das Sparen aus dem restlichen Einkommen substituiert wird. Die Investitionsquote steigt ebenso im substitutiven Fall, eventuell auch im additiven. Die daraus resultierenden Effekte für die Einkommensverteilung werden nun erläutert.

Die Ableitung der Gleichung (23) nach s_A kommt zu dem Ergebnis:

(32)
$$\frac{\partial\left(\frac{P_K}{Y}\right)}{\partial s_A} = \frac{\frac{I}{Y} - s_K}{\left(s_K - s_A\right)^2} < 0$$

Gleichung (32) zeigt, dass die Erhöhung der Sparquote der Arbeitnehmer im Rahmen des Pasinetti-Modells zu einer Umverteilung zugunsten der Arbeitnehmer führt, diese sich also besser stellen können. Der Volkseinkommensanteil der Kapitalisten sinkt dagegen. Denn unter der im Modell vorausgesetzten Stabilitätsbedingung $s_K > \frac{I}{Y}$ ergibt sich im Zähler eine negative Differenz zwischen Investitionsquote und Sparquote der Kapitalisten und im Nenner durch die Potenz ein positiver Wert und damit insgesamt ein negativer Wert der ersten Ableitung von (23) nach s_A. Dies lässt sich ökonomisch damit begründen, dass aus einer gestiegenen Sparneigung der Arbeitnehmer ein Rückgang der gesamtwirtschaftlichen Nachfrage folgt. Damit sinken die Preise, während die Nominallöhne annahmegemäß kurzfristig starr sind beziehungsweise zumindest nicht in selbem Umfang wie die Preise sinken. Das dadurch gestiegene Reallohnniveau reduziert die Profite und erhöht die Lohnquote. Dies erinnert an die – insbesondere von Nell-Breuning geprägte – Formel „Sparen ohne Konsumverzicht“[295]. Denn die Arbeitnehmer fragen bei einem gestiegenen Wert von s_A

[295] Nell-Breuning (1957, S. 2051). Vgl. auch Nell-Breuning (1965).

und Konstanz aller anderen Variablen zwar zunächst weniger Konsumgüter nach, doch erhalten sie letztlich einen größeren Anteil am Volkseinkommen und können damit – im Aggregat betrachtet, nicht individuell – auch wiederum mehr konsumieren. Bereits Keynes betrachtete dieses Phänomen, allerdings aus der entgegengesetzten Perspektive, die Unternehmer könnten ihren Konsum ohne Sorgen großzügig ausdehnen:

> „Welchen Teil ihrer Gewinne demnach die Unternehmer auch für den Konsum verwenden, der Vermögenszuwachs zugunsten der Unternehmer bleibt der gleiche wie zuvor. Somit sind die Gewinne, als eine Quelle der Kapitalakkumulation bei den Unternehmern, unerschöpflich wie der Krug der Witwe, wie viel davon auch immer einer ausschweifenden Lebensführung dient. Wenn andererseits die Unternehmer Verluste erleiden und versuchen, diese Verluste durch Einschränkung ihres normalen Verbrauchs, das heißt durch erhöhtes Sparen, wieder einzuholen, so wird der Krug zu einem Faß der Danaiden, das nie gefüllt werden kann, denn die Wirkung dieser verminderten Verbrauchsaufwendungen besteht darin, den Produzenten von Konsumgütern einen Verlust in gleicher Höhe zuzufügen. Somit ist, wenn man die ganze Unternehmerschaft heranzieht, trotz ihrem Sparen die Verminderung ihres Vermögens genau so groß wie zuvor."[296]

Dieser bereits zuvor von Marx erkannte Zusammenhang wurde später von Kalecki noch mal markant auf den Punkt gebracht:

> „Kapitalisten verdienen, was sie ausgeben, Arbeiter geben aus, was sie verdienen."[297]

Keynes hat aber in seinem Gleichnis vom Krug der Witwe und der Sage vom Danaidenfass leider versäumt,

> „die Entsprechung zu dieser grotesk günstigen Kreislauf-Chance der Nicht-Unternehmer anzumerken: Die einen können verzehren so viel sie wollen, es geht auf Kosten der andern; die andern können sparen, so viel sie wollen, es geht auf Kosten der einen."[298]

Die bisherige Betrachtung gilt aber nur unter der keynesianischen Annahme, dass die Investitionen von der Ersparnis unabhängig sind, d.h., dass das zusätzliche Sparen zu keiner zusätzlichen Investition führt. Welche Folgen ergeben sich aber, wenn die neuen Ersparnisse vollständig oder zumindest zum Teil mit zusätzlichen Investitionen einhergehen, d.h. der Investivlohn seinem Namen

---

[296] Keynes (1983, S. 113f.). Der gesamte postkeynesianische Ansatz wird daher manchmal auch mit „widow's cruse theories" bezeichnet. Vgl. Domenghino (1981, S. 16).

[297] Zitiert nach Kaldor (1976, S. 122).

[298] Schreiber (1959, S. 260).

gerecht wird? Ein Anstieg der Investitionsquote führt, wie man aus folgender Gleichung (33) leicht ablesen kann, zu einer Verbesserung der Position der Kapitalisten, und zwar umso mehr, je geringer die Differenz zwischen den Sparquoten s_K und s_A ist:

(33) $$\frac{\partial\left(\frac{P_K}{Y}\right)}{\partial\left(\frac{I}{Y}\right)} = \frac{1}{s_K - s_A} > 0$$

D.h. die erreichten Umverteilungserfolge für die Arbeitnehmer werden desto stärker wieder rückgängig gemacht, je mehr die Investivlöhne tatsächlich investiv angelegt werden.

Ebenfalls negative Konsequenzen für die Verteilungsposition der Arbeitnehmer hat ein Absinken der Sparquote der Kapitalisten. Somit können die Kapitalisten als Aggregat einem zunächst reduziertem Profiteinkommen erfolgreich entgegenwirken, wie sich in nachfolgender Gleichung zeigt:

(34) $$\frac{\partial\left(\frac{P_K}{Y}\right)}{\partial s_K} = \frac{s_A - \frac{I}{Y}}{\left(s_K - s_A\right)^2} < 0$$

Bisher wurde die Wirkung der Variablenänderungen ceteris paribus betrachtet. Nachfolgend wird nun versucht, den resultierenden Gesamteffekt zu ermitteln. Dieser ist natürlich von bestimmten Ausgestaltungsmerkmalen des Investivlohns und einer Reihe weiterer Faktoren abhängig. Wie bereits dargestellt wurde, ist die Veränderung der Investitionsquote und der Sparquoten der Arbeitnehmer nicht immer eindeutig, vor allem nicht das Ausmaß der Veränderung. Im Folgenden werden daher verschiedene Szenarien im Rahmen einer komparativ-statischen Analyse durchgearbeitet, die dazu dienen sollen, mehrere Konstellationen zu berücksichtigen und die Spannweite möglicher langfristiger Gleichgewichtsergebnisse zu erfassen. Es werden allerdings keine Übergangsprozesse analysiert, auf eine dynamische Analyse wird aus Komplexitätsgründen verzichtet. Die zur Verdeutlichung nachfolgend aufgeführten Zahlenbeispiele lehnen sich an die schon oben verwendeten Werte an:

- Investitionsquote: $\frac{I}{Y} = 0{,}2$
- Sparquote der Arbeitnehmer: $s_A = 0{,}1$
- Sparquote der Kapitalisten: $s_K = 0{,}6$
- Volkseinkommen (in GE): Y = 140
- Investivlohn (in GE): x = 5

Die Einkommensverteilung in der Situation vor Einführung investiver Lohnbestandteile lässt sich somit im Rahmen des Pasinetti-Modells einfach ermitteln:

(35)
$$\frac{P_K}{Y} = \frac{0{,}2 - 0{,}1}{0{,}6 - 0{,}1} = 0{,}2$$

Den Kapitalisten steht in der Ausgangslage 1/5 des Einkommens (28 GE) zur Verfügung, von dem sie 60 Prozent sparen. Die Arbeitnehmer erhalten für die beiden von ihnen gestellten Produktionsfaktoren Arbeit und Kapital entsprechend 4/5 des Einkommens (112 GE), von denen sie 90 Prozent verkonsumieren.

Nachfolgende Szenarienanalyse geht von einem breiten Spektrum möglicher Konstellationen aus. Eine Zusammenfassung der verschiedenen Szenarien in Tabelle 13 am Ende des Abschnitts hilft, den Überblick über die Vielzahl notwendiger Fallunterscheidungen zu bewahren.

Szenario 1:
Der erste Fall geht von der häufig anzutreffenden Situation substitutiver Investivlöhne aus. Unter Zugrundelegung einer bisherigen Sparquote s_A = 0,1 und einem Investivlohn in Höhe von 5 GE ergibt sich ein Anstieg der Arbeitnehmersparquote von Δs_A = 0,04 (vgl. Kapitel 4.3.2.1). Es wird zunächst angenommen, dass die Sparneigung bezüglich des restlichen verfügbaren Einkommens der Arbeitnehmer unverändert ist, d.h. dass dieses nicht durch das investivlohnbedingte Sparen substituiert wird. Die Investitionsquote bleibt in diesem Szenario konstant (I/Y = 0,2), da hier – anders als im folgenden Fall – davon ausgegangen wird, dass Investivlöhne zwar die Sparneigung der Arbeitnehmer erhöhen, das Investitonsverhalten davon aber unberührt bleibt. Für die Einkommensverteilung im Szenario 1 ergibt sich folgendes Bild:

(36)
$$\frac{P_K}{Y} = \frac{0{,}2 - 0{,}140}{0{,}6 - 0{,}140} = 0{,}130$$

Der Profitanteil der Kapitalisten im neuen Gleichgewicht ist somit um sieben Prozentpunkte gegenüber dem Referenzfall niedriger. Die Ursache liegt darin begründet, dass die gestiegene Sparneigung der Arbeitnehmer zu einer geringeren Nachfrage und damit sinkenden Preisen führt, weshalb der Reallohn ansteigt. Der substitutive Investivlohn in Höhe von nur 5 GE erhöht damit das Lohn- und Profiteinkommen der Arbeitnehmer um 9,8 GE auf 121,8 GE. Die Arbeitnehmer im Aggregat können somit ohne Konsumverzicht mehr sparen, weil das zugewonnene Einkommen größer als der Investivlohn ist. Die Höhe der aggregierten Sparquote, die annahmegemäß immer der Investitionsquote entspricht, beträgt wieder 0,2.

Szenario 2:
Außer einer veränderten Investitionsquote setzt dieser Fall dieselben Annahmen wie das eben beschriebene Szenario voraus. Es wird nun davon ausgegangen, dass die Hälfte der investiven Lohnbestandteile[299] auch tatsächlich zusätzlich investiert wird, zum Beispiel bedingt dadurch, dass einige Unternehmen mit den einbehaltenen Investivmitteln nun in der Lage sind, gewünschte, aber bisher nicht realisierte Investitionen nun doch durchzuführen. Die Investitionssumme steigt dementsprechend um 2,5 GE, womit die Investitionsquote den neuen Wert von 21,8 Prozent aufweist. Die Einkommensverteilung verändert sich folgendermaßen:

(37) $$\frac{P_K}{Y} = \frac{0{,}218 - 0{,}140}{0{,}6 - 0{,}140} = 0{,}170$$

Eine gleichzeitige Erhöhung der Investitionsquote reduziert deutlich die zunächst hinzugewonnenen Einkommensanteile der Arbeitnehmer. Gegenüber der Ausgangslage verlieren die Kapitalisten nun ‚nur' noch drei Prozentpunkte des Volkseinkommens beziehungsweise 4,2 GE. Aber auch hier müssen die Arbeitnehmer letztlich kaum Konsumverzicht leisten.

Szenario 3:
Das nun zu betrachtende Szenario entspricht von den Voraussetzungen den zwei zuvor erläuterten Fällen mit der Ausnahme, dass hier angenommen wird, dass die Investitionssumme nicht mehr nur um 2,5 GE, sondern im gleichen Ausmaß wie das zusätzliche Sparen, d.h. um 5 GE ansteigt. Dementsprechend ergibt sich eine Investitionssumme von 33 GE und eine -quote von 23,6 Prozent. Der Anteil der Profiteinkommen der Kapitalisten steigt dementsprechend auf:

(38) $$\frac{P_K}{Y} = \frac{0{,}236 - 0{,}140}{0{,}6 - 0{,}140} = 0{,}209$$

Durch den simultanen Anstieg des Sparens und der Investitionen in Höhe der vollen Investivlohnsumme ergibt sich gegenüber dem Ausgangsfall praktisch keine Veränderung der Einkommensverteilung. Die Einführung des Investivlohns geht in diesem Fall mit einem Konsumverzicht der Arbeitnehmer einher.

Szenario 4:
Hierbei handelt es sich wiederum um eine Modifikation des 1. Szenarios. Anders als in Szenario 2 und 3 bleibt diesmal die Investitionsquote konstant und

[299] Die hier angegebene Veränderung der Investitionen bezieht sich auf die Höhe des anfänglichen Investivlohns. Eine Erhöhung des Investivlohns aufgrund einer Änderung der Gesamtentlohnung der Arbeitnehmer bleibt hinsichtlich der Investitionshöhe hier und in folgenden Szenarien unberücksichtigt.

die Sparquote der Arbeitnehmer wird verändert. Denn die in den letzten drei Szenarien angesetzte Sparquote ist unrealistisch, da gewisse Substitutionsvorgänge des Sparens aus dem restlichen Einkommen durch das investivlohnbedingte wahrscheinlich sind. Es wird nun der Mittelwert von der Sparquote im Referenzfall (kein Investivlohnmodell) und der Sparquote bei Investivlöhnen mit keinerlei Substitution des Sparens aus dem restlichen Einkommen angenommen. Dieser Wert beläuft sich auf s_A^{is} = 0,12. Die Einkommensverteilung ändert sich wie folgt:

(39) $$\frac{P_K}{Y} = \frac{0,2 - 0,120}{0,6 - 0,120} = 0,167$$

Durch den um die Hälfte geringeren Anstieg der durchschnittlichen Sparquote der Arbeitnehmer halbiert sich im Vergleich zum 1. Szenario auch deren Verbesserung der Einkommensposition, die dann nur noch 3,3 Prozentpunkte beziehungsweise 4,6 GE ausmacht. Die Arbeitnehmer müssen aber trotz Investivlohn kaum Konsumverzicht leisten.

Szenario 5:
Die Annahme der teilweisen Substitution des Sparens aus dem restlichen Einkommen durch das Investivlohnsparen im 4. Szenario ist durchaus nicht unwahrscheinlich. Zwar sind die Anlageformen, zum Beispiel aufgrund der unterschiedlichen Anlagefristen, nicht einfach austauschbar, doch werden einige Arbeitnehmer ihre anderweitig gehaltenen Geldanlagen trotzdem dem Konsum opfern – ganz davon abgesehen, dass einige Beschäftigte gar keine andere Möglichkeit haben, um die lebensnotwendigen Ausgaben bestreiten zu können. Daher soll dieser Fall einer nur beschränkten Erhöhung der Arbeitnehmersparquote nun mit der ebenso nicht unwahrscheinlichen Annahme eines begrenzten Anstiegs der Investitionsquote kombiniert betrachtet werden. Auch für die Investitionsquote gilt, dass es wahrscheinlich ist, dass ein Teil der investiven Lohnbestandteile zu neuen Investitionen führt, während der Rest der Mittel lediglich ohnehin geplante Neuanschaffungen finanziert. Über die Höhe der Substitution des Sparens aus dem restlichen Einkommen durch Investivlohnsparen oder das Ausmaß der neu getätigten Investitionen lässt sich trefflich streiten – es ist auch auf empirischen Weg nicht ermittelbar. Der Vergleichbarkeit wegen sollen die Investitionsquote aus dem zweiten (I/Y=0,218) und die durchschnittliche Sparquote der Arbeitnehmer aus dem vierten Szenario (s_A=0,12) übernommen werden. Die Einkommensverteilung ergibt sich dann wie folgt:

(40) $$\frac{P_K}{Y} = \frac{0,218 - 0,120}{0,6 - 0,120} = 0,204$$

Das Ergebnis zeigt analog zum 3. Fall, dass die Erhöhung der Ersparnis im selben Ausmaß wie die Erhöhung der Investition die Einkommensverteilung praktisch nicht verändert.

Szenario 6:
Als Extremfall wäre auch die Situation denkbar, dass das Sparen gleich hoch bleibt (d.h. die Arbeitnehmer die investiven Lohnbestandteile zwar vollständig sparen, gleichzeitig aber die Ersparnis aus dem restlichen Lohn im selben Umfang einschränken), dennoch aber die Investitionsquote steigt. Dieser zunächst als theoretisches Gedankenspiel anmutende Fall ist nicht vollkommen unrealistisch. Man denke zum Beispiel an mittelständische Unternehmen, die durch betriebliche Investivlöhne die Möglichkeit erhalten, Investitionen vorzunehmen, für die eine Bank die notwendigen Mittel niemals bereitgestellt hätte. Die gestiegenen Investitionen führen zu einer größeren gesamtwirtschaftlichen Nachfrage. Die Einkommensverteilung verbessert sich in diesem Extremfall um über sieben Prozentpunkte (10,1 GE) zugunsten der Kapitalisten:

(41) $$\frac{P_K}{Y} = \frac{0,236 - 0,1}{0,6 - 0,1} = 0,272$$

Die aggregierte Sparquote nimmt entsprechend der gestiegenen Investitionsquote zu.

Szenario 7:
Anders als bei den bisher behandelten Szenarien werden in diesem und dem folgenden die Wirkung additiver Investivlöhne analysiert. Analog zum ersten Szenario betrachtet der erste Fall additiver Investivlöhne eine konstante Investitionsquote und eine gestiegene Sparquote der Arbeitnehmer gemäß Gleichung (29) beziehungsweise (31). Daraus ergibt sich eine Besserstellung der Arbeitnehmer um fast 6,4 Prozentpunkte (9,2 GE).

(42) $$\frac{P_K}{Y} = \frac{0,2 - 0,138}{0,6 - 0,138} = 0,134$$

Es zeigt sich somit, dass die Einkommensumverteilung der Situation im 1. Szenario ähnlich ist. Die gewonnenen Ergebnisse in den Szenarien 2 bis 6 lassen sich auch für den Fall eines additiven Modells grundsätzlich analog verwenden. Nachfolgend wird daher von deren expliziter Betrachtung abgesehen und der Schwerpunkt auf den Fall einer sinkenden Investitionsquote (aufgrund der gestiegenen Lohnkosten) gelegt.

Szenario 8:
Ob die Unternehmen auf die gestiegenen Lohnkosten mit gleichbleibenden, leicht reduzierten oder deutlich gekürzten Investitionen reagieren, hängt von

mehreren schon diskutierten Faktoren ab, deren Gewicht sich quantitativ nicht messen lässt. Eine Reduktion der Investitionen um nur zehn Prozent gegenüber dem Ausgangszustand (unter Berücksichtigung der eventuellen Generierung zusätzlicher Investitionen durch die investiven Lohnbestandteile) hätte eine neue Investitionsquote von 18 Prozent zur Folge. Als Einkommensverteilung ergibt sich dann unter Beibehaltung der anderen Variablenwerte gemäß Szenario 7:

(43)
$$\frac{P_K}{Y} = \frac{0{,}18 - 0{,}138}{0{,}6 - 0{,}138} = 0{,}091$$

Der Anteil der Kapitalisten reduziert sich gegenüber dem Referenzfall drastisch um fast elf Prozentpunkte (15,3 GE). Es wird somit sichtbar, dass die Kapitalisten ihr Übel durch eine Verringerung der Investitionen infolge gesunkener Profite nur noch mehr vergrößern. Statt einer restriktiven wäre eine expansive Wachstumspolitik der Betriebe die einzige sinnvolle Alternative, um den verlorenen Profitanteil wiederzugewinnen. Individuelles Rationalkalkül einer verringerten Investitionsgüternachfrage und der daraus resultierende Preisverfall schaden der Kapitalistenseite letztlich nur noch mehr.

4.3.2.3 Berücksichtigung von Sekundäreffekten und Modellmodifikationen

Bisher wurde nur die unmittelbare Reaktion auf die Einführung von Investivlöhnen betrachtet. Zudem wurden einige recht restriktive Annahmen gesetzt, so zum Beispiel die Annahme der Konstanz der Sparquoten. Letzteres ist dahingehend problematisch, dass sowohl die Sparquote der Arbeitnehmer wie auch die der Kapitalisten von der vorliegenden Einkommensverteilung beeinflusst wird. Denn eine Reduktion oder Zunahme der Profite der Kapitalisten wird oftmals mit keinem analogen Rückgang beziehungsweise Anstieg des Kapitalistenkonsums einhergehen. Dadurch ist mit einer gesunkenen (gestiegenen) Kapitalistensparneigung zu rechnen, welches zu einer Vermehrung (Verminderung) der Profitanteile der Kapitalisten führt. Ein Anstieg der Arbeitnehmereinkommen verbunden mit Sättigungstendenzen bei der Konsumgüternachfrage wird i.d.R. mit einer steigenden marginalen Sparquote einhergehen. Letzteres bewirkt einen Umverteilungseffekt zugunsten der Arbeitnehmer. Ein Rückgang der Arbeitnehmereinkommen wird vice versa mit einer niedrigeren Sparquote einhergehen, die den Kapitalisten dienlich ist.

Gegebenenfalls würde sich *infolge* der resultierten Verteilungsänderung auch die Investitionsquote noch einmal verändern. Denn gesunkene Profitanteile der Kapitalisten werden deren Begeisterung für zukünftige Investitionen reduzieren, wobei eine geringere Investitionsquote – wie bereits gezeigt – vor allem ihnen selbst schadet.

	Referenz-situation	Szenario 1	Szenario 2	Szenario 3	Szenario 4	Szenario 5	Szenario 6	Szenario 7	Szenario 8
Mittelaufbringung (substitutiver / additiver Investivlohn)	-	substitutiv	substitutiv	substitutiv	substitutiv	substitutiv	substitutiv	additiv	additiv
Volkseinkommen (in GE)	140	140	140	140	140	140	140	140	140
Sparquote der Arbeitnehmer (in %)	10	14,0	14,0	14,0	12,0	12,0	10	13,8	13,8
Sparquote der Kapitalisten (in %)	60	60	60	60	60	60	60	60	60
Investitionsquote (in %) = aggregierte Sparquote (in %)	20	20	21,8	23,6	20	21,8	23,6	20	18
Anteil der Profiteinkommen der Kapitalisten am Volkseinkommen (in Prozent)	20	13,0	17,0	20,9	16,7	20,4	27,2	13,4	9,1
Profiteinkommen der Kapitalisten (in GE)	28	18,2	23,8	29,3	23,4	28,6	38,1	18,8	12,7
Lohn- und Profiteinkommen der Arbeitnehmer (in GE)	112	121,8	116,2	110,7	116,6	111,4	101,9	121,2	127,3
Verteilungszugewinn für (Arbeitnehmer/Kapitalisten)	-	Arbeitnehmer	Arbeitnehmer	-	Arbeitnehmer	-	Kapitalisten	Arbeitnehmer	Arbeitnehmer

GE = Gütereinheiten
Datenquelle: eigene Berechnungen.

Tabelle 13: Ergebnisse der Szenario-Analyse

Als weiterer Sekundäreffekt muss natürlich berücksichtigt werden, dass die Arbeitnehmer zwar in der Regel kurzfristig in ihrer Möglichkeit zur Verfügbarkeit über die Sparanlage beschränkt sind, doch ihnen langfristig die Verkaufsalternative offen steht. Wird diese genutzt und der daraus resultierende Erlös für Konsumzwecke verwendet, so droht ein Absinken der Arbeitnehmersparquote.

Mittelfristig müssen eine Vielzahl weiterer Effekte in die Betrachtung eingehen. Genannt sei nur der produktivitätssteigernde Effekt von Investivlöhnen[300], wodurch die Rentabilität von Investitionen und damit die Neigung zu weiterer Expansion steigt. Ein Anstieg der Investitionsquote wäre die Folge. Natürlich müssen auch Kapazitätseffekte und das damit verbundene Wachstum des Volkseinkommens berücksichtigt werden.

4.3.3 Resultierende Gewinnbeteiligungseffekte im Pasinetti-Modell

4.3.3.1 Wirkung von Gewinnbeteiligungen auf das Sparen und Investieren

Um die Auswirkungen von Gewinnbeteiligungen zu ermitteln, wird wieder zunächst analysiert, wie sich die verschiedenen relevanten gesamtwirtschaftlichen Größen direkt nach Einführung der neuen Entgeltform verändern. Dabei wird im ersten Schritt wieder nur die unmittelbare Reaktion betrachtet. Rückkopplungseffekte und später positiv wirkende Produktivitätseffekte bleiben zunächst unberücksichtigt. Es handelt sich also um eine ausgesprochen kurzfristige Analyse, die die Situation unmittelbar vor und nach Verwirklichung des Gewinnbeteiligungsmodells komparativ-statisch betrachtet.

- Kapitalistensparquote

Da das Pasinetti-Modell die Konstanz der marginalen Sparquote voraussetzt, bleibt diese auch nach einer eventuellen Reduktion oder Vergrößerung des Kapitalisteneinkommens infolge des Gewinnbeteiligungsmodells konstant.

- Arbeitnehmersparquote

Die Gewinnbeteiligung wird zunächst dem Arbeitnehmer ausbezahlt. Über die Veränderung des Sparens der Arbeitnehmer kann somit nichts ausgesagt werden, da anders als bei Investivlöhnen kein gleichzeitiger Sparzwang vorliegt. Der Anstieg der marginalen Sparquote im Falle der Investivlöhne beruhte dagegen auf dem Zwang des Sparens, der unabhängig von der Sparneigung war.

---

[300] Vgl. Kapitel 5.3.1.

• Investitionsquote

Die Ausführungen zu verschiedenen Investitionsdeterminanten im Kapitel 4.3.2.1 haben gezeigt, dass insbesondere die Profitabilität und Finanzierbarkeit, aber auch eine Reihe weiterer Faktoren über die Anschaffung neuer Produktionsmittel entscheiden. Der Fall additiver Gewinnbeteiligungsmodelle führt zu einer insgesamt höheren erwarteten Kostenbelastung für die Unternehmen und damit einer geringeren Grenzleistungsfähigkeit, d.h. die Investitionsbereitschaft der Kapitalisten dürfte tendenziell abnehmen. Abbildung 14 zeigt die Wirkung der additiven Gewinnbeteiligung, die zu einer Verschiebung der Investitionsfunktion von I nach I_G führt.

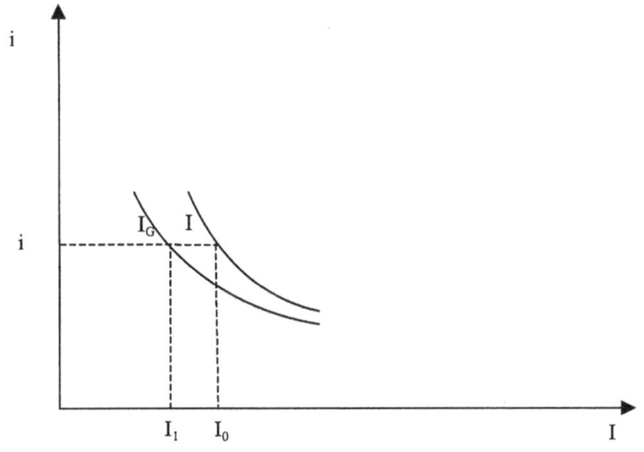

i = Marktzinssatz; I = Investitionsvolumen

Abbildung 14: Die Veränderung der Investitionsfunktion im additiven Gewinnbeteiligungsfall

Quelle: eigene Darstellung.

Es zeigt sich, dass die additive Variante somit zu einer geringeren Investitionshöhe (I_1 statt I_0) führt. I_G verschiebt sich umso weiter nach links, und damit sinken auch die Investitionen umso mehr, je höher die additive Gewinnbeteiligung vereinbart wurde. Zudem ist die Investitionsabnahme umso größer, je flacher die I_G-Kurve verläuft. Es ist jedoch zu betonen, dass die Unternehmen aufgrund erwarteter Kosten planen. Ob die Gewinnbeteiligung später tatsächlich zu einer Reduktion der Renditen führt, wird durch den nachfragebedingten Verteilungsprozess bestimmt, der entscheidend von der Investitionshöhe abhängt.

Bei substitutiven Gewinnbeteiligungen sinkt der Fixlohnanteil, die Höhe des Gesamtlohnes hängt von der Ergebnissituation ab. Die Investitionsfunktion in Abbildung 15 wird durch die substitutive Gewinnbeteiligung um den Punkt A gedreht. Der Wert von i_0 stellt jenen Marktzinssatz dar, bei dem die Gewinnbeteiligung dem weggefallenen Fixlohnanteil entspricht. Rechts davon ist die Gesamtentlohnung (Fixlohn und Gewinnanteil) geringer, links davon entsprechend höher.

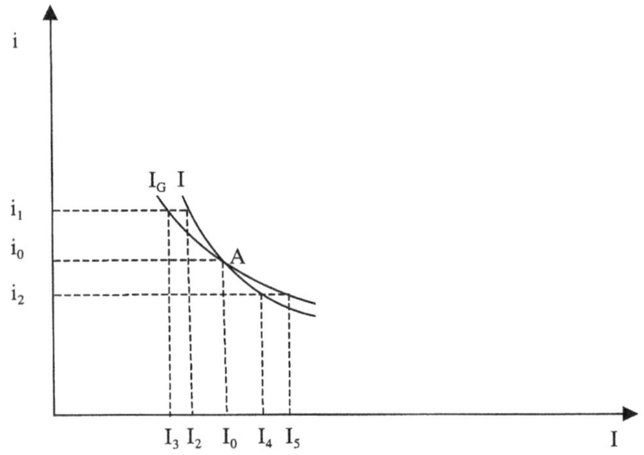

i = Marktzinssatz; I = Investitionsvolumen

Abbildung 15: Die Veränderung der Investitionsfunktion im substitutiven Gewinnbeteiligungsfall

Quelle: eigene Darstellung.

Entspricht der gesunkene Lohnanteil genau dem zugewonnenen Gewinnanteil, so dürften substitutive Gewinnbeteiligungen aus renditeorientierter Sicht zu keiner Reduktion der Investitionstätigkeit führen. Die Lohnkosten steigen bei dieser Form somit nur in wirtschaftlich guten Jahren mit hohen Marktzinssätzen, dann dürfte die Investitionstätigkeit geringer sein als in der Situation ohne eine Gewinnbeteiligung (zum Beispiel I_3 statt I_2 bei i_1). Dafür wird die Investitionsneigung in Zeiten geringer Marktzinssätze gestärkt (zum Beispiel I_5 statt I_4 bei i_2).

Positiv auf die Investitionsnachfrage wirken auch verschiedene weitere investitionsinduzierende Faktoren von Gewinnbeteiligungen, zum Beispiel die Tatsache, dass das Risiko einer Fehlinvestition aufgrund gesunkener Lohnfixkosten kleiner wird[301] oder der motivationsbedingte Anstieg der Arbeitsproduktivität. Allerdings können auch zu hohe Gewinnbeteiligungsforderungen seitens der Arbeitnehmer die verbleibende Rendite so stark beschränken, dass die Investitionsbereitschaft der Kapitalisten massiv sinkt. Daher entscheidet erst die konkrete Ausgestaltung über die Veränderung der Investitionsquote.

4.3.3.2 Veränderung der klassenspezifischen Einkommensverteilung

Nach Analyse der einzelnen makroökonomischen Größen stellt sich die Frage nach dem Gesamteffekt auf die Verteilung, der durch die breite Einführung von Gewinnbeteiligungsmodellen resultiert. Wie gesehen, lässt sich auf eine Veränderung der Sparquoten ebenso wenig schließen wie auf eine klare Aussage zur Entwicklung der Investitionsbereitschaft. Bezüglich der Sparquoten wird aufgrund der im Pasinetti-Modell zugrunde liegenden Annahme einer Einkommensunabhängigkeit zunächst eine Konstanz angenommen. Wie bereits in Kapitel 4.3.2.2 abgeleitet, führt dann eine Erhöhung der Investitionen zu einem Anstieg der Preise und damit zu einer Besserstellung der Kapitalisten, während eine Verringerung den Arbeitnehmern zusätzliche Einkommensanteile beschert. Substitutive Gewinnbeteiligungsmodelle können demnach für die Arbeitnehmer schlechter sein, da sie nach obiger Analyse die Investitionsbereitschaft der Unternehmer eher als im Fall additiver Modelle erhöhen. Allerdings muss bedacht sein, dass das Modell eine Vollbeschäftigungswirtschaft annimmt. In Unterbeschäftigungssituationen geht eine verstärkte Investitionsbereitschaft mit zusätzlichen Arbeitsplätzen einher, welches dann auch der Arbeitnehmerseite dient. Im vorliegenden Vollbeschäftigungsfall wäre es aber für die Beschäftigten vorteilhaft, eine additive Gewinnbeteiligung, d.h. einen insgesamt höheren Lohnanspruch zu fordern. Denn dies wird die Investitionsnachfrage in der Regel reduzieren und damit die Verteilungsposition der Arbeitnehmer verbessern. Dieses Ergebnis muss allerdings vor dem Hintergrund langfristigen Wohlstandswachstums kritisch hinterfragt werden. Eine niedrige Investitionsquote führt zu einem niedrigeren zukünftigen Wirtschaftswachstum, insbesondere auch zu einem geringeren Produktivitätswachstum und damit geringeren Verteilungsspielräumen. Selbst kleinere Anteile an einem immer umfangreicher werdenden Kuchen können absolut größere Portionen ergeben. Im statischen Pasinetti-Modell bleibt dies unberücksichtigt.

Geht man davon aus, dass die Arbeitnehmersparquote mit steigenden Einkommen ebenso an Wert gewinnt, dann wird der umverteilende Effekt im additiven Fall sogar noch größer. Denn dann sinkt die Nachfrage weiter und die fallenden Preise reduzieren die Profite ein weiteres Mal. Dem kann allerdings

---

[301] Vgl. Schares (1995, S. 263ff.).

eine geringere Sparquote der Kapitalisten, die aus verringerten Profiten und einem relativ einkommensunabhängigen Konsum resultiert, entgegenwirken.

Wie das neoklassische Modell sagt somit auch das postkeynesianische Modell über die Veränderung der Einkommensverteilung bei Einführung von Gewinnbeteiligungsmodellen nur wenig aus. Denn die Veränderung der gesamtwirtschaftlichen Größen ist analytisch viel weniger sicher bestimmbar als bei Investivlohnmodellen.

4.3.4 Kritik am postkeynesianischen Ansatz

Die bisher gewonnenen Schlussfolgerungen beruhten allesamt auf jenen von Kaldor und Pasinetti entwickelten Beziehungen. Ein Hauptkritikpunkt des Modells setzt an der exogenen, nicht im Modell erklärten Investitionsnachfrage an.[302] Mögliche Rückwirkungen von der Profitquote auf die Investitionshöhe werden nicht modelliert.[303] Es liegt nahe anzunehmen, dass nicht nur die Einkommensverteilung von der Höhe der Investitionen abhängt, sondern auch die Höhe der Investitionen durch die Verteilung des Sozialprodukts bedingt ist. Letzteres ließe sich nämlich durchaus auch begründen. Zum einen sind Investitionsentscheidungen natürlich von der Rentabilität und damit der Höhe der Profite abhängig. Zum anderen steht außer Zweifel, dass die einbehaltenen Gewinne für einige Unternehmen die einzige Quelle der Finanzierung von Investitionsvorhaben darstellen und eine Aufnahme von Krediten über den Kapitalmarkt nicht möglich ist. Ändert sich aber die Einkommensverteilung zugunsten der Arbeitnehmer, so wird der Umfang der einbehaltenen Gewinne zurückgehen und die beabsichtigten Investitionen nicht getätigt – mit eben der Ausnahme für den Fall, dass die Mittel im Unternehmen verbleiben.

Ebenso gilt auch für die Beziehung zwischen der Einkommensverteilung und den Sparquoten ein wechselseitiges Verhältnis. Denn die Sparneigung von Wirtschaftssubjekten wird – wie bereits in den vorangegangenen Überlegungen berücksichtigt – auch von der Höhe des verfügbaren Einkommens abhängen. Ein hohes Einkommen erleichtert die Bildung von Ersparnissen, während dies bei Niedriglöhnen kaum der Fall sein wird.

---

[302] Kaldor erkennt dies selbst: „Die kritische Annahme ist die, daß das Verhältnis Investition/Output als unabhängige Variable gelten kann." (Kaldor (1976, S. 123). Er weist darauf hin, dass sich im langfristigen Wachstumsgleichgewicht auf Basis des Harrod-Modells die Investitionsquote der natürlichen Wachstumsrate multipliziert mit dem Kapitalkoeffizienten anpassen muss. Vgl. Kaldor (1976, S. 123f.).

[303] Die Problematik hat Kaldor selbst erkannt. Vgl. Kaldor (1976, S. 125f.).

Eine Schwäche der Modelle liegt auch in der Zusammenfassung zweier unterschiedlicher Kategorien zur Größe Profiteinkommen, den ausbezahlten und thesaurierten Gewinnen.[304] Die beiden Einkommensarten unterscheiden sich aber grundlegend in puncto freie Verfügbarkeit der Anteilseigner. Dadurch wird die Aggregation und Verwendung einer gemeinsamen Sparneigung recht problematisch.

Eine der größten Schwächen beider Modelle liegt aber in der Vernachlässigung des Geldmarktes. Obwohl Preisniveaueffekte eine zentrale Rolle spielen, wird der monetäre Sektor nicht formalisiert.[305] Sowohl Pasinettis wie auch Kaldors Modell vernachlässigen zudem staatliche Aktivitäten und außenwirtschaftliche Beziehungen. Von diesen Größen wird die Verteilung ebenso bestimmt, die Erweiterung der Modelle wäre dahingehend sinnvoll. Dem entgegen spricht aber, dass damit gleichzeitig der erwähnte Vorteil der Einfachheit und der Handhabbarkeit des Modells zunichte gemacht wird.

Fraglich ist auch, ob die für die Funktionsweise des Systems notwendige Flexibilität des Preismechanismuses hinreichend erfüllt ist. Ein Anstieg der Profitquote bedarf einer Erhöhung des Preisniveaus, eine Reduktion entsprechend einer Deflation, damit sich wieder ein Gleichgewicht einstellt. Kaldor selbst hat die Befürchtung, dass die Preisflexibilität kurzfristig nach unten geringer ist als die nach oben:

> „daß die Profitspannen wahrscheinlich nach unten hin kurzfristig inflexibel sind (Marshalls «Furcht, den Markt zu verderben»), selbst wenn sie langfristig überhaupt und kurzfristig nach oben beweglich sind“[306].

Es ist nicht unwahrscheinlich, dass Unternehmen bei mangelnder Nachfrage zunächst Lager aufbauen und eventuell sogar die Produktion einschränken, bevor sie Preissenkungen in Kauf nehmen.[307]

Wenn die Beschäftigten eine Senkung ihrer Reallöhne nicht einfach hinnehmen, wie dies insbesondere in einer Vollbeschäftigungssituation zu vermuten ist, so droht zusätzlich die Gefahr einer Lohn-Preis-Spirale.[308] Ebenso besteht aber das Risiko einer starken Deflation. Stark steigende oder sinkende Preise können zu erheblichen volkswirtschaftlichen Schäden führen, so dass es sehr fraglich ist, ob die Zentralbank eine derartige Entwicklung nicht von vornherein bekämpft.

---

[304] Vgl. Bombach (1959, S. 136f.), Domenghino (1981, S. 115).
[305] Vgl. Domenghino (1981, S. 204ff.).
[306] Kaldor (1976, S. 128).
[307] Vgl. Domenghino (1981, S. 105).
[308] Vgl. Domenghino (1981, S. 106).

Schon deswegen wäre die Berücksichtigung des Geldmarktes sehr wünschenswert.

Zudem handelt es sich lediglich um eine komparativ-statische Analyse, die eine Beschreibung von Anpassungsprozessen nicht ermöglicht. Auch werden die Folgen eines steigenden oder sinkenden Investitionsumfangs auf den Kapitalstock und damit die Produktionsmöglichkeiten der folgenden Periode nicht berücksichtigt.

Das vorgestellte Modell geht aber noch von weiteren problematischen Annahmen aus, wie zum Beispiel die Bedingung der Vollbeschäftigung. Der Preismechanismus, der für einen Ausgleich von Angebot und Nachfrage sorgen soll, führt bei sinkenden Preisen aber leicht zu einem dauerhaften Verlust bei Grenzbetrieben und damit zu deren letztendlichen Niedergang. Dann aber droht Arbeitslosigkeit, die allen empirischen Erfahrungen zu Folge auch nicht sofort wieder beseitigt werden kann. Zu den resistentesten Fakten in der Wirtschaftsentwicklung zählt die Unterbeschäftigung, und eine der seltensten Erscheinungen ist nun mal ein sich schnell wieder ausgleichender Arbeitsmarkt.

Ferner wird ein einsektorales Modell vorausgesetzt, in dem ein allseits verformbares Allzweckgut realitätsfern sowohl für den Konsum wie auch für Investitionen verwendet werden kann. Im zweisektoralen Modell würde die Einkommensverteilung anders ausfallen, da sie zum Beispiel auch durch die Kapitalintensitäten der Sektoren beeinflusst wird.[309] Ein weiteres Problem liegt darin, dass das Modell bei Anwendung auf mehr als zwei Einkommensgruppen zusammenbricht.[310]

Dennoch liefert die Herangehensweise von Pasinetti interessante Aufschlüsse. Die Bedeutung der Spar- und Investitionsneigung für die Verteilung des Einkommens kann kaum geleugnet werden. Es zeigt, welche Zusammenhänge hier existieren und welche Auswirkungen möglich sind – wenn auch unter recht restriktiven Bedingungen.

4.4 Empirische Befunde

Während in den 1980er und 1990er Jahren eine ganze Reihe von Untersuchungen die Produktivitäts- und Beschäftigungsfolgen der neuen Entgeltformen analysierten[311], gibt es zu den Verteilungswirkungen nur sehr wenige empirische

---

[309] Vgl. hierzu eine ausführliche Darstellung bei Hagemann (1991).

[310] Vgl. dazu die Kritik über das Kaldor-Modell bei Johnson (1973, S. 204).

[311] Vgl. dazu den Überblick in Kapitel 5.3.

Ansätze. Dies mag insbesondere daran liegen, dass Erstere auf mikroökonomischer Ebene durch den Vergleich von Beteiligungsunternehmen mit traditionellen Betrieben durchführbar sind und die dafür notwendigen Kennziffern aus der Buchhaltung gewonnen werden können. Bei Untersuchungen zu den Verteilungswirkungen ist eine analoge Vorgehensweise zwar prinzipiell möglich, doch liegt hier das Problem, dass das notwendige Zahlenmaterial nur sehr aufwendig ermittelbar ist. Denn dafür sind nicht nur Unternehmensdaten, sondern auch die Verhaltensänderungen der Individuen relevant, insbesondere das modifizierte Sparverhalten in kurz- und langfristiger Sicht. Eine fundierte empirische Absicherung der Beziehung zwischen Investivlöhnen beziehungsweise Gewinnbeteiligungen und der Einkommensverteilung ist daher im Rahmen dieses Vorhabens nicht möglich, bedarf aber dringend eingehender Untersuchung.

Ein einfacher komparativer Blick auf die gesamtwirtschaftlichen Daten verschiedener Volkswirtschaften soll aber dennoch erfolgen. Zunächst wird die verteilungspolitische Situation in der Bundesrepublik Deutschland nochmals rekapituliert. Es hat sich gezeigt, dass die Ungleichheit in der personellen Einkommensverteilung zum Teil deutlich zugenommen hat. Es scheint also, als ob alle staatlichen Anstrengungen zur Umverteilung bisher keine oder eine nicht hinreichende Wirkung zeigten. Zu den staatlichen Aktivitäten zählen natürlich eine Reihe von umfangreichen Maßnahmen, zum Beispiel die Progression der Einkommensbesteuerung oder Unterstützungsleistungen für Arbeitslose. Die Förderung der Kapitalbeteiligung war und ist hier nur ein ganz geringer Faktor.

Dennoch drängt sich bei einer derartigen empirischen Entwicklung die Frage auf, ob Gewinn- und Investivlohnmodelle die Verteilungsparameter nur unwesentlich oder gar nicht in der gewünschten Weise beeinflussen können. Schließlich ist die Zahl der Beteiligungsunternehmen (Kapital- und Gewinnbeteiligungen) in den letzten Jahren deutlich gewachsen, woraus ein gewisser Effekt resultiert sein müsste. Doch lassen sich die untersuchten Entgeltformen mit einer Reihe von Argumenten verteidigen. So steigt zwar die Zahl der Beteiligungsunternehmen, doch sind die dort praktizierten Investivlohn- und Gewinnbeteiligungsmodelle oft nur von geringer Bedeutung. Betrachtet man zudem die Verwendung staatlicher Zuschüsse und Steuererleichterungen für die Akkumulation von Arbeitnehmerkapital, so ergibt sich das Bild, dass die Mitarbeiter Mittel aus der Sparförderung nur selten für Produktivkapitalbeteiligungen einsetzten. So wurden im Jahr 1995 knapp die Hälfte der Beträge (46,1 Prozent) für Zahlungen an Bausparkassen und lediglich 8,6 Prozent für direkte Beteiligungen am arbeitgebenden Unternehmen oder an überbetrieblichen Fonds ausgegeben.[312] Zudem wird die Verteilung natürlich durch eine Vielzahl von Faktoren beeinflusst. So könnte es durchaus sein, dass die personelle Einkommensverteilung ohne die

[312] Vgl. Schäfer/Rürup (1998, Tabelle 6 im Anhang).

Verbreitung von Beteiligungsmodellen deutlich ungleicher ausgefallen wäre. Denn diese wird eben auch durch die jährlichen Tarifabschlüsse sowie die individuellen Lohnverhandlungen bestimmt. Ein hoher Bedarf an Spezialisten kann die Gehälter einiger Arbeitnehmer stark in die Höhe treiben, während die ungelernten Arbeitskräfte im Überfluss zur Verfügung stehen und dementsprechend kaum Lohnsteigerungen verspüren. Bedenkt man, dass in Deutschland die Einkommenskonzentration von mehr als 70 Prozent des Einkommens (also dem Anteil der Arbeitnehmerentgelte am Volkseinkommen[313]) nicht durch Entscheidungen über die klassenspezifische Einkommensverteilung, sondern über die Lohndifferenzierung beeinflusst wird, dann macht dies deutlich, dass Gewinn- und Kapitalbeteiligungsmodelle grundsätzlich einen größeren Umfang annehmen müssen, um sichtbare Wirkung zu entfalten.

Da die Tarifverhandlungen und die Arbeitsmarktgegebenheiten in den USA, Großbritannien und Frankreich ganz anders aussehen, lohnt mit Sicherheit auch ein Blick auf die Zahlen dieser Länder. In Großbritannien ist die Zahl der Investivlohn- und Gewinnbeteiligungsmodelle nicht unerheblich und war in den letzten Jahren von deutlichen Wachstumsraten gekennzeichnet. Daher könnte man annehmen, dass die personelle Verteilung zunehmend gleicher geworden ist. Doch wurde in Abbildung 9 bereits gezeigt, dass der Wert des Gini-Koeffizienten in den 1980er und 1990er Jahren stieg. Auch hier widerspricht auf den ersten Blick das theoretische Ergebnis dem empirischen Bild. Doch können sich die Diskrepanzen durchaus ohne Aufgabe der theoretischen Ableitungen erklären lassen. Wie bereits oben erwähnt, kann eine größere Lohnspreizung für die stärkere Ungleichverteilung verantwortlich sein. Zudem ist die gestiegene Arbeitslosigkeit in den 1980er Jahren ein möglicher Erklärungsgrund, wenn auch nach Rückgang der Erwerbslosigkeit in den 1990er Jahren keine dementsprechend zu vermutende Verringerung der Ungleichverteilung einsetzte.[314] Zudem wirken eine Reihe weiterer Faktoren auf die personelle Verteilung ein, wie zum Beispiel die Zusammensetzung der Haushalte, die Frauenerwerbstätigkeit oder das Ausmaß der Bildungsinvestitionen.

---

[313] Vgl. Tabelle 4.

[314] Die Wirkung der Beschäftigungssituation auf die Einkommensverteilung ist allerdings auch theoretisch sehr schwierig zu fundieren, da hier verschiedene Faktoren gegeneinander wirken. Zum einen führt ein Überangebot an Arbeitskräften tendenziell zu einem Rückgang der Lohnforderungen aufgrund der Angst, den Arbeitsplatz zu verlieren. Dies erhöht natürlich den Einkommensunterschied zu den Profiterträgen der Kapitalisten, zumindest wenn diese konstant bleiben oder gar steigen. Zudem wächst die Zahl der vom Staat auf Hilfe angewiesenen Arbeitslosen mit sehr niedrigem Einkommen. Gleichsam geht die Differenz zwischen Letzteren und den Arbeitnehmern aufgrund der sinkenden Lohnforderungen zurück. Auch kann sich die Arbeitnehmersparquote ändern (zum Beispiel steigt sie durch ein höheres Vorsorgesparen an und sinkt aufgrund der geringen Sparfähigkeit der zusätzlichen Arbeitslosen) und damit nachfrageseitig auf die Verteilung einwirken.

Auch die Entwicklung in den USA ist von einer zunehmenderen Ungleichverteilung geprägt, einhergehend mit einer immer umfangreicheren Verbreitung von Kapital- und Gewinnbeteiligungsmodellen. Kennzeichnend für den amerikanischen Arbeitsmarkt ist – aufgrund sehr niedriger Mindestlöhne – eine hohe Disparität der Einkommen aus Lohneinkünften. Die Ungleichverteilung zwischen den hoch dotierten Experten und vielen gering bezahlten, ungelernten Arbeitskräften hat sich deutlich erhöht. Ohne entsprechende Kapital- und Gewinnbeteiligungsmodelle wäre der Anstieg des Gini-Koeffizienten vielleicht noch stärker ausgefallen. Lediglich in Frankreich sinkt die Ungleichheit der Nettoeinkommen. Dies könnte zumindest zum Teil an der obligatorischen Gewinnbeteiligung liegen, die eine große Zahl der Arbeitnehmer dauerhaft an Gewinnen und Produktivkapital beteiligt. Allerdings ist das Niveau der Ungleichverteilung immer noch hoch.

Die empirischen Ergebnisse geben keine gesicherten Erkenntnisse über die Verteilungswirkung der besprochenen Entgeltmodelle. Das vorliegende Datenmaterial ist hierfür unzureichend. Umfangreiche und damit finanziell sehr aufwendige Erhebungen und Analysen wären aber dringend nötig, um der Politik und Gesellschaft entsprechende Handlungsempfehlungen weitergeben zu können.

5 Implikationen für die Beschäftigung

„Jeder Wandel spielt sich bestenfalls verspätet und zögernd ab. Das trifft besonders für jeden Wechsel in Richtung des sogenannten Fortschritts zu ... Ein Schritt nach rückwärts hingegen ... ist viel einfacher.“
Thorstein Bunde Veblen[315]

Die Qualität der wirtschaftspolitischen Strategie einer amtierenden Regierung wird in der Presse immer wieder umfangreich diskutiert. Für die breite Öffentlichkeit ist dabei das entscheidende Beurteilungskriterium die Höhe der Arbeitslosigkeit beziehungsweise die Menge an neu geschaffenen Arbeitsplätzen während der Amtsperiode. Nachfolgend wird daher der Frage nachgegangen, welche positiven und negativen Auswirkungen die Beteiligung von Arbeitnehmern am Kapital oder Gewinn für die Beschäftigungshöhe mit sich bringt. Dazu wird zunächst in Kapitel 5.1 die empirische Entwicklung der Erwerbstätigkeit, der Arbeitslosenquote und des wirtschaftlichen Wachstums in Deutschland, Frankreich, Italien, Großbritannien, Japan und den USA dargestellt. Von dieser Beschreibung ausgehend wird in Kapitel 5.2 die Beschäftigungswirkung der Gewinn- und Kapitalbeteiligung von der Angebots- und Nachfrageseite aus detailliert analysiert. Der letzte Teil überprüft die postulierten Effekte anhand einer Reihe von Studien aus verschiedenen Ländern.

5.1 Entwicklung von Wachstum und Beschäftigung in ausgewählten Ländern

Die Entwicklung der Erwerbstätigkeit in der Bundesrepublik Deutschland ist in Tabelle 14 für die Jahre 1960 bis 2001 dargestellt. Der Vergleich der einzelnen Zahlen bedarf aber der Berücksichtigung zweier Strukturbrüche: zum einen der Jahreswechsel 1990/1991, bedingt durch die Wiedervereinigung, zum anderen der Übergang von der traditionellen Volkswirtschaftlichen Gesamtrechnung zum Europäischen System Volkswirtschaftlicher Gesamtrechnungen im Jahr 1995. Wie die Zahlen belegen, ist der Umfang der Erwerbstätigkeit von Beginn der 1960er bis Mitte der 1980er Jahre – von kleinen Schwankungen abgesehen – beinahe konstant geblieben. Erst in der zweiten Hälfte der 1980er Jahre stieg die Beschäftigung zunehmend an. Die bei der deutschen Einigung insgesamt auf knapp 38,5 Mio. gewachsene Zahl von Erwerbstätigen sank in den darauf

[315] Zitiert nach Frenkel (1993, S. 83).

folgenden Jahren allerdings wieder bis auf 37,1 Mio. in 1997. Erst in den letzten Jahren zeichnete sich allmählich eine Erholung ab, deren Dauerhaftigkeit aber bedingt durch die jüngste Konjunkturentwicklung fraglich ist. Im Ausland erwiesen sich insbesondere die Vereinigten Staaten als langfristig gut funktionierende „Jobmaschine“. Hier stieg die Erwerbstätigenzahl von knapp 66 Mio. im Jahr 1960 auf über 135 Mio. zu Beginn des neuen Jahrtausends, d.h. es fand mehr als eine Verdopplung statt.[316] In Japan erhöhte sich die Zahl im gleichen Zeitraum von gut 44 auf über 64 Mio. Dagegen kam es in Frankreich, Italien und Großbritannien zu einer wesentlich geringeren Steigerung. Während aber Letztere in jüngster Vergangenheit aufholten, sinkt die Beschäftigung im rezessionsgeplagten Japan seit 1998.

Ein Vergleich der Arbeitslosenquoten (vgl. Tabelle 16 sowie Abbildung 17) zeigt ebenso die außergewöhnliche Stellung der USA. Die Zahl der Arbeitslosen im Verhältnis zur Summe aller zivilen Erwerbstätigen konnte hier in den letzten zwei Jahrzehnten des vergangenen Jahrhunderts – verglichen mit den anderen genannten Ländern – am deutlichsten reduziert werden. Großbritannien verringerte die Arbeitslosigkeit vor allem in den letzten Jahren erheblich, jedoch nicht auf dasselbe Niveau. Alle anderen Länder weisen eine markant höhere Arbeitslosenquote als zu Beginn der 1980er Jahre auf.

[316] Diese Entwicklung ging mit einem sehr starken Bevölkerungswachstum einher. Vgl. Sachverständigenrat zur Begutachtung der gesamtwirtschaftlichen Entwicklung (2002, S. 385, Tab. 1*).

Jahr	Erwerbstätige (in Tausend)	Veränderung (in Prozent)	Jahr	Erwerbstätige (in Tausend)	Veränderung (in Prozent)
1960	26247	---	1981	27033	-0,10
1961	26591	+1,31	1982	26725	-1,14
1962	26690	+0,37	1983	26347	-1,41
1963	26744	+0,20	1984	26393	+0,17
1964	26753	+0,03	1985	26593	+0,76
1965	26887	+0,50	1986	26960	+1,38
1966	26801	-0,32	1987	27157	+0,73
1967	25950	-3,18	1988	27366	+0,77
1968	25968	+0,07	1989	27761	+1,44
1969	26356	+1,49	1990	28486	+2,61
1970	26668	+1,18	1991	38499	---
1971	26772	+0,39	1992	37885	-1,59
1972	26875	+0,38	1993	37356	-1,40
1973	27160	+1,06	1994	37279	-0,21
1974	26829	-1,22	1995	37330	+0,14
1975	26110	-2,68	1996	37210	-0,32
1976	25974	-0,52	1997	37145	-0,17
1977	26008	+0,13	1998	37554	+1,10
1978	26219	+0,81	1999	38010	+1,21
1979	26652	+1,65	2000	38687	+1,78
1980	27059	+1,53	2001	38856	+0,44

Datenquelle: Sachverständigenrat zur Begutachtung der gesamtwirtschaftlichen Entwicklung (2002, S. 384, Tab. 1*), eigene Berechnungen.
Bis 1990 früheres Bundesgebiet. Ab 1995 nach ESVG 1995. Ab 1998 vorläufige Ergebnisse.

Tabelle 14: Erwerbstätigkeit in der Bundesrepublik Deutschland

Land	1960 - 1970	1970 - 1980	1980 - 1990	1990 - 1995	1996	1997	1998	1999	2000	2001
Frankreich	0,59	0,53	0,29	-0,08	0,42	0,26	1,48	1,90	2,35	2,07
Italien	-0,51	0,68	0,14	0,48	0,98	0,26	0,92	1,20	1,96	1,69
Großbritannien	-0,03	0,19	0,71	-0,72	1,20	1,91	1,16	1,22	1,28	0,96
Japan	1,39	0,83	1,22	0,66	0,45	1,09	-0,65	-0,80	-0,25	-0,52
USA	1,80	2,36	1,81	1,01	1,45	2,25	1,46	1,54	1,29	-0,13
Datenquelle: Sachverständigenrat zur Begutachtung der gesamtwirtschaftlichen Entwicklung (2002, S. 384f., Tab. 1*), eigene Berechnungen. Ab 1995 für die EU-Länder nach ESVG 1995. Ab 1998 vorläufige Ergebnisse.										

Tabelle 15: Veränderung der Erwerbstätigenzahl in anderen Industrienationen (durchschnittlich pro Jahr oder gegenüber Vorjahr)

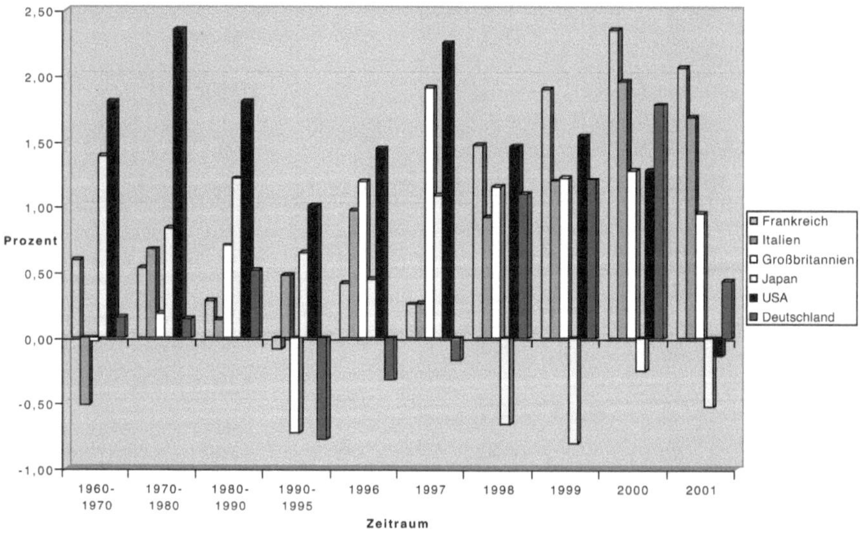

Abbildung 16: Veränderung der Erwerbstätigenzahl im internationalen Vergleich (durchschnittlich pro Jahr oder gegenüber Vorjahr)

Datenquelle: Tabelle 14 und Tabelle 15. Statt 1990 – 1995 gilt für Deutschland der Zeitraum 1991 – 1995.

Land	1980	1990	1995	2000	2001[1]
Deutschland[2]	2,6	4,8	8,2	7,8	7,3
Frankreich	6,2	9,0	11,7	9,7	8,6
Italien	7,5	9,0	11,6	10,7	10,0
Großbritannien	6,4	7,1	8,7	5,5	5,4
Japan	2,0	2,1	3,1	4,7	4,9
USA	7,1	5,6	5,6	4,0	4,6

Datenquelle: Institut der deutschen Wirtschaft (2002, S. 126).
[1] Prognose; [2] bis 1990 alte Bundesländer.

Tabelle 16: Entwicklung der Arbeitslosenquote (Arbeitslose in Prozent der zivilen Erwerbstätigen) im internationalen Vergleich[317]

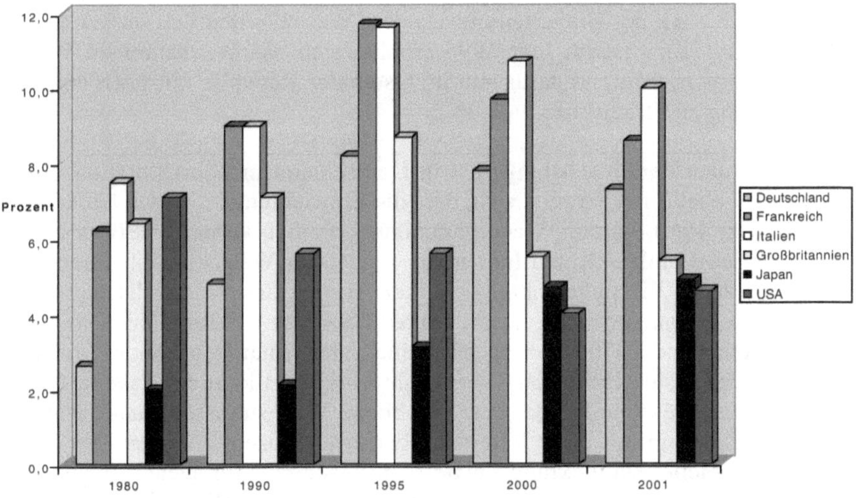

Abbildung 17: Entwicklung der Arbeitslosenquote (Arbeitslose in Prozent der zivilen Erwerbstätigen) im internationalen Vergleich

Datenquelle: Tabelle 16.

[317] Zur internationalen Definition von Arbeitslosigkeit und Erwerbstätigkeit vgl. Sachverständigenrat zur Begutachtung der gesamtwirtschaftlichen Entwicklung (2001, S. 96f., Rn. 171). Eine Unterscheidung zwischen den Begriffen Arbeitslosen- und Erwerbslosenquote wird hier nicht vorgenommen.

Im Unterschied zum Anstieg der Erwerbstätigenzahlen war das Wirtschaftswachstum nicht nur im Ausland hoch. Spitzenwerte sahen insbesondere die 1960er Jahre, aber auch die beiden darauf folgenden Jahrzehnte verzeichneten ein durchschnittliches Wachstum in Deutschland von über zwei Prozent (vgl. Tabelle 17).

Zeitraum	1960 – 1970	1970 – 1980	1980 – 1990	1991 – 2000
Durchschnittliche reale Veränderung pro Jahr (in %)	4,4	2,7	2,2	1,6
Datenquelle: Institut der deutschen Wirtschaft (2000a, Tab. 147; 2002, Nr. 12.2, S. 127).				

Tabelle 17: Durchschnittliche Wachstumsraten von 1960 – 2000 in der Bundesrepublik Deutschland

Erst nach der schwersten Rezession seit Bestehen der Bundesrepublik Deutschland im Jahr 1993, u.a. bedingt durch die Folgen der deutschen Wiedervereinigung, zeigte sich eine deutliche Wachstumsschwäche. So stieg das Bruttoinlandsprodukt in Gesamtdeutschland von 1991 bis 2000 durchschnittlich nur um 1,6 Prozent pro Jahr an. Dabei verzeichnete der Westen in der ersten Hälfte der 1990er Jahre eine noch erheblich größere Wachstumsschwäche, während der Osten – auch dank der Umverteilung aus dem Westen – deutlich stärker zulegte (vgl. Tabelle 18). Erst im Jahr 1996 erhöhte sich das Wachstum im Westen wieder merklich, während dafür nun im Osten der Republik nur noch ein spärlicher Anstieg zu verzeichnen war.

Vergleicht man den Wachstumspfad in Deutschland mit der Situation in den USA (vgl. Tabelle 19), so zeigt sich, dass die Entwicklung in beiden Ländern für die Zeit von 1960 bis zur Wiedervereinigung ähnlich verlief.[318] Etwas höhere Werte weisen Frankreich und Italien auf, wobei der Wachstumspfad auch hier Analogien zeigt. Ein ungewöhnlich starker Anstieg des Bruttoinlandsprodukts verzeichnete bekanntermaßen Japan, während dagegen Großbritannien vor allem in den 1960er und 1970er Jahren mit keinem der genannten Länder mithalten konnte. In der ersten Hälfte der 1990er Jahre zeigten alle in der Tabelle 19 aufgeführten europäischen Länder eine erhebliche Wachstumsschwäche, während die USA immerhin mit einer Rate von über zwei Prozent zulegten. Ein Grund für die ungleiche Entwicklung dürfte – insbesondere für Deutschland – der exogene Schock der dramatischen Umbrüche in den ehemaligen Ostblockstaaten sein, aber natürlich können eine Reihe weiterer Faktoren genannt werden, zum Beispiel mangelnde Strukturreformen, Lohninflexibilitäten usw.

[318] Das Ausmaß an Produktivitätssteigerungen fiel aber in beiden Ländern deutlich unterschiedlich aus. Vgl. Erber/Hagemann/Seiter (1999, S. 105ff.).

(1) Jahr	(2) Bruttoinlands-produkt in Mrd. DM (in Mrd. €)	(3) Veränderung in Prozent	(4) Veränderung Westdeutschland in Prozent	(5) Veränderung Ostdeutschland in Prozent
1991	3346,0 (1710,8)	---	---	---
1992	3421,0 (1749,1)	2,2	1,8	7,8
1993	3383,8 (1730,1)	-1,1	-2,1	9,3
1994	3463,2 (1770,7)	2,3	2,1	9,6
1995	3523,0 (1801,3)	1,7	1,5	5,3
1996	3550,0 (1815,1)	0,8	1,3	2,0
1997	3599,6 (1840,4)	1,4	2,3	1,5
1998	3673,5 (1878,2)	2,1	2,3	0,7
1999	3730,7 (1907,5)	1,6	1,6	1,4
2000	3840,8 (1963,8)	3,0	3,2	1,1

Datenquelle: zu Spalte 2 und 3: Sachverständigenrat zur Begutachtung der gesamtwirtschaftlichen Entwicklung (2000, S. 302, Tab. 3*), DIW u.a. (2001, S. 90), eigene Berechnungen, nach ESVG 1995; zu Spalte 4 und 5: Erber/Hagemann/Seiter (1999, S. 94), DIW u.a. (2001, S. 9), eigene Berechnungen, Veränderungsraten bis 1997 basieren auf BIP-Werten zu Preisen von 1991, Veränderungsraten ab 1998 basieren auf BIP-Werten zu Preisen von 1995. Die Euro-Beträge wurden mit dem amtlichen Kurs (1 € = 1,95583 DM) errechnet. Abweichungen zwischen den gesamtdeutschen Veränderungsraten und den gewichteten Mitteln aus den Spalten (4) und (5) ergeben sich aufgrund unterschiedlichen Datenmaterials.

Tabelle 18: Entwicklung des realen Bruttoinlandsprodukts nach der Wiedervereinigung

Land	1960 - 1970	1970 - 1980	1980 - 1990	1990 - 1995	1996	1997	1998	1999	2000	2001	Mrd. € in 2001 (in lfd. Preisen)
Frankreich	5,6	3,2	2,2	1,1	1,4	2,3	3,1	2,9	3,1	2,0	1.457
Italien	5,7	3,6	2,2	1,1	0,7	1,5	1,5	1,6	2,9	1,8	1.222
Großbritannien	2,8	2	2,6	1,3	2,3	3,4	2,6	2,1	2,9	2,3	1.588
Japan	10,5	4,5	4,0	1,4	5,0	1,4	- 2,5	0,7	2,4	- 0,7	4.632
USA	3,8	2,8	2,6	2,2	4,2	5,3	4,4	4,1	4,2	1,1	11.309
Datenquelle: Institut der deutschen Wirtschaft (2000a, Tab. 147; 2001, Nr. 12.2, S. 125; 2002, Nr. 12.2, S. 127).											

Tabelle 19: Entwicklung des realen Bruttoinlandsprodukts (durchschnittlich pro Jahr oder gegenüber Vorjahr) in anderen Industrienationen

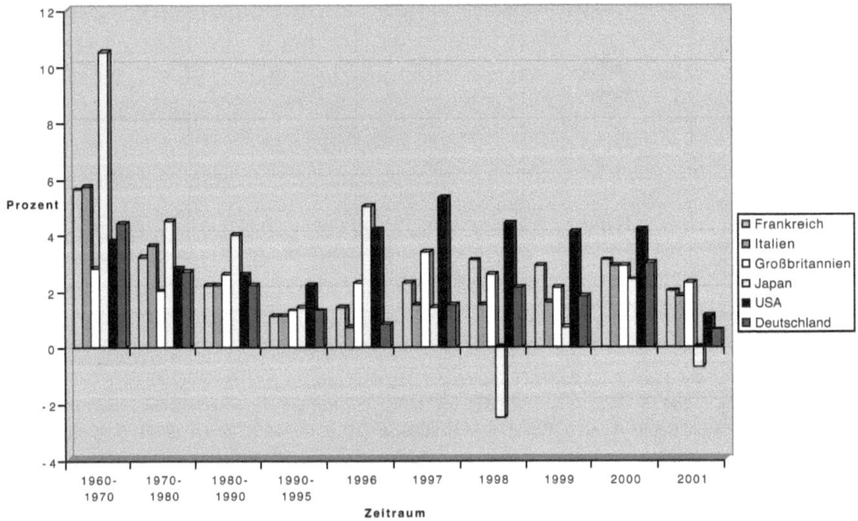

Abbildung 18: Entwicklung des realen Bruttoinlandsprodukts (durchschnittlich pro Jahr oder gegenüber Vorjahr) im internationalen Vergleich

Datenquelle: Institut der deutschen Wirtschaft (2000a, Tab. 147; 2001, Nr. 12.2, S. 125; 2002, Nr. 12.2, S. 127). Bis einschließlich 1990 alte Bundesländer. Statt 1990 – 1995 gilt für Deutschland der Zeitraum 1991 – 1995.

5.2 Beschäftigungswirkungen von Investivlöhnen und Gewinnbeteiligungen

Die breite Einführung von Investivlohn- und Gewinnbeteiligungsmodellen beeinflusst neben der Einkommensverteilung zweifelsohne auch eine Reihe weiterer makroökonomischer Größen, zum Beispiel die Höhe des Beschäftigungsvolumens. Die tagespolitische Diskussion ist häufig durch die Abwägung von kurzfristigen Wirkungen politischer Maßnahmen geprägt.[319] Daher gilt der Frage, inwieweit die vorgeschlagenen Entgeltformen die Beschäftigung kurzfristig erhöhen können, besonderes Augenmerk. Aber auch die langfristigen Folgen sollen diskutiert werden. In der Argumentation lassen sich zudem häufig zwei verfeindete Lager ausmachen – zum einen diejenigen, die in erster Linie die angebotsseitig wirkenden Effekte betonen, zum anderen die Vertreter einer nachfrageseitigen Wirtschaftsbetrachtung. Demgemäß unterteilt sich das Kapitel in zwei Hauptabschnitte, bevor die Resultate dann abschließend gegenübergestellt werden.

5.2.1 Angebotsseitige Effekte

5.2.1.1 Lohnkosteneffekte[320]

Die angebotsseitige Wirkung von veränderten Lohnkosten lässt sich eindrücklich im Rahmen des neoklassischen Arbeitsmarkt-Modells darstellen. Dieses geht davon aus, dass der Arbeitsmarkt grundsätzlich einem Gütermarkt gleicht. Somit wird der Preis in Form des Reallohnes durch den Schnittpunkt der Angebots- und Nachfragekurve bestimmt (Abbildung 19).

---

[319] Denn im Sinne der Neuen Politischen Ökonomie verfolgen die politischen Entscheidungsträger ihre eigenen Ziele und sind daher gewillt, die Makropolitik so zu gestalten, dass in der nächsten Wahlkampfperiode günstige Wirtschaftsdaten vorliegen. In Falle von relativ kurzen Amtszeiten ist für die Regierung daher weniger interessant, ob eine Maßnahme langfristig Wirkung entfaltet.

[320] Es gibt wohl kaum etwas Vergleichbares, das eine so lang anhaltende wissenschaftliche Diskussion ausgelöst hat und so häufig und immer wiederkehrend in der tagespolitischen Auseinandersetzung stand, wie der Streit um den gesamtwirtschaftlichen Zusammenhang zwischen Lohnhöhe und Beschäftigung. Im Rahmen dieses Abschnitts wird zunächst nur die angebotsseitige, d.h. neoklassische Sicht betrachtet. Die keynesianische Denkweise wird dann bei den nachfrageseitigen Effekten in Kapitel 5.2.2 behandelt.

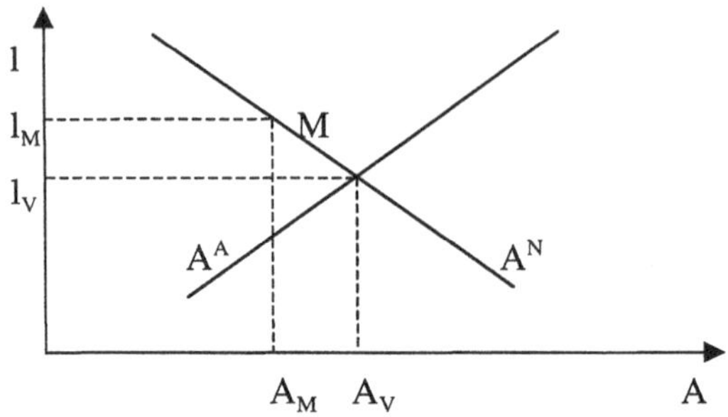

Abbildung 19: Gleichgewicht auf dem Arbeitsmarkt

Quelle: eigene Darstellung.

Die gesamtwirtschaftliche Arbeitsangebotskurve bildet sich aus der Summe individueller Abwägungen von Arbeit und Freizeit. Arbeit bedeutet Einkommen und damit die Möglichkeit zum Konsum. Alternativ besteht die Möglichkeit zu mehr Freizeit. Konsum und Freizeit versprechen jeweils Nutzen, der bei zunehmender Freizeit- bzw. Konsummenge mit positiven aber abnehmenden Grenzerträgen ansteigt. Alle Kombinationen von Konsum und Freizeit, die den gleichen Nutzen stiften, werden in einem Konsum-Freizeit-Diagramm (vgl. Abbildung 20) durch eine Indifferenzkurve dargestellt (I_0 oder I_1), deren Form die abnehmende Grenzrate der Substitution widerspiegelt (bedingt durch abnehmende Grenzerträge).

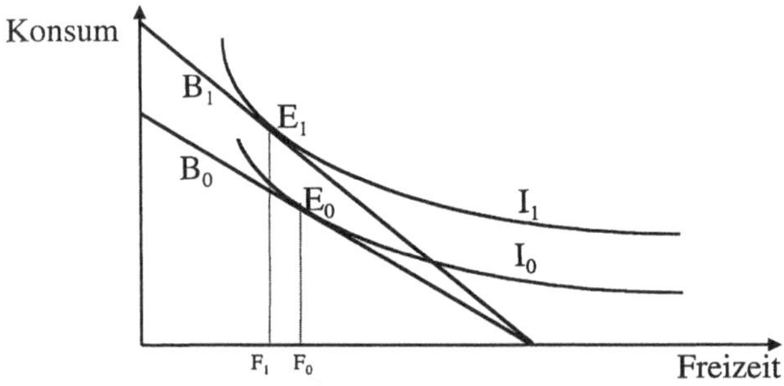

Abbildung 20: Nutzenmaximierung der Haushalte

Quelle: eigene Darstellung

Eine solche Darstellung setzt aber einen quantitativ meßbaren Nutzen voraus. Die Gerade B_0 zeigt die Budgetbeschränkung, die angibt, wie die vorhandene Zeit für Arbeit (und damit Konsum) und Freizeit aufgeteilt werden kann. Das Wirtschaftssubjekt maximiert seinen Nutzen, indem es die höchstmögliche Indifferenzkurve wählt, die es noch erreichen kann, ohne die Budgetlinie zu verlassen. Ein Anstieg des Reallohnsatzes führt zu einer neuen Budgetlinie (B_1) und bringt zwei Effekte mit sich:

- Das Wirtschaftssubjekt könnte mit dem neuen Einkommen sowohl mehr konsumieren als auch gleichzeitig mehr Freizeit genießen. (Einkommenseffekt).
- Die Opportunitätskosten der Freizeit sind aufgrund des höheren Reallohns angestiegen, weswegen das Wirtschaftssubjekt einen größeren Anreiz zur Arbeit hat (Substitutionseffekt).

Betrachtet man beide Effekte gemeinsam, so ist fraglich, ob bei steigendem Reallohn mehr Arbeit angeboten wird (d. h. weniger Freizeit präferiert wird), da den eindeutig positiven Substitutionseffekt ein negativer Einkommenseffekt überwiegen kann. Damit kann die Arbeitsangebotsfunktion beim selben Individuum je nach Lohnhöhe und Präferenz steigend als auch fallend verlaufen. Die gesamtwirtschaftliche Arbeitsangebotskurve stellt das Resultat vieler individueller Entscheidungen dar. Ihr Verlauf wird üblicherweise wie in Abbildung 19 dargestellt, kann aber auch andere Formen annehmen.[321]

Die gesamtwirtschaftliche Arbeitsnachfragekurve wird dagegen durch die Produktionsfunktionen der Unternehmen determiniert. Die neoklassische Auffassung geht von positiven, aber sinkenden Grenzerträgen der Arbeit aus, d.h., die Nachfrage nach Arbeitskräften hat dort ihre Grenzen, wo die zusätzliche Arbeitskraft einen Grenzertrag beisteuert, der gleich ihrem Lohn ist. Bei einer Beschäftigung jenseits dieses gewinnmaximalen Punktes würden die Kosten des weiteren Arbeitseinsatzes den Erlös der zusätzlichen Produktion übersteigen. Da es also optimal ist, wenn die Arbeitsnachfrage so bestimmt wird, dass die Grenzproduktivität der Arbeit (GPA) gleich dem Reallohnsatz ist, interpretiert man die GPA-Kurve als Arbeitsnachfragekurve, die damit einen fallenden Verlauf aufweist.

Die gegenwärtig in Deutschland zu beobachtende Arbeitslosigkeit wird oftmals einer mangelnden Lohnflexibilität zugeschrieben, was bedeutet, dass das Gleichgewicht gemäß Abbildung 19 aufgrund von Mindestlöhnen, die zum Beispiel bedingt durch Tarifverträge nicht unterschritten werden können, unerreicht bleibt. Dann ist die Beschäftigung niedriger als dies im Gleichgewicht A_V der Fall wäre. Zum Beispiel entspricht das Arbeitsvolumen bei einem Reallohnsatz

[321] Vgl. dazu Rose (1965, S. 37ff.).

von l_M nur der Höhe von A_M. Eine Ausweitung der Beschäftigung ist aus dem Rationalkalkül des Unternehmens nur dann sinnvoll, wenn der Reallohn sinkt oder die Produktivität der Arbeitnehmer ansteigt (Rechtsverschiebung der A^N-Kurve). Ein sinkender Lohn würde also zu einer steigenden Beschäftigung beitragen, vice versa ein steigender Lohn zu einer geringeren Arbeitsnachfrage.

Die Wirkungen von Reallohnerhöhungen werden dabei nur aus einer statischen, partialanalytischen Sicht beurteilt. Reallohnerhöhungen bringen demzufolge nur *Kosteneffekte* mit sich, die immer zu einer Reduktion der Beschäftigung führen. Die Nachfrageseite wird ausgeklammert, da im Sinne des Say´schen Theorems jedes Angebot auch seine Nachfrage findet. Die hieran geübte Kritik sowie die Notwendigkeit der Berücksichtigung kreislaufanalytischer Zusammenhänge wird in Abschnitt 5.2.2 näher diskutiert.

Im Folgenden soll jedoch zunächst überlegt werden, inwieweit die Einführung von *Investivlöhnen* die Beschäftigung *im Rahmen des obigen Modells* beeinflusst. Dazu müssen verschiedene Fälle unterschieden werden. Die nachfolgende Betrachtung geht zunächst von einer statischen Wirtschaft aus.[322]

- Die Einführung des Investivlohns erfolgt durch Umwandlung eines Teils des bisherigen Barlohns (substitutiver Investivlohn). Unter der Annahme, dass die investiven Gehaltsbestandteile keinerlei lohnkostensenkender staatlicher Förderung unterliegen, bleibt die Höhe des Gesamtlohnes konstant, d.h., der Arbeitgeber kann von gleichbleibenden Lohnkosten ausgehen.
- Die Einführung des Investivlohns erfolgt wiederum durch Umwandlung eines Teils des bisherigen Barlohns (substitutiver Investivlohn). Im Unterschied zum ersten Fall werden die investiven Gehaltsbestandteile nun staatlicherseits derart gefördert, dass die Höhe der Lohnkosten zurückgeht.
- Die Einführung des Investivlohns erfolgt durch eine zusätzliche Leistung des Arbeitgebers (additiver Investivlohn). Der Arbeitnehmer erhält also ein insgesamt höheres Gehalt. Der Arbeitgeber hat entsprechend höhere Lohnkosten.

Aus angebotsorientierter Sicht führt der erste Fall zu keiner Veränderung auf dem Arbeitsmarkt. Nur sinkende Lohnkosten würden zu einem Beschäftigungsanstieg führen.[323] Dies ist im zweiten Fall gegeben. Die Beschäftigung steigt

[322] Im Falle steigender Produktivität liegt die relevante Lohngrenze nicht im bisher ausgezahlten Lohn, sondern bei diesem zuzüglich der Produktivitätssteigerung.
[323] Die Kosten für die Einführung und Verwaltung des Investivlohnsystems bleiben dabei unberücksichtigt.

umso mehr, je höher die staatliche Förderung ausfällt.[324] Dagegen sinkt die nachgefragte Arbeitsmenge im additiven Investivlohnfall, da die Personalkosten durch die zusätzlichen Leistungen für den Investivlohn ansteigen.[325]

Diese Sichtweise ist allerdings ausgesprochen kurzfristiger Natur. Die Beschäftigungswirkungen von Investivlöhnen können mittel- bis langfristig auch bei momentaner Wirkungslosigkeit oder unmittelbarem Beschäftigungsabbau deutlich positiv sein. Dafür sprechen eine Reihe von Gründen: Erstens blieb bisher unberücksichtigt, dass sich das Arbeitnehmereinkommen infolge der Kapitalbeteiligung verändert. Die Beschäftigten erhalten zukünftig nicht nur Lohneinkommen, sondern auch Profiteinkommen. D.h. wiederum, dass die Arbeitnehmer zur Aufrechterhaltung und Ausdehnung ihres Wohlstandes nicht allein auf die Entwicklung des Lohneinkommens angewiesen sind und somit im Vergleich zur Situation ohne Kapitaleinkommen durchaus eher bereit sein werden, bei zukünftigen Lohnforderungen eine größere Bescheidenheit walten zu lassen.

Zweitens kommt hinzu, dass Investivlöhne, wie in Kapitel 2.1.3 bereits dargestellt wurde, ein Potenzial zu erheblichen Produktivitätssteigerungen inne haben – vor allem dann, wenn es sich um eine Eigenkapitalbeteiligung am arbeitgebenden Betrieb handelt.[326] Eine höhere Produktivität führt im neoklassischen Modell genauso wie eine Lohnsenkung zu einer Steigerung der Beschäftigung. Denn eine effizientere Produktion bedeutet, dass sich die Arbeitsnachfragekurve nach rechts oben verschiebt und der neue Schnittpunkt mit dem Mindestlohn nun weiter rechts bei einem höheren Beschäftigungsvolumen liegt. Die dazu vorliegenden empirischen Untersuchungen, die in Abschnitt 5.3.1 ausführlich behandelt werden, deuten auf einen solchen Anstieg der Produktivität hin. Dass hierfür ein großes nutzbares Potenzial vorhanden ist, zeigt zum Beispiel eine Studie der Gallup Organization, wonach nur 16 Prozent der Arbeitnehmer engagiert ihrem Beruf nachgehen, während 84 Prozent keine echte Verpflichtung gegenüber der Arbeit empfinden. Der gesamtwirtschaftliche Schaden beläuft sich nach Berechnungen dieser Untersuchung in Deutschland auf 223,1 bis 226,5 Mrd. € (436,4 bis 442,9 Mrd. DM) im Jahr.[327]

---

[324] Werden die staatlichen Aufwendungen allerdings über eine Erhöhung der Lohnnebenkosten (zum Beispiel der Rentenversicherungsbeiträge zwecks Reduktion des Defizits in der Rentenkasse) refinanziert, so reduziert sich die positive Beschäftigungswirkung.

[325] Eine staatliche Förderung des Investivlohnes, die lohnkostensenkend wirkt, kann dem negativen Beschäftigungseffekt allerdings entgegenwirken.

[326] Investivlohnmodelle, die zum Aufbau eines risikoärmeren Aktienportefeuilles oder eines Fremdkapitaldarlehens mit gewinnunabhängiger Verzinsung eingeführt werden, können die Motivation der Mitarbeiter aber kaum erhöhen.

[327] The Gallup Organization (2001, S. 1). Der gerundete Euro-Betrag wurde mit dem amtlichen Kurs (1 € = 1,95583 DM) errechnet.

Einiges deutet also darauf hin, dass die Beschäftigungswirkungen von Investivlöhnen zwar nicht unbedingt kurzfristig, doch aber mittelfristig positiv sind. Weitere Argumente unterstützen diese These. So führt die investive Verwendung von Lohnbestandteilen über mehrere Jahre zu einer nennenswerten Ansammlung von Kapital, das gleichzeitig als Absicherung gegen verschiedene soziale Risiken dienen kann, wodurch die jeweilige Person im Falle von Arbeitslosigkeit oder Berufsunfähigkeit entsprechend weniger auf Hilfen des Staates angewiesen ist. Zudem stellt die staatliche Altersversorgung bei Eintritt ins Rentenalter nicht die einzige Einkommensquelle dar. Es liegt somit nahe, dass die Einführung von Investivlöhnen mittelfristig zu einer Senkung von Sozialversicherungsbeiträgen oder zumindest – dies würde bei der Rentenversicherung in Deutschland schon einen erheblichen Erfolg darstellen – zu deren Konstanz beiträgt und somit die Beschäftigungsentwicklung positiv beeinflusst.[328]

Eine Erfolg versprechende Wirkung ergäbe sich aus angebotsorientierter Sicht auch bei jener Form der Investivlohnbeteiligung, in der die bisher angestellten Arbeitnehmer auf einen Teil ihres Lohnes zugunsten von Kapitalanteilen verzichten, gleichzeitig aber neue Arbeitskräfte nur den (niedrigeren) Lohn ohne einen entsprechenden Ausgleich in Form von Kapitalanteilen erhalten.[329] Bei einer solchen Lohndifferenzierung zugunsten der Insider ist somit die Bereitschaft zur Einstellung von zusätzlichen Arbeitnehmern höher, da diese nun zu einem geringeren Lohn beschäftigt werden können. Gegenüber einer offenen Lohndifferenzierung hätte diese Form – so die Argumentation der Befürworter – eine Reihe von Vorteilen, wie zum Beispiel den, dass den Arbeitgebern glaubhafter vermittelt werden kann, dass die Gewährung der Sonderrechte auch dauerhaft auf die Gruppe der Insider beschränkt ist.[330] Dieses Konzept von Sinn, demzufolge die zukünftig eingeforderten Lohnsteigerungen der Insider durch Einkünfte aus Kapitalbeteiligungen ersetzt werden sollen, ist aber in dieser Form wohl kaum realisierbar. Denn bedenkt man, dass eine Kapitalrendite von 10 Prozent ein Kapital in dessen zehnfacher Höhe benötigt, so ist eine solche Umschichtung der Eigentumsverhältnisse, die zunächst nötig wird, mit den Unternehmenseigentümern wohl nicht zu verwirklichen.[331]

---

[328] Allerdings ist fraglich, inwieweit eine auf Produktivkapital basierende Altersversicherung die traditionelle Form ersetzen kann. Denn die mit mehr Risiko und damit unsichereren Zahlungsströmen verbundene Kapitalbeteiligung wird die staatliche Rentenversicherung kaum vollständig substituieren können.

[329] Vgl. Sinn (1995, S. 57f.).

[330] Vgl. Sinn (1997, S. 825).

[331] Die Gewerkschaften befürchten infolge einer solchen Regelung zahlreiche Konflikte und sprechen sich somit dagegen aus. Vgl. DGB-Bundesvorstand (1998, S. 15 und 26).

Wie sieht nun aber die Beschäftigungswirkung von *Gewinnbeteiligungen* aus? Hier müssen mindestens zwei Fälle unterschieden werden:

- Die Einführung einer Gewinnbeteiligung führt zu mäßigeren Festlohnforderungen seitens der Gewerkschaften. D.h., im Fall einer statischen Wirtschaft verzichten die Arbeitnehmer auf einen Teil ihres bisher monatlich sicher ausgezahlten Gehalts; im Fall einer Wirtschaft mit steigender Produktivität verlangen die Beschäftigten zumindest nicht den gesamten Umfang der Produktivitätssteigerung als zusätzliches Entgelt (substitutive Gewinnbeteiligung).
- Die Einführung einer Gewinnbeteiligung erfolgt zusätzlich zum bisher gezahlten Entgelt. Bei Produktivitätssteigerungen wächst das Festgehalt nicht weniger als dies ohne die Auszahlung einer Gewinnbeteiligung geschehen wäre (additive Gewinnbeteiligung).

Die Verringerung der fixen Lohnkosten im ersten Fall führt im neoklassischen Modell zu einer größeren Arbeitsnachfrage der Unternehmen. Der gewinnabhängige Lohnanteil wird bei der neoklassischen Einstellungsentscheidung nicht berücksichtigt. Der Arbeitgeber stellt solange neue Arbeitskräfte ein, wie deren Grenzproduktivität den Festlohn übersteigt. Dies gilt aber nur dann, wenn der Gewinnanteil pauschal für die Gesamtheit der Arbeitnehmer ausbezahlt wird und nicht an die Zahl der Beschäftigten gekoppelt ist. Denn bei einem individuell zustehenden Gewinnanteil würde jeder zusätzliche Beschäftigte den allen Arbeitnehmern insgesamt zufließenden Gewinnanteil und damit die Lohnkosten des Unternehmens erhöhen.[332] Im Falle einer kollektiven Auszahlung könnte die Einführung von Gewinnbeteiligungssystemen die Beschäftigung aber tatsächlich erhöhen. Diese Idee stellt die Kernaussage des vor allem in den 1980er Jahren stark diskutierten Beitrags „The Share Economy"[333] von Martin L. Weitzman dar. Eine breite Schicht von Ökonomen sahen hierin einen Erfolg versprechenden Lösungsansatz zur Bekämpfung der weltweiten Beschäftigungsprobleme, insbesondere zur Überwindung von Stagflation.[334] Weitzman vertritt die These, dass es infolge der Einführung von Gewinnbeteiligungsmodellen zur Vollbeschäftigung beziehungsweise sogar zur Übernachfrage nach Arbeitskräften kommt. Abbildung 21 verdeutlicht den Kern des auf einer neoklassischen Basis fußenden Modells:[335]

---

[332] Vgl. Schares (1995, S. 266).

[333] Die deutsche Ausgabe „Das Beteiligungsmodell: Vollbeschäftigung durch flexible Löhne" erschien 1987 im Campus Verlag: Weitzman (1987).

[334] Zum Beispiel bezeichnete die New York Times das Werk als „the best idea since Keynes". Vgl. Nordhaus (1986, S. 417).

[335] Vgl. hierzu insbesondere Schöb (2000, S. 133ff.). Vgl. zur Modellerläuterung auch Michaelis (1999, S. 229ff.) und Rothschild (1989, S. 176ff.).

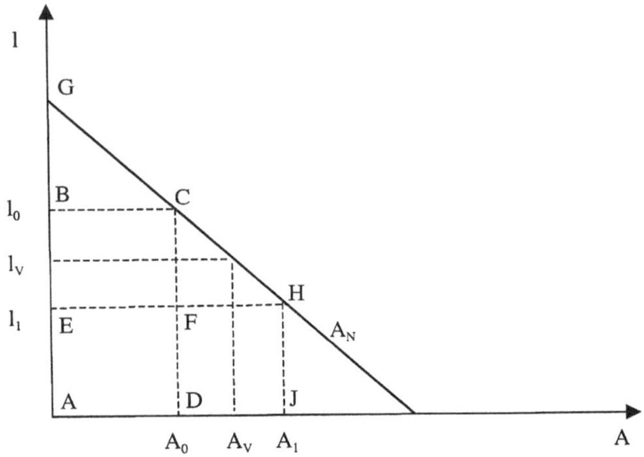

Abbildung 21: Überbeschäftigung im Weitzman-Modell

Quelle: eigene Darstellung in Anlehnung an Schöb (2000, S. 137).

Im Gegensatz zum oben vorgestellten Modell der vollkommenen Konkurrenz wird hier von einer realitätsnäheren monopolistischen Konkurrenz ausgegangen. Die Unternehmen verkaufen also nicht vollkommen homogene Produkte und können damit die Höhe des Preises selbst bestimmen. Eine Ausweitung des Absatzes ist nur mittels einer Preisreduktion möglich. Die Arbeitsnachfragekurve A_N wird somit durch den Grenzerlös der Arbeit bestimmt, da die Gewinnmaximierungsbedingung für die Unternehmen eine Übereinstimmung des Grenzerlöses mit dem Nominallohnsatz (l) erfordert. Unterstellt man identische Unternehmen und einen einheitlichen Grundlohn, so kann Abbildung 21 als ein gesamtwirtschaftliches Arbeitsmarktdiagramm angesehen werden. A_0 stellt die Beschäftigung in der Ausgangssituation ohne Gewinnbeteiligung dar und liegt aufgrund eines zu hohen Lohnniveaus (l_0) unterhalb des Vollbeschäftigungsniveaus A_V. Die Lohnsumme der Arbeitnehmer beträgt in dieser Situation ABCD. Einigen sich Arbeitgeber und Arbeitnehmer auf die Einführung eines Gewinnbeteiligungsmodells, infolgedessen der Fixlohn auf l_1 reduziert wird, so wird sich nach Weitzman die Beschäftigung markant verändern. Der feste Lohnanteil beträgt dann – vor der Neuanstellung von Arbeitnehmern – lediglich noch AEFD, dafür wird ein Gewinnanteil Ω in Höhe der Minderung der Lohnsumme von BCFE bezogen auf den neuen Gesamtgewinn GCFE vereinbart (Ω = BCFE / GCFE). Die Unternehmen können ihren Gewinn aufgrund des gesunkenen Festlohnniveaus mit zusätzlichen Arbeitnehmern erhöhen. Infolgedessen werden die Betriebe die Beschäftigung bis zum Niveau A_1 ausdehnen. Das übersteigt sogar das Vollbeschäftigungsniveau A_V, so dass unter den gegebenen Bedingungen im Rahmen des Modells immer eine Übernachfrage nach Arbeit vorliegt, d.h. selbst konjunkturell bedingte Nachfrageschwächen weitestgehend abgefedert werden können.[336] Die geldpolitischen Instrumente stünden dann allein zur Eindämmung von Inflationsgefahren zur Verfügung.[337] Der Gesamtgewinn steigt bei einer Beschäftigung in Höhe von A_1 auf GHE, wovon die Arbeitnehmer den Anteil Ω erhalten. Letztere verdienen dadurch nun insgesamt die Summe EHJA + GHE * Ω.

Ein Hauptkritikpunkt richtet sich aber gegen die Annahme, die bereits im Ausgangszustand Beschäftigten wären bereit, auf ein derartiges Modell umzusteigen. Denn durch die Neueinstellung von Arbeitnehmern reduziert sich bei sinkenden Grenzerträgen auch der jedem Arbeitnehmer zustehende Gewinnanteil, d.h. die Entlohnung der bisherigen Arbeitnehmer wird zugunsten der bisher Arbeitslosen sinken. Da auch viele Arbeitnehmer eine Reihe laufender, nicht abbaubarer Zahlungen monatlich zu leisten haben, bedeutet dies für viele ein nicht lösbares Problem. Würde die Gewinnbeteiligung nur von einzelnen Unternehmen eingeführt, so hätte dies wohl zur Folge, dass die dortigen Insider, soweit ihnen das möglich ist, das Unternehmen verlassen und zur Konkurrenz wechseln würden.[338] Zudem werden die bisherigen Mitarbeiter grundsätzlich schon zuvor gegen Neuanstellungen votieren, welches – je nach Mitsprachemodell und Durchsetzungsvermögen – eine Beschäftigungsausweitung verhindern kann oder doch zumindest zu einer Verschlechterung des Unternehmensklimas führt.[339]

Kapitel 5.3.2 geht auf die empirische Standfestigkeit der „Weitzmanomics“[340] ein. Es sei noch erwähnt, dass die theoretische Analyse bei Verlustmöglichkeit wesentlich komplizierter wird. Herrscht also nicht mehr vorab Sicherheit über den Ausweis eines Gewinnes, so kann es sein, dass die Arbeitsnachfrage zurückhaltender ausfällt – insbesondere dann, wenn die Arbeitnehmer am Verlust nicht partizipieren müssen und diese auch nicht kurzfristig entlassen werden können.[341] Weitere Kritikpunkte betreffen insbesondere die exogen vorgegebenen Lohnparameter[342], die Abstraktion von Kapitalbildungsprozessen, die zu geringe Sorgfalt bei der Aggregation von der Mikro- zur Makroebene[343]

[336] Der Umfang der Übernachfrage hängt entscheidend von der Fixlohnhöhe ab. Je niedriger letztere ist, desto größer ist im vorliegenden Modell das Potenzial zur Abfederung von Rezessionen.
[337] Weitzmans Darstellung wurde durch die damalige stagflationäre Situation stark geprägt.
[338] Vgl. Rothschild (1989, S. 186).
[339] Vgl. Rothschild (1989, S. 186).
[340] Nordhaus (1986, S. 416).
[341] Vgl. Schares (1995, S. 249f.).
[342] Der Basislohn liegt annahmegemäß unterhalb der auf einem kompetitiven Arbeitsmarkt erreichbaren Lohnhöhe. Vgl. Michaelis (1999, S. 229).
[343] Vgl. Michaelis (1999, S. 229).

sowie die Aussage, dass die Arbeitgeber nur die Basislöhne und nicht den durchschnittlichen Personalaufwand als Grenzkosten ansehen.[344] Zudem basiert der Weitzman-Ansatz zum Teil auf neoklassische Annahmen, deren grundsätzliche Kritik bereits angesprochen wurde.[345]

Ob der von Weitzman vorausgesetzte Wirkungsmechanismus also tatsächlich funktioniert und mittels Einführung substitutiver Gewinnbeteiligungspläne die Beschäftigung erhöht werden kann, bleibt fraglich. Einen interessanten Vorschlag, der hier aber nur am Rande Erwähnung finden kann, liefert Schöb, der für eine staatliche Gewinnbeteiligung plädiert. Ziel ist es, mittels einer Umstellung der Arbeitslosenversicherung von lohnabhängigen zu gewinnabhängigen Beiträgen die marginalen Lohnkosten auf indirektem Wege zu reduzieren.[346]

Wie sieht es nun aber im Fall einer *additiven* Gewinnbeteiligung aus? Hier entstehen dem Unternehmer *zusätzlich* gewinnabhängige Lohnkosten. Das Marginalkalkül der Unternehmer führt also zu keiner weiteren Einstellung von Arbeitnehmern. Sinkt infolge einer höheren Lohnkostenbelastung die Investitionsbereitschaft, so kann es sogar zu einem Beschäftigungsabbau kommen. Im neoklassischen Modell ist daher die Form der zuerst beschriebenen substitutiven Gewinnbeteiligung der zweiten Variante eindeutig überlegen. Allerdings darf die additive Variante nicht von vornherein als beschäftigungsschädlich gebrandmarkt werden. Wird zum Beispiel nur ein Teil der Gewinnbeteiligung zusätzlich ausbezahlt, der Rest substitutiv[347], so lässt sich der Nettoeffekt nicht von vornherein ermitteln[348], denn die Gesamtgewinnsumme steigt infolge der Beschäftigungsausweitung. D.h., es kann durchaus sein, dass damit zusätzliche Lohnkosten aufgefangen werden und die Investitionsneigung der Kapitalgeber aufgrund der Gewinnaussichten steigt oder zumindest gleich bleibt.

Gewinnbeteiligungen können ebenso wie Investivlöhne in dynamischer Sicht zu einer Steigerung der Produktivität beitragen,[349] wodurch sich die Arbeitsnach-

---

[344] Vgl. Kruse (1991a, S. 77), der eine Reihe weiterer Kritikpunkte übersichtsartig darstellt. Eine ausführliche Diskussion findet sich auch in der Veröffentlichung verschiedener Beiträge des im Juni 1985 an der Universität Yale stattgefundenen Symposiums „The Share Economy", abgedruckt im „Journal of Comparative Economics" (Heft Nr. 4 – Dezember 1986). Vgl. auch Nuti (1987).

[345] Vgl. hierzu auch die fundierte Kritik bei Rothschild (1989, S. 184f.). Vgl. zudem Kapitel 5.2.2. Eine ausführliche Kritik am Weitzman-Plan findet sich auch bei Eder (1992).

[346] Vgl. Schöb (2000, S. 163ff.) und Schöb (2001).

[347] Denkbar wäre auch, dass der Staat einen Teil der Kosten übernimmt.

[348] Vgl. zum Investitionsverhalten auch Michaelis (1999, S. 232) und ausführlicher bei Jerger/ Michaelis (1999).

[349] Vgl. zum Beispiel Kommission der Europäischen Gemeinschaften (1996, S. 9) und Hübler (1995, S. 215ff.).

fragekurve nach rechts verschiebt. Beispielsweise kann die höhere Motivation dazu führen, dass Großunternehmen, welche die Leistung ihrer Mitarbeiter schwieriger kontrollieren können und daher auf die Zahlung von Effizienzlohnkomponenten normalerweise angewiesen sind, nun auf diese zumindest teilweise verzichten können, und damit die Lohnkosten sinken.[350] Fundiertere Analysen, die eine Schätzung der Produktionsfunktion vornahmen und dabei eine Reihe produktivitätsbeeinflussender Faktoren berücksichtigten, haben nach Schares in 75 Prozent aller untersuchten Gleichungen einen signifikant positiven Koeffizientenwert der Gewinnbeteiligungsvariablen festgestellt.[351] Allerdings, so zeigt eine Untersuchung von Kruse, kommt es zwar zu einer Erhöhung des Produktivitätsniveaus, ein langfristig höheres Produktivitätswachstum resultiert daraus aber nicht.[352] Der Wachstumspfad bleibt demnach konstant, wenn auch auf einem höheren Level. Die Untersuchung des kausalen Zusammenhangs ist aber auch nicht unproblematisch, da eine Vielzahl von Faktoren die Höhe der Produktivität beeinflussen können. Der simple Vergleich der Produktivitätszahlen von Unternehmen mit und ohne Gewinnbeteiligungsmodellen ist nicht hinreichend. Eine Reihe weiterer leistungsbestimmender Faktoren muss unbedingt Berücksichtigung finden.

Als Ursache der höheren Produktivität lässt sich natürlich zum einen die größere Motivation der Arbeitnehmer vermuten. Der Einzelne wird aber nicht nur sich selbst zur höheren Leistung bewegen, sondern in der Regel setzt auch ein „peer monitoring“ ein, d.h. eine gegenseitige Kontrolle unter den Arbeitskollegen.[353] Zudem werden die Mitarbeiter bei einer Störung oder anderer plötzlich veränderter Variablen flexibler reagieren, als dies mit anderen Anreizsystemen in der Regel der Fall sein wird. Die Wirkung von Gewinnbeteiligungen wird aber wohl dann gemindert, wenn das Unternehmensergebnis durch eine Reihe von externen Faktoren beeinflusst wird, auf welche die Mitarbeiter keinen Einfluss ausüben können. Das wäre zum Beispiel der Fall, wenn die Unternehmensperformance stark von den Preisen auf den internationalen Rohstoffmärkten abhängt oder in Konzerngesellschaften die Ergebnislage entscheidend von der Höhe der intern festgelegten Verrechnungspreise beeinflusst wird. Einige

---

[350] Effizienzlöhne sind aber dahingehend vorteilhaft, dass sie i.d.R. stärker die individuelle Leistung berücksichtigen und andere Faktoren, zum Beispiel konjunkturelle Nachfrageschwankungen, eine geringere Rolle spielen. Vgl. Hart/Hübler (1990, S. 117).

[351] Vgl. Schares (1995, S. 254f.).

[352] Vgl. Kruse (1993, S. 69ff.). Vgl. dazu auch die Ausführungen in Kapitel 5.3.2.

[353] Dies ist eine sehr wichtige Komponente im Motivationsmechanismus, weil auch bei der Gewinnbeteiligung die Gefahr besteht, dass einzelne Mitarbeiter zum guten Ergebnis selbst nur wenig beitragen und vor allem von der Leistung der Kollegen profitieren. Zwar lässt sich das „free rider“-Problem nicht beseitigen, doch dürfte dessen Bedeutung durch die Aufsicht der Kollegen, die die Arbeitsleistung oft besser als die Vorgesetzten kontrollieren können, reduziert werden.

Studien betonen auch die Bedeutung der nichtmonetären Mitarbeiterbeteiligung. Nur wenn Letztere die finanziellen Beteiligung ergänzt, entstünde ein entsprechend starker Einfluss auf die Produktivität.[354]

5.2.1.2 Kapitalkosteneffekte

Die aus der Einführung von substitutiven Investivlöhnen resultierende Änderung der Kapitalkosten ist zunächst entscheidend von der Art des eingebrachten Kapitals abhängig. Bei einer Fremdkapitalanlage wird das Unternehmen in der Regel einen Zinssatz vergüten, der für den Mitarbeiter höher ist als der Satz, den er für eine entsprechende Sparanlage bei einer Bank erhält, und niedriger ist als jener Zins, den das Unternehmen für die Aufnahme der Mittel bei einem Kreditinstitut oder auf dem freien Kapitalmarkt leisten müsste. Die Zinsspanne, von der sonst allein die Bank profitiert, wird somit zwischen Mitarbeiter und Unternehmen aufgeteilt. D.h., die Kapitalkosten für den Betrieb wären demnach niedriger (umso mehr, je risikoärmer die Arbeitnehmer die Situation des Unternehmens einschätzen) und die Einführung von substitutiven Investivlöhnen sehr lohnenswert. Allerdings darf bei einer solch einfachen Berechnung nicht übersehen werden, dass das Darlehen eventuell abgesichert werden muss. Im Falle einer Bankbürgschaft verlangt das Kreditinstitut für das entstehende Risiko ein entsprechendes Entgelt, das die Höhe der ersparten Kapitalkosten in der Regel wieder auf den Wert null reduziert und eventuell sogar zu einem insgesamt schlechteren Ergebnis führt. Im Falle einer Hypothek verliert das Unternehmen die Möglichkeit, diese für die Aufnahme weiteren Fremdkapitals bei einer Bank oder auf dem breiten Kapitalmarkt einzusetzen, wodurch dann bei letzterer Finanzierung höhere Kosten anfallen. Natürlich kann es auch der Fall sein, dass Mitarbeiter generell bereit sind, dem Unternehmen Kapital zu einem Preis zur Verfügung zu stellen, der trotz der notwendigen Absicherungskosten niedriger ist als der am Kapitalmarkt. Sinken, durch welchen der obigen Gründe auch immer, die Finanzierungskosten des Unternehmens, so sind diese Ersparnisse gemäß dem Verursacherprinzip den Arbeitnehmern zu verdanken, d.h. es reduzieren sich streng genommen die Lohnkosten. Aufgrund der gefallenen Arbeitskosten können mehr Arbeitnehmer beschäftigt werden als zuvor. Allerdings dürfen auch die Ein- und Durchführungskosten der Mitarbeiterbeteiligung nicht vernachlässigt werden.[355] Insbesondere bei Kleinbetrieben wird der Formalaufwand je Arbeitnehmer aufgrund fehlender Skaleneffekte relativ hoch ausfallen, so dass eventuell verbliebene Kostenersparnisse schnell aufgezehrt sind.

---

[354] Allerdings unterscheiden sich die Effekte in Abhängigkeit davon, welche Partizipationsform gewählt wird. Vgl. Hübler (1995, S. 214ff.).

[355] Vgl. Backes-Gellner u.a. (2002, S. 124).

Werden die Investivlöhne dagegen für die Schaffung von Eigenkapital verwendet, so entstehen im speziellen Fall der Belegschaftsaktien dieselben Kapitalkosten wie bei Aktien, die von Unternehmensfremden gehalten werden.[356] Sie sind sogar höher, falls es sich um stimmrechtslose Vorzugsaktien handelt. Im Falle von anderen Beteiligungsformen, bei denen der Zinssatz frei vereinbar ist, wird dieser vor allem je nach vorhandenem Risiko für den Verlust des Kapitals von Unternehmen zu Unternehmen differieren. Ob Kapitalkosten dennoch eingespart werden, hängt also – neben den auch nicht zu vernachlässigenden Formalkosten einer Eigenkapitalbeteiligung der Arbeitnehmer – entscheidend vom Vertrauen der Mitarbeiter in ihr Unternehmen ab. Dabei ist erwähnenswert, dass einige Landesbürgschaftsbanken bereits Programme aufgelegt haben, die eine entsprechende Beteiligung der Mitarbeiter weitestgehend absichern. Damit sinkt natürlich die Risikoprämie, welches letztendlich eine finanzielle Hilfe des Staates für die Unternehmen darstellt.[357] Ein anderer Weg der künstlichen Reduzierung der Arbeitskosten kann mittels einer Subventionierung der Kapitalbeteiligung erfolgen. Werden zum Beispiel die Zinserträge der Mitarbeiterkapitalanteile von der Einkommensbesteuerung befreit, ermöglicht dies dem Arbeitgeber, eine nur relativ niedrige Rendite anzubieten, ohne dass der Arbeitnehmer schlechter gestellt ist als wenn er sein Geld auf dem freien Kapitalmarkt anlegt.

Der Effekt gesunkener Kapitalkosten zeigt sich darin, dass zuvor nicht rentable Investitionen, welche die Kapitalintensität und damit die Produktivität erhöhen, nun doch durchgeführt werden. Im neoklassischen Modell des Arbeitsmarktes (Abbildung 19) bedeutet dies, dass die Nachfrage nach Arbeit steigt, d.h. die A^N-Kurve verschiebt sich nach rechts.

Der positiven Wirkung gesunkener Kapitalkosten steht allerdings die Gefahr einer Fehlallokation des Kapitals gegenüber. Vermindern die Wirtschaftssubjekte ihre anderen Anlagen zugunsten derer des eigenen Unternehmens und wird Letzteres unwirtschaftlicher geführt, so ist die Allokationsfunktion des Kapitalmarktes gestört. Diese Gefahr besteht nicht nur im Falle staatlicher Subventionierung, sondern auch dann, wenn die Mitarbeiter zur Anlage von Kapital im arbeitgebenden Unternehmen aufgrund einer tarifvertraglichen oder gesetzlichen

[356] Das gleiche gilt prinzipiell für den selteneren Fall der GmbH-Beteiligung von Mitarbeitern. Die Kapitalkosten wären nur dann niedriger, wenn die Arbeitnehmer bereit wären, für die ausgegebenen Kapitalanteile mehr als Unternehmensfremde zu bezahlen (zum Beispiel, wenn die Anteile nicht frei handelbar sind und die Mitarbeiter einen besseren Einblick in die wirtschaftliche Situation des Unternehmens haben).

[357] So garantiert zum Beispiel die Bürgschaftsbank zu Berlin-Brandenburg unter bestimmten Bedingungen 80 v. H. der eingezahlten Beteiligungssumme und des vertraglich vereinbarten Beteiligungsertrages (bis insgesamt zwölf Prozent). Vgl. Bürgschaftsbank Berlin-Brandenburg GmbH (2002).

Norm gezwungen sind, d.h. die Teilnahme am Investivlohnprogramm nicht freiwillig ist.[358]

Im Gegensatz zur substitutiven Variante belasten additive Investivlöhne das Unternehmensergebnis zunächst zusätzlich und reduzieren damit eine mögliche Kapitalbildung aus nicht entnommenen Gewinnen. Solange nicht ein entsprechender Produktivitätsanstieg die höheren Lohnkosten ausgleicht, gehen also additive Investivlöhne mit einem höheren Kapitalbedarf einher und verschlechtern die Kapitalkostensituation.

Substitutive Gewinnbeteiligungen führen im Gegensatz zu substitutiven Investivlohnmodellen grundsätzlich zu keiner Änderung der Kapitalkosten. Sie verbessern die Kostensituation der Unternehmen höchstens dahingehend, dass in wirtschaftlich schlechten Zeiten der Lohn und damit die Auszahlungsbelastung niedriger ausfällt. D.h. die Liquidität wird im Vergleich zu einem Festlohnsystem weniger stark in Anspruch genommen, wodurch in Einzelfällen eventuell auf teure Kredite zur Überbrückung von rezessiven Phasen verzichtet werden kann. Additive Gewinnbeteiligungen reduzieren dagegen das Unternehmensergebnis und führen somit zu höheren Kapitalkosten, wenn kein entsprechender Anstieg der Arbeitsproduktivität der zusätzlichen Lohnkostenbelastung entgegenwirkt.

5.2.1.3 Liquiditäts- und Kapitaleffekte

Infolge der Einführung von Investivlohnmodellen kann aber nicht nur die Neigung, sondern auch die Fähigkeit zur Produktion verändert sein. Ganz abgesehen davon, ob die Eigentümer des Unternehmens zu einer Neuinvestition bereit sind, stellt die Kapitalaufnahme für kleinere und mittlere Unternehmen eine nicht unbedeutende Hürde dar, die oftmals produktivitätssteigernde und arbeitsplatzschaffende Investitionen verhindert. Investivlohnmodelle können bei Kapitalmarktbeschränkungen abhelfen, wenn die Mittel als betriebliche Beteiligung direkt im Unternehmen verbleiben, oder aber, wenn die überbetrieblichen Beteiligungsfonds auch kleineren und mittelgroßen Unternehmen hinreichend Kapital zur Verfügung stellen. Dies kann in der Form von Eigen- oder Fremdkapital geschehen. Letzteres ist allerdings in größerem Umfang problematisch, weil damit die Eigenkapitalquote sinkt und das die zukünftige Fremdkapitalaufnahme erschwert. Eine zusätzliche Restriktion auf die Kreditlinie ergibt sich durch die hierzulande notwendige Absicherung des Mitarbeiterdarlehens mittels Bankbürgschaft oder Versicherung.[359] In diesem Sinne ist die Bereitstellung von Eigenkapital besonders wertvoll, da dem Unternehmen hiermit Risikokapital

[358] Vgl. Schares (1995, S. 270).
[359] Vgl. Hebig/Zacharias (1991, S. 232). Vgl. dazu auch Kapitel 2.1.4.

zufließt, das die Fähigkeit zur Aufnahme von weiterem Fremdkapital nicht einschränkt. Außerdem muss bedacht werden, dass Investivlohneinlagen in Form von Fremdkapital zu einem festgelegten Zeitpunkt zurückzuzahlen sind beziehungsweise gekündigt werden können. Haben die Arbeitnehmer bei einer Kündigung ihres Arbeitsverhältnisses das Recht zur gleichzeitigen Auflösung ihres Beteiligungsverhältnisses, so kann ein wirtschaftlich bedingter Stellenabbau ein erhebliches Liquiditätsproblem nach sich ziehen.[360] Die Vereinbarung entsprechender Modalitäten sollte verhindern, dass es zu größeren Rückzahlungsforderungen der Arbeitnehmer an einem bestimmten Termin kommt. Aber nicht nur im Falle einer Fremdkapitalbeteiligung, sondern auch bei der Eigenkapitalbereitstellung kann das Unternehmen die Verpflichtung eingegangen sein, das Kapital ab einem bestimmten Zeitpunkt zurückzuzahlen. Letzteres ist vor allem dann denkbar, wenn die Anteile nicht frei handelbar sind. Dadurch kann es auch bei dieser Beteiligungsform in bestimmten Fällen zu einer entsprechend starken Liquiditätsbelastung kommen.

Anzumerken bleibt, dass auf makroökonomischer Ebene im Falle einer vollausgelasteten Wirtschaft nur eine Veränderung der Sparquote zusätzliches Kapital generieren kann.[361] Ansonsten geht die bessere Finanzierungslage der kleinen und mittleren Unternehmen zu Lasten der großen. Es findet also lediglich eine Portfolioumschichtung statt, die aber positive Wohlfahrtseffekte mit sich bringen kann, wenn die Investitionen der nun kapitalgestärkten Unternehmen rentabler sind als die derjenigen, die nun weniger investieren können.

Der oben besprochene positive Liquiditäts- und Kapitaleffekt von Investivlöhnen gilt für den substitutiven Fall, bei dem ein Teil des bisher ausgezahlten Lohnes zukünftig im Unternehmen verbleibt. Bei der additiven Gewährung ist dagegen eine Verschlechterung der Liquidität und der Kapitalausstattung möglich. Hier wird die Finanzlage – im Vergleich zur Situation ohne Investivlohn – nur dann nicht zusätzlich belastet, wenn die Mittel vollständig als Eigenkapital im Unternehmen verbleiben. Werden die Investivlöhne zwar im Unternehmen, aber in Form von Fremdkapital angelegt, so verschlechtert sich die Situation. Denn eine allzu hohe Fremdkapitalquote erschwert die Aufnahme zusätzlichen Kapitals bei einer Bank oder über den Kapitalmarkt. Dies kann die Investitionsfähigkeit entscheidend reduzieren und somit negative Beschäftigungseffekte mit sich bringen. Sollten die Arbeitnehmer zudem die Freiheit besitzen, die Investivlohnsumme auch in anderen Unternehmen anzulegen, so kann es möglich sein, dass die Mittel vor allem in große, bekannte Konzerne, und damit in Anlagen mit vergleichsweise geringem Risiko fließen. Dadurch profitieren bestimmte

[360] Vgl. Lubig (1998, S. 69f.).

[361] Im Fall der offenen Volkswirtschaft ist allerdings auch ein zusätzlicher Kapitaltransfer aus dem Ausland möglich.

Unternehmen nicht oder in erheblich geringerem Umfang, so dass die Liquiditäts- und Kapitaleffekte asymmetrisch wirken. Finanzstarke Unternehmen werden dann wohl eher bevorzugt, während die ohnehin finanziell schlecht ausgestatteten Betriebe zusätzlich benachteiligt werden.

Im Rahmen einer groß angelegten Studie von Guski und Schneider Anfang der 1980er Jahre zeigte sich, dass in Unternehmen mit Mitarbeiterbeteiligung eine höhere Eigenkapitalausstattung vorliegt. So war die Eigenkapitalquote aller von der Bundesbank erfassten Unternehmen im Jahr 1980 bei 20,9 Prozent, während die Eigenkapitalquote der befragten Beteiligungsunternehmen bei 31,5 Prozent lag. Diese Aussage bleibt auch bei einer Aufgliederung nach Rechtsformen und Branchen gültig. Für Einzelunternehmen und Personengesellschaften, bei denen sich die Eigenkapitalaufnahme traditionell als schwieriger erweist, war der Unterschied sogar noch deutlicher.[362]

Die Auszahlung eines Lohnanteils in Form von Unternehmensbeteiligungen kann also die Kapitalausstattung und Liquiditätssituation der Betriebe erheblich verbessern. Investivlohnmodelle wären daher auch für die Förderung des Aufschwungs in Ostdeutschland sehr hilfreich gewesen. Darauf haben bereits frühzeitig viele Studien hingewiesen.[363]

Wie sieht die Situation nun im Falle einer reinen Gewinnbeteiligung aus? Auch diese Form der Mitarbeiterbeteiligung kann die finanzielle Lage in bestimmten Konstellationen verbessern. Gewinnbeteiligungen tragen zwar zu keiner Stärkung der Kapitalausstattung bei, doch verhilft ein relativ geringer Basislohn (im substitutiven Fall) bei einer Verlustsituation zu einem niedrigeren negativen Ergebnis, wodurch das Eigenkapital nicht in dem Maße vernichtet wird, wie das bei einem Festlohnsystem der Fall wäre. Reduziert sich der Basislohn bei Einführung des Gewinnbeteiligungsmodells allerdings nicht und muss zusätzlich der Gewinnanteil ausbezahlt werden (additiver Fall), so verschlechtert sich infolgedessen grundsätzlich die Liquiditäts- und Kapitalsituation. Eine Ausnahme ergibt sich lediglich dann, wenn der Gesamtgewinn durch resultierende Produktivitätseffekte stärker steigt als er durch die zusätzlichen Lohnkosten reduziert wird.

Allerdings gibt es auch die Hypothese, dass Beteiligungsgesellschaften eventuell fehlendes Wagniskapital jungen Gesellschaften zur Verfügung stellen. Das Ka-

---

[362] Während die Eigenkapitalquote aller Einzelunternehmen bei 16,5 Prozent lag und die der Personengesellschaften bei 17,7 Prozent, betrugen die entsprechenden Zahlenwerte bei den Beteiligungsgesellschaften 31,4 und 32,2 Prozent. Vgl. Guski/Schneider (1983, S. 304ff.).

[363] Vgl. zum Beispiel Ministerium für Arbeit, Gesundheit, Familie und Sozialordnung Baden-Württemberg (1990, S. 42). Vgl. dazu ausführlicher Kapitel 6.1.

pital der Mitarbeiter reiche ohnehin nicht aus, da die durchschnittliche Kapitalausstattung je Arbeitsplatz bei etwa 200.000 € liegt.[364] Dem ist entgegenzuhalten, dass es sehr wohl gewisse Branchen gibt, insbesondere im Bereich der New Economy, die mit wenig Kapital auskommen. Die höchste Belastung der Unternehmensfinanzen entsteht hier in der Regel durch die Lohnkosten der hochqualifizierten Mitarbeiter. Zu denken sei zum Beispiel an ein Internet-Start-up-Unternehmen, das relativ geringe Investitionen für die notwendige Büroausstattung aufbringen muss, viel dagegen für die gesuchten Computerspezialisten. In dieser Branche konnten daher auch eine Reihe von Neugründungen beobachtet werden, deren Mitarbeiter sich mit einem kargen Lohn zufrieden gaben und als Ausgleich einen Unternehmensanteil erhielten. Zudem ist es für Existenzgründer wieder schwieriger, hinreichendes Wagniskapital, insbesondere für den Bereich der wirklich riskanten Anlagen, zu akquirieren, da die große Börseneuphorie, die Ende der 1990er Jahre auch wirtschaftlich fragwürdige Unternehmensprojekte mit Kapital ausstattete, nun verebbt ist.

5.2.2 Nachfrageseitige Effekte

In der keynesianischen Theorie wurde erkannt, dass nicht nur die Angebotsseite betreffende Effekte (wie zum Beispiel ein zu hohes Reallohnniveau) Arbeitslosigkeit verursachen können, sondern auch eine mangelnde effektive Nachfrage. Bei Betrachtung der Kreislaufzusammenhänge einer Volkswirtschaft bekommt die Bedeutung der Reallöhne eine vollkommen neue Qualität. Steigende Reallöhne sind janusköpfig: Zum einen erhöhen sie die Produktionskosten der Unternehmen, zum anderen aber können sie die Kaufkraft und damit die Güternachfrage stärken.[365] Dieser indirekt wirkende *Kaufkrafteffekt* wird von der neoklassischen Sicht nicht beachtet. Es kann aber durchaus sein, dass die Unternehmen – auch wenn der Reallohn die Gleichgewichtshöhe im Sinne von Walras aufweist – nicht soviel produzieren, wie es notwendig wäre, damit der Arbeitsmarkt geräumt wird. Die Unternehmer produzieren weniger, weil die (erwartete) effektive Nachfrage zu gering ist. Dann aber wird der Kaufkrafteffekt zu einer entscheidenden Determinante für die Höhe der Arbeitslosigkeit. Diese von der „Neuen (Keynesianischen) Makroökonomie“ entwickelte Sichtweise[366] kann eindrücklich anhand einer von Barro und Grossman entworfenen Darstellung verdeutlicht werden (vgl. Abbildung 22). Reduzieren die Unternehmen ihre Produktion – zum Beispiel als Folge zu geringer aktueller Nachfrage oder aufgrund negativer Zukunftserwartungen – so werden die Arbeits-

---

[364] Vgl. Schäfer/Rürup (1998, S. 35ff.). Der Euro-Betrag wurde mit dem amtlichen Kurs (1 € = 1,95583 DM) errechnet und dann gerundet.

[365] Vgl. zum Beispiel Rose (1965, S. 25).

[366] Vgl. dazu insbesondere Patinkin (1965, S. 313ff.).

anbieter auf dem Arbeitsmarkt rationiert (verdeutlicht durch die abgeknickte Arbeitsnachfragefunktion), wodurch maximal eine Beschäftigung in Höhe von A_1 realisiert wird. Arbeitslosigkeit tritt also selbst dann auf, wenn der Reallohn die vollbeschäftigungskonforme Höhe aufweist. Der Reallohn könnte sogar auf l^r_0 sinken, an der Beschäftigung würde sich nichts ändern. Lediglich links von R gilt die übliche inverse Beziehung zwischen dem Reallohn und der Beschäftigung. Die Arbeitslosigkeit rechts von R kann nur durch eine Stimulierung der Güternachfrage bekämpft werden.

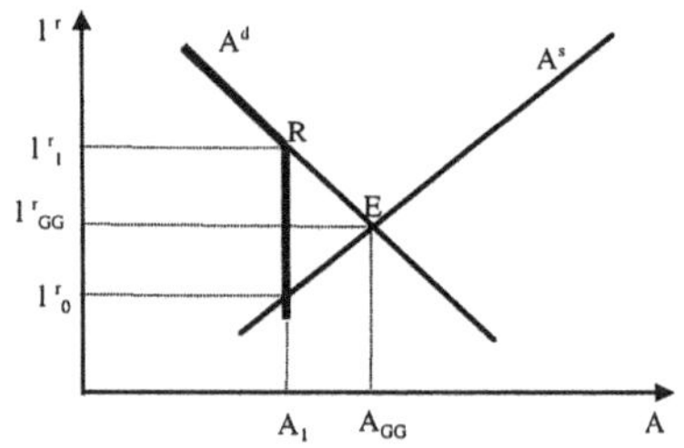

Abbildung 22: Rationierung auf dem Arbeitsmarkt

Quelle: In Anlehnung an Barro/Grossman (1971, S. 86).

Im einfachen keynesianischen Gütermarktmodell sind die Investitionen autonom, und das Sparen passt sich über eine Veränderung des Einkommens an ihre Höhe an. Eine gesunkene Investitionsnachfrage führt zu einem geringeren Angebot und einem reduzierten Einkommen, wodurch auch die Ersparnis und der Konsum sinkt. Letzteres wirkt sich wiederum auf die Höhe des Einkommens aus: Der bekannte Multiplikatorprozess kommt zur Wirkung, der in seiner einfachsten Form (insbesondere bei Vernachlässigung einer Einkommensteuer) durch folgende Gleichung dargestellt werden kann:

(44)
$$\frac{\partial Y}{\partial I_a} = \frac{1}{s'} = \frac{1}{1-c'}$$

Die Stärke dieses Multiplikatoreffekts wird durch die marginale Sparneigung bestimmt. Mit der Annahme einer von der Einkommenshöhe unabhängigen, konstanten marginalen Sparquote, lässt sich die Höhe des Einkommens unter diesen und weiteren vereinfachenden Bedingungen (Vernachlässigung autonomen Konsums, staatlicher Aktivität sowie des Außenhandels) wie folgt ermitteln:

(45)
$$Y = \frac{1}{s} I_a$$

Um die Wirkung von Investivlöhnen und Gewinnbeteiligungen auf die gesamtwirtschaftliche Nachfrage zu analysieren, muss also zunächst eine eventuelle Veränderung der Spar- und Investitionsquote ermittelt werden. Im Unterschied zum Kaldor- und Pasinetti-Modell wird nicht von einer vollausgelasteten Volkswirtschaft, sondern von einer Unterbeschäftigungssituation mit unterausgelasteten Sachkapazitäten ausgegangen. D.h. es liegt im Folgenden die Annahme zugrunde, dass eine Nachfragesteigerung nicht zu einer Preissteigerung, sondern zu einem Wachstum der produzierten und angebotenen Menge führt. Somit kommt es auch nicht zu einer Umverteilung infolge eines sich verändernden Preisniveaus. Anzumerken bleibt, dass die nachfolgende Analyse nur die ausgesprochen kurzfristigen Effekte berücksichtigt und aus Gründen der analytischen Klarheit auf ein möglichst einfaches Modell beschränkt bleibt.

Die Sparquote einer Volkswirtschaft errechnet sich aus der Sparquote der Arbeitnehmer zum einen und der der Kapitalisten zum anderen, jeweils gewichtet mit den entsprechenden Anteilen am Volkseinkommen:

(46) $$s = s_A E_A + s_K P_K$$

E_A = Summe der Lohn- und Profiteinkünfte der Arbeitnehmer;

beziehungsweise:

(47) $$s^{sl} = s_A^{sl} E_A^{sl} + s_K P_K^{sl} \quad \text{(im substitutiven Investivlohnfall)}$$

(48) $$s^{al} = s_A^{al} E_A^{al} + s_K P_K^{al} \quad \text{(im additiven Investivlohnfall)}$$

Die Veränderung der Arbeitnehmer- und Kapitalisten-Sparquote infolge der Einführung von Investivlohn- und Gewinnbeteiligungsmodellen wurde bereits in den Abschnitten 4.3.2.1 und 4.3.3.1 ausführlich besprochen. Demnach steigt aller Voraussicht nach im Investivlohnfall die Sparquote der Arbeitnehmer (s_A^{sl} steht für den substitutiven und s_A^{al} für den additiven Investivlohnfall), die sich aus einem gewichteten Mittel der bisherigen Sparquote s_A (die für die Arbeitnehmerkapitaleinkünfte und den Barlohn identisch ist) und der Sparquote auf Investivlöhne in Höhe von 1 zusammensetzt *(x* = Investivlohn):

(49) $$s_A^{sl} = \frac{s_A(P_A + L - x) + x}{P_A + L} \quad \text{(substitutiver Investivlohnfall)}$$

(50) $$s_A^{al} = \frac{s_A(P_A + L) + x}{P_A + L + x}$$ (additiver Investivlohnfall)[367]

Dabei wird wieder davon ausgegangen, dass die Sparquote s_A^{sl} beziehungsweise s_A^{al} unabhängig von der Höhe des Einkommens immer den gleichen Wert aufweist und eine Verbesserung oder Verschlechterung der Einkommenssituation der Arbeitnehmer zugleich mit einer um den selben Umfang variierenden Höhe des Investivlohnanteils einher geht. Damit führt eine Veränderung des Arbeitnehmer-Gesamteinkommens zu keiner Änderung der durchschnittlichen Arbeitnehmersparquote s_A^{sl} beziehungsweise s_A^{al}. Genauso wird wieder angenommen, dass die Sparquote der Kapitalisten s_K unabhängig von der Höhe des Einkommens konstant bleibt. Die Kapitalisten passen also den Konsum an die Höhe ihres Gesamteinkommens proportional an.

Schwieriger gestaltet sich die Prognosesituation im Gewinnbeteiligungsfall. Über die Veränderung der Arbeitnehmersparquote kann nichts ausgesagt werden, da anders als bei Investivlöhnen kein gleichzeitiger Sparzwang vorliegt. Daher wird für die weitere Analyse von der Konstanz der Arbeitnehmersparquote ausgegangen. Die Höhe der Kapitalistensparquote wird wiederum modellnotwendig als einkommensunabhängig und damit als konstant angenommen.

Die gesamtwirtschaftliche Sparquote wird aber nicht nur durch die jeweilige Höhe der Sparquoten von Arbeitnehmern und Kapitalisten determiniert, sondern auch von deren Anteilen am Volkseinkommen. Ist die Sparneigung der Arbeitnehmer – wie üblicherweise angenommen – niedriger als die der Kapitalisten, dann wird eine Umverteilung des Einkommens von den Letzteren zu Ersteren zu einer insgesamt sinkenden Sparquote führen. Ob es allerdings tatsächlich zu einer nennenswerten Umverteilung kommt, hängt in entscheidendem Maß davon ab, inwieweit die Investivlöhne beziehungsweise Gewinnbeteiligungen additiv oder substitutiv ausbezahlt werden. In ersterem Fall kommt es zu einer Erhöhung der Lohnkosten und damit zu einer Verringerung der Profite. Im letzteren – substitutiven – Fall ändert sich an der Verteilung (kurzfristig) nichts.

Somit kann festgehalten werden (vgl. Tabelle 20), dass bei der Einführung von Investivlöhnen die Sparquote der Arbeitnehmer tendenziell steigt. Der Anteil der Arbeitnehmereinkünfte am Gesamteinkommen bleibt im substitutiven Fall konstant und steigt nur im additiven. Entsprechend gilt die Situationsabhängigkeit für die Sparleistung der Kapitalisten, welche konstant bleibt oder fällt. Der Effekt auf die gesamtwirtschaftliche Sparquote ist somit nur bei substitutiven

[367] Bei der Berechnung der Arbeitnehmersparquote im additiven Fall wird wieder vereinfachend angenommen, dass die Arbeitnehmer den additiven Lohnanteil zunächst zur Gänze zusätzlich erhalten und der Arbeitnehmerprofitanteil somit nicht sinkt. Für die folgende Analyse hat dies keine Auswirkungen.

Investivlöhnen eindeutig positiv, weil hier die Arbeitnehmerersparnis größer wird, während die Sparleistung der Kapitalisten konstant bleibt. Im additiven Fall ist die Situation schwieriger vorhersehbar. Die steigende Sparquote der Arbeitnehmer erhöht zwar das Sparen, gleichzeitig reduziert ein höherer Arbeitnehmeranteil am Gesamteinkommen die Gesamtsparquote, wenn die marginale Sparneigung der Arbeitnehmer kleiner als die der Kapitalisten ist. Im Gewinnbeteiligungsfall bleibt die gesamtwirtschaftliche Sparquote im substitutiven Fall annahmegemäß konstant.[368] Bei additiver Gewinnbeteiligung führt die Einkommensumverteilung zu einer insgesamt sinkenden volkswirtschaftlichen Sparquote.

Steigt die gesamtwirtschaftliche Sparquote s, so wird die Beschäftigung aufgrund sinkender Konsumnachfrage und dem daraus folgenden Multiplikatorprozess abnehmen; fällt s dagegen, so setzt der umgekehrte Entwicklungsgang ein. Die Folgen einer entsprechenden Investitionsnachfrageentwicklung könnten diese Beschäftigungseffekte aber überwiegen beziehungsweise verstärken. Wie in den Abschnitten 4.3.2.1 und 4.3.3.1 dargelegt, sprechen sowohl bei Einführung von Investivlöhnen als auch bei der Beteiligung von Arbeitnehmern am Gewinn eine Reihe von Gründen (insbesondere die Produktivitätseffekte) dafür, dass der Anreiz und die Fähigkeit zur Investitionstätigkeit zunimmt. Im substitutiven Fall lässt sich dies recht sicher vermuten, im additiven hängt es u.a. davon ab, ob die zusätzliche Kostenbelastung durch Produktivitätseffekte oder entsprechende Zukunftserwartungen auf eine höhere Nachfrage überkompensiert werden kann.[369]

Die in der Summe resultierenden Beschäftigungswirkungen ergeben sich nun aus dem veränderten Spar- und Investitionsverhalten. Gemäß Gleichung (44) führt eine höhere Sparneigung zu einem geringeren Multiplikatoreffekt, dagegen trägt ein höheres Investitionsvolumen zu einem Anstieg des Volkseinkommens bei. Im substitutiven Investivlohnfall wird zwar aller Wahrscheinlichkeit nach die Investitionsnachfrage ansteigen, gleichzeitig wird aber auch die Sparquote an Wert gewinnen, wodurch in der keynesianischen nachfrageorientierten Betrachtung zwei konträr wirkende Faktoren gegenüber stehen und die Einkommens- und Beschäftigungssituation sich sowohl verbessern als auch verschlechtern kann. Unvorhersehbar sind auch die resultierenden Arbeitsnach-

---

368 Dies setzt allerdings eine gleichbleibende klassenspezifische Einkommensverteilung voraus.

369 Im Falle der Gewinnbeteiligung gibt es ganz unterschiedliche Meinungen zur Entwicklung der zukünftigen Investitionen. Shapiro ist zum Beispiel – das Modell von Weitzman betrachtend – der Ansicht, dass die Unternehmen den Kapitalstock nicht verringern können, da ansonsten die Mitarbeiter aufgrund einer verhältnismäßig zu geringen Gesamtvergütung das Unternehmen verlassen würden. Vgl. Shapiro (1986, S. 444ff.).

frageeffekte im additiven Investivlohnfall, weil sowohl über die Veränderung der gesamtwirtschaftlichen Sparquote wie auch der Investitionshöhe Unsicherheit herrscht. Letzteres gilt auch für den additiven Gewinnbeteiligungsfall, wobei hier ein Sinken der Sparquote *s* vermutet werden kann, welches bei einer nicht konträr wirkenden Veränderung der Investitionshöhe auf positive Beschäftigungseffekte schließen lässt.[370] Ein höheres Einkommen lässt sich auch für den Fall einer substitutiven Gewinnbeteiligung vermuten, bei der die stimulierenden Wirkungen aber allein von der erwarteten höheren Investitionsnachfrage bei konstanter Sparquote ausgehen. Als Resultat aus vorstehender Analyse ergeben sich die in Tabelle 20 genannten Konstellationen.

	Investivlohnmodell		Gewinnbeteiligungsmodell	
	substitutiv	additiv	substitutiv	additiv
s_A	+	+	——	——
E_A/Y	——	+	——	+
$s_A\ E_A$	+	+	——	+
s_K	——	——	——	——
P_K/Y	——	-	——	-
$s_K\ P_K$	——	-	——	-
s	+	+/-	——	-
I	+	+/-	+	+/-
A	+/-	+/-	+	+/-

Legende: + = Zunahme; - = Abnahme; —— = keine Veränderung; +/- = Situationsabhängige Zu- oder Abnahme;
Quelle: eigene Darstellung.

Tabelle 20: Beschäftigungseffekte im Nachfragemodell

Natürlich liegt der vorstehenden Betrachtung ein einfaches Modell zugrunde, das eine Vielzahl von Faktoren außer Acht lässt und zudem nur einen äußerst kurzen Zeithorizont berücksichtigt. So blieben zum Beispiel mögliche Rückwirkungen eines gesteigerten Einkommens und höherer Beschäftigung unbeachtet. Doch es ist auch nicht das Ziel dieser Arbeit, ein umfassendes Modell aufzu-

[370] Die Aussage, dass auch im additiven Fall eine insgesamt positive Beschäftigungsentwicklung eintritt, wird zum Beispiel durch eine Analyse von Hein und Krämer unterstützt, wonach eine rückgängige Profitquote zu vermehrten Investitionen und einer Beschäftigungsausdehnung führt. Vgl. Hein/Krämer (1997, S. 11ff.).

stellen. Das Anliegen liegt vielmehr darin, die prinzipiellen Zusammenhänge zwischen Gewinn- beziehungsweise Kapitalbeteiligungsmodellen und der Beschäftigung aufzuzeigen. Die zukünftige Herausforderung liegt meines Erachtens vor allem in der verbesserten Erfassung der notwendigen Eingangsdaten, wie zum Beispiel der Verhaltensparameter von Arbeitnehmern und Kapitalisten.

5.2.3 Schlussfolgerungen aus angebots- und nachfrageorientierter Sicht

Sowohl die Betrachtung der angebots- als auch der nachfrageorientierten Seite ermöglichte – trotz der genannten Probleme und Einschränkungen – die Fixierung einiger interessanter Resultate. Aus angebotsorientierter Sicht ergeben sich nach Einführung von Gewinn- und Investivlohnmodellen u.a. Kostenspar-, Leistungs- und Liquiditätseffekte, die zu einer positiven Beschäftigungsentwicklung beitragen. Dies gilt umso mehr für die substitutiven Modelle. Aus nachfrageorientierter Sicht sind insbesondere die substitutiven Gewinnbeteiligungsmodelle von Vorteil, aber auch alle anderen Varianten können zu einer Steigerung der Beschäftigung beitragen. Unabhängig von welcher Seite betrachtet, stellt die Reaktion der Investitionsnachfrage einen entscheidenden Faktor dar. Wie bereits erwähnt, kann erwartet werden, dass diese nach Einführung entsprechend ausgestatteter Beteiligungsmodelle steigen wird und damit auch die Beschäftigung positive Impulse erfährt.

Die bisherige Analyse war kurzfristiger Natur. In der Diskussion wird aber gerne übersehen, dass Vollbeschäftigung nicht nur das gleichgewichtige Reallohnniveau und eine entsprechende gesamtwirtschaftliche Nachfrage voraussetzt, sondern langfristig auch eine ausreichende Produktionskapazität. Ansonsten entsteht Kapitalmangel-Arbeitslosigkeit, die wiederum klassisch und keynesianisch begründet sein kann.[371] Nach klassischer Sicht führt ein zu hohes Lohnniveau zu einer mangelnden Rentabilität des Kapitals, weshalb die Investitionen zu gering sind. Kapitalmangel kann aber auch aufgrund einer länger andauernden, nicht ausreichend bekämpften keynesianischen Arbeitslosigkeit entstehen. Denn eine mangelnde Kapazitätsauslastung wird ebenso zu einer Verringerung der Investitionstätigkeit führen. Die Bekämpfung der Kapitalmangel-Arbeitslosigkeit gelingt kurzfristig weder durch Lohnsenkungen noch durch Lohnerhöhungen, sondern wird in jedem Fall eine längere Frist in Anspruch nehmen. Es ist daher wichtig, dass es dazu erst gar nicht kommt. Somit ist eine ausgiebige Analyse der gegebenen Situation entscheidend, die den Doppelcharakter des Lohnes beachten muss, um eine rasche Bekämpfung der keynesianischen oder klassischen Arbeitslosigkeit mit den richtigen Mitteln zu

[371] Vgl. Hagemann (1997, S. 51f.).

gewährleisten. Investivlohnmodelle können durch die langfristige Ausrichtung zu einem kontinuierlichen Kapitalzustrom im Besonderen beitragen.

5.3 Empirische Befunde

5.3.1 Mehr Beschäftigung durch Investivlöhne?

Mit der kräftigen Renaissance der wissenschaftlichen Auseinandersetzung um Gewinn- und Kapitalbeteiligungen von Arbeitnehmern in den 1990er Jahren bemühten sich eine große Zahl von Autoren auch um die empirische Untersuchung der bisher eher theoretisch erörterten Frage der makroökonomischen Beschäftigungswirkungen dieser „neuen" Lohnformen. Die Reichweite der Analysen geht dabei von simplen Befragungen bezüglich der Einstellung der Arbeitnehmer und Arbeitgeber zur Produktivitätswirkung über den Vergleich der Leistungsdaten von Beteiligungs- und Nichtbeteiligungsunternehmen bis hin zu komplexen ökonometrischen Untersuchungen. Die meisten Studien beziehen sich auf Daten von US-amerikanischen, britischen, französischen, italienischen oder deutschen Unternehmen. Alle wesentlichen Ergebnisse sind übersichtlich in Tabelle 21 zusammengefasst.

Eine zentrale Größe, die es zunächst zu messen gilt, stellt neben der direkten Beschäftigungswirkung die Veränderung der Produktivität dar, deren Anstieg gemäß obiger Analyse wiederum indirekt entscheidenden Einfluß auf die zukünftige Arbeitsnachfrage der Unternehmen hat. Anzumerken bleibt, dass hier nicht darauf geachtet wird, ob die Kapitalbeteiligungen der Arbeitnehmer über den Weg des Investivlohns zustande gekommen sind. Dies ist im Einzelfall mit Sicherheit auch nicht mehr nachweisbar. Das Ziel ist vielmehr, die Wirkung der Kapitalbeteiligung grundsätzlich anhand einer größeren Zahl von Studien zu überprüfen, die nun im Einzelnen vorgestellt werden. In der Regel wurden dabei betriebliche Beteiligungen betrachtet.

- In einer Befragung des Wirtschafts- und Sozialwissenschaftlichen Instituts (WSI) unter 209 westdeutschen Unternehmen im Jahr 1990, die einen betrieblichen Investivlohn praktizierten, antworteten auf die Frage, ob Investivlöhne positive Wirkungen auf die Motivation und Leistungsbereitschaft entfalten, 48,3 Prozent der Geschäftsführer mit „Ja" und 28,3 Prozent mit „Nein". Negativer sahen das jedoch die Betriebsräte: Nur 39,7 Prozent bejahten die gleiche Frage, während 43,5 Prozent mit „Nein" antworteten.[372]

[372] Vgl. Schäfer/Rürup (1998, Tabelle 8 im Anhang).

- Blair et al. verglichen 27 Unternehmen, deren Anteile am Markt frei handelbar waren und die sich zu mindestens 20 Prozent im Eigentum der Mitarbeiter befanden, mit einer Kontrollgruppe aus Betrieben der gleichen Branche.[373] Dabei wurde folgendes festgestellt:
  - Die Kapitalrendite lag bei den Unternehmen, die zum Teil den Mitarbeitern gehörten, statistisch signifikant höher;
  - Die Mitarbeiterfluktuation war hier niedriger;
  - Die Beschäftigtenzahl erhöhte sich allerdings deutlich langsamer als in den Unternehmen ohne Mitarbeiterkapitalbeteiligung, wobei die Beschäftigungsstabilität ausgeprägter war.

- Cable und FitzRoy (1980b) untersuchten für den Zeitraum 1974 bis 1976 mit Hilfe der Arbeitsgemeinschaft zur Förderung der Partnerschaft in der Wirtschaft e.V. (AGP) die Daten von 42 Unternehmen der alten Bundesrepublik Deutschland, die ihre Mitarbeiter finanziell beteiligten. Der Produktivitätseffekt von Kapitalbeteiligungen der Arbeitnehmer war in einer ersten Untersuchung insignifikant negativ. Bei Aufteilung der Betriebe in die zwei Gruppen „high-" und „low-participation" zeigten sich bei der ersteren nun signifikant positive Effekte, bei letzterer dagegen negative, aber insignifikante Produktivitätseffekte.

- FitzRoy und Kraft (1986) fanden ebenso eine positive Beziehung zwischen der Arbeitnehmerbeteiligung am Kapital und der Produktivität bei einer Stichprobe von 65 metallverarbeitenden Betrieben der Bundesrepublik Deutschland (Untersuchungszeitraum: 1977 bis 1979).

- Genauso weist eine Studie von Möller (2000) mit Hilfe der Daten des IAB-Betriebspanels (Welle 1998 mit 9.194 Betrieben) einen positiven Zusammenhang zwischen betrieblichen Mitarbeiterbeteiligungsmodellen und der Produktivität nach. Unter Berücksichtigung einer Reihe von weiteren Einflussfaktoren, wie zum Beispiel dem Anteil an qualifizierten Beschäftigten, zeigt sich bei den Beteiligungsunternehmen eine erheblich höhere Wertschöpfung je Mitarbeiter. Dabei ist der Effekt im Westen stärker als im Osten Deutschlands. Eine Ursache für die größere Produktivität der Beteiligungsbetriebe könnte im ermittelten höheren Innovationspotenzial (Prozess- und Produktinnovationen) liegen. Allerdings unterscheidet Möller nicht zwischen den Formen Gewinn- und Kapitalbeteiligung. Daher ist die Untersuchung nur bedingt aussagekräftig.

- Das gleiche gilt für die Studie von Wolf und Zwick (2002), die aufgrund der geringen Menge an erfassten Unternehmensdaten zwischen Gewinn- und

[373] Vgl. o.V. (2000h, S. 2f.). Originalquelle nicht verfügbar.

Kapitalbeteiligungen nicht unterscheiden wollten. Zwar ist die Gesamtzahl der Betriebe, die eine Antwort abgaben, hoch (6.849), doch nur 1,3 Prozent davon boten ihren Mitarbeitern eine Kapital- und 6,0 Prozent eine Gewinnbeteiligung an. Unter Vornahme einer Selektionskorrektur konnten sie aus den Daten des IAB-Betriebspanels (Wellen 1999 und 2000) keine signifikanten Produktivitätseffekte feststellen und führten die Abweichung zu bisherigen Untersuchungen auf den Einfluss von unbeobachteter Heterogenität der Unternehmen zurück.

- Auch konnten Blanchflower und Oswald (1988) mit Daten der Workplace Industrial Relations Survey aus den Jahren 1980 und 1984 keine profitabilitäts- oder beschäftigungssteigernde Wirkung von Kapitalbeteiligungen feststellen. Einerseits umfasst die Studie eine besonders große Zahl von befragten britischen Betrieben (2.019), doch ist die herangezogene Selbsteinschätzung der Profitabilität durch das Management, das die Stellung in der Branche angeben musste, unbefriedigend.

- In einer länderübergreifenden Studie ermittelten Festing et al. (1999) eine positive Beziehung zwischen der Existenz von Arbeitnehmerkapitalbeteiligungen und der Profitabilität.[374] Als Datenmaterial dienten die Antworten von insgesamt 2627 Personalmanagern (Deutschland: 457; Frankreich: 520; Großbritannien: 1283; Schweden: 367).

- Die Auswertung von Daten 54 US-amerikanischer Unternehmen aus dem Zeitraum 1982 bis 1987 durch Kumbhakar und Dunbar (1993) zeigt, dass die Produktivität nicht nur unmittelbar nach der Einführung von ESOPs signifikant angestiegen ist, sondern auch in den Folgejahren wachsen konnte.

- Defourney, Estrin und Jones (1985) analysierten die Werte von 550 Produktionsgenossenschaften in Frankreich und ermittelten hier einen signifikanten Zusammenhang zwischen der genossenschaftlichen Mitgliedschaft und der Unternehmensproduktivität für das erste Untersuchungsjahr (1978), nicht aber für das zweite. Der Grund für dieses Phänomen könnte darin begründet liegen, dass die nicht beteiligten Mitarbeiter in rezessiven Phasen, wie in 1979, zuerst entlassen wurden.[375] Denn damit ändert sich auch der Beteiligungsgrad, obwohl sich an der prinzipiellen Partizipationseinstellung des Unternehmens nichts verändert und damit ein falscher Zusammenhang vorgespielt wird. Die einseitige Betrachtung von Produktionsgenossenschaften lässt eine Übertragung des Ergebnisses auf die Gesamtwirtschaft nicht zu,

---

[374] Allerdings wäre es interessanter zu wissen, wie sich die Produktivität verändert.

[375] Vgl. Defourney/Estrin/Jones (1985, S. 209).

wenngleich dieser Sektor mit 40.000 Arbeitnehmern in 1.300 Unternehmen im Jahr 1984 für Frankreich nicht unbedeutend ist.

- Eine Studie unter genossenschaftlich organisierten Unternehmen in Italien (Jones/Svejnar (1985)) zeigte für den Untersuchungszeitraum 1975 bis 1980 im Verarbeitenden Gewerbe (315 Beobachtungen) signifikant positive Produktivitätseffekte, im Baugewerbe (316 Beobachtungen) entweder positive oder insignifikante Effekte.

Die Betrachtung dieser und einer Vielzahl weiterer verfügbarer Studien zeigt, dass die Einführung von Investivlöhnen in der Regel mit einer mehr oder weniger stark gestiegenen Produktivität einherging. Nur selten ermittelten Untersuchungen einen Rückgang der Effizienz. Allerdings wurde auch deutlich, dass die Veränderung der Entlohnungsmodalitäten mit einer Verbesserung der nichtmonetären Mitarbeiterbeteiligung einhergehen sollte, um einen möglichst guten Performanceeffekt zu erzielen.[376]

Schwachpunkte der ökonometrischen Untersuchungen können insbesondere in einer mangelnden Berücksichtigung anderer produktivitätsbeeinflussender Faktoren begründet sein, deren Effekte dann irrtümlich der Investivlohnvariablen zugerechnet werden.

Autor(en)	**Zeitraum**	**Untersuchungsgebiet**	**Datengrundlage**	**Resultate (Produktivität/Beschäftigung)**
WSI[377]	1990	Westdeutschland	209 Unternehmen	Befragung von Geschäftsführern und Betriebsräten ergab widersprüchliches Ergebnis: Die Geschäftsführer sahen positive Produktivitätseffekte von Investivlöhnen, die Betriebsräte bezweifelten dies.
Blair et al.[378]	Ende 1970er bis Anf. 1980er Jahre	unbekannt	27 Unternehmen + Kontrollgruppe	Beschäftigungszahl stieg in Betrieben, an denen die Mitarbeiter durch Kapitalbesitz beteiligt waren, langsamer bei allerdings gleichzeitig höherer Beschäftigungsstabilität.
Cable/ FitzRoy (1980b)	1974 - 1976	Bundesrepublik Deutschland	42 Unternehmen unterschiedlicher Größe, überwiegend aus verschiedenen Branchen des Verarbeitenden Gewerbes	Negative, aber insignifikante Produktivitätseffekte; bei Unterteilung der Betriebe in „high-“ und „low-participation“ signifikant positive Produktivitätseffekte bei der ersten Gruppe, negative, aber insignifikante Effekte bei der zweiten.

[376] Vgl. Blair/Kruse (1999, S. 4), Poutsma (1999, S. 3).
[377] Vgl. Tabelle 8 im Anhang in Schäfer/Rürup (1998). Originalquelle nicht verfügbar.
[378] Vgl. o.V. (2000h, S. 2f.). Originalquelle nicht verfügbar.

Autor(en)	Zeitraum	Untersuchungsgebiet	Datengrundlage	Resultate (Produktivität/Beschäftigung)
FitzRoy/ Kraft (1986)	1977 und 1979	Bundesrepublik Deutschland	65 mittelgroße Unternehmen im metallverarbeitenden Gewerbe	Positive Beziehung zwischen der Arbeitnehmerbeteiligung am Kapital und der Produktivität
Möller (2000)	1998	Bundesrepublik Deutschland	IAB-Betriebspanel (Welle 1998 mit 9.194 befragten Betrieben)	Positiver Zusammenhang zwischen betrieblichen Mitarbeiterbeteiligungsprogrammen und der Produktivität (im Westen stärkerer Effekt als im Osten)
Wolf/Zwick (2002)	1999	Bundesrepublik Deutschland	IAB-Betriebspanel (Wellen 1999 und 2000 mit 6.849 antwortenden Unternehmen)	Keine signifikanten Produktivitätseffekte durch Kapital- oder Gewinnbeteiligungen
Festing/ Groening/ Kabst/Weber (1999)	1995	Bundesrepublik Deutschland/ Frankreich/ Großbritannien/ Schweden	Antworten von insgesamt 2627 Personalmanagern	Höhere Profitabilität in Betrieben, in denen die Arbeitnehmer am Kapital beteiligt werden
Blanchflower/ Oswald (1988)	1980 und 1984	Großbritannien	2.019 Betriebe, die im Rahmen der Workplace Industrial Relations Survey erfasst wurden	Keine profitabilitäts- oder beschäftigungssteigernde Effekte von Kapitalbeteiligungen
Kumbhakar/ Dunbar (1993)	1982 - 1987	USA	54 Unternehmen	Signifikanter Produktivitätseffekt nach Einführung von ESOPs, der mit der Dauer der Etablierung noch zunahm
Defourney/ Estrin/Jones (1985)	1978 - 1979	Frankreich	550 Produktionsgenossenschaften	Signifikanter Produktivitätseffekt der genossenschaftlichen Mitgliedschaft in 1978, nicht aber für 1979
Jones/ Svejnar (1985)	1975 - 1980	Italien	316 Beobachtungen im Baugewerbe, 315 Beobachtungen im Verarbeitenden Gewerbe	Signifikant positive Produktivitätseffekte im Verarbeitenden Gewerbe, positive oder insignifikante Produktivitätseffekte im Baugewerbe

Quelle: eigene Darstellung.

Tabelle 21: Empirische Untersuchungen zu den Produktivitäts- und Beschäftigungseffekten von Arbeitnehmerkapitalbeteiligungen

5.3.2 Mehr Beschäftigung durch Gewinnbeteiligungen?

Die Zahl der Untersuchungen zur Wirkung von Kapitalbeteiligungen wird durch die Menge der Analysen zu den Folgen der Einführung von Gewinnbeteiligungsmodellen übertroffen. Auch hier steht die Frage der Produktivitätssteigerung und der Beschäftigungsveränderung im fokussierten Blickpunkt des Interesses. Eine Auswahl der dazu veröffentlichten empirischen Untersuchungen wird nachfolgend dargestellt und ist anschließend in Tabelle 22 zusammengefasst.

- In einer Umfrage des Wider Share Ownership Council (WSOC) gaben 77 Prozent der Arbeitgeber an, dass Gewinnbeteiligungen die Einstellung der Arbeitnehmer verbesserte. 39 Prozent erklärten, dass die Beschäftigung durch weniger Fluktuationen gekennzeichnet war. Das Ergebnis muss aber dahingehend relativiert werden, dass sich die Befragten bereits für ein Gewinnbeteiligungsmodell entschieden hatten.[379]

- In einer Erhebung unter 351 Unternehmen in Baden-Württemberg, Niedersachsen und Nordrhein-Westfalen in den Jahren 1991 bis 1993 (Hübler (1995)) gaben 50 Prozent der Befragten Produktivitätsüberlegungen als Grund für die Einführung von Mitarbeiterbeteiligungen an. Es gab zwar Kriterien, die eine noch größere Zustimmung erhielten, doch förderten die meisten davon – zumindest indirekt – auch wieder die Produktivität (zum Beispiel „fähige Personen für die Firma interessieren"). Befragt nach den Auswirkungen der Ergebnisbeteiligung gaben wiederum 50 Prozent der Befragten eine erhöhte Produktivität im Unternehmen an.[380]

- Angeregt durch die bereits erörterten Überlegungen von Weitzman, versuchte man zu testen, ob für die Einstellungsentscheidung des Unternehmens tatsächlich nur der Basislohn relevant ist, oder ob nicht – auf welche Weise auch immer – ein Teil der gewinnabhängigen Komponenten hier hinzugerechnet werden müssen. Damit eng verbunden ist die Beschäftigungswirkung. Würden die Unternehmen lediglich den Basislohn als die Grenzkosten einer zusätzlichen Arbeitskraft ansehen, so lässt sich im substitutiven Fall auf einen Anstieg der Beschäftigung schließen.[381] Die empirischen Studien zur Relevanz und Beschäftigungswirkung sind jedoch sehr gespalten. Wadhwani und Wall (1990) kommen in ihrer Untersuchung, die sich auf 101 britische Unternehmen im Verarbeitenden Gewerbe im Zeitraum 1972 bis 1982 be-

[379] Vgl. Estrin/Grout/Wadhwani (1987, S. 44). Originalquelle nicht verfügbar.

[380] Vgl. Hübler (1995, S. 218).

[381] Vgl. dazu ausführlich Kapitel 5.2.1.1. Dies setzt natürlich voraus, dass die Arbeitslosigkeit nicht nachfragebedingt ist.

zieht, zu dem Ergebnis, dass die Unternehmen anhand der gesamten Entlohnungshöhe entscheiden und bestreiten die positive Beschäftigungswirkung.[382]

- Im Gegensatz dazu zeigte zum Beispiel Kruse (1991a) mit Hilfe der Daten von 568 US-amerikanischen Unternehmen aus dem Zeitraum 1980 bis 1986, dass die Beschäftigungselastizität in Bezug auf eine Veränderung von Gewinnbeteiligungszahlungen nahe Null ist, d.h. die Überlegung Weitzmans wird damit empirisch bekräftigt. Allerdings muss man das Resultat aufgrund der geringen Signifikanz als fraglich ansehen.

- Nach einer Untersuchung von Estrin und Wilson (1986), die sich auf Daten von 52 britischen Unternehmen aus dem Zeitraum 1978 bis 1982 bezieht, ist zwar der „Weitzman-Effekt" bezüglich eines Einflusses auf die Beschäftigung recht unbedeutend, doch sorgt der Produktivitätseffekt für einen deutlichen Anstieg der Beschäftigung.[383] Und das obwohl durchschnittlich nur etwa drei Prozent der Einkünfte Gewinnbeteiligungseinkommen darstellten.[384]

- Cable und Wilson (1989) untersuchten 52 Unternehmen in Großbritannien aus dem Bereich Maschinenbau, von denen 21 (= 40 Prozent) Gewinnbeteiligungsmodelle für alle Arbeitnehmer eingeführt hatten. Auch hier waren deutliche Produktivitätseffekte der Gewinnbeteiligung im betrachteten Zeitraum (1978 bis 1982) zu erkennen.

- Eine weitere Betrachtung (Bhargava (1994)) von 114 britischen Unternehmen in den Jahren 1979 – 1989 ermittelte eine höhere Profitabilität der Gewinnbeteiligungsbetriebe. Die Untersuchung bezieht sich zwar nicht direkt auf die Produktivität, doch ist sie äußerst aufschlussreich, da es sich um sehr große Unternehmen, insbesondere aus dem Verarbeitenden Gewerbe, der Bau- und der Einzelhandelsbranche, handelt (durchschnittliche Zahl der Beschäftigten: 13.447).

- Estrin et al. (1997) ermittelten in einer Analyse der Daten von 93 britischen Unternehmen im Zeitraum 1988 bis 1991 eine im Durchschnitt um sechs Prozent höhere Produktivität bei den Unternehmen, welche die Arbeitnehmer an den Profiten beteiligten.

---

[382] Vgl. Wadhwani/Wall (1990). Die Resultate von Bhargava/Jenkinson (1995) stellen die angenommene Verringerung des Basislohnes infolge der Einführung von Gewinnbeteiligungen ganz in Frage.

[383] Der Produktivitätsgewinn resultiert nach dieser Studie zum Beispiel aus einer um die Hälfte geringeren Zahl an Streiktagen. Vgl. Estrin/Grout/Wadhwani (1987, S. 44f.).

[384] Vgl. Estrin/Grout/Wadhwani (1987 S. 43).

- Im Kontrast dazu konnten Blanchflower und Oswald (1988) in der bereits erwähnten Untersuchung mit Daten der Workplace Industrial Relations Survey aus den Jahren 1980 und 1984 keine gesicherte beschäftigungssteigernde Wirkung von Gewinnbeteiligungen in Großbritannien feststellen.

- FitzRoy und Kraft (1986) kamen in ihrer Betrachtung von 65 Unternehmen im metallverarbeitenden Gewerbe der Bundesrepublik Deutschland zu dem Schluss, dass Gewinnbeteiligungsmodelle mit einer höheren Produktivität in den jeweiligen Betrieben einhergehen. Das Ergebnis einer weiteren Studie (Kraft (1992)) mit den gleichen Daten aus den Jahren 1977 bis 1979 zeigt, dass Ergebnisbeteiligungen auf das Wachstum des Outputs stark positiv wirken und darüber indirekt auch die Beschäftigung beeinflussen.

- Keine Produktivitätseffekte können dagegen Wolf und Zwick (2002) in der bereits erwähnten Untersuchung erkennen, die allerdings aufgrund der geringen Fallzahl zwischen Gewinn- und Kapitalbeteiligungen nicht unterscheiden wollten.[385]

Eine Reihe von Untersuchungen – wenn auch nicht alle – weisen also auf einen Beschäftigungsanstieg infolge der Einführung von Gewinnbeteiligungen hin. Bei jenen Unternehmensbeispielen der Vergangenheit, in welchen das nicht so war, kann das daran gelegen haben, dass die Gewinnauszahlungen oftmals zusätzlich erfolgten. Wird die Gewinnbeteiligung dagegen substitutiv eingeführt, so ist ein Beschäftigungsanstieg wahrscheinlich.[386] Eine andere Ursache könnte aber auch darin liegen, dass die Arbeitnehmer aus ihrer individuellen Sicht kein Interesse an der Anstellung zusätzlicher Arbeitskräfte haben, da hierdurch ihr Gewinnanteil bei abnehmenden Grenzerträgen reduziert wird. Sind die Arbeitnehmer nicht nur am Gewinn, sondern auch hinsichtlich verschiedener Mitspracherechte beteiligt, so könnte folglich die Gefahr einer wachstumsfeindlichen Unternehmenspolitik bestehen. Demgegenüber steht aber das Ergebnis einer Zahl von Studien, die gerade nichtmonetäre Beteiligungsrechte als bedeutsam für die Leistungsfähigkeit von Gewinnbeteiligungsmodellen ansehen:

> „The motivating effect of profit sharing is likely to depend on workers' perceived ability to influence managerial decisions affecting profitability. Furthermore, participation should increase workers' awareness of a reliable connection between their individual exertions and received profit shares, and reduce fears that managerial opportunism will deprive them of the fruits of their extra labour. Hence, we expect a significant interaction between worker participation and profit sharing. Without participation, the high-trust relations necessary

[385] Vgl. dazu ausführlicher Kapitel 5.3.1.
[386] Vgl. Gerlach (1997, S. 311).

for positive collusion are less likely to be achieved, and profit shares are more likely to be regarded as random and unrelated to each individual's unco-ordinated performance.“[387]

- Cable/FitzRoy (1980a/1980b) untersuchten mit Hilfe der Arbeitsgemeinschaft zur Förderung der Partnerschaft in der Wirtschaft e.V. (AGP) 42 Unternehmen der alten Bundesrepublik Deutschland im Zeitraum zwischen 1972 und 1976, die ihre Mitarbeiter materiell beteiligten. Der Produktivitätseffekt von Gewinnbeteiligungen war dabei in einer ersten Auswertung zwar positiv, aber insignifikant. Bei Aufteilung der Betriebe in die zwei Gruppen „high-“ und „low-participation“ zeigten sich bei der ersten Gruppe nun signifikant positive Effekte, bei letzterer dagegen negative, aber insignifikante Produktivitätseffekte.[388]

- Hübler (1995) ermittelte im Rahmen der bereits erwähnten Untersuchung mit Hilfe der Daten von 351 Unternehmen aus Baden-Württemberg, Niedersachsen und Nordrhein-Westfalen im Untersuchungszeitraum 1991 bis 1993 besonders hohe (aber nur schwach gesicherte) Produktivitätseffekte, wenn bestimmte nichtmonetäre Partizipationsinstrumente zusätzlich Verwendung fanden. Allerdings erhöhte nicht jede Form der Partizipation die Produktivität.

- Auch Jones und Pliskin (1989) ermittelten im Rahmen einer Studie mit 127 britischen Unternehmen der Druck-, Schuh- und Bekleidungsindustrie eine Abhängigkeit der Gewinnbeteiligungswirkung vom Ausmaß der nichtmateriellen Mitarbeiterbeteiligung. Der Beobachtungszeitraum stellt den längsten der vorliegenden Untersuchungen dar, nämlich von 1890 bis 1975, mit Ausnahme der Jahre 1940 bis 1945.[389] Die Beschäftigungseffekte dieser Untersuchung – die auf zwei Datensets (Gewinnbeteiligungs- und Fixlohnunternehmen) basiert – sind nur zum Teil signifikant. Dies hängt u.a. von der Messung (kontinuierlich oder als Dummy-Variable) und der Integration der Messung nichtmaterieller Mitarbeiterbeteiligung in die Schätzgleichung ab.

Weitere Studien aus dem amerikanischen, französischen und italienischen Raum unterstützen die grundsätzliche Hypothese der produktivitätssteigernden Wirkung von Gewinnbeteiligungen und legen zusätzliche Erkenntnisse offen:

---

[387] Cable/FitzRoy (1980a, S. 104).
[388] Zum Zusammenhang zwischen Partizipation, Gewinnbeteiligungen und Produktivität vgl. auch Cable (1988).
[389] Allerdings liegen für die Vergleichsgruppe der Fixlohnunternehmen nur Daten bis 1939 vor.

- In einer Untersuchung von Kruse (1993) unter 500 US-amerikanischen Unternehmen für den Zeitraum 1977 bis 1991 wird die durch Gewinnbeteiligungsprogramme bedingte produktivitätsfördernde Wirkung (die auch in den Folgejahren nach der Einführung erhalten blieb) bestätigt. Modelle, die eine Barauszahlung der Gewinnanteile praktizierten, zeigten einen deutlich stärkeren Effekt.

- Gemäß einer Auswertung von Daten 69 US-amerikanischer Unternehmen im Zeitraum 1982 bis 1987 durch Kumbhakar und Dunbar (1993) steigt die Produktivität nicht nur nach der Einführung signifikant an, sondern wächst auch in den Folgejahren.

- In der schon genannten länderübergreifenden Studie von Festing et al. (1999) wurde eine positive Beziehung zwischen der Existenz von Gewinnbeteiligungen und der Profitabilität ermittelt.

- Defourney, Estrin und Jones (1985) betrachteten 550 Produktionsgenossenschaften in Frankreich[390] und stellten für das zweite Untersuchungsjahr (1979) signifikante Produktivitätseffekte fest. Für das erste Jahr legen die Schätzungen allerdings eine umgekehrte Kausalität von Gewinnen zur Gewinnbeteiligung nahe.

- Fakhfakh und Perotin (2000) analysierten im Zeitraum 1986 bis 1990 jährlich etwa 5.000 französische Unternehmen (die in der Auswahl mindestens drei Jahre dabei sein mussten), woraus sich 23.000 Beobachtungen ergaben. Die Schätzung von Effekten der freiwilligen Gewinnbeteiligung (Intéressement) zeigte einen signifikanten Produktivitätsanstieg auf. Dieser war in jenen Unternehmen sogar noch größer, die gleichzeitig zur gesetzlichen Investivgewinnbeteiligung (Participation) verpflichtet waren. Dies kann zum Beispiel daran liegen, dass Letztere die Produktivitätseffekte noch steigert und/oder die Produktivitätseffekte aus der Unternehmensgröße resultieren (da zur Participation nur jene Unternehmen verpflichtet sind, die mindestens 50 Arbeitnehmer beschäftigen).

- Die bereits erwähnte Untersuchung unter genossenschaftlich organisierten Unternehmen in Italien (Jones/Svejnar (1985)) zeigt sowohl im Verarbeitenden Gewerbe (315 Beobachtungen) als auch im Baugewerbe (316 Beobachtungen) positive Produktivitätseffekte von Gewinnbeteiligungen.

Die bisher vorliegenden Forschungsergebnisse stützen sich vor allem auf Daten aus Großbritannien, Frankreich, Deutschland, Italien und den USA, während

---

[390] Es handelt sich um die bereits erwähnte Untersuchung in Kapitel 5.3.1.

etwa aus anderen europäischen Staaten wenig Material zur Verfügung steht.[391] Es zeigt sich, dass Gewinnbeteiligungsmodelle die Effizienz der Unternehmen erhöhen[392], wenn auch in der Regel unbekannt bleibt, über welche Wege dies geschieht. Die positiven Produktivitätseffekte sprechen eigentlich für die These, dass die breite Einführung von Gewinnbeteiligungen die internationale Wettbewerbsfähigkeit und damit den Wirtschaftsstandort stärken kann. Doch gibt es auch Bedenken. So muss man zum Beispiel der Frage nachgehen, woher die Produktivitätseffekte resultieren. Sind diese vor allem darin begründet, dass die bereits Beschäftigten aufgrund der Gewinnpartizipation nun bereit sind, für ihren Betrieb Überstunden zu leisten, so erhöht sich die durchschnittliche Arbeitszeit, aber wohl kaum die Beschäftigung. Die empirische Studie von Hart/Hübler (1990) lässt auf eine solche Erhöhung der durchschnittlichen Arbeitszeit unter Heranziehung von Daten des Sozio-oekonomischen Panels schließen.[393] Je unabhängiger das Gehalt von der geleisteten Arbeitszeit vereinbart ist und je leichter es den Unternehmen fällt, diese auszudehnen, desto wahrscheinlicher werden sie jene Möglichkeit der Neuanstellungsoption vorziehen und desto fraglicher ist eine Reduktion des Arbeitslosenniveaus.

Trotz der Vielzahl der veröffentlichten Studien, die einen positiven Zusammenhang zwischen der Einführung von Gewinnbeteiligungsmodellen und der Produktivität erkennen, gibt es dennoch weiteren Forschungsbedarf[394], um die mit den (durchaus sehr guten) Untersuchungen verbundenen Mängel zu beseitigen und eine höhere Sicherheit zu erlangen. Nur einige der Probleme seien genannt. Zum einen ist die Fallzahl oftmals sehr niedrig. Größer angelegte Studien für eine Vielzahl von Ländern wären sehr wünschenswert. Zudem lässt sich die Menge der auf die Produktivität einwirkenden Faktoren nur schwer berücksichtigen. Eine höhere Produktivität in Beteiligungsunternehmen kann zum einen – wie oben ausgeführt – mit den resultierenden Effekten der Gewinnbeteiligung begründet werden, zum anderen lässt sich aber genauso argumentieren, dass nur gute Manager die Profitbeteiligung einführen, d.h. die Produktivitätssteigerung durch diese Vorauswahl bedingt ist.[395] Grundsätzlich stellt sich die Frage der Kausalität. Wirkt die Gewinnbeteiligung positiv auf die Produktivität oder führen nur produktive Unternehmen ein Ergebnisbeteiligungsmodell ein? Eine gewisse Abhilfe könnten hier umfangreiche Längsschnittstudien leisten. Sie wären zudem hilfreich, langfristige Effekte besser beurteilen zu können. Doch

---

[391] Vgl. Poutsma (1999, S. 36f.).

[392] Vgl. auch den Überblick bei Kruse (1993, S. 45ff.).

[393] Vgl. Hart/Hübler (1990, S. 126).

[394] Noch mehr Forschungsbedarf besteht bezüglich der Beziehung zwischen Investivlöhnen und der Produktivität/Beschäftigung. Die folgenden Ausführungen gelten grundsätzlich analog.

[395] Vgl. Estrin/Grout/Wadwhwani (1987, S. 39).

ist die Zahl solcher Untersuchungen gering. Damit einhergehend ist es wichtig, auch die kleinen Unternehmen mit einzubeziehen. Werden dagegen nur die großen Betriebe betrachtet, so besteht die Gefahr, dass die überdurchschnittliche Produktivität aufgrund von Skaleneffekten resultiert. Generell sollten möglichst viele produktivitätsbeeinflussende Faktoren in die Überlegungen eingehen. Eine ausgedehnte Ursachenanalyse ist nötig.[396] Es muss zum Beispiel danach gefragt werden, ob der erzielte Produktivitätsanstieg nicht etwa aus der gleichzeitigen Einführung von Mitspracherechten, der Einführung anderer innovativer Lohnformen oder einer größeren Informationsweitergabe resultiert. Eine weitere Problematik liegt darin, dass Unternehmen, die früher Gewinnbeteiligungsprogramme praktizierten, welche aber dann nicht die gesetzten Ziele erfüllten und wieder eingestellt wurden, nicht beachtet werden und damit die Chancen der Entlohnungsform überschätzt werden.

Eine Unterschätzung der Beteiligungseffekte könnte insbesondere daraus resultieren, dass manche betrieblichen Modelle nur das Management, nicht aber die breite Arbeitnehmerschaft einbeziehen. Somit ist kaum verwunderlich, dass die Produktivitätssteigerung nur in geringem Ausmaß erfolgt.

Es darf aber auch nicht unberücksichtigt bleiben, dass von einer eventuell positiven Beschäftigungsentwicklung in einer Reihe von Beteiligungsunternehmen niemals automatisch auf eine positive makroökonomische Verbesserung der Arbeitsmarktsituation geschlossen werden darf. Über die veränderte Situation in den vielen Unternehmen, die keine Gewinnbeteiligung praktizieren, ist nämlich nichts bekannt. So könnte zum Beispiel ein allgemein ansteigendes Lohnniveau oder eine sinkende Nachfrage aufgrund mangelnder Wettbewerbsfähigkeit zu einer dortigen Beschäftigungsreduktion führen. Anzumerken bleibt auch, dass die genannten Untersuchungen ganz unterschiedlich konstruiert wurden. So betrachten manche Studien nur Unternehmen, in denen schon Mitarbeiterbeteiligungen realisiert waren, andere bezogen eine Vielzahl weiterer Betriebe zu Kontrollzwecken mit ein. Manche analysierten das Ausmaß der Beteiligung, während andere lediglich überprüften, ob eine Beteiligung vorliegt. Alle geschilderten Studien sind hinsichtlich einer möglichst umfassenden Kenntnis der Zusammenhänge wertvoll und dienlich. Über die Art und Qualität der einzelnen Forschungsdesigns lässt sich mit Sicherheit trefflich streiten. Doch macht dies wenig Sinn, solange nicht die Hauptmängel aller Analysen beseitigt worden sind: der viel zu geringe Stichprobenumfang und der zu kurze Zeithorizont. Eine breit angelegte, viele Unternehmen in verschiedensten Ländern umfassende Studie, die einen längeren Zeitabschnitt berücksichtigt, kombiniert

[396] Vgl. hierzu den Ansatz bei Kruse (1993, S. 65ff.).

mit unterschiedlichsten Auswertungsmethoden, wäre wünschenswert, doch finanziell sehr aufwendig.[397]

Autor(en)	Zeit-raum	Untersuchungs-gebiet	Datengrundlage	Resultate (Produktivität/Beschäftigung/...)
Cable/ FitzRoy (1980a/ 1980b)	1974 - 1976	Bundesrepublik Deutschland	42 Unternehmen unterschiedlicher Größe, alle Mitglieder der AGP, überwiegend aus verschiedenen Branchen des Verarbeitenden Gewerbes	Positive, aber insignifikante Produktivitätseffekte; bei Unterteilung der Betriebe in die zwei Gruppen „high-" und „low-participation" zeigen sich signifikant positive Produktivitätseffekte bei der ersten Gruppe, negative, aber insignifikante Effekte bei der zweiten.
FitzRoy/ Kraft (1986)	1977 - 1979	Bundesrepublik Deutschland	65 mittelgroße Unternehmen im metallverarbeitenden Gewerbe	Produktivität steigt durch Gewinnbeteiligung
Cable/Wilson (1988)	unbekannt	Bundesrepublik Deutschland	61 Unternehmen	Positive Produktivitätseffekte durch Gewinnbeteiligung
Kraft (1992)	1977 - 1979	Bundesrepublik Deutschland	65 mittelgroße Unternehmen im metallverarbeitenden Gewerbe	Beschäftigung steigt indirekt über Wachstum des Outputs.
Hübler (1995)	1991 - 1993	Bundesrepublik Deutschland	351 Unternehmen aus Baden-Württemberg, Niedersachsen und Nordrhein-Westfalen	Positive (besonders beim zusätzlichen Einsatz bestimmter nichtmonetärer Partizipationsinstrumente), aber nur schwach gesicherte Produktivitätseffekte; Das Ergebnis wird durch eine Befragung gestützt, wonach 50 Prozent der Befragten angaben, dass sich die Produktivität nach Einführung der Gewinnbeteiligung erhöht habe.
Wolf/Zwick (2002)	1999	Bundesrepublik Deutschland	IAB-Betriebspanel (Wellen 1999 und 2000 mit 6.849 antwortenden Unternehmen)	Keine signifikanten Produktivitätseffekte

[397] In diesem Zusammenhang sollte auch der Frage nachgegangen werden, ob Gewinnbeteiligungen zu einer höheren Beschäftigungsstabilität führen. Eine Reihe von empirischen Untersuchungen setzte sich schon mit der Problematik auseinander. Zum Beispiel ermittelte Kruse mit Daten US-amerikanischer Unternehmen aus den Jahren 1971-1985 eine größere Beschäftigungsstabilität in wirtschaftlichen Abschwungzeiten für Unternehmen des Verarbeitenden Gewerbes, die eine Profitbeteiligung praktizierten (Vgl. Kruse (1991b)). Im Rahmen der vorliegenden Arbeit wurde auf eine nähere Betrachtung dieser Analysen zugunsten einer ausführlichen Betrachtung empirischer Untersuchungen über schwankungsunabhängige Beschäftigungseffekte verzichtet. Ein Überblick über die bis Mitte der 1990er Jahre erschienenen Untersuchungen findet sich in OECD (1995, S. 160ff.).

Autor(en)	Zeitraum	Untersuchungsgebiet	Datengrundlage	Resultate (Produktivität/Beschäftigung/...)
Estrin/ Wilson (1986)[398]	1978 - 1982	Großbritannien	52 große Unternehmen (durchschnittlich 1.300 AN) im metallverarbeitenden Gewerbe und im Maschinenbau	Beschäftigung steigt durch Gewinnbeteiligung; Nach der Studie ist dafür in erster Linie der Produktivitätseffekt verantwortlich, der Weitzman-Effekt entfaltet dagegen nur minimale Wirkungen.
Blanchflower/ Oswald (1988)	1980 und 1984	Großbritannien	2.019 Betriebe, die im Rahmen der Workplace Industrial Relations Survey erfasst wurden	Keine signifikanten profitabilitäts- oder beschäftigungssteigernde Effekte der Gewinnbeteiligung
Cable/Wilson (1989)	1978 - 1982	Großbritannien	52 Unternehmen aus dem Bereich Maschinenbau	Produktivitätseffekte durch Gewinnbeteiligung
Jones/Pliskin (1989)	1890 - 1939 und 1946 - 1975	Großbritannien	127 Betriebe der Druck-, Schuh- und Bekleidungsbranchen (3.411 Beobachtungen)	Beschäftigungseffekte sind nur zum Teil signifikant; dies hängt aber u.a. von der Messung (kontinuierlich oder als Dummy-Variable) und der Integration nichtmaterieller Mitarbeiterbeteiligung in die Schätzgleichung ab.
Wadhwani/ Wall (1990)	1972 - 1982	Großbritannien	101 Betriebe des Verarbeitenden Gewerbes	Produktivität steigt (allerdings insignifikant)
Bhargava (1994)	1979 - 1989	Großbritannien	114 große Unternehmen	Gewinnbeteiligungen führen zu einer gestiegenen Profitabilität
Estrin/ Pérotin/ Robinson/ Wilson (1997)	1988 - 1991	Großbritannien	93 Unternehmen	Gewinnbeteiligungen führen zu einer signifikant gestiegenen Produktivität
Kruse (1991a)	1980 - 1986	USA	568 Unternehmen, davon 166 Unternehmen des Verarbeitenden Gewerbes	Bestätigung (aber wenig signifikant) der Weitzman'schen These, dass nur die Basislöhne für die Höhe des Arbeitseinsatzes relevant sind.
Kruse (1993)	1977 - 1991	USA	500 Unternehmen	Produktivitätseffekt nach der Einführung, der auch in den Folgejahren erhalten blieb; Modelle mit Barauszahlung der Gewinnanteile wirkten besser.

[398] Vgl. Estrin/Grout/Wadhwani (1987 S. 43). Originalquelle nicht verfügbar.

Autor(en)	Zeit-raum	Untersuchungs-gebiet	Datengrundlage	Resultate (Produktivität/Beschäftigung/...)
Kumbhakar/ Dunbar (1993)	1982 - 1987	USA	69 Unternehmen	Signifikanter Produktivitätseffekt nach Einführung von Gewinnbeteiligungen, der mit der Dauer der Etablierung noch zunahm
Festing/ Groening/ Kabst/Weber (1999)	1995	Bundesrepublik Deutschland/ Frankreich/ Großbritannien/ Schweden	insgesamt 2627 (nach Ländern: 457/520/1283/ 367)	Höhere Profitabilität in Betrieben, in denen die Arbeitnehmer am Gewinn beteiligt werden
Defourney/ Estrin/Jones (1985)	1978 - 1979	Frankreich	550 Produktionsge-nossenschaften	Signifikanter Produktivitätseffekt in 1979; für 1978 deuten die Ergebnisse auf eine umgekehrte Kausalität hin.
Fakhfakh/ Perotin (2000)	1986 - 1990	Frankreich	Circa 5000 Unternehmen (insgesamt etwa 23.000 Beobachtungen)	Signifikanter Produktivitätsanstieg bei einer freiwilligen Gewinnbeteiligung der Arbeit-nehmer (Intéressement); Der Produktivitäts-effekt ist in jenen Unternehmen größer, die zugleich zu einer gesetzlichen Gewinnbe-teiligung (Participation) verpflichtet sind.
Jones/ Svejnar (1985)	1975 - 1980	Italien	316 Beobachtun-gen im Baugewer-be, 315 Beobach-tungen im Verar-beitenden Gewerbe	Positive Produktivitätseffekte durch Gewinnbeteiligung
WSOC[399]	un-bekannt	unbekannt	unbekannt	Arbeitgeber sahen verbesserte Einstellung der Arbeitnehmer.
Quelle: eigene Darstellung.				

Tabelle 22: Empirische Untersuchungen zu den Produktivitäts- und Beschäftigungseffekten von Gewinnbeteiligungen[400]

[399] Vgl. Estrin/Grout/Wadhwani (1987, S. 44). Originalquelle nicht verfügbar.

[400] Der Überblick stellt eine Auswahl der meines Erachtens bedeutsamsten Studien seit Anfang der 1980er Jahre dar.

6 Zur Notwendigkeit neuer Entlohnungsformen

„Investivlöhne sind für mich der Königsweg zur Überwindung der Strukturprobleme, die sich Deutschland in dieser historischen Lage stellen."
Hans-Werner Sinn[401]

Kapitel sechs befasst sich mit zwei wichtigen ökonomischen Herausforderungen, denen die Bundesrepublik Deutschland zu Beginn des neuen Jahrhunderts gegenübersteht: den wirtschaftlichen Folgen, die aus der Wiedervereinigung Deutschlands resultieren, und den veränderten weltwirtschaftlichen Rahmenbedingungen infolge einer immer rasanter voranschreitenden Globalisierung. Es wird die Frage gestellt, inwieweit die Hoffnung begründet ist, dass zur Überwindung der daraus – noch näher zu erläuternden – existierenden und befürchteten Probleme eine breite Einführung von Gewinnbeteiligungen und Investivlöhnen einen Erfolg versprechenden Lösungsansatz darstellt.

6.1 Herausforderungen vor dem Hintergrund der Wiedervereinigung Deutschlands

6.1.1 Verteilungseffekte der Wiedervereinigung – Chancen von Investivlohn- und Gewinnbeteiligungsmodellen

6.1.1.1 Wiedervereinigung und Einkommensverteilung

Die Öffnung der deutsch-deutschen Grenze im Jahr 1989 und die Wiedervereinigung ein knappes Jahr später führten im Osten wie im Westen zu erheblichen wirtschaftlichen Konsequenzen für die Beschäftigung und die Einkommensverteilung. In der breiten Öffentlichkeit wurde insbesondere die hohe Arbeitslosigkeit heftig diskutiert, mit der sich auch das Kapitel 6.1.2.1 befasst. Eine geringere Aufmerksamkeit erhielt dagegen die Frage, welche Auswirkungen die Wiedervereinigung für die Verteilung der Einkommen hat. In der sozialistisch geführten DDR konnten die Arbeitnehmer keine Eigentumsrechte am Produktivkapital erwerben und eventuell gespartes Einkommen alleinig bei der staatlichen Bank anlegen oder in Bargeld halten. Nur einem geringen Teil der Bevölkerung gelang es, das von vorsozialistischen Zeiten eventuell noch

[401] Sinn (1998, S. 16).

vorhandene Unternehmenskapital gegen eine Enteignung zu verteidigen. Folglich hatte der Großteil der Bevölkerung auch nach der Wende nur geringe oder überhaupt keine Kapitaleinkünfte und war alleinig auf die Arbeitseinkommen angewiesen. Deren Entwicklung war zwar – aufgrund von vehementem Druck der Gewerkschaften – durch kräftige jährliche Wachstumsraten in den 1990er Jahren gekennzeichnet – doch eben nur für diejenigen, die eine Arbeit hatten.[402] Für die große Zahl der Arbeitslosen ging mit dem Arbeitsplatzabbau auch der Verlust der gesamten primären Einkommensquelle einher, welche somit vollständig auf staatliche Unterstützungsleistungen angewiesen waren. Ein Anstieg der Einkommensdisparität war die Folge.

Im Westen Deutschlands belebte zwar die neue Ostnachfrage zunächst die Produktion und führte zur „German Sonderkonjunktur", doch auch hier ergaben sich bald umfangreiche Probleme, unter anderem durch das hohe fiskalische Engagement im Osten, welches über steigende Staatsschulden, höhere Steuern und Sozialversicherungsbeiträge refinanziert werden musste. Die jährlichen Nettotransferleistungen wurden für den Zeitraum 1991 bis 1998 auf durchschnittlich rund 70 Mrd. € geschätzt, welches etwa 4,5 Prozent des westdeutschen Bruttoinlandsprodukts betrug und mehr als ein Viertel der ostdeutschen Inlandsnachfrage darstellte.[403] Die höhere Abgabenlast war mit ein Grund für den auch im Westen stattgefundenen Anstieg der Arbeitslosenzahl in 1992 und in den folgenden Jahren.[404] Damit stieg ebenso der Anteil derjenigen, die nur geringe Einkommen vereinnahmten und die Einkommensungleichheit damit vergrößerten.

Aus stabilitätspolitischen Erwägungen erhöhte die Deutsche Bundesbank infolge der Wiedervereinigung zudem mehrmals den Diskont- bzw. Lombardsatz. Der reale Kapitalmarktzinssatz kletterte im Jahre 1990 auf 6,2 Prozent und erreichte damit seinen höchsten Wert seit den fünfziger Jahren. Die Kapitalmärkte erkannten frühzeitig, welch hoher Finanzbedarf zum Wiederaufbau der ostdeutschen Wirtschaft notwendig werden würde.[405] Eine hohe Arbeitslosigkeit und steigende Zinsen legen eine deutliche Spreizung der Einkommensverteilung nahe. Die Tabellen 6, 8 und 9 in Kapitel 4.1.2.2 zeigten bereits, dass die personelle Einkommensverteilung auf Basis der Daten des Sozio-oekonomischen

[402] Während das Bruttoeinkommen aus unselbständiger Arbeit je Arbeitnehmer im Jahre 1991 noch 47 Prozent des Westniveaus betrug, erhöhte sich die Relation vor allem zu Beginn der 1990er Jahre rasch und wies 1998 einen Wert von 74 Prozent auf. Vgl. Müller, A. (2000, S. 15).

[403] Vgl. Ragnitz (2000, S. 16ff.). Der gerundete Euro-Betrag wurde mit dem amtlichen Kurs (1 € = 1,95583 DM) errechnet.

[404] Vgl. Sachverständigenrat zur Begutachtung der gesamtwirtschaftlichen Entwicklung (2001, S. 388, Tabelle 15*).

[405] Vgl. Hagemann (1993a, S. 25).

Panels deutlich ungleicher wurde. Dies gilt insbesondere für die Markteinkommen. Es waren massive staatliche Umverteilungsbemühungen, die eine in diesem Ausmaße zunehmende Disparität bei den Nettoeinkommen verhindern konnten.

6.1.1.2 Investivlöhne als Lösung?

Eine zügige und breite Einführung von Investivlöhnen nach der Wiedervereinigung hätte dazu geführt, dass das Einkommen der Arbeitnehmer in den kommenden Jahren nicht nur, beziehungsweise nicht so dominant von der Lohnentwicklung abhängig gewesen wäre. Dies gilt insbesondere für den Osten, da die Arbeitnehmer hier in der Vergangenheit wesentlich weniger die Möglichkeit hatten, Kapital zu bilden und damit noch stärker als im Westen von der Entlohnung ihrer Arbeitskraft abhängig sind.[406] Umso nötiger wäre es nun, die Kapitalbasis der Arbeitnehmer zu erhöhen und somit ihr Gesamteinkommen mehrdimensional zu gestalten, d.h. die starke Abhängigkeit der Arbeitnehmereinkommen von der Arbeitskraft zu reduzieren. Die Erfahrungen im ersten Jahrzehnt des wiedervereinigten Deutschlands zeigen deutlich, dass eine Anpassung der Arbeitseinkommen an das Westniveau noch einige Zeit in Anspruch nehmen wird. Auch in diesem Sinne wäre eine zusätzliche Einkommensquelle für die Arbeitnehmer im Osten Deutschlands hilfreich. Die oben behandelte neoklassische Analyse lässt infolge der Einführung substitutiver Investivlöhne für die Arbeitnehmer positive Verteilungseffekte erwarten. Aus postkeynesianischer Modellsicht können sowohl substitutive als auch additive Modelle zu einer Umverteilung zugunsten der Arbeitnehmer beitragen.[407] Letztere sind allerdings aus einer langfristigen Perspektive problematisch, da sie die Investitionsneigung aufgrund gesunkener Renditeerwartungen einschränken können.

Fraglich ist jedoch, ob die Beschäftigten bei den noch niedrigeren Bruttoeinkommen überhaupt hinreichend in der Lage sind, einen Teil des Arbeitslohns für investive Zwecke zur Verfügung zu stellen. Eine staatliche Beteiligung über das bisher vorhandene Förderprogramm[408] hinaus wäre trotz leerer öffentlicher Kassen erwägenswert. Die Gefahr ist jedenfalls nicht gering, dass eine verpasste

[406] Noch im Jahre 1998 betrug das durchschnittliche Nettogesamtvermögen privater Haushalte in den neuen Bundesländern nur knapp 35 Prozent des westdeutschen Niveaus. Vgl. Sachverständigenrat zur Begutachtung der gesamtwirtschaftlichen Entwicklung (2000, S. 266f., Rn. 509). Vgl. auch die Ausführungen des ersten Armuts- und Reichtumsberichts der Bundesregierung (2001, S. 43ff.).

[407] Ob und in welchem Umfang eine Umverteilung zugunsten der Arbeitnehmer stattfindet, wird jedoch nicht nur von der tatsächlichen Veränderung der Sparquoten, sondern auch von der neuen Investitionsquote bestimmt.

[408] Vgl. Kapitel 3.1.1.

Investivlohnförderung später deutlich umfangreichere Transfers erfordert, um die zunehmende Ungleichverteilung zu reduzieren.

6.1.1.3 Gewinnbeteiligungen als Lösung?

Der Einfluss von Gewinnbeteiligungen auf die Einkommensverteilung lässt sich aus postkeynesianischer und neoklassischer Modellsicht nur schwer abschätzen. Der Besitz von Gewinnanrechten in Arbeitnehmerhand führt jedenfalls dazu, dass die Beschäftigten auch von einer Steigerung der Unternehmensgewinne profitieren. Wie bereits erwähnt, besitzen die ostdeutschen Arbeitnehmer durchschnittlich deutlich weniger Kapital. Gewinnbeteiligungen können insofern einen gewissen Ausgleich ermöglichen, dass die Arbeitnehmer somit auch von einer steigenden Kapitalrentabilität profitieren. Allerdings besteht auch immer die Gefahr, dass das Unternehmen keinen Gewinn erwirtschaftet. Daher ist fraglich, inwieweit die Arbeitnehmer überhaupt in der Lage sind, aufgrund einer Vielzahl nicht reduzierbarer Lebenshaltungskosten auf einen Teil des festen Arbeitslohnes im Fall der substitutiven Variante zu verzichten – vor allem da dieser ohnehin niedriger als im Westen ist. Zudem fällt die Gewinnbeteiligung – anders als die Kapitalbeteiligung im Falle von Investivlöhnen – bei Verlust des Arbeitsplatzes weg und bietet damit kein zweites Standbein, das im Fall von Arbeitslosigkeit nutzt. Können solche Hindernisse – zum Beispiel durch staatliche Zuschüsse und Bürgschaften – jedoch überwunden werden, so stellt die Gewinnbeteiligung ein interessantes Instrument zur Verbreiterung der Einkommensbasis der Arbeitnehmer dar. Die additive Variante lässt mehr als die substitutive Ausgestaltung auf eine höhere Umverteilung zugunsten der Arbeitnehmer schließen. Jedoch besteht hier wiederum aus langfristiger Sicht die Gefahr, dass sich die Investitionsnachfrage aufgrund gestiegener Lohnkosten reduziert und das Wachstum in Zukunft gefährdet.

6.1.2 Beschäftigungseffekte der Wiedervereinigung – Chancen von Investivlohn- und Gewinnbeteiligungsmodellen

6.1.2.1 Wiedervereinigung und Beschäftigung

Die lang ersehnte Wiedervereinigung Deutschlands löste im Osten wie im Westen große Freude und hoffnungsvolle Zukunftserwartungen aus. Ein Großteil der Bevölkerung glaubte zwar nicht unbedingt an die berühmten „blühenden Landschaften", doch sehr wohl an eine positive Wirtschaftsentwicklung in naher Zukunft. Vielfach testierte man in den Prognosen für Ostdeutschland einen ähnlichen Aufschwung wie in Westdeutschland nach der Währungsreform vom 20. Juli 1948. Doch die erwartungsvollen Hoffnungen erfüllten sich nicht. Bald setzte Resignation und die Suche nach wirtschaftspolitischen Fehlern ein.

Für das mangelnde Wachstum und die damit einhergehenden Beschäftigungsprobleme gibt es eine Reihe von Ursachen, die von wissenschaftlicher Seite bereits früh erkannt wurden.[409] Zum einen kam es seit der Wiedervereinigung zu kräftigen Lohnsteigerungen im Osten, die weit über dem durch die Produktivitätszuwächse vertretbaren Maß lagen. Während im Jahr 1995 die gesamtwirtschaftliche Produktivität im Osten nur halb so hoch wie im Westen war[410], betrug die Ost-West-Stundenlohnkostenrelation im Verarbeitenden Gewerbe schon 72 Prozent.[411] Die Gewerkschaften verfolgten das Ziel einer raschen Angleichung der Ost- und Westgehälter, welche auch die Migrationsbewegungen der Arbeitnehmer zwischen den alten und neuen Bundesländern bremsen sollte.[412] Der Lohnschock brachte aber viele Unternehmen in erhebliche Schwierigkeiten, da diese mit den modern ausgestatteten und damit hoch produktiven Betrieben aus dem Westen bei gleichen oder nur geringfügig niedrigeren Lohnkosten nicht mehr mithalten konnten. Damit sank auch die Preiswettbewerbsfähigkeit der neuen Bundesländer, welches nicht durch eine entsprechende Qualitätsführerschaft ausgeglichen werden konnte. Vielmehr war es schon ein großer Erfolg, wenn das westdeutsche Qualitätsniveau nur annähernd erreicht wurde. Zwar lag kein Mangel an fachlich ausgebildeten Arbeitskräften vor, doch fehlten moderne Maschinen und das darin enthaltene wissenschaftlich-technologische Wissen sowie ein Learning-by-doing (Arrow)[413] der Mitarbeiter in der Vergangenheit.[414]

Durch die aufgestaute Nachfrage nach Westprodukten unter den neuen Bundesbürgern sowie dem Wegfall von RGW-Nachfrage (aufgrund der allgemeinen Krise infolge der politischen Veränderungen, wegen Devisenmangel, aber auch bedingt durch eine Umorientierung der Ostblockstaaten auf Westprodukte)[415] kam es zu einem gewaltigen zusätzlichen Absatzeinbruch. Gleichzeitig gestaltete sich die Suche nach neuen ausländischen Märkten schwierig. Die Arbeits-

---

[409] Vgl. zum Beispiel Akerlof u.a. (1991), Hagemann (1993a), Hagemann/Seiter (1993), Sachverständigenrat zur Begutachtung der gesamtwirtschaftlichen Entwicklung (1990), Sinn/Sinn (1991).

[410] Während die Produktivität in den ersten Jahren nach der Wiedervereinigung insbesondere aufgrund der Schließung unrentabler Unternehmen recht zügig stieg, verringerte sich die Produktivitätslücke zwischen 1995 und 1999 insgesamt nur noch um drei Prozentpunkte. Vgl. Institut der deutschen Wirtschaft (2000b, S. 5).

[411] Vgl. Sinn (2000, S. 15ff.).

[412] Eine aus der schnellen Lohnangleichung resultierende hohe Arbeitslosigkeit kann allerdings zur Migration der Arbeitslosen führen. Vgl. Kalmbach (1993, S. 47ff.).

[413] Vgl. Arrow (1962).

[414] Vgl. Hagemann (1993a, S. 12ff.).

[415] Der Rat für gegenseitige Wirtschaftshilfe (RGW), eine 1948 gegründete Wirtschaftsgemeinschaft von Ostblockstaaten, löste sich schließlich 1991 auf.

losigkeit trug somit sowohl klassische (aufgrund des zu hohen Lohnniveaus) als auch keynesianische Züge mangels effektiver Nachfrage.[416]

Gleichzeitig entstand die Arbeitslosigkeit aber auch durch Kapitalmangel. Die Westöffnung und der Aufwertungsdruck machten Schätzungen zufolge 50 bis 70 Prozent des sowieso schon geringen Kapitalstocks ökonomisch obsolet.[417] Der Lohnschock wirkte zusätzlich kontraproduktiv. Er verkürzte die ökonomische Lebensdauer der im Osten vorhandenen Anlagen, verhinderte neue Investitionen oder führte zu kapitalintensiven Arbeitsplätzen (verstärkt durch Subventionen wie der Investitionszulage). Ebenso standen vorhandene Unsicherheiten über Eigentumsrechte manchen Investitionen lange im Weg.[418] Die dennoch getätigten Investitionen flossen insbesondere in Baumaßnahmen und weniger in Ausrüstungen (vgl. Tabelle 23). Stadtzentren wurden modernisiert und eine Überkapazität an Büro- und Wohnimmobilien geschaffen. Es handelt sich damit um Investitionen, die langfristig kaum zusätzliche Arbeitsplätze zur Folge haben und auch die Produktivität im besten Fall geringfügig steigern können. Um die Arbeitsproduktivität deutlich zu erhöhen, wären erheblich umfangreichere Ausrüstungsinvestitionen je Erwerbsfähigem notwendig gewesen, die trotz des Nachholbedarfs in Ostdeutschland fast immer unter dem Westniveau lagen.[419] Bedenkt man zudem, dass der gewollte Anstieg der Arbeitsproduktivität bedeutet, dass für die Erzeugung des beabsichtigten Sozialprodukts eine geringere Arbeitsmenge notwendig ist, so wird leicht erkennbar, dass die anvisierte Vollbeschäftigung einen umso höheren Kapitalstock bedingt.[420] Tatsächlich nahm der Kapitalstock je Erwerbstätigen zwischen 1991 und 2001 nur von 40 Prozent auf 76 Prozent des Westniveaus zu. Der Kapitalstock je Einwohner stieg im selben Zeitraum von 38 Prozent auf 66 Prozent des Wertes im Westen.[421] Eine abnehmende Investitionsdynamik in den neuen Bundesländern kennzeichnete zudem die letzten Jahre (vgl. Tabelle 23). Der dennoch umfassende Finanztransfer aus den alten Bundesländern in den Osten reduzierte zudem im Westen das für Investitionen zur Verfügung stehende Kapital. Damit standen hier weniger Mittel für die Schaffung neuer Arbeitsplätze zur Verfügung. Eine strukturelle Veränderung der Investitionsnachfrage im Westen hinsichtlich einer stärkeren Gewichtung der Wohnungsbauinvestitionen verschärfte die Lage zudem.[422]

---

[416] Vgl. Hagemann (1993a, S. 13ff.).
[417] Vgl. Hagemann (1993a, S. 13).
[418] Vgl. Akerlof u.a. (1991, S. 66), Hagemann (1993a, S. 11ff.).
[419] Vgl. Sinn (2000, S. 14ff.).
[420] Vgl. dazu die Berechnungen von Seiter (1993).
[421] Vgl. Sachverständigenrat zur Begutachtung der gesamtwirtschaftlichen Entwicklung (2002, S. 181, Rn. 279).
[422] Vgl. Müller (1998, S. 362f.).

Eine weitere Ursache für die nach der Wende rasant gestiegene Zahl der Arbeitslosen liegt wohl in der teils sehr ineffizienten Nutzung des Faktors Arbeit in sozialistischen Zeiten, als Vollbeschäftigung per Dekret vorgeschrieben wurde. Das Ifo-Institut bezifferte die Fehlallokation der Arbeit durch Organisations- und Planungsmängel sowie den personellen Aufwand für soziale und politische Aufgaben der Beschäftigten in der ehemaligen DDR auf insgesamt etwa 1,4 Millionen Arbeitnehmer.[423] Ein Großteil dieser „versteckten Arbeitslosigkeit" fand sich bald in den offiziellen Arbeitsmarktstatistiken.

	1991	1992	1993	1994	1995	1996	1997	1998
	neue Ausrüstungen – alle Wirtschaftsbereiche (in Mrd. €)							
Früheres Bundesgebiet*	138,5	134,2	111,4	107,7	109,7	111,9	119,2	133,7
Neue Länder und Berlin-Ost*	20,8	24,2	27,0	28,6	28,5	29,4	28,8	28,3
Deutschland	159,3	158,4	138,4	136,3	138,2	141,3	147,9	162,0
	neue Bauten – alle Wirtschaftsbereiche (in Mrd. €)							
Früheres Bundesgebiet	162,5	178,8	180,3	186,1	183,2	175,6	173,1	170,2
Neue Länder und Berlin-Ost	28,4	44,7	56,4	72,1	75,5	73,8	72,2	65,3
Deutschland	190,9	223,6	236,6	258,2	258,7	249,5	245,3	235,5

* Schätzung.
Datenquelle: Müller, A. (2000, S. 13). Die gerundeten Euro-Beträge wurden mit dem amtlichen Kurs (1 € = 1,95583 DM) errechnet.

Tabelle 23: Käufe von neuen Ausrüstungen und neuen Bauten im Westen und Osten Deutschlands

Die heutige Situation der neuen Bundesländer hat sich zwar partiell verbessert, doch noch immer weisen die Löhne – verglichen mit der dortigen Produktivität – ein deutlich zu hohes Niveau auf[424], weswegen Investitionen nicht im notwendigen Umfang getätigt werden. Gleichzeitig sank die Sparquote in Gesamtdeutschland seit 1990 kontinuierlich bis auf 9,8 Prozent im Jahr 2000 (bevor sie in den beiden letzten Jahren wieder insgesamt um 0,5 Prozentpunkte stieg).[425] D.h., die inländische Finanzierungsmöglichkeit wichtiger zusätzlicher Investi-

[423] Vgl. Vogler-Ludwig (1990, S. 7).
[424] Im Jahr 1998 lag die Ost-West-Relation der gesamtwirtschaftlichen Produktivität noch bei 58 Prozent, während die ostdeutschen Lohnkosten je Stunde im verarbeitenden Gewerbe knapp 72 Prozent des Westniveaus erreichten. Vgl. Sinn (2000, S. 15ff.).
[425] Vgl. Sachverständigenrat zur Begutachtung der gesamtwirtschaftlichen Entwicklung (2002, S. 96f., Rn. 131ff.).

tionen wurde geringer. Eine weiterhin hohe Arbeitslosenquote (18,3 Prozent im Osten der Republik und 10,2 Prozent in Gesamtdeutschland im Juni 2003[426]), schlechte Wachstumsaussichten, notwendiger West-Ost-Finanztransfer und damit einhergehend ein stark beanspruchtes Staatsbudget ist die Folge von alledem. Doch lassen sich auch gewisse Hoffnungszeichen erkennen (zum Beispiel eine relativ gute Ausbildung der Arbeitnehmer), die von einer zukunftsweisenden Wirtschaftspolitik verstärkt werden müssten.

6.1.2.2 Investivlöhne als Lösung?

Die frühe Einführung von substitutiven Investivlohnmodellen hätte auf die ostdeutsche Entwicklung mindestens von drei Seiten positive Wirkungen erzeugt: Erstens wäre es denkbar gewesen, dass die Beteiligung der Arbeitnehmer zu größerer Lohnzurückhaltung geführt hätte und damit den Lohnsteigerungen entgegengewirkt worden wäre, die weit höher ausfielen, als es die Produktivität gerechtfertigt hat.[427] Dies hätte der wirtschaftlichen Entwicklung mit großer Sicherheit einen erheblichen Wachstumsimpuls verliehen, da als eine der Hauptursachen der vergangenen und gegenwärtigen Probleme die zu schnelle Lohnangleichung im Osten ausgemacht werden muss. Zweitens wären mit der Einführung von Investivlöhnen auch eine erhöhte Motivation, ein verstärktes marktwirtschaftliches Denken und damit eine gestiegene Produktivität der Arbeitnehmer zu erwarten gewesen. Drittens war und ist der Mangel an Kapital weit größer als im Westen. Eine erfolgreiche Traverse, d.h. das Erreichen eines neuen Pfades gleichgewichtigen Wachstums nach Änderung der Arbeitsangebotsentwicklung als exogene Wachstumsdeterminante, bedingt in der ersten Phase eine Reallokation von Ressourcen von der Konsumgüter- in die Kapitalgüterproduktion und damit eine höhere Investitions- und eine geringere Konsumquote[428]. Einen solchen Effekt können – wie bereits erläutert – substitutive Investivlöhne bewirken. Andere wirtschaftspolitische Instrumente, die zwar auch die Spar-

---

[426] Vgl. Statistisches Bundesamt (2003a, S. 1) und Statistisches Bundesamt (2003b, S. 1).

[427] Frühzeitige Vorschläge nach der Wiedervereinigung zur Beteiligung von ostdeutschen Arbeitnehmern lieferten zum Beispiel Sinn/Sinn (1991).

[428] Eine solche Umschichtung mittels Investivlohn forderte beispielsweise frühzeitig Kühlewind (1993). Eine höhere Investitionsquote und eine gleichbleibende Konsumquote ist allerdings auch dann möglich, wenn ein entsprechendes Leistungsbilanzdefizit bzw. eine Reduktion des Leistungsbilanzüberschusses vorliegt. Im Zuge der Wiedervereinigung kam es zwar 1991 zu einem Leistungsbilanzdefizit in Höhe von 15,1 Mrd. € (2 Jahre nach dem historischen Rekordüberschuss in Höhe von 54,7 Mrd. € im Jahr 1989), doch stieg im Laufe der 1990er Jahre auch die Konsumquote. Vgl. Sachverständigenrat zur Begutachtung der gesamtwirtschaftlichen Entwicklung (1998, S. 402f., Tab. 57* und S. 356f., Tab. 27*) und Sachverständigenrat zur Begutachtung der gesamtwirtschaftlichen Entwicklung (2002, S. 96f., Rn. 131ff.). Die gerundeten Euro-Beträge wurden mit dem amtlichen Kurs (1 € = 1,95583 DM) errechnet. Die Konsumquote ergibt sich als Differenz aus 1 minus der Sparquote.

nicht aber unbedingt die Investitionsneigung erhöhen (z.B. Sparzulagen des Staates), sind dafür unter Umständen wesentlich weniger geeignet. Die Unternehmer müssen die höhere Sparsumme auch für Investitionen nutzen können.[429] Denn selbst der Wille zur Investition führte bei mangelnder Finanzierbarkeit oftmals nicht zur nötigen Nachfrage und damit auch nicht zur Schaffung der dringend benötigten Arbeitsplätze. Substitutive Investivlöhne, die im Betrieb angelegt werden, stellen für kleinere und mittlere Betriebe aufgrund eines beschränkten Kapitalmarktzugangs oftmals einen der wenigen realisierbaren Finanzierungswege dar und können somit einen derartigen Mangel zumindest ansatzweise beseitigen. Denn ein Teil der durch die Gehälter abfließenden Liquidität bleibt nun dem Unternehmen erhalten und kann für den Kauf neuer Kapitalgüter oder als Kapitalreserve verwendet werden. Damit sinkt auch die Gefahr einer Unternehmensinsolvenz aufgrund mangelnder Zahlungsfähigkeit.[430] Anders als bei den nach der Wende staatlich subventionierten Investitionen, handelt es sich bei aus Investivlöhnen finanzierten Kapitalgüterkäufen von Unternehmen in der Regel um Ausrüstungs- und weniger um Bauinvestitionen. Während die Realisierung von Wohn- und Bürobauten die Produktivität nicht bzw. nur kaum erhöhen kann, bringen Ausrüstungsinvestitionen oftmals technischen Fortschritt und können damit positiv auf die Arbeitsproduktivität wirken. Allerdings, so muss kritisch angemerkt werden, hätten einige Arbeitnehmer – insbesondere in den ersten Jahren – keinen allzu großen Betrag für Investivlohnzwecke abzweigen können, da das Gehalt – wenn überhaupt – nur geringfügig höher lag als die Summe, die für den Lebensunterhalt dringend benötigt wurde. Die bereits weiter oben erwähnte Forsa-Umfrage zeigt jedoch auch, dass in den neuen Bundesländern immerhin 62 Prozent der Arbeitnehmer bereit gewesen wären, auf einen Teil ihres Gehalts zugunsten einer Aktienbeteiligung zu verzichten. Die Akzeptanz lag damit sogar geringfügig höher als im Westen (60 Prozent).[431]

Gegenüber der substitutiven Variante sind additive Investivlöhne aus angebots- und nachfrageseitiger Sicht weniger empfehlenswert, da diese in der Regel eine höhere Lohn- und Kapitalkostenbelastung mit sich bringen und damit negativ auf die Investitionsnachfrage wirken. Lediglich die Erwartung hoher Produktivitätseffekte oder zukünftig weniger stark wachsender Tariflöhne könnte die Arbeitgeber bezüglich ihrer Investitionsplanung im additiven Fall positiv stimmen.

---

[429] Eine höhere Sparsumme kann z.B. auch für die Finanzierung eines größeren Leistungsbilanzüberschusses verwendet werden.

[430] Natürlich stellen Investivlöhne genauso Kosten dar wie ein bar ausgezahlter Lohn. Das Unternehmensergebnis wird dadurch nicht besser.

[431] Vgl. Kapitel 3.2.1. In der gegenwärtigen Zeit allgemein abgeschwächter Börseneuphorie ist aber zu vermuten, dass dieser Anteil im Osten wie im Westen gesunken ist.

Hat die Einführung substitutiver Modelle über zwölf Jahre nach der Wiedervereinigung noch einen Sinn? Wie oben bereits erwähnt wurde, ist der Reallohn, gemessen an der Produktivität im Osten, auch gegenwärtig noch deutlich überhöht und ein Kapitalmangel ist, wenn auch nicht mehr ganz so groß wie 1990, noch immer vorhanden. Daher ist eine solche Strategie selbst heute noch empfehlenswert. Doch leider wurde die historisch einmalige Situation verpasst, in der die Treuhandanstalt das Eigentum der meisten Unternehmen verwaltete und somit auf eine Beteiligung der Arbeitnehmer bereits in den Verkaufsverhandlungen hätte drängen können. Somit wurde die Chance vertan, die Arbeitnehmerbeteiligung in der Bundesrepublik in relativ kurzer Zeit deutlich zu stärken.[432] Allerdings erscheint die Sinnhaftigkeit eines solchen Plans auch aus mindestens zwei Gründen sehr fraglich. Erstens hätte eine hohe Arbeitnehmerbeteiligung eine Reihe von Unternehmen davon abgehalten, derartige Betriebe zu übernehmen. Die Ungewissheit über das Verhalten der somit sehr einflussreichen Arbeitnehmer wäre wohl oftmals der Grund dafür gewesen, einer planbareren Unternehmensübernahme den Vorrang einzuräumen. Zweitens hätten sich die Arbeitnehmer am bestehenden, teils sehr maroden Kapital beteiligt. Ein obsoletes Kapital verspricht aber wenig Erfolgsaussichten für die jeweiligen Betriebe. In erster Linie benötigten die Unternehmen des Ostens neue, deutlich produktivere Maschinen, um mit der Effizienz der Westbetriebe konkurrieren zu können. Statt einer Beteiligung am veralteten Kapitalbestand wäre daher ein zusätzlicher Strom neuen Kapitals – zum Beispiel mittels Investivlohnmodellen – wünschenswert gewesen. Ansonsten besteht die nicht geringe Gefahr, dass die Arbeitnehmer zwar eine Kapitalbeteiligung erhalten, diese aber bald wertlos wird, da die jeweiligen Betriebe im Wettbewerb verlieren und aufgeben müssen.

6.1.2.3 Gewinnbeteiligungen als Lösung?

Neben der Einführung von Investivlöhnen hätte die breite Etablierung von Gewinnbeteiligungsmodellen positiv auf Wachstum und Beschäftigung wirken können. Im Weitzman-Modell steigert ein entsprechend geringer Fixlohn und ertragsabhängiger Zusatzlohn die Beschäftigung gegenüber einem reinen Fixlohn-System und sichert die Volkswirtschaft gegen Arbeitslosigkeit ab. Wie bereits erwähnt, können einzelne Aspekte des Modells mit Recht kritisiert werden (vgl. Kapitel 5.2.1.1). Auch lässt sich nicht jede Form von Arbeitslosigkeit, wie etwa struktureller aufgrund fehlender oder falscher Qualifikationen, durch geringere Fixlöhne beseitigen. Es kann aber kaum geleugnet werden, dass eine Reduktion der festen Lohnkosten die Unternehmen in schwierigen Zeiten entlastet und diese damit eher in der Lage sind, auf Entlassungen zu

---

[432] Eine Mitschuld für das Scheitern wird dem DGB angelastet: „Der damalige Bundeskanzler Helmut Kohl bot im Rahmen des ersten Solidarpaktes ein Investivlohngesetz an, der DGB lehnte ab." (Arentz (2002, S. 174)).

verzichten. Es wird ihnen zudem leichter fallen, das Risiko einer Beschäftigungsausdehnung in wirtschaftlich erfolgreichen Zeiten einzugehen. Letzterer Aspekt gilt im Besonderen für die ostdeutsche Wirtschaft. Weil die meisten Unternehmen noch wenig oder in erster Linie obsoletes Kapital besitzen, ist es für sie wesentlich schwerer, problematische Unternehmensphasen ohne Liquiditätsengpässe zu überbrücken. Ob allerdings die Arbeitnehmer den dafür niedrigen Fixlohn akzeptiert hätten, ist insbesondere dahingehend fraglich, ob sie dazu bereit und in der Lage gewesen wären. Dies hängt mit Sicherheit auch von der konkreten Ausgestaltung sowie eventuellen staatlichen Bürgschaften oder Zuschüssen ab.

Da die Arbeitnehmer im Osten Deutschlands jahrzehntelang mit marktwirtschaftlichem und unternehmerischem Denken nicht konfrontiert wurden, bieten Gewinnbeteiligungen zudem die besondere Chance, das Interesse hierfür zu schärfen und dort ein Grundverständnis zu vermitteln, wo es noch nicht vorhanden ist. Die Kenntnis der Abläufe im Unternehmen und dessen Interaktion mit dem Markt legt ein wesentliches Fundament für ein effizientes Arbeiten der Mitarbeiter und damit einer höheren Produktivität. Letzteres fördert die Wettbewerbsfähigkeit und sichert damit die Beschäftigung im Unternehmen.

Die Wirkung substitutiver Gewinnbeteiligungen war auch im Nachfragemodell positiv, weil der geringere Fixlohn zu einem Anstieg der Investitionen beitragen müsste. Allerdings bedingt dies eine konstante oder weniger stark als die Investitionsquote wachsende gesamtwirtschaftliche Sparquote. Additive Gewinnbeteiligungen wären dagegen sowohl aus angebots- wie auch aus nachfrageorientierter Sicht weniger geeignet, weil sie – von eventuell einsetzenden Produktivitätseffekten abgesehen – grundsätzlich eine zusätzliche Kostenbelastung des Unternehmens darstellen und somit negativ auf die Investitionsnachfrage wirken.

6.2 Herausforderungen vor dem Hintergrund einer zunehmend globalisierten Welt

Die Globalisierung der Wirtschaft ist mit Sicherheit eines der am meisten diskutierten Themen der Gegenwart. Eine nicht mehr überschaubare Anzahl von Fachaufsätzen und populärwissenschaftlichen Abhandlungen befasst sich mit diesem Phänomen und seinen Folgen. Nach überwiegender Auffassung wird aus ökonomischer Sicht unter Globalisierung eine deutlich zunehmende weltwirtschaftliche Verflechtung verstanden.[433] Neben dem subjektiven alltäglichen Eindruck einer immer internationaler agierenden Wirtschaft gibt es eine Reihe von Statistiken, die das empirisch bestätigen. Im Nachfolgenden seien beispielhaft nur zwei wichtige Indikatoren herangezogen, welche die zunehmende Integration der Weltwirtschaft belegen sollen:[434]

- Der Wert der weltweiten Exporte spiegelt den Umfang internationaler Waren- und Dienstleistungstransaktionen wider. Abbildung 23 zeigt, dass bei den weltweiten Exporten dauerhaft positive Wachstumsraten vorlagen, welche die prozentualen Zunahmen des Welt-Bruttoinlandsprodukts fast immer deutlich überstiegen.
- Der Strom an internationalen Direktinvestitionen stellt einen Teil der umfangreichen Faktorbewegungen dar. Wie Abbildung 24 eindrücklich zeigt, hat sich dieser im Zeitraum von 1988 bis 2000 mehr als versechsfacht. Es wird deutlich, dass das Gewicht von Auslandsinvestitionen enorm gestiegen ist.

In der Globalisierung sehen viele Bürger die Ursache der wirtschaftlichen und sozialen Probleme der Gegenwart und fürchten sich davor bzw. wehren sich dagegen, welches zu einer Grundeinstellung führt, die am besten mit dem von Lawrence und Litan geprägten Begriff „Globaphobia“[435] umschrieben werden kann. Die folgenden beiden Abschnitte befassen sich mit den wissenschaftlichen Erkenntnissen über mögliche globalisierungsbedingte Auswirkungen auf die Einkommensverteilung und Beschäftigung und versuchen somit Aufschluss zu geben, inwieweit die Ängste der Bevölkerung gerechtfertigt sind. Im Mittelpunkt des Interesses steht letztlich immer die Frage, inwieweit eine breite Einführung von Investivlohn- und Gewinnbeteiligungsmodellen mögliche unerwünschte Folgen mildern oder sogar abwehren kann. Die Analyse konzentriert sich dabei auf die Perspektive der kapitalreichen Länder, wie z.B. die Staaten der Europäischen Union oder die USA. Die Folgen der Globalisierung für die Situation der kapitalarmen, aber arbeitsreichen Länder soll dennoch nicht ausgeblendet werden und findet immer wieder Beachtung.

---

433 Vgl. zum Beispiel Dieckheuer/Lueb/Plaßmann (1998, S. 299), Kantzenbach (1998, S. 346), Schneider (1998, S. 265), Vanberg (1998, S. 1).

434 Vgl. Kantzenbach (1998, S. 347), der eine Reihe weiterer Indikatoren betrachtet. Erwähnenswert ist jedoch, dass die Globalisierung in bestimmten Bereichen schon zu Beginn des 20. Jahrhunderts eine erhebliche Bedeutung erlangt hatte. Dies spiegelt sich insbesondere in der internationalen Arbeitskräftewanderung wider. So emigrierten beispielsweise 14 Prozent der irischen Bevölkerung in den 1880er Jahren und über 10 Prozent der italienischen Staatsbürger in der ersten Dekade des vergangenen Jahrhunderts. Die beiden Weltkriege sowie die Weltwirtschaftskrise führten jedoch zu einem erheblichen Rückschlag im Prozess der internationalen wirtschaftlichen Verflechtung. Vgl. Fischer (2003, S. 3).

435 Lawrence/Litan (1997, S. 2).

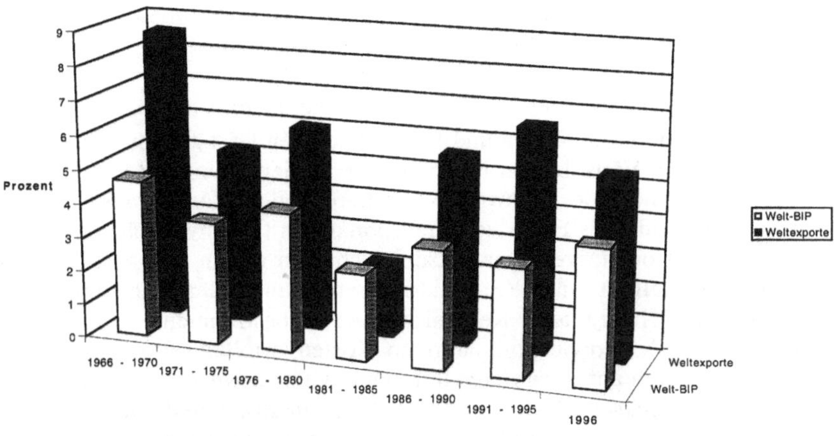

Abbildung 23: Wachstum des weltweiten Bruttoinlandsprodukts und der Weltgüterexporte (jeweils preisbereinigt)

Datenquelle: Dieckheuer/Lueb/Plaßmann (1998, S. 302.).

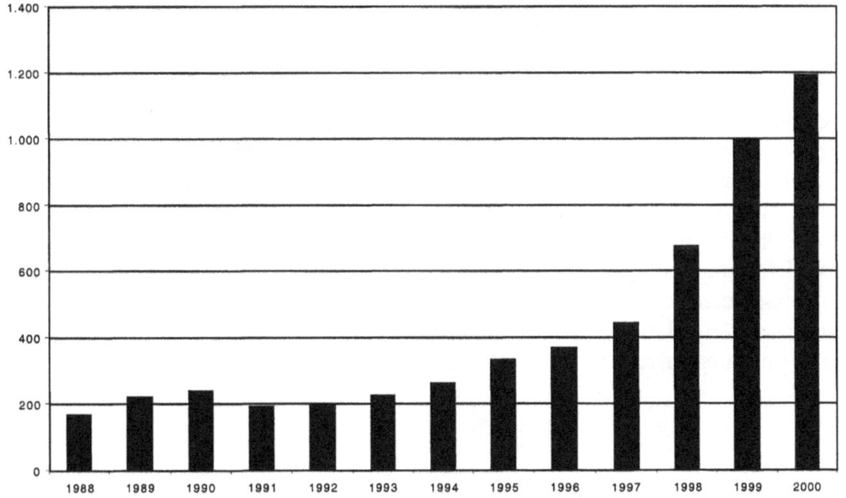

Abbildung 24: Direktinvestitionen weltweit (in Mrd. US-$)

Datenquelle: International Monetary Fund, Balance of Payments Statistics Yearbook, verschiedene Jahrgänge.

6.2.1 Verteilungswirkungen des internationalen Güterhandels – Chancen von Investivlohn- und Gewinnbeteiligungsmodellen

6.2.1.1 Verteilungseffekte des internationalen Güterhandels

Der Ex- und Import von Waren und Dienstleistungen lässt sich nicht monokausal erklären. Eine Vielzahl von Faktoren determinieren Umfang und Richtung der Handelsströme. Die wichtigsten existierenden Erklärungsansätze[436] bestimmen den Handel als Folge von Transportkosten (Raumwirtschaftsmodelle), subjektiven und objektiven Qualitätsunterschieden der in den verschiedenen Ländern hergestellten Güter (Produktdifferenzierung), der mangelnden Verfügbarkeit von Primärgütern, Kenntnissen etc. in bestimmten Regionen (Verfügbarkeitsmodelle) sowie komparativen Kostenvorteilen (Preisdifferenzen). Letztere lassen sich auf divergierende Produktivitäten (Ricardo[437]) oder Faktorausstattungen (Heckscher/Ohlin), steigende Skalenerträge und unterschiedliche Nachfragestrukturen zurückführen. In jedem Fall hat der internationale Handel Auswirkungen auf die inländische Volkswirtschaft. Im Folgenden soll der Frage nachgegangen werden, inwieweit die Entlohnung der Einsatzfaktoren Arbeit und Kapital und damit die Einkommensverteilung durch den verstärkten grenzüberschreitenden Güterverkehr tangiert wird.

Als eine Gefahr für die deutsche Wirtschaft werden insbesondere die sogenannten „Billiglohnländer" auserkoren. Im Sinne des Heckscher-Ohlin-Modells weisen diese arbeitsreichen Länder aufgrund der relativ niedrigen Löhne komparative Kostenvorteile bei den arbeitsintensiv zu produzierenden Gütern auf und haben hierbei gewisse Wettbewerbsvorteile. Kapitalreiche Länder, wie zum Beispiel Deutschland, haben demzufolge komparative Vorteile bei kapitalintensiv zu produzierenden Gütern. Internationaler Handel lässt für beide Länder Gewinne erwarten.[438] Allerdings profitieren davon nicht alle Produktionsfaktoren gleichermaßen. Im kapitalreichen Land steigen die Nachfrage und die Preise kapitalintensiv hergestellter Güter, während arbeitsintensive Güter aufgrund fallender Preise nun weniger produziert werden. Der Außenhandel, der aufgrund relativer Faktorknappheiten zustande kommt, sorgt somit dafür, dass die Preise der relativ raren Faktoren sinken (weil diese nun nicht mehr so knapp sind) und die der relativ reichlich verfügbaren Faktoren steigen (weil diese nun

[436] Vgl. hierzu insbesondere die Darstellung bei Bender (1995, S. 424ff.) sowie Rose/ Sauernheimer (1995, S. 349ff. und S. 383ff.).
[437] Diese Produktivitätsunterschiede sah er aufgrund natürlicher Bedingungen als dauerhaft an.
[438] Bei Berücksichtigung steigender Skalenerträge werden die Gewinne aus dem internationalen Handel und der damit einhergehenden größeren Spezialisierung sogar noch stärker steigen.

vermehrt nachgefragt werden).[439] Es gilt das Stolper-Samuelson-Theorem: Ein Anstieg des relativen Preises des kapitalintensiv hergestellten Gutes reduziert das Realeinkommen des Faktors Arbeit und erhöht das Realeinkommen des Faktors Kapital.[440] Die weltwirtschaftliche Integration müsste somit eine zunehmende Angleichung der Faktorpreise forcieren.

In Ländern wie Deutschland, in denen der Faktor Arbeit im Vergleich zur Situation in arbeitsreichen Volkswirtschaften relativ knapp ist und verhältnismäßig hoch entlohnt wird, während Kapital relativ reichlich zur Verfügung steht, müsste die Globalisierung demnach zu sinkenden Reallöhnen führen beziehungsweise, falls technischer Fortschritt berücksichtigt wird, dürften die Löhne zumindest nicht mehr im vollen Umfang der Produktivitätserhöhung ansteigen. Gemäß dieser Sicht droht bei höheren Entgeltabschlüssen eine Verlagerung der Standorte und Arbeitslosigkeit. Eine Darstellung der durchschnittlichen Arbeitskosten je Arbeitsstunde in der Verarbeitenden Industrie zeigt Abbildung 25 für Deutschland, Japan, Großbritannien, Frankreich, Italien und die USA. Es wird deutlich, dass die Lohnkosten in der Bundesrepublik Deutschland selbst im Vergleich mit den wohlhabenden und wirtschaftsstarken Ländern außerordentlich hoch sind.[441] Demnach dürfte Deutschland zu den besonders hart getroffenen Ländern der internationalen Lohnangleichung gehören.

Einige empirische Daten in Kapitel 4.1.2 zeigten bereits, dass die aus der Theorie abgeleitete verteilungspolitische Entwicklung steigender Profiteinkommensanteile und sinkender Arbeitseinkommensanteile tatsächlich zu beobachten ist. Bei der aktuellen Verteilung der Vermögenseinkommen (vgl. Tabelle 10) müsste sich daraus ebenso eine zunehmende Ungleichheit der personellen Einkommensverteilung ergeben, welches durch das vorliegende Zahlenmaterial (Kapitel 4.1.2.2) weitestgehend bestätigt werden konnte. Auch eine längerfristige Betrachtung der Faktoreinkommensverteilung auf Haushalte in Westdeutschland in einer weiteren Untersuchung[442] (Vergleich der Jahre 1962 und 1988) zeigt eine deutliche Zunahme der Disparität. Lediglich zwischen den Untersuchungszeitpunkten 1988 und 1993 verlor der betrachtete Gini-Koeffizient wieder etwas an Wert. Es lässt sich vermuten, dass die Ungleichheit noch stärker zugenommen hätte, wenn die Erwerbsquote der Frauen nicht seit den

[439] Vgl. eine ausführliche Darstellung des Faktorpreisausgleichstheorems, das unter bestimmten Bedingungen sogar eine vollständige Angleichung der Faktorpreise postuliert, bei Rose/ Sauernheimer (1995, S. 394ff.).
[440] Das Stolper-Samuelson-Theorem wurde ursprünglich im Zusammenhang mit der Protektionismus-Debatte entwickelt. Vgl. Stolper/Samuelson (1958 (Wiederabdruck des Originals aus dem Jahre 1941)).
[441] Die Lohnkosten müssen allerdings auch in Relation zur Produktivität betrachtet werden. Darauf wird weiter unten eingegangen.
[442] Vgl. Hauser/Becker (1999, S. 105ff.).

siebziger Jahren kontinuierlich angestiegen wäre.[443] Insbesondere bei den Familien mit geringen Einkommen konnte oft nur die Erwerbstätigkeit beider Ehepartner das notwendige Haushaltseinkommen generieren.

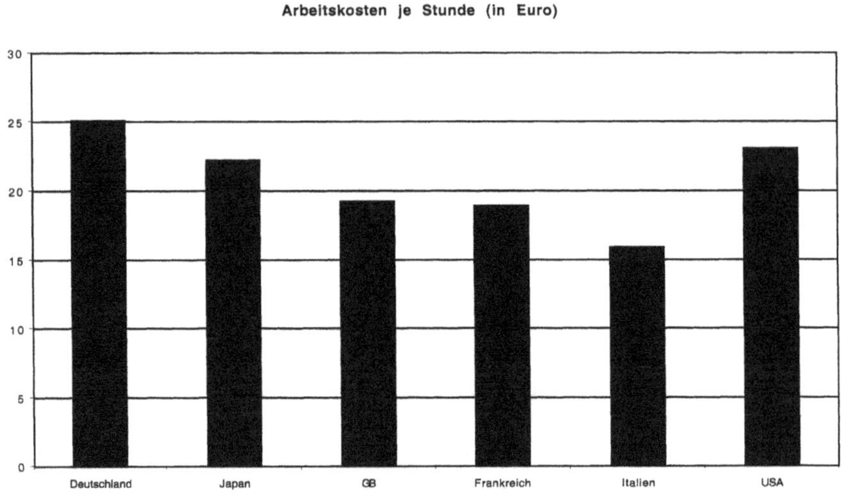

Abbildung 25: Arbeitskosten der Verarbeitenden Industrie (Arbeiter und Arbeiterinnen) im internationalen Vergleich im Jahr 2001

Zum Teil vorläufige Ergebnisse. Umrechnung mit dem Jahresdurchschnitt der amtlichen Devisenkurse.
Datenquelle: Institut der deutschen Wirtschaft (2003, S. 132).

Berücksichtigt man ferner, dass Arbeit erhebliche Unterschiede in der Qualifizierung aufweist, so kann die zunehmende Internationalisierung auch innerhalb der Arbeitseinkommen zu einer Veränderung der Verteilung führen. Im Sinne des obigen Modells würden dann wieder jene gewinnen, deren Faktor reichlich vorhanden ist, während die mit dem knappen Faktor schlechter dastehen. Demnach dürften in Ländern mit einem hohen Humankapitalbestand vor allem diejenigen verlieren, die nur eine geringe Bildung und Fähigkeit vorweisen können und damit dem in den Entwicklungs- und Schwellenländern vielfach vorkommenden Arbeitsangebot entsprechen[444], während die Hochqualifizierten eventuell sogar von der Globalisierung profitieren.

[443] Vgl. Institut der deutschen Wirtschaft (2003, S. 114).
[444] Vgl. Hofmann/Holzner (2002, S. 11).

Damit stellt sich auch die Frage, ob die Löhne der Geringqualifizierten zukünftig in Peking oder Delhi statt im Inland bestimmt werden.[445] Einige detailliertere Faktorgehaltsanalysen sowie Studien über Preiseffekte geben mehr oder weniger deutliche Hinweise, dass das inländische Lohnniveau durch den internationalen Handel beeinflusst wird.[446] Sachs und Shatz (1994) ermittelten für den Zeitraum 1978 bis 1990, in dem der Handel der US-Wirtschaft mit Entwicklungsländern zunahm, eine größer werdende Ungleichheit zwischen den Einkünften gering- und hochqualifizierter Arbeitnehmer, verbunden mit einem Rückgang jener Arbeitsplätze im Verarbeitenden Gewerbe, die nur geringe Fähigkeiten der Arbeitnehmer verlangen. Inwieweit der internationale Handel dafür jedoch ursächlich verantwortlich war, kann nicht mit Sicherheit beantwortet werden. So betonen Lawrence und Slaughter[447], dass die Effekte des internationalen Handels auf die Löhne nur gering seien und führen die zunehmende Ungleichheit eher auf technologischen Wandel zurück.[448] Bedenkt man, dass – trotz der steigenden Bedeutung von Entwicklungsländern – die überwiegende Mehrheit der Industrieländer-Importe aus anderen wirtschaftlich entwickelten Ländern mit ähnlicher Ausstattung an ausgebildeten und unqualifizierten Arbeitskräften bezogen wird, so verwundert es allerdings nicht, dass bisher nur kleine Effekte messbar sind.[449] Einen relativ starken, durch den internationalen Handel ausgelösten Beschäftigungsrückgang ermittelte Wood (1995) in seiner Faktorgehaltsanalyse. Ob der grenzüberschreitende Handel für einen Rückgang der Löhne der Geringqualifizierten und eine zunehmende Spreizung der Löhne verantwortlich ist, bleibt allerdings auch hier fraglich.[450] In Deutschland und anderen Ländern, die durch eine hohe Lohnrigidität gekennzeichnet sind, wird eine geringere Nachfrage eher zu weiterer Arbeitslosigkeit führen statt zu einer Verringerung der tariflichen Entlohnung jener Arbeitnehmer, deren Fähigkeiten nun weniger benötigt werden. In beiden Fällen – niedrigerer Entlohnung oder Arbeitslosigkeit – werden die Geringqualifizierten durch die Globalisierung am stärksten betroffen sein und die Verteilungsverlierer darstellen.

Die Konkurrenzsituation zwischen den Arbeitnehmern hat sich durch den Fall des Eisernen Vorhangs nochmals verschärft. Während bis zur politischen Wende zwischen dem Ostblock und den westlichen Ländern so gut wie keine Handelsbeziehungen möglich waren, drängen osteuropäische Anbieter nun auch

---

[445] Vgl. Freeman (1995).

[446] Für einen ersten Überblick über empirische Faktorgehaltsanalysen empfiehlt sich Brenton (1999, S. 25ff.).

[447] Vgl. Lawrence/Slaughter (1993).

[448] Dabei muss allerdings angemerkt werden, dass technischer Fortschritt auch durch den internationalen Handel ausgelöst werden kann. Vgl. auch Härtel/Jungnickel (1998) und Borrmann/Jungnickel/Koopmann (2002, S. 15f.).

[449] Vgl. Brenton (1999, S. 26).

[450] Vgl. Wood (1995, S. 73).

mit solchen Gütern in den deutschen Markt, die nicht nur arbeitsintensiv sind, sondern auch hohe Transportkosten aufweisen und damit von den weiter entfernten Niedriglohnländern nicht angeboten werden konnten („Neue Tiger lauern im Hinterhof“[451]). Zudem ist die Humankapitalausstattung in den mittel- und osteuropäischen Ländern relativ zum Einkommensniveau hoch, wodurch dort auch komparative Vorteile bei der Herstellung mancher humankapitalintensiver Güter möglich sind.[452] Für das geringe Einkommensniveau der ehemaligen Ostblockstaaten im Vergleich zur EU sind vor allem die Unterschiede in den Technologien verantwortlich.[453]

Oft wird in diesem Zusammenhang argumentiert, dass die Lohnkosten in Deutschland durch die hohe Produktivität gerechtfertigt wären, und daher international kein Problem seien. Dies ist jedoch nur dann korrekt, wenn die hohe Produktivität aus dem in den Individuen verankerten Humankapital resultiert. Liegt die hohe Effizienz dagegen im Kapitaleinsatz oder im Unternehmens-Know-How begründet, dann können die Unternehmen die Produktivitätseffekte zu neuen Standorten mitnehmen.[454] Oftmals ist die Arbeitsproduktivität auch nur deshalb so stark gestiegen, da die Unternehmen aufgrund hoher Lohnkosten vermehrt arbeitssparende Techniken eingesetzt haben.

In Ländern, in denen der Faktor Arbeit reichlich vorhanden ist, Kapital dagegen ein knappes Gut darstellt, wird die Vergütung des eingesetzten Kapitals tendenziell sinken, während die einzelnen Arbeitnehmer für ihre Arbeitskraft nun höher entlohnt werden müssten.[455] Für die personelle Einkommensverteilung ergibt sich demnach, dass in diesen Ländern die große Anzahl derjenigen Haushalte, die nur Arbeitseinkommen beziehen, besser gestellt werden und dass die geringe Zahl der Kapitalistenhaushalte – sofern sie kein Arbeitseinkommen beziehen – einen Teil ihrer Einkünfte verlieren. Dadurch wird der vor allem in Entwicklungsländern zu beobachtende starke Unterschied zwischen jenen Bevölkerungsteilen, die aufgrund von Kapitalbesitz sehr reich sind (zum Beispiel Großgrundbesitzer), und den anderen, die aufgrund von fehlendem Eigen-

---

[451] Sinn (1998, S. 17).

[452] Vgl. Brücker (2001, S. 77).

[453] Vgl. Brücker (2001, S. 77f.).

[454] Auch die Entwicklung in wirtschaftlich rückständigeren Regionen zeigt, dass es einigen Ländern gelungen ist, Kapital zu absorbieren und damit die Produktivität zu steigern. Allerdings wurden nicht alle Länder mit zunehmendem Wohlstand beglückt. Abramovitz hat bereits 1989 eindrücklich erläutert, dass hierzu eine Reihe von Bedingungen erfüllt sein müssen. Nur wenn entsprechende Social Capabilities vorliegen, ist die Möglichkeit für wirtschaftliches Wachstum und Wohlstand gegeben. Vgl. Abramovitz (1989).

[455] Allerdings kann es sein, dass bestimmte hochqualifizierte Arbeitnehmer nun schlechter entlohnt werden, da ihre Arbeitsleistung aufgrund des internationalen Handels nicht mehr so knapp ist.

tum häufig in Armutsverhältnissen leben müssen, geringer. Dies wird aber nur dann eintreten, wenn die kapitalbesitzenden (und damit in der Regel auch die Macht innehabenden) Bevölkerungsteile diesen Prozess nicht durch die Anwendung gesetzlicher Mittel verhindern (zum Beispiel durch die Einführung von Höchstlöhnen, Einschüchterung oder Auflösung von Gewerkschaften, Beschränkung des internationalen Handels). Zudem besteht die Gefahr, dass zwar die arbeitende Bevölkerung ein höheres Wohlfahrtsniveau erreicht, gleichzeitig aber diejenigen ohne Arbeit noch ärmer werden. Denn ein steigendes Einkommen der arbeitenden Bevölkerung führt auch zu steigenden Lebenshaltungskosten, da diejenigen, die es sich leisten können, bereit sein werden, auch höhere Preise zu bezahlen. Für die Entwicklung der Einkommensverteilung in solchen Ländern ist maßgeblich von Bedeutung, inwiefern der Staat, zum Beispiel durch die Schaffung von Schulen, ländlichen Gesundheitsdiensten oder Kleinkreditprogrammen, zur Bekämpfung der Armut beiträgt.[456]

Wie bereits ausgeführt, lässt sich eine gewisse Gefahr für die in den Industrieländern Beschäftigten, insbesondere für die Geringqualifizierten, nicht abstreiten. Eine zunehmende Ungleichheit in der personellen Einkommensverteilung droht. Dennoch dürfen auch die positiven Seiten des Globalisierungsprozesses nicht übersehen werden. Die zunehmende internationale Verflechtung sorgt auch für die Entwicklung neuer Absatz- und Beschaffungsmärkte. Zwar sehen sich die Unternehmen neuen strukturellen Herausforderungen und zusätzlicher Konkurrenz gegenüber, dennoch ist die Globalisierung hinsichtlich des weltweiten Einkommens kein Nullsummenspiel.[457] Für die Größe des Anteils am neuen Weltsozialprodukt wird entscheidend sein, wie die Unternehmen der „alten" Industrieländer die neuen Probleme und Chancen meistern. So ist es durchaus möglich, dass sich die Situation für die weniger Qualifizierten verschlechtert und die arbeitsintensiven Unternehmen – wie schon in den vergangenen Jahren geschehen – ihre Produktion ins Ausland verlegen. Gleichzeitig entsteht aber ein größerer Markt für Produkte, die ein umfangreiches Know-How benötigen, wie zum Beispiel Flugzeuge, Software, hochentwickelte Maschinen. Hier ergeben sich neue, lukrative Absatzmöglichkeiten, die den Hochtechnologieländern von vielfachem Nutzen sein können. In Zeiten von Vollbeschäftigung stellt das mit der Globalisierung freiwerdende Arbeitskräftepotenzial überhaupt erst die Voraussetzung dar, ein höheres Wachstum in pro-

---

[456] Vgl. Heidhues (1998, S. 402).

[457] So folgern auch Stolper und Samuelson in ihrem schon erwähnten wegweisenden Aufsatz aus dem Jahre 1941: „We are anxious to point out that even in the two factor case our argument provides no political ammunition for the protectionist. For if effects on the terms of trade can be disregarded, it has been shown that the harm which free trade inflicts upon one factor of production is necessarily less than the gain to the other. Hence, it is always possible to bribe the suffering factor by subsidy or other redistributive devices so as to leave all factors better off as a result of trade." (Stolper/Samuelson (1958, S. 357)).

duktiveren Branchen zu ermöglichen. Im Falle eines erfolgreichen Strukturwandels und entsprechender Umqualifizierung der Arbeitnehmer führt die internationale Arbeitsteilung dann zu einer gestiegenen Produktivität im Inland.

Allerdings muss betont werden, dass über die Wirkungsvielfalt der Globalisierung auch viel Unsicherheit herrscht.[458] So stellt die Argumentation des zu qualifizierter Arbeit komplementären technischen Fortschritts (skill-biased technological change) einen anderen Erklärungsansatz für die zunehmende Einkommensungleichheit dar.[459] Technischer Fortschritt, der unqualifizierte Arbeit spart, würde demnach in erster Linie zu der gestiegenen Ungleichheit führen.[460] Allerdings ist fraglich, inwieweit die Wirkungen der Globalisierung und des technischen Fortschritts überhaupt trennbar sind.[461] Die vom internationalen Wettbewerb besonders hart getroffenen Sektoren arbeitsintensiver Produktion werden den größten Druck zum technologischen Fortschritt verspüren, der einfache Arbeit einsparen soll. Eine Reihe der bisher genannten Argumente sowie empirische Untersuchungen legen jedoch die Annahme nahe, dass die Globalisierung eine volkswirtschaftliche Disparität der Einkommensverteilung zumindest mitfördert. Die beiden folgenden Kapitel beschäftigen sich mit der Frage, inwieweit mögliche negative Verteilungseffekte der Globalisierung durch eine breite Einführung von Investivlöhnen und Gewinnbeteiligungen reduziert werden können.

6.2.1.2 Investivlöhne als Lösung?

Die Diskussion der Verteilungswirkungen einer voranschreitenden Handelsausweitung hat für die Hochlohnländer eine dem Kapital dienende Veränderung der funktionalen Einkommensentwicklung dargelegt. Dementsprechend droht die personelle Verteilung auch in Zukunft zunehmend ungleicher zu werden. Dies ist aber nur dann der Fall, wenn keine nennenswerte Querverteilung stattfindet. Kapitel 4 hat gezeigt, dass Investivlöhne und damit die Bildung von Kapital in Arbeitnehmerhand Verteilungseffekte mit sich bringen können, die den beschriebenen Globalisierungseffekten entgegen wirken. Im neoklassischen Modell wurde deutlich, dass sich die Einkommenssituation der Arbeitnehmer mit Hilfe von substitutiven Investivlöhnen verbessert. Kommen die Arbeiter in Besitz von Kapital, so werden sie zukünftig zusätzlich zum Arbeitslohn Profiteinkommen vereinnahmen und damit globalisierungsbedingte Mindereinnahmen beim Arbeitslohn in der Summe zumindest reduzieren können. Weil insbeson-

---

[458] Vgl. Beyfuß u.a. (1997, S. 14).

[459] Vgl. zur Kontroverse Krugman (2000). Eine Synthese der konkurrierenden Erklärungen versuchen Meckl/ Vosgerau (2001, S. 338ff.).

[460] Vgl. einen Überblick der Diskussion bei Brenton (1999, S. 31f.).

[461] Vgl. Landmann (1999, S. 148).

dere die Arbeitnehmer mit geringeren Qualifikationen durch den internationalen Handel betroffen sind, ist eine breite Einführung von Investivlöhnen, die sich nicht nur auf die Führungsebene des Unternehmens bezieht, besonders wichtig.

Betrachtet man die landwirtschaftlichen Familienbetriebe und unterteilt deren Einkünfte rechnerisch in Kapitalerträge und Arbeitslohn, so wird deutlich, wie hilfreich aber auch nötig der gleichzeitige Besitz von Kapital neben der Arbeitskraft sein kann.[462] Während die Landwirte früher kaum Kapital einsetzten (außer den eventuell für die Nutzfläche aufgebrachten Mitteln) und die Tätigkeiten weitestgehend Handarbeiten waren, führte die kontinuierliche Kapitalbildung in allerlei Maschinen allmählich zu einer kapitalintensiven Produktionsweise. Ohne diese wären die bäuerlich tätigen Familien heute nicht mehr wettbewerbsfähig. Das trotz mancher Handelsbeschränkungen enorm große Angebot im Ausland produzierter landwirtschaftlicher Erzeugnisse hat schon vor Jahrzehnten einen starken Preiskampf ausgelöst. Höhere Einkünfte und ein gestiegener Lebensstandard im Vergleich zu früheren Zeiten konnten nur durch eine deutlich intensivere Nutzung der Fläche erzielt werden, die unter anderem durch hohe Investitionen in den Maschinenpark und technische Anlagen möglich wurde. Dabei ist die Zusammensetzung der Einkommen nicht gleich geblieben. Eine Berechnung kalkulatorischer Kapitalkosten würde wohl zur Erkenntnis führen, dass sich der Arbeitslohn verringert hat, dafür aber die Kapitalerträge aus der Nutzung der Maschinen kontinuierlich gestiegen sind. Die obigen Ausführungen legen es nahe anzunehmen, dass eine fortwährende Kapitalbildung in Arbeitnehmerhand negative Effekte des internationalen Handels auf die Einkünfte auch in anderen Wirtschaftszweigen abmildern könnte.

Eine rege Kapitalbildung in Arbeitnehmerhand kann zusätzlich den länderspezifischen komparativen Vorteil bei kapitalintensiv hergestellten Gütern erhöhen. Zusätzliches Kapital führt hier zu einer noch besseren Ausgangssituation im globalen Konkurrenzkampf. Zudem wird mittels der neuen Entgeltformen auch den Befürchtungen der Arbeitnehmer entgegengetreten, sie seien lediglich Verlierer der Globalisierung. Mit Kapitalanteilen bekommen die Beschäftigten vielmehr das Gefühl, dass auch sie an den internationalen Erfolgen des eigenen Unternehmens partizipieren können. Ein wichtige Einschränkung muss allerdings ergänzt werden. Geht man davon aus, dass das im Unternehmen gebundene Kapital weder mobil ist noch für andere Verwendungszwecke zur Verfügung steht, so droht dessen Wertlosigkeit in jenen Unternehmen, die arbeitsintensive Güter herstellen und infolge der Globalisierung nicht mehr zur Importkonkurrenz wettbewerbsfähig sind. Arbeitnehmern, welche in jenen Betrieben angestellt sind, droht nun neben einer Reduktion des Arbeitslohnes auch der Arbeitsplatz- und Kapitalverlust.

---

[462] Vgl. Leontief (1982, S. 151).

Aus nachfrageorientierter Sicht lässt sich die Verteilungswirkung von Investivlöhnen in der globalisierten Welt schwieriger analysieren. Während das Pasinetti-Modell von einer geschlossenen Volkswirtschaft ausgeht und die strenge I=S-Relation gilt, müssen in einer offenen Ökonomie die Investitionen nicht mehr dem Sparen entsprechen. Stattdessen tritt nun als zusätzliche Nachfragekomponente der Export auf, während die im Inland benötigten Güter auch aus dem Ausland importiert werden können. Somit muss lediglich die Summe aus Investitionen und Exporten der Summe aus Sparen und Importen entsprechen. Eine Reduktion der Nachfrage aufgrund einer größeren Sparneigung der Arbeitnehmer führt dann eventuell nicht zu sinkenden Preisen, sondern zu einem höheren Export von Gütern. Während große, offene Volkswirtschaften den internationalen Preis von Handelsgütern beeinflussen können, sind kleine Ökonomien Preisnehmer, zumindest wenn keine Handelsbeschränkungen vorliegen. Eine Reduktion der Nachfrage aufgrund einer größeren Sparneigung führt in kleinen Volkswirtschaften zu keiner Preisreduktion bei den handelbaren Gütern. Anders sieht es in großen, wirtschaftsstarken Ländern aus: eine höhere Sparquote der Arbeitnehmer sorgt hier eher zu einem Nachfrageausfall und sinkenden Preisen bzw. nicht im Ausmaß der Nominallohnerhöhung steigenden Preisen. Somit können substitutive und additive Investivlöhne den Arbeitnehmeranteil am realen Volkseinkommen erhöhen.

6.2.1.3 Gewinnbeteiligungen als Lösung?

Ebenso wie Investivlöhne können auch Gewinnbeteiligungen eine globalisierungsbedingte Veränderung der Einkommensverteilung zu Ungunsten der Arbeitnehmer abmildern. Denn die Arbeitnehmer profitieren mit dem Anrecht auf Profitpartizipation zugleich auch an einer besseren Unternehmensperformance, die aufgrund der höheren Erträge aus dem Einsatz des Faktors Kapital gemäß obigem Modell resultiert. Somit sind die Beschäftigten direkt an den positiven Effekten einer globalisierten Ökonomie beteiligt. Allerdings müssen hier auch zugleich einige wichtige Einschränkungen genannt werden. Zum einen leidet die Zahl derjenigen Unternehmen an sinkenden Verkaufspreisen, die besonders arbeitsintensive Güter herstellen und die nun aus dem Ausland günstig angeboten werden. Können solche Betriebe nicht mehr wettbewerbsfähig im Hochlohnland produzieren und sind die Produktionsanlagen auch nicht ins Ausland verlegbar, so wird zudem das darin gebundene Kapital vernichtet. Der Arbeitnehmer solcher Unternehmen verliert damit mehrfach: einem geringeren Lohn folgt auch eine geringere Gewinnbeteiligung – im Extremfall verliert er sogar seinen Arbeitsplatz. Folglich muss hier zwischen den Arbeitnehmern unterschieden werden, die in kapitalintensiven Branchen arbeiten und infolge der Globalisierung eine höhere Gewinnbeteiligung erhalten, und jenen, die in arbeitsintensiv produzierenden Unternehmen beschäftigt sind. Allerdings können auch letztere Arbeitnehmer profitieren, wenn infolge eines allgemeinen Strukturwandels die erfolgreichen Betriebe zusätzliche Arbeitnehmer anstellen.

Eine langfristige Lösung der globalisierungsbedingten Verteilungsprobleme lässt sich insbesondere durch eine Höherqualifizierung der Beschäftigten, verbunden mit einer entsprechenden Veränderung der Arbeitsplatzprofile erreichen. Dies ist aber nicht nur zeit- sondern auch ressourcenaufwendig. Das Entgegenkommen der Arbeitnehmer hinsichtlich eines Verzichts auf einen Teil des Festlohnes zugunsten einer unsicheren Gewinnbeteiligung könnte mit einer Forderung nach einer umfangreichen innerbetrieblichen Fortbildung verbunden sein. Die Arbeitgeber profitieren infolgedessen von geringeren fixen Lohnkosten sowie besser ausgebildeten Arbeitnehmern.

6.2.2 Verteilungswirkungen der internationalen Mobilität der Produktionsfaktoren – Chancen von Investivlohn- und Gewinnbeteiligungsmodellen

6.2.2.1 Verteilungseffekte der internationalen Mobilität der Produktionsfaktoren

Das zweite Phänomen der wirtschaftlichen Verflechtung zwischen den Ländern zeichnet sich durch die Mobilität der Produktionsfaktoren aus. Im Unterschied zum oben angesprochenen Heckscher-Ohlin-Modell wird die Ausstattung mit Produktionsfaktoren nun nicht mehr als länderspezifisch gegeben angesehen. Die Produktionsfaktoren können zwischen den Ländern wandern. In einem arbeitsreichen, aber kapitalarmen Land werden die Löhne verhältnismäßig niedrig sein, da das Angebot an Arbeit hoch und die Arbeitsproduktivität (aufgrund des geringen Kapitaleinsatzes) niedrig ist. In einem verhältnismäßig arbeitsarmen Land werden die Löhne entsprechend höher liegen. Folglich besteht für die Arbeitnehmer der arbeitsreichen Länder ein Anreiz zur Wanderung in arbeitsarme Länder.[463] Genauso verhält es sich mit dem Kapital. In kapitalarmen Ländern wird die Rendite auf das Kapital hoch sein, in kapitalreichen dagegen verhältnismäßig niedrig. Kapitalisten werden demnach versuchen, ihr Vermögen im kapitalarmen Land profitbringend einzusetzen.

In der Realität ist jedoch die Mobilität des Produktionsfaktors Arbeit aus verschiedenen Gründen eingeschränkt. Zunächst gibt es fast in jedem Land Gesetze, die die Zuwanderung von Arbeitswilligen begrenzen oder gänzlich unmöglich machen. Daneben gibt es kulturelle und sprachliche Barrieren sowie

---

[463] Eine Unterscheidung des Faktors Arbeit nach unterschiedlichen Qualifikationsstufen führt aber zu der Erkenntnis, dass im insgesamt arbeitsreichen Land dennoch ein Mangel an qualifizierter Arbeit vorliegen kann, wodurch für die gesuchten Arbeitnehmer eine entgegengesetzte Wanderung sinnvoll wird.

regionale Bindungen. Am Beispiel der geographisch und kulturell zur EU nahestehenden zehn Mittel- und Osteuropäischen Länder (MOEL), die als Beitrittskandidaten für eine EU-Osterweiterung nominiert sind, zeigt sich die Wirkung institutioneller Hemmnisse deutlich. Die Zahl ausländischer Arbeitnehmer aus den MOEL beträgt schätzungsweise nur etwa 300.000, obwohl ein hohes Einkommensgefälle bei einem großen Arbeitskräfteangebot der MOEL besteht.[464]

Dagegen ist die Mobilität des Faktors Kapital durch die Liberalisierung der Finanzmärkte in den letzten Jahren erheblich gestiegen. Unternehmen und Privatpersonen transferierten hohe Kapitalsummen in die aufsteigenden Schwellen- und Entwicklungsländer, die durch Arbeitsreichtum und Kapitalarmut gekennzeichnet sind. Die weltweite Integration der Kapitalmärkte führte zu einer Vielzahl neuer Investitionsmöglichkeiten und einem rasanten Wirtschaftswachstum. So betrug 1998 der Anteil der Kapitalflüsse in die MOEL 15 Mrd. US-Dollar. Das entspricht zwar auf Seiten der EU nur 0,8 Prozent der Bruttoanlageinvestitionen, für die MOEL waren dies jedoch rund ein Fünftel ihrer Bruttoanlageinvestitionen, wodurch der Kapitalmarkt deutlich beeinflusst wurde.[465]

Für die Arbeitnehmer in den kapitalreichen Ländern ergeben sich infolge der Faktorbewegung insbesondere zwei Herausforderungen: Erstens sorgt eine umfangreichere Zuwanderung von Arbeitnehmern zu einem Lohndruck auf dem Arbeitsmarkt, zweitens reduziert der Einsatz von Kapital im Ausland die Möglichkeiten zur Investition im Inland. Auch wenn zahlreiche Effekte der Globalisierung (z.B. die Gewinnung neuer Absatzmärkte, Export der für die Investition notwendigen Anlagen, Zuwanderung von Arbeitnehmern mit im Inland nicht hinreichend vorhandenen Qualifikationen) für die Volkswirtschaft des kapitalreichen Landes durchaus positiv sein können, muss der Frage nachgegangen werden, welche negativen Entwicklungen für den Arbeitnehmer möglich sind und wie diese frühzeitig verhindert werden können. Die mögliche Lohnreduktion würde die Verteilung zu Ungunsten der Arbeitnehmer verändern. Zudem führt eine Kapitalabwanderung in lukrativere Verwendungen im Ausland zu einer steigenden Kapitalverzinsung, d.h. die Besitzer von Kapital profitieren unmittelbar von der Globalisierung. Eine geringere Investition im Inland hätte aber auch indirekt zur Folge, dass die Kapitalausstattung der Arbeitsplätze sinkt oder nicht mehr im bisherigen Umfang zunimmt und damit das Produktivitätswachstum negativ beeinflusst wird. Außerdem wäre es denkbar, dass mit der Abwanderung von Kapital ein Abbau von Arbeitsplätzen einhergeht. Beides zusammen wirkt auf die Arbeitsnachfrage ein und führt dazu, dass die Löhne sinken oder zumindest nicht in bisher gewohnter Weise steigen.

---

[464] Die MOEL verfügen über 30 Prozent des in der EU vorhandenen Arbeitskräftepotentials. Vgl. Brücker (2001, S. 77 und 84).

[465] Vgl. Brücker (2001, S. 82f.).

Bei einer Konzentration der Masse des Kapitals in wenigen Händen, wie es etwa in Deutschland der Fall ist[466], kann vermutet werden, dass die genannten Effekte zu einer größeren Ungleichheit in der personellen Einkommensverteilung führen.[467] Die Spreizung in den Einkommen müsste dann besonders ausgeprägt sein, wenn in erster Linie die Arbeitnehmer von den Faktorwanderungen negativ betroffen sind, die nur sehr wenig oder überhaupt kein Kapital bilden konnten. Das sind in der Regel die niedrig entlohnten Mitarbeiter und damit die Geringqualifizierten.[468] Ein solches Arbeitspotential liegt aber besonders in den Schwellen- und Entwicklungsländern in großem Maße vor.

6.2.2.2 Investivlöhne als Lösung?

Auf die Wirkungen des Investivlohns, die bereits in Kapitel 6.2.1.2 genannt wurden, soll hier nicht nochmals eingegangen werden. Ein weiterer verteilungsrelevanter Aspekt investiver Lohnbestandteile soll nun Erwähnung finden, der die angesprochene Gefahr der Kapitalmigration betrifft. Auf volkswirtschaftlicher Ebene breit eingeführte Investivlohnmodelle können die Sparneigung erhöhen und damit die Kapitalbildung deutlich forcieren. Ein stärkeres Kapitalwachstum kann aber die genannten negativen Effekte der Kapitalabwanderung bezüglich der Kapitalausstattung und damit verbunden der Produktivität abmildern bzw. vollständig verhindern. Zudem erleichtert dies auch die Integration neuer Arbeitnehmer, die in der Regel selbst kein Kapital mitbringen. Denn eine gleichbleibende Kapitalintensität in der volkswirtschaftlichen Produktion erfordert eine entsprechende zusätzliche Kapitalgenerierung.

Weil insbesondere die niedrig entlohnten Arbeitskräfte in den reichen Ländern von der Migration betroffen sind, ist die Investivlohneinführung und die damit verbundene Kapitalbildung hier besonders wichtig. Staatliche Zuschüsse in Abhängigkeit des Einkommensniveaus könnten dabei unterstützend wirken.

6.2.2.3 Gewinnbeteiligungen als Lösung?

Sind die Arbeitnehmer am Gewinn von Unternehmen beteiligt, die im Ausland mit höheren Ertragschancen investieren als im Inland, so profitieren davon nicht nur die Kapitaleigentümer. Mittels Gewinnbeteiligungen können die Arbeitnehmer von global investierenden Unternehmen ebenso an den höheren Rendite-

---

[466] Vgl. die Darstellung der Vermögenseinkommen in Tabelle 10.

[467] Empirische Untersuchungen über die Verteilungswirkung von Direktinvestitionen konnten in der Regel einen gewissen, allerdings geringen Einfluss auf die Lohnspreizung feststellen. Die Resultate sind jedoch nicht einheitlich, welches wohl insbesondere an der schwierigen Messbarkeit der Effekte liegt. Vgl. Gaston/Nelson (2001).

[468] Vgl. Trabold (1997, S. 417f.).

möglichkeiten im Ausland partizipieren.[469] Allerdings gilt dies nur dann, wenn die Gewinnbeteiligung nicht auf den nationalen Ertrag des Unternehmens beschränkt ist, sondern aus dem globalen Konzerngewinn errechnet wird.

Den Gefahren, die insbesondere für die Geringqualifizierten aus der zunehmenden Migration von Arbeitskräften aus den arbeitsreichen Ländern bestehen, kann am besten mittels einer rechtzeitigen Weiterbildungsoffensive begegnet werden. Wie bereits erwähnt, könnte eine für beide Tarifparteien sinnvolle Strategie darin liegen, dass die Arbeitnehmer auf einen Teil ihres Lohnes zugunsten von Gewinnbeteiligungen verzichten, welches für die Arbeitgeber vorteilhaft ist, die dafür aber umfangreiche Mittel für die Investition in Humankapital bereitstellen.

6.2.3 Beschäftigungswirkungen des internationalen Handels – Chancen von Investivlohn- und Gewinnbeteiligungsmodellen

6.2.3.1 Beschäftigungseffekte des internationalen Handels

Es wurde bereits darauf eingegangen, dass jene Unternehmen, welche die wettbewerbsfähigen, kapitalintensiv produzierten Güter herstellen, durch den größeren Absatzmarkt profitieren. Betriebe, die dagegen arbeitsintensive Güter fertigen, werden einer starken Importkonkurrenz gegenüber stehen. Gelingt es Letzteren nicht, durch entsprechende Produktivitätsvorteile[470] die Kosten und damit Preise der Güter zu senken, so drohen aufgrund der mangelnden Wettbewerbsfähigkeit Nachfrageeinbußen und Verluste. Rationalisierungen in den Betrieben sowie die Entlassung von Beschäftigten werden die Folgen sein, wenn nicht eine entsprechende Reduktion der Löhne den relativen Preis der Arbeit verringert. In diesem Zusammenhang wird häufig vom amerikanischen (geringere Löhne) und europäischen Modell (hohe Arbeitslosigkeit) gesprochen. Grundsätzlich handelt es sich dabei aber um zwei Seiten derselben Medaille: Ein gemeinsamer Schock führt aufgrund unterschiedlicher institutioneller Gegebenheiten zu unterschiedlichen Ergebnissen.[471] Während in den USA die Lohnungleichheit zunimmt und eine immer größer werdende Zahl von Arbeitnehmern zu den „Working poor" gezählt werden muss, ist Kontinentaleuropa durch eine wachsende Zahl von Arbeitslosen gekennzeichnet. Dabei sind vom Beschäftigungsverlust insbesondere jene Arbeitnehmer bedroht, deren Arbeitsangebot weltweit reichlich

[469] Das gilt analog für die oben behandelten Kapitalbeteiligungen.

[470] Die zunehmende internationale Mobilität der Produktionsfaktoren reduziert den länderspezifischen Mangel an modernem Kapital und leistungsfähige Informations- und Kommunikationssysteme erleichtern den Transfer von technischem Wissen. Länderspezifische Produktivitätsvorteile aufgrund eines bestimmten technologischen Vorsprungs dürften dadurch zukünftig nur noch in geringerem Umfang möglich sein.

[471] Vgl. Landmann (1999, S. 144).

vorhanden ist, d.h. die geringqualifizierten Arbeitskräfte. Von diesen sind wiederum diejenigen besonders gefährdet, die in Unternehmen arbeiten, welche durch Billigimporte starker internationaler Konkurrenz ausgesetzt sind. Rückkopplungseffekte führen aber auch zu einer Gefährdung von Arbeitsplätzen, die durch die Importkonkurrenz nicht direkt betroffen sind (z.B. Zulieferer). Ob die Volkswirtschaft ferner mit einem allgemeinen Kaufkraftverlust durch den Beschäftigungsabbau konfrontiert wird und damit auch Branchen betroffen sind, die nicht-handelbare Güter herstellen, hängt entscheidend davon ab, inwieweit die prosperierenden Branchen den Nachfragerückgang ausgleichen können.

Die bereits erwähnten Studien von Sachs und Shatz (1994) sowie von Wood (1995) deuten auf einen Beschäftigungsverlust im verarbeitenden Gewerbe – insbesondere bei den Geringqualifizierten – hin. Wood bezifferte den Einfluss von Handel mit Entwicklungsländern anhand einer Faktorgehaltsanalyse und kam in seinen Berechnungen zu einem deutlichen Rückgang von 21,5 Prozent bei jenen Arbeitsplätzen, die ein niedriges Anforderungsprofil aufwiesen.

6.2.3.2 Investivlöhne als Lösung?

Investivlöhne können auf mehrerer Weise helfen, einen Arbeitsplatzabbau zu verhindern. Eine langjährige Entlohnung mit investiven Bestandteilen führt dazu, dass die Arbeitnehmer eine Kapitalreserve ansammeln, deren Ertrag es ihnen erlaubt, während einer bestimmten Übergangszeit auf einen Teil ihres Lohnes zu verzichten. Dies ermöglicht dem Unternehmen wiederum, kurzfristig wettbewerbsfähig zu bleiben und mittelfristig einen nötigen Strukturwandel oder effizienzsteigernde Maßnahmen zu verwirklichen. Somit kann verhindert werden, dass Arbeitnehmer überhaupt erst arbeitslos werden und es damit viel schwieriger haben, den Strukturwandel zu meistern.[472] Allerdings setzt dies voraus, dass die Kapitaleinkünfte der Arbeitnehmer nicht ebenso wie die Löhne

[472] Dauerhaft können Lohnsenkungen einen langfristig notwendigen Strukturwandel aufgrund von technischem Fortschritt nicht ersetzen: „Using a somewhat shocking but essentially appropriate analogy, one might say that the process by which progressive introduction of new computerized, automated, and robotized equipment can be expected to reduce the role of labor is similar to the process by which the introduction of tractors and other machinery first reduced and then completely eliminated horses and other draft animals in agriculture. The competitive price mechanism played a decisive role in this process. Even if horses were ready to accept smaller rations of oats or hay per working day, the process of their gradual elimination would slow down only temporarily; more and more efficient tractors would come along, and finally, unable to compete with the superior performance of machines, horses would lose their jobs. That outcome would, moreover, be brought about by the perfect operation of the free competitive price system that would automatically compare the costs of different technologies competing with each other. If horses had controlled the government, this would have been a quite different story.“ Leontief (1983, S. 405f.).

sinken. Eine breite Streuung und eine nicht nur unternehmens- oder branchenbezogene Anlage ist hierfür eine hilfreiche Voraussetzung. Zudem dürfen die Arbeitnehmer die Kapitalerträge nicht bereits für einen andersweitigen Konsum verplant haben. Eine Ansammlung der Erträge in einen „Notfallfonds", auf den die Arbeitnehmer für eine bestimmte Frist keinen Zugriff haben und dessen Verwendung bereits bei Einführung der Investivlöhne beschlossen wird, wäre beispielsweise eine denkbare Möglichkeit. Die Bereitschaft der Arbeitnehmer dazu lässt sich nicht nur über die Sicherung ihrer Arbeitsplätze begründen, sondern auch mit der Hoffnung, dass der Wert ihrer eventuell am Unternehmenskapital vorhandenen Eigentumsanteile nach erfolgreicher Umstrukturierung wieder steigen wird.

Ein größeres volkswirtschaftliches Kapitalwachstum, bedingt durch breit eingeführte substitutive Investivlohnmodelle, ermöglicht zudem einen schnelleren Strukturwandel, der neue, wettbewerbsfähige Arbeitsplätze schaffen kann. Entscheidend ist jedoch dabei, dass die investivlohnbedingt zusätzlich gesparten Mittel auch entsprechend (im Inland)[473] investiert werden. Eine Fehlleitung des Kapitals in zukünftig wettbewerbsunfähige Branchen wäre ebenso fatal wie ein Investitionsstreik seitens der Unternehmen.

Auch aus nachfrageorientierter Sicht können Investivlöhne die Beschäftigung erhöhen. Im keynesianischen Multiplikatormodell einer offenen Volkswirtschaft führen nicht nur Investitionen zu einem höheren Einkommensniveau, sondern auch zusätzliche Exporte. Ein Anstieg der Importe wirkt dagegen dämpfend. Investivlohnmodelle, welche die Investitionen erhöhen, führen somit einmal wie gehabt zu einem direkten Nachfrageeffekt, wirken aber zudem indirekt über eine erhöhte Exportnachfrage positiv, wenn mit den Investitionen ein Anstieg der internationalen Wettbewerbsfähigkeit einher geht. Eine eventuell höhere Sparneigung sowie zusätzliche Importe haben allerdings einen bremsenden Effekt. Das Gesamtresultat entscheidet über die Höhe des letztendlichen Beschäftigungseffektes.

6.2.3.3 Gewinnbeteiligungen als Lösung?

Im oben behandelten Weitzman-Modell soll ein niedriger Fixlohn dafür sorgen, dass temporäre Krisen auf dem Arbeitsmarkt ohne eine größere Arbeitslosigkeit überwunden werden können. Im Idealfall soll ein permanenter Überbeschäftigungsdruck eine dauerhafte Vollbeschäftigung sichern. Trotz der oben genannten Zweifel an der reibungslosen Funktionsfähigkeit eines solchen Systems, lässt sich kaum leugnen, dass ein geringerer Fixlohn einen drastischen Arbeitsplatz-

---

[473] Eine spezifische Investition im Ausland (z.B. in eine Vertriebsinfrastruktur) kann die Wettbewerbsfähigkeit des Inlandes – wie auch bereits erwähnt – ebenso verbessern.

abbau in den unter starker Importkonkurrenz stehenden Branchen reduzieren kann. Bei einer schlechten Auftrags- und Gewinnsituation werden diejenigen Unternehmen von der Lohnkostenseite entlastet, die einen Großteil der Entgelte ergebnisabhängig auszahlen. Ein notwendiger Strukturwandel im Unternehmen und der gesamten Volkswirtschaft kann damit ohne große Entlassungswellen überwunden werden. Eine für die Arbeitnehmer mit vielen negativen Folgen (z.B. Humankapitalverlust) verbundene Arbeitslosigkeit wird somit verhindert. Allerdings besteht auch die Gefahr, dass sich der nötige Strukturwandel hinauszögert, da die Unternehmen eben einen nicht so starken Kostendruck verspüren. Die Erhaltung langfristig nicht mehr zukunftsfähiger Branchen verhindert aber ein Wachstum in erfolgsversprechenden Gebieten. Andererseits werden die Arbeitnehmer auch nicht dauerhaft ein durch die reduzierte Gewinnbeteiligung insgesamt gesunkenes Einkommen akzeptieren. Ein gewohntes Konsumniveau und langjährige Verpflichtungen erlauben oftmals keine langfristige Reduktion der Entgelte. Ein temporärer Einkommensverzicht ist aber für viele möglich und kann sinnvoll sein, um einen Strukturwandel zu ermöglichen, der ohne eine hohe Arbeitslosigkeit einher geht.

In jenen Unternehmen, bei denen die Gewinnbeteiligung schon seit vielen Jahren etabliert ist und ein merklicher Teil des Einkommens in Form einer Erfolgskomponente ausbezahlt wird, werden die Arbeitnehmer in Krisenzeiten auch eher gewillt sein, Veränderungen herbeizuführen bzw. zuzulassen, um die alte Kapitalrentabilität wieder zu erreichen. Denn eine empfindliche Reduktion der variablen Arbeitnehmereinkünfte wird deren eventuelle Blockadehaltung vor Neuerungen aus Besitzstandsdenken reduzieren. Es liegt nahe anzunehmen, dass die Beschäftigten in solchen Situationen ganz im Sinne des Arbeitgeberinteresses motiviert an der Lösung der betrieblichen Herausforderungen mitwirken.[474]

Eine mangelhafte Ertragssituation der Unternehmen kann aber nicht nur aus einer vernachlässigten Umstrukturierung resultieren. Vielmehr liegt der Grund sinkender Umsätze und Gewinne in bestimmten Fällen in einer unerwarteten Wechselkursentwicklung. Letztere, die z.B. aufgrund politischer Faktoren nachzuvollziehen, nicht aber durch Fundamentaldaten gerechtfertigt ist, kann zu einer realen Über- oder Unterbewertung der Währung führen. Ein Teil solcher Risiken lässt sich zwar über den Finanzmarkt absichern, doch kann eine länger andauernde Überbewertung der Inlandswährung die vom Export stark abhängigen Branchen in existenzbedrohende Situationen bringen, weil die Waren im Ausland bei Homogenität der Produkte und entsprechender Konkurrenz nur zu

---

[474] Das gleiche gilt natürlich grundsätzlich auch für den Fall von Investivlöhnen, wobei anzunehmen ist, dass der Druck auf die Arbeitnehmer zur Veränderung umso größer ist, je höher der Anteil am Einkommen ist, der durch mangelnde Unternehmenserträge ausfällt.

ermäßigten Preisen abgesetzt werden können.[475] Der Umfang einer in der Vergangenheit realisierten Senkung der fixen Lohnkosten mittels der Einführung von Gewinnbeteiligungen kann dann über den Fortbestand des Unternehmens entscheiden. Dasselbe gilt für jene Betriebe, die insbesondere Importsubstitute herstellen. In Zeiten einer real unterbewerteten Währung leiden dagegen vor allem die Unternehmen, die in hohem Umfang Vorprodukte aus dem Ausland beziehen und ihre Leistungen primär an Inländer verkaufen. Ein reduzierter Fixlohnblock kann somit helfen, eine angespannte Unternehmenssituation ohne einen sonst eventuell stattgefundenen, aber nicht strukturell nötigen, Arbeitsplatzabbau zu überbrücken.

Geringere fixe Lohnkosten reduzieren somit das Risiko einer Unternehmensinsolvenz. Damit sinkt auch die Gefahr des Scheitern potentieller neuer Projekte. Ein daraus bedingter Anstieg der Investitionen führt auch aus nachfrageseitiger Sicht zu positiven Beschäftigungseffekten, insbesondere – wie bereits weiter oben erwähnt – die substitutive Variante.

6.2.4 Beschäftigungswirkungen der internationalen Mobilität der Produktionsfaktoren – Chancen von Investivlohn- und Gewinnbeteiligungsmodellen

6.2.4.1 Beschäftigungseffekte der internationalen Mobilität der Produktionsfaktoren

Der Zustrom einer Vielzahl von Arbeitnehmern aus dem Ausland erhöht das inländische Arbeitsangebot. Im neoklassischen Modell führt dies zu einem neuen Arbeitsmarktgleichgewicht bei allgemein gesunkenem Lohnniveau. Diese Funktionsweise setzt jedoch eine entsprechende Flexibilität der Reallöhne voraus, die in der Realität meistens nicht vorhanden ist. Eine Starrheit im Entgeltsystem bedeutet aber, dass ein Zustrom von weiteren Arbeitnehmern zunächst zur Arbeitslosigkeit führt. Im keynesianischen Kreislaufmodell könnte eine höhere Investitionsnachfrage die Einkommen sowie die Beschäftigung erhöhen. Da die Einwanderer aber in der Regel kein Investitionskapital mit sich bringen, kann auch dies kaum erwartet werden. Im Gegenteil reduziert ein Kapitalstrom ins Ausland aufgrund der dort höheren Renditeerwartungen die Investitionsmasse im Inland. Eine zusätzliche Verschärfung der Arbeitsmarkt-

[475] Liegt nur wenig Konkurrenz vor, so ist auch jener Fall denkbar, dass die im Ausland ansässigen Unternehmen höhere Preise verlangen und damit einen höheren Gewinn erwirtschaften. Unternehmen können sich gegen Wechselkursänderungen auch dadurch absichern, dass sie die notwendigen Vorprodukte in jenen Ländern einkaufen beziehungsweise produzieren, die zugleich Hauptexportziele sind.

problematik aufgrund mangelnder Nachfrage droht folglich. Eine gewisse Abhilfe können natürlich Begrüßungsgelder oder verbilligte staatliche Investitionsdarlehen für die Migranten leisten, wodurch aber letztlich mittels fiskalischer Hilfe der Konsum oder die Investitionsnachfrage erhöht wird.

Eine besondere Gefahr stellt für die Volkswirtschaft eine Kapitalflucht dar, die zum Beispiel aufgrund erwarteter Gesetzesänderungen eintreten kann. Erwarten die Investoren eine dramatische Verschlechterung der Bedingungen, so kann dies sogar zu einem Transfer bereits im Inland installierter Anlagen führen - mit den entsprechend negativen Auswirkungen auf die Beschäftigung. Daher ist auch eine gesetzliche Einführung von Investivlöhnen oder Gewinnbeteiligungen mit entsprechender Vorsicht zu gestalten. Die Vorstellung gesetzlicher Enteignung, wie dies insbesondere bei Investivlöhnen früher der Fall war, sollte daher vermieden werden.

Der Transfer von Kapital ins Ausland muss für den inländischen Arbeitsmarkt aber letztendlich nicht negativ sein. Zwar stehen zunächst für inländische Investitionen weniger Mittel zur Verfügung, andererseits können Auslandsinvestitionen die Stellung der einheimischen Unternehmen verbessern – z.B. mittels der Schaffung entsprechender Vertriebswege. Empirische Untersuchungen zur Beschäftigungswirkung von Direktinvestitionen im Quellenland konnten nur schwach negative Effekte für die inländischen Arbeitnehmer registrieren.[476] Die Zahl der Arbeitsplätze von Hochqualifizierten scheint sogar zu wachsen.[477]

Ebenso kann die Wanderung von Arbeitnehmern, deren Qualifikation im Inland nicht oder zu wenig vorhanden ist (z.B. bestimmte Computer-Spezialisten), dem Arbeitsmarkt wichtige Impulse geben und zu einer zusätzlichen Anstellung von – in den Kenntnissen komplementären – inländischen Arbeitsuchenden führen.

6.2.4.2 Investivlöhne als Lösung?

Neben den bereits in Kapitel 6.2.3.2 genannten positiven Beschäftigungseffekten können substitutive Investivlohnkomponenten zu einer insgesamt höheren Sparneigung der Arbeitnehmer und damit einer größeren volkswirtschaftlichen Kapitalbildung beitragen. Letzteres bedeutet, dass die Ausstattung der Immigranten mit dem Lohnniveau entsprechenden wettbewerbsfähigen Kapitalgütern schneller möglich wird. Durch substitutive Investivlöhne erhalten die Unternehmen aber auch zusätzliches Kapital, das für die internationale Expansion oft fehlt beziehungsweise nur mangelhaft von Banken oder durch die Eigenkapitalgeber zur Verfügung gestellt wird. Durch die dann mögliche Ausweitung der

---

[476] Vgl. Borrmann/Jungnickel/Koopman (2002, S. 16).
[477] Vgl. Gaston/Nelson (2001)

Aktivitäten ins Ausland kann die Stellung des Unternehmens gefestigt werden, z.B. bedingt durch das Erzielen von Skaleneffekten.

In der Diskussion um die Zuwanderung von Arbeitskräften wird aber auch gerne übersehen, dass der Zustrom von bestimmten hochqualifizierten Arbeitsanbietern die inländische Wirtschaft stärken und die vorhandene Arbeitslosigkeit senken kann, wenn die Immigranten – wie bereits erwähnt – ein komplementäres Arbeitsangebot darstellen. Die Immigration dieser Experten ermöglicht ein höheres Wachstum. Daher gilt es im Besonderen, diese Arbeitnehmer für die inländischen Unternehmen zu werben. Ob das gelingt, hängt jedoch entscheidend von der Lohnhöhe und -gestaltung ab. Mögliche positive Anreizfaktoren können dabei das Vorhandensein von Investivlohn- sowie Gewinnbeteiligungsmodellen darstellen.[478] Die Nichtexistenz derartiger Entgeltvarianten kann dagegen dazu führen, dass die einheimischen Unternehmen im globalen Wettbewerb um die besten Arbeitskräfte verlieren. Die Auszahlung eines Teil des Gehalts in Unternehmensanteilen kann es zudem überhaupt erst ermöglichen, dass kleine Unternehmen weltweit gesuchte Spezialisten zu entsprechenden Konditionen anwerben können, ohne dabei das Ergebnis oder die Liquiditätslage übermäßig zu beanspruchen.

6.2.4.3 Gewinnbeteiligungen als Lösung?

Im Rahmen des Weitzman-Modells wäre eine Eingliederung der Migranten in die inländische Wirtschaft ohne größere Schwierigkeiten zu meistern, soweit das Fixlohnniveau einen entsprechend niedrigen Wert annimmt. Zwar lässt sich am Weitzman-Modell – wie bereits oben ausgeführt – umfangreiche Kritik üben, doch kann kaum bezweifelt werden, dass mit geringeren Fixlöhnen auch ein geringeres Risiko für die Investitionen verbunden ist und diese damit bei der häufig anzutreffenden risikoaversen Einstellung eher getätigt werden. Eine höhere Investitionssumme kann aber negative Effekte der Kapitalabwanderung reduzieren bzw. sogar ausgleichen und für eine entsprechende Kapitalausstattung der Immigranten sorgen.
Im vorherigen Abschnitt wurde zudem bereits darauf hingewiesen, dass Gewinnbeteiligungen ein Anreizinstrument für die weltweite Werbung gesuchter Spezialisten darstellen. In jüngster Zeit haben sich hierbei insbesondere Aktienoptionsmodelle etabliert. Ohne die Gewährung einer solchen Partizipationsform konnten die gesuchten Fachkräfte in Zeiten der allgemeinen Börseneuphorie kaum noch angeworben werden.

---

[478] Vgl. Wolf (2002, S. 167f.).

7 Fazit

„Es geht nicht nur darum, den veränderten Anforderungen der Wirtschaft und der Arbeitsmärkte gerecht zu werden. Es geht, weit darüber hinaus, um die Beteiligung an einer Gesellschaft, die dem einzelnen ein Mehr an Mündigkeit, ein Mehr an Eigenverantwortung und ein Mehr an Selbständigkeit geben soll. Ich bin sicher: Nur eine solche Gesellschaft der Teilhabe wird zukunftsfähig sein."

Gerhard Schröder[479]

Das Zitat aus einer Rede des Bundeskanzlers Gerhard Schröder anlässlich der 50. Jahrestagung der Arbeitsgemeinschaft Partnerschaft in der Wirtschaft am 28. März 2000 ließ berechtigte Hoffnungen zu, die Bundesregierung werde in ihrer Amtsperiode entsprechende Weichenstellungen vornehmen, damit die Wirtschaftslokomotive Deutschland auf den neuen Gleisen fundamental geänderter Engeltmodelle wegweisend für andere Länder vorausfahren kann. Den Worten folgten aber keine Taten, so dass mögliche Investivlohn- und Gewinnbeteiligungsmodelle von staatlicher Seite keine neuen Impulse verspürten. Die stark wachsende Verbreitung und der enorme Popularitätsgewinn der neuen, flexibleren Lohnformen spiegelt jedoch wider, dass Gewerkschaften und auch Arbeitgeber – wenn auch noch nicht die Politiker – die Bedeutung und mögliche Chancen erkannt haben und nun an deren Realisierung arbeiten.

Ein Hauptaugenmerk der vorliegenden Arbeit galt der gesamtwirtschaftlichen Verteilungswirkung von Investivlohn- und Gewinnbeteiligungsmodellen, welche anhand eines neoklassischen und postkeynesianischen Untersuchungsrahmens betrachtet wurde. Investive Lohnbestandteile führen zu einer Kapitalbildung seitens der Arbeitnehmer, die ihnen neben dem Entgelt für ihre Arbeitskraft eine zweite Einkommensquelle in Form von Kapitalerträgen erschließt. Außer von der somit entstehenden Querverteilung profitieren die Beschäftigten bei Zugrundelegung einer neoklassischen Produktionsfunktion zudem von steigenden Lohnsätzen, die aus dem höheren Kapitalwachstum und der damit verbundenen gestiegenen Arbeitsproduktivität resultieren.

Investivlöhne können aber nicht nur aus neoklassischer, sondern auch aus postkeynesianischer Sicht das Arbeitnehmereinkommen deutlich erhöhen. Die berühmte Aussage Nell-Breunings „Sparen ohne Konsumverzicht" findet somit grundsätzlich Bestätigung: Das verstärkte Sparen beschränkt die Arbeitnehmer durch den Zugewinn von Einkommensteilen nicht oder nur bedingt in ihrem

[479] Bundesregierung (2000, S. 1).

Konsum. Je höher die Sparquote infolge der Einführung von Investivlöhnen steigt, desto besser fällt auch das Ergebnis für die Arbeitnehmer hinsichtlich der klassenspezifischen Einkommensverteilung aus. Neben der Sparquote ist aber die zweite entscheidende Modellvariable die Investitionshöhe. Deren Veränderung hängt in starkem Maße davon ab, ob die Investivlöhne substitutiv oder additiv gewährt werden. Bei der zuletzt genannten Variante entsteht für die Unternehmen eine zusätzliche Kostenbelastung, welche die Rendite und damit die Investitionsbereitschaft vermindert. Im substitutiven Fall bleiben dagegen die Lohnkosten konstant, wodurch hiervon keine negative Folgen ausgehen. Allerdings können empirisch ermittelte positive Produktivitätseffekte infolge der Kapitalbeteiligung von Arbeitnehmern sowie weitere besprochene Effekte die Investitionsbereitschaft und –fähigkeit auch erhöhen. Eine gesunkene Investitionsquote bewirkt im Pasinetti-Modell eine Umverteilung zugunsten der Arbeitnehmer, eine gestiegene reduziert dagegen deren Einkommensanteil. Aus dieser Sicht sind insbesondere die additiven Investivlohnkonzepte für die Arbeitnehmer empfehlenswert. Allerdings geht das Modell von einer Vollbeschäftigungssituation aus. In Zeiten umfangreicher Arbeitslosigkeit ist eine hohe Investitionsquote essentiell notwendig, um ein Wachstum zu erreichen, das eine Eingliederung der Erwerbslosen möglich macht. Hohe Investitionen verursachen in der Regel zudem kräftige Produktivitätssteigerungen, welche die absolute Verteilungsmasse erhöhen. Beides spricht für die substitutiven Investivlohnmodelle, die das Einkommen der Arbeitnehmer bei einer entsprechenden Erhöhung ihrer Sparneigung ebenso verbessern können.

Damit bietet eine breite Einführung dieser Entgeltform die große Chance, den Arbeitnehmern neben ihren Lohnbezügen eine dauerhafte zweite Einkommensquelle zu ermöglichen und dadurch der fortschreitenden Ungleichverteilung der Einkommen und der damit einhergehenden Probleme entgegenzuwirken:

> „Wenn man aber – aus Gründen, die hier nicht zu erörtern sind – eine Verbesserung der Einkommensposition der unselbständig Beschäftigten anstrebt, die über eine gleichbleibende Beteiligung an einem wachsenden Sozialprodukt hinausgeht, dann kann dies nur durch eine Erhöhung des Grades der Querverteilung geschehen.“[480]

Die Verteilungswirkungen von Gewinnbeteiligungen sind leider deutlich unsicherer. Im neoklassischen Ansatz lässt sich deren Gewährung als Teil des Entgelts kaum modellieren und im postkeynesianischen Rahmen ist der Effekt von der konkreten Ausgestaltung abhängig, weil an die Gewinnbeteiligung grundsätzlich kein Sparzwang gekoppelt ist. Die additive Variante scheint in der Regel das geeignetere Instrument zu sein, um das Einkommen der Arbeitnehmer

[480] Stobbe (1962, S. 131).

zu erhöhen. Allerdings ergeben sich hier wieder die bereits angesprochenen negativen Effekte eines erwarteten Investitionsrückgangs.

Der zweite Schwerpunkt der Arbeit lag in der Frage nach den Beschäftigungswirkungen einer breiten, gesamtwirtschaftlichen Einführung von Investivlohn- und Gewinnbeteiligungsprogrammen. Die Hoffnung auf eine Reduktion der Arbeitslosigkeit, die mit dem Weitzman'schen Vorschlag verbunden wird, ist gemäß der vorliegenden Erkenntnis durchaus berechtigt. Denn Gewinnbeteiligungen können den in allen Diskussionen um die Beziehung der makroökonomischen Größen Lohnhöhe und Beschäftigung innewohnenden Konflikt zwischen der nachfrage- und angebotsorientierten Sicht beispiellos überwinden. Die für Einstellungsentscheidungen relevanten marginalen Lohnkosten werden bei konsequenter Verwirklichung substitutiver Gewinnbeteiligungen gesenkt. D.h., aus angebotsorientierter Sicht müsste infolgedessen die Beschäftigung steigen. Gleichzeitig wird aber grundsätzlich auch die Kaufkraft nicht beschnitten. Denn über die Gewinnbeteiligung erhalten die Arbeitnehmer zusätzlich zum Festlohn eine Bonuszahlung gutgeschrieben. Lediglich in jenen Jahren, in denen die Unternehmen nur geringe Gewinne erzielen oder Verluste erwirtschaften, erfolgt über die Nachfrageseite eine zusätzliche Destabilisierung, der allerdings die verringerten Lohnkosten von der Angebotsseite entgegenwirken. Zudem müssten grundsätzlich die Investitionen aufgrund der gesunkenen Fixlohnkosten und des damit verbundenen geringeren Risikos ansteigen. Erwirtschaften die Unternehmen hohe Gewinne, wird der Lohnkosteneffekt durch den Kaufkrafteffekt noch verstärkt – einer bestehenden Arbeitslosigkeit wird somit mit doppelter Kraft entgegengesteuert. Zudem entfalten die empirisch nachgewiesenen Produktivitätszuwächse einen weiteren positiven Effekt von der Angebotsseite. Während eine breite Einführung substitutiver Gewinnbeteiligungsmodelle die Beschäftigungssituation somit deutlich verbessern kann, muss von einer Etablierung der additiven Variante sowohl aus angebots- als auch aus nachfrageseitiger Sicht eher abgeraten werden.

Die Betrachtung von Investivlohneffekten auf die Arbeitsnachfrage erfolgte ebenso eingehend. Positiv wirken hier insbesondere die angebotsseitigen Finanzierungs- und Produktivitätseffekte, die neben der Investitionsbereitschaft auch die -fähigkeit steigern. Eine erhöhte Investitionsnachfrage und die daraus im kreislaufanalytischen Modell abgeleiteten Beschäftigungseffekte sind dabei vor allem bei den substitutiven Modellen zu erwarten. Es wurde zudem erläutert, dass eine Lohnzurückhaltung der Arbeitnehmer in wirtschaftlich schwierigen Zeiten und die damit verbundene Sicherung von Arbeitsplätzen bei der Existenz von Investivlohnmodellen eher wahrscheinlich ist als bei traditionellen Entgeltsystemen.

Eine Umfrage des Forschungszentrums für finanzielle Beteiligung zeigte, dass das Umfeld für die materielle Beteiligung der Arbeitnehmer in Deutschland schlechter benotet wurde als zum Beispiel in Frankreich oder Großbritannien. Die genannten Hemmnisse lagen sowohl im Bereich der Steuer- und Sozialabgaben, in der Komplexität der Gesetzgebung als auch in der fehlenden Tradition beziehungsweise Kultur des Aktienbesitzes in Arbeitnehmerhand.[481] Kapitel 3.1.1 hat analog gezeigt, dass die direkte staatliche Förderung in Deutschland im Wesentlichen auf die Sparzulage gemäß dem Vermögensbildungs- sowie Vermögensbeteiligungsgesetz und die begrenzte Steuer- und Sozialabgabenbefreiung gemäß § 19 a Einkommenssteuergesetz beschränkt ist. Der internationale Vergleich deckte den Rückstand Deutschlands auf und zeigte verschiedene denkbare staatliche Handlungsmöglichkeiten. Daher wäre es umso wünschenswerter, dass die politische Seite das große Potenzial von Investivlohn- und Gewinnbeteiligungsmodellen schnell erkennt und entsprechend handelt. Zudem muss den Gewerkschaften bewusst werden, dass ihre traditionelle Lohnpolitik erhebliche Schwächen hat – wenn nicht gar ganz wirkungslos war. Ein Umdenken ist hier dringend erforderlich. Die Arbeitgeberseite sollte neuen Lohnformen offen gegenüberstehen und Investivlohn- sowie Gewinnbeteiligungskonzepte aktiv in die Tarifverhandlungen einbringen.

Dies wäre ein wichtiger Schritt, um sich den in Kapitel 6 genannten Herausforderungen der deutschen Wiedervereinigung sowie der zunehmenden weltwirtschaftlichen Integration erfolgreich zu stellen. Eine konsequente, breit angelegte und finanziell umfangreiche Umstellung der traditionellen Entlohnung hin zu einer mehrdimensionalen Struktur der Erwerbseinkommen kann somit die Einkommensverteilung gleichmäßiger gestalten und die Beschäftigungslage deutlich verbessern.

Angesichts der aktuellen und zukünftigen Herausforderungen bedarf es nicht nur gradueller Veränderungen der gewohnten wirtschaftlichen Handlungsweise. Die umfassende Verwirklichung von Investivlohn- und Gewinnbeteiligungskonzepten entspricht einem starken Einschnitt in der bisherigen Lohnpolitik, stellt gleichzeitig aber ein hoffnungsvolles Instrument zur Überwindung einer Reihe der gegenwärtigen wirtschaftlichen Probleme dar. Die vorliegende Arbeit soll zum besseren Verständnis dieser Aspekte beitragen.

---

[481] Vgl. Europäische Kommission (2000, S. 42f.). Problematisch an der Untersuchung ist allerdings die fehlende Trennung zwischen Gewinnbeteiligungs- und Investivlohnkonzepten sowie die relativ geringe Anzahl befragter Unternehmen.

Literaturverzeichnis

Abramovitz, M. (1989), Thinking about growth, Cambridge.

Akerlof, G.A. u.a. (1991), East Germany in from the Cold: The Economic Aftermath of Currency Union, in: Brookings Papers on Economic Activity, Nr. 1, S. 1-105.

Althammer, J. (1996), Reform der Vermögensbildung in Arbeitnehmerhand: Zentrale Konstruktionsmängel bleiben erhalten, in: Sozialer Fortschritt, Nr. 6, S. 141-145.

Andersen, U. (1976), Einführung in die Vermögenspolitik, München.

Areion Online (2003), Personenlexikon, http://www.areion-online.de/ personausgabe103.html (16.06.2003).

Arentz, H.-J. (2002), Der Investivlohn: Schlüssel zur Partnerschaft, in: Wagner, K.-R. (Hrsg.), Mitarbeiterbeteiligung. Visionen für eine Gesellschaft von Teilhabern. Festschrift für Michael Lezius zum 60. Geburtstag, Wiesbaden, S. 173-175.

Arrow, K.J. (1962), The Economic Implications of Learning by Doing, in: The review of economic studies, Bd. 29, S. 155-173.

Asheim, G.B. (1994), The Weitzman Foundation of NNP with Non-constant Interest Rates. A Comment to Sefton and Weale, Center for Economic Studies, Working Paper, Nr. 75, München.

Atkinson, A.B. (2000), The Distribution of Personal Income: Complex Yet Over-Simplified, in: Hauser, R./Becker, I. (Hrsg.), The Personal Distribution of Income in an International Perspective, Berlin u.a., S. 56-71.

Backes-Gellner, U. u.a. (2002), Mitarbeiterbeteiligung in kleinen und mittleren Unternehmen – Verbreitung, Effekte, Voraussetzungen, Institut für Mittelstandsforschung, Schriften zur Mittelstandsforschung, Nr. 92 N.F., Wiesbaden.

Balz, U. (2000), Basiswissen Mitarbeiterbeteiligung und Mitarbeiterbeteiligung erfolgreich einführen, Münster und Oelde.

Baranzini, M. (1991), A Theory of Wealth Distribution and Accumulation, Oxford u.a.

Barro, R.J./Grossman, H.I. (1971), A general disequilibrium model of income and employment, in: American Economic Review, Bd. 61, S. 82-93.

Bartmann, H. (1981), Verteilungstheorie, München.

Bayerische Staatsregierung u.a. (2001), Fit durch Mitarbeiterkapitalbeteiligung. Eine Informationsschrift für Arbeitgeber und Mitarbeiter, München.

Bender, D. (1995), Außenhandel, in: Bender, D. u.a. (Hrsg.), Vahlens Kompendium der Wirtschaftstheorie und Wirtschaftspolitik, Bd. 1, 6. Aufl., München, S. 421-481.

Besters, H. (1985), Volkswirtschaftliche und gesellchaftspolitische Aspekte der Beteiligung der Arbeitnehmer am Produktivvermögen, in: Laßmann, G/Schwark, E. (Hrsg.), Beteiligung der Arbeitnehmer am Produktivvermögen, Düsseldorf und Frankfurt am Main, S. 1-16.

Beyfuß, J. u.a. (1997), Globalisierung im Spiegel von Theorie und Empirie, Institut der deutschen Wirtschaft, Beiträge zur Wirtschafts- und Sozialpolitik, Nr. 235-2/1997, Köln.

Bhargava, S. (1994), Profit Sharing and the Financial Performance of Companies: Evidence from U.K. Panel Data, in: The Economic Journal, Bd. 104, S. 1044-1056.

Bhargava, S./Jenkinson, T. (1995), Explicit versus Implicit Profit Sharing and the Determination of Wages: Microeconomic Evidence from the UK, in: Labour, Bd. 9, Nr. 1, S. 73-95.

Binkowski, J. (1963), Die sozialen Enzykliken, Villingen.

Bispinck, R./WSI-Tarifarchiv (1998), Von niedrigen Lohnabschlüssen zum „Ende der Bescheidenheit“? Eine tarifpolitische Bilanz des Jahres 1997, in: WSI Mitteilungen, Bd. 51, Nr. 2, S. 73-91.

Blair, M.M./Kruse, D.L. (1999), Worker Capitalists?, http://www.fed.org/onlinemag/mar00/trends.htm (25.09.2001).

Blanchflower, D.G./Oswald, A.J. (1988), Profit-Related Pay: Prose discovered?, in: The Economic Journal, Bd. 98, S. 720-730.

Blüm, N. (1998), Fortschritte bei der Vermögensbildung von Arbeitnehmern, in: Wirtschaftsdienst, Nr. 4, S. 199-208.

Bohne, A. (2000), Paris weitet Kapitalbildung auf alle Beschäftigten aus. Frankreichs Regierung regelt gesetzliche Vermögensbildung neu, in: Handelsblatt v. 2.8.2000, S. 8.

Bombach, G. (1959), Die verschiedenen Ansätze der Verteilungstheorie, in: Niehans, J. u.a. (Hrsg.), Einkommensverteilung und technischer Fortschritt, Schriften des Vereins für Socialpolitik, Bd. 17 N.F., Berlin, S. 95-154.

Bombach, G. (1964),Von der Neoklassik zur modernen Wachstums- und Verteilungstheorie, in: Schweizerische Zeitschrift für Volkswirtschaft und Statistik , Bd. 100, S. 399-427.

Bombach, G. (1976), Vermögenspolitik unter veränderten Wachstumsbedingungen, in: Körner, H. u.a. (Hrsg.), Wirtschaftspolitik – Wissenschaft und politische Aufgabe. Festschrift zum 65. Geburtstag von Karl Schiller, Bern und Stuttgart, S. 373-390.

Bontrup, H.-J./Springob, K. (2002), Gewinn- und Kapitalbeteiligung. Eine mikro- und makroökonomische Analyse, Wiesbaden.

Boos, K.-H./Fischer, R./Schulte-Mattler, H. (Hrsg.) (2000), Kreditwesengesetz. Kommentar zu KWG und Ausführungsvorschriften, München.

Bornträger, W. (1989), Unternehmenskultur bei Rosenthal: LebensArt, in: Personal, Nr. 8, S. 308-313.

Borrmann, A./Jungnickel, R./Koopmann, G. (2002), Stand und Perspektiven der Globalisierung – Außenhandel und Direktinvestitionen, Kurzgutachten auf der Basis der HWWA-Materialsammlung Globalisierung im Auftrag der Enquête-Kommission des Deutschen Bundestages *Globalisierung und Weltwirtschaft – Herausforderungen und Antworten*, Hamburg.

Brandt, F./Peter, R./Werth, M. (1972), Das Sparverhalten der Arbeitnehmer im Rahmen des Vermögensbildungsgesetzes. Das Sparverhalten der Arbeitnehmer aufgrund des Vermögensbildungsgesetzes unter besonderer Berücksichtigung der Information der Arbeitnehmer über vermögenspolitische Maßnahmen und Gesetze, Schriftenreihe des Bundesministers für Arbeit und Sozialordnung, Nr. 19, Köln.

Brenk-Keller, S. (1997), Die Beteiligung der Mitarbeiter am Produktivkapital – Konzeptionelle Entwicklung und praktische Ausgestaltung, Karlsruhe.

Brenton, P. (1999), Rising Trade and Falling Wages: A Review of the Theory and the Empirics, in: Brenton, P./Pelkmans, J. (Hrsg.), Global Trade and European Workers, Chippenham, S. 18-38.

Brücker, H. (2001), Werden unsere Löhne künftig in Warschau festgesetzt?, in: List Forum für Wirtschafts- und Finanzpolitik, Bd. 27, Nr. 1, S. 71-92.

Bürgschaftsbank Berlin-Brandenburg GmbH (2002), Übernahme von Garantien für Arbeitnehmerbeteiligungen, www.buergschaftsbank-berlin.de/garantien3.html (23.07.2002).

Bürgschaftsbank Sachsen-Anhalt GmbH (2003), Unsere Leistungen/Konditionen: Garantien für Mitarbeiter-Beteiligungen, www.bb-sachsen-anhalt.de/bb/leistung/bb_prg2.html (12.06.2003).

Bürgschaftsbank Thüringen GmbH (2003), Arbeitnehmerbeteiligung, http://www.bb-thueringen.de/anbeteiligungen/anbeteiligungen.htm (12.06.2003).

Bundesministerium für Arbeit und Sozialordnung (1998), Vermögensbeteiligung. Neues Gesetz tritt 1999 in Kraft. Bundestag beschließt erhebliche Verbesserungen für Arbeitnehmer, Reihe Sozialpolitische Informationen, Bd. 32, Nr. 12 v. 21. Juli, Bonn.

Bundesministerium für Arbeit und Sozialordnung (1999), Mitarbeiterbeteiligung am Produktivvermögen. Ein Wegweiser für Arbeitnehmer und Arbeitgeber, Bonn.

Bundesministerium für Arbeit und Sozialordnung (2000), ... bild Dir ein Vermögen! Der Staat legt zu, Bonn.

Bundesministerium für Arbeit und Sozialordnung (2002), ... bild Dir ein Vermögen! Der Staat legt zu, Bonn.

Bundesregierung (1974), Grundlinien eines Vermögensbeteiligungsgesetzes. Fassung vom 19. Januar 1974, in: Institut für Städtebau, Wohnungswirtschaft und Bausparwesen e.V. (Arnold-Knoblauch-Institut) (Hrsg.) (1977), Materialien zur Vermögensbildung in Arbeitnehmerhand. Thesen, Pläne, Gesetze, Vierte Folge: 1973 bis 1977, Bonn, S. 43-47.

Bundesregierung (1996), Entwicklung der Vermögen und ihrer Verteilung, in: Drucksache 13/3885 des Deutschen Bundestages, 13. Wahlperiode, S. 1-44.

Bundesregierung (2000), Pressemitteilung Nr. 128/00: Rede von Bundeskanzler Gerhard Schröder anlässlich der 50. Jahrestagung der Arbeitsgemeinschaft Partnerschaft in der Wirtschaft „Mitarbeiterbeteiligung – Aufbruch in das Dritte Jahrtausend" am 28. März 2000 in Wolfsburg, Berlin.

Bundesregierung (2001), Lebenslagen in Deutschland. Der erste Armuts- und Reichtumsbericht der Bundesregierung, Berlin.

Bundesregierung (2003), Haushaltsbegleitgesetz 2004, in: Bundesgesetzblatt, Teil I, Nr. 68, S. 3076-3092.

Burgbacher, F. (1964), Einkommensverteilung und Tendenzen der Vermögensbildung in der Bundesrepublik, in: Burgbacher u.a. (Hrsg.), Einkommensverteilung und Vermögensbildung in der Bundesrepublik Deutschland, Opladen, S. 153-167.

Burgbacher, F. (1966), Eigentumspolitik und breite Streuung des Eigentums in Personenhand, in: Weber, W. (Hrsg.), Wissenschaft – Ethos – Politik. Im Dienste gesellschaftlicher Ordnung. Festschrift zum 60. Geburtstag von Professor Dr. theol. Dr. phil. Dr sc. pol. Joseph Höffner Bischof von Münster, Jahrbuch des Instituts für christliche Sozialwissenschaften der westfälischen Wilhelms-Universität Münster, 7. und 8. Bd., Münster, S. 215-225.

Buschak, W./Hutsebaut, M. (2000), Die finanzielle Beteiligung von Arbeitnehmern – Die Sicht der Europäischen Gewerkschaften. Financial Participation by Employees – A European Trade Union Perspective, in: ISA Consult GmbH (Hrsg.), Fachtagung „Entwicklungsperspektiven der Mitarbeiterbeteiligung – Europäische Initiativen unter PEPPER II", Hannover, S. 79-100.

Cable, J.R. (1988), Is Profit-Sharing Participation?, in: International Journal of Industrial Organization, Bd. 6, S. 121-137.

Cable, J.R./FitzRoy, F. (1980a), Productive efficiency, incentives and employee participation: some preliminary results for West Germany, in: Kyklos, Bd. 33, S. 100-121.

Cable, J.R./FitzRoy, F. (1980b), Co-operation and productivity: Some evidence from West German Experience, in: Clayre, A. (Hrsg.), The political economy of cooperation and participation – a third sector, London, S. 141-160.

Cable, J.R./Wilson, N. (1988), Profit-Sharing and Productivity: An International Comparison, Warwick Economic Research Papers, Nr. 301, University of Warwick.

Cable, J.R./Wilson, N. (1989), Profit Sharing and Productivity: An Analysis of UK Engineering Firms, in: The Economic Journal, Bd. 99, S. 366-375.

Clark, J.B. (1899), The Distribution of Wealth. A Theory of Wages, Interest and Profits, New York und London.

Coates, E.M. (1991), Profit sharing today: plans and provisions, in: Monthly Labor Review, April, S. 19-25.

Conrad, C. (1986), Erfolgsbeteiligung und Vermögensbildung der Arbeitnehmer bei Siemens (1847-1945), Beiheft 36 zur Zeitschrift für Unternehmensgeschichte, Stuttgart.

Cooper, L.W. (1949), Profit Sharing, in: Seligman, E./Johnson, A. (Hrsg.), Encyclopaedia of the Social Sciences, Bd. 11, New York, S. 487-492.

Craven, J. (1979), The Distribution of the Product, Studies in economics, Bd. 16, London u.a.

Dahmen, C. (1999), Weltweite Beteiligungsmodelle für Mitarbeiter, in: Personalwirtschaft, Bd. 26, Nr. 1, S. 40.

DaimlerChrysler AG (2001), Erneut höhere Ergebnisbeteiligung für DaimlerChrysler-Mitarbeiter in Deutschland, http://www.daimlerchrysler.de/index_g.htm (13.02.01).

DaimlerChrysler AG (2002), Jahresabschluss 2001, Stuttgart.

Decker, G. (1980), Die Rechtsstellung des Arbeitnehmers im Unternehmen und die Forderung nach einer Vermögensbildung in Arbeitnehmerhand. Zugleich eine Untersuchung über das Verhältnis von Arbeit und Eigentum im Rahmen der industriellen Produktionsweise, Schriften zum Sozial- und Arbeitsrecht, Bd. 51, Berlin.

Defourney, J./Estrin, S./Jones, D.C. (1985), The Effects of Workers' Participation on Enterprise Performance. Empirical Evidence from French Cooperatives, in: International Journal of Industrial Organisation, Bd. 3, S. 197-217.

Demougin, D./Schwager, R. (1999), Law Enforcement and Criminality: Europe vs. USA, Zentrum für Europäische Wirtschaftsforschung, Discussion Paper, Nr. 99-44, Mannheim.

Deutscher Bundestag (1996), Antrag: Offensive zur Förderung der Arbeitnehmerbeteiligung am Produktivvermögen, Drucksache 13/4373 v.17.04.96, abgedruckt in: SPD-Bundestagsfraktion (Hrsg.) (1998), Beteiligung am Produktivkapital – Den gesellschaftlichen

Wandel gestalten, Fachkonferenz der SPD-Bundestagsfraktion am 24. September 1997, Bonn, S. 54-57.

DGB-Bundesvorstand (1998), Vermögenspolitik in Arbeitnehmerhand zwischen Abgang und Neubeginn, Informationen zur Wirtschafts- und Strukturpolitik, Nr. 3/1998, Düsseldorf.

DGB-Bundesvorstand (2000), Anreize und Sicherheiten für Mitarbeiterbeteiligungsmodelle unter besonderer Berücksichtigung der Lage in Klein- und mittelständischen Unternehmen. Versuch einer gewerkschaftlichen Positionsbeschreibung, Informationen zur Wirtschafts- und Strukturpolitik, Nr. 3/2000, Berlin.

Dieckheuer, G./Lueb, T./Plaßmann, G. (1998), Risiken, Chancen und Anpassungsstrategien in den Industrieländern, insbesondere in Deutschland, in: Eschenburg, R./Dabrowski, M. (Hrsg.), Konsequenzen der Globalisierung: ökonomische Perspektiven für Lateinamerika und Europa, Münster, S. 299-342.

Dietrich, V./Ragnitz, J. (1997), Investivlöhne – keine Lösung der Probleme ostdeutscher Unternehmen, in: Wirtschaftsdienst, Nr. 9, S. 527-530.

DIW (2000a), Betriebliche Sondervergütungen in Deutschland, in: DIW Wochenbericht, Bd. 67, Nr. 35, S. 561-566.

DIW (2000b), Einkommensverteilung in Deutschland – Stärkere Umverteilungseffekte in Ostdeutschland, in: DIW Wochenbericht, Bd. 67, Nr.19, S. 291-297.

DIW u.a. (2001), Die Lage der Weltwirtschaft und der deutschen Wirtschaft im Frühjahr 2001, Berlin.

Domenghino, C.-M. (1981), Die Weiterentwicklung der postkeynesianischen Verteilungstheorie. Ein theoretischer und empirischer Beitrag zu den Verteilungsansätzen von N. Kaldor und L. Pasinetti, Bern u.a.

Drechsler, W. (1977), Konsequente Vermögenspolitik: Aktien für alle und Beteiligungen für Mitarbeiter, Reihe Bonn Aktuell, Bd. 33, 2. Auflage, Stuttgart.

Dullinger, E. (1963), Der Investitionslohn als Form der betrieblichen Entlohnung und Mittel zur Eigentumsbildung in Arbeitnehmerhand, München.

Eder, M. (1992), Beschäftigungsstabilisierung durch das Beteiligungssystem? Eine Auseinandersetzung mit dem Weitzman-Plan, Reihe Volkswirtschaftliche Forschung und Entwicklung, Bd. 76, München.

Eekhoff, J. (1998), Investivlöhne und Vermögensbildung – Eigenverantwortliche Lösungen ermöglichen, in: Wirtschaftsdienst, Nr. 4, S. 204-208.

Eicker, A. (1999), Eine völlig neue Dimension. Die Vergütung der Top-Manager bei Siemens hat Modell-Charakter. Für Siemens und die deutsche Industrie, in: Handelsblatt v. 19.11.1999.

Erber, G./Hagemann, H./Seiter, S. (1998), Zukunftsperspektiven Deutschlands im internationalen Wettbewerb. Industriepolitische Implikationen der Neuen Wachstumstheorie, Heidelberg.

Erber, G./Hagemann, H./Seiter, S. (1999), Abschlußbericht des Projekts Wachstums- und beschäftigungspolitische Implikationen des Informations- und Kommunikationssektors, Berlin und Stuttgart.

Erhard, L (1971), Vorwort zu Willgerodt, H./Bartel, K./Schillert, U., Vermögen für alle. Probleme der Bildung, Verteilung und Werterhaltung des Vermögens in der Marktwirtschaft. Eine Studie der Ludwig-Erhard-Stiftung, Schriftenreihe der Ludwig-Erhard-Stiftung, Bd. 2, Düsseldorf und Wien.

Eschbach, H. (1999), „Goldene Handschellen" binden die Mitarbeiter. Gespräch mit der Beraterin Ulrike Hasbargen über Stock Options, Handelsblatt v. 12.7.1999, Nr. 131, S. 44.

Eschenbach, R./Heering, W. (2001), Mitarbeiterbeteiligung am Produktivkapital, in: Guski, H.-G./Schneider, H.J. (Hrsg.), Mitarbeiter-Beteiligung – MAB. Handbuch für die Praxis, Loseblattsammlung, Bd. 1, Nr. 4130, S. 1-57.

ESOP Association (2001), ESOP Statistics, http://www.esopassociation.org/pubs/stats.html (25.09.2001).

Esser, K./Faltlhauser, K. (1974), Beteiligungsmodelle, München.

Estrin, S./Grout, P./Wadhwani, S. (1987), Profit-sharing and employee share ownership, in: Economic Policy, Bd. 4, Nr. 4, S. 13-62.

Estrin, S. u.a. (1997), Profit-Sharing in OECD Countries: a Review and Some Evidence, in: Business Strategy Review, Bd. 8, Nr. 4, S. 27-32.

Europäische Kommission (2000), Finanzielle Beteiligung der Arbeitnehmer in der Europäischen Union aus der Sicht der Unternehmen. Ziele und Hindernisse, Brüssel.

Europäische Kommission (2001), Kommission drängt auf größere soziale Verantwortung der Unternehmen in Europa, http://europa.eu.int/comm/employment_social/ news/ 2001/jul/ 171_de.html (18.12.2001).

Fakhfakh, F./Perotin, V. (2000), The Effects of Profit-sharing Schemes on Enterprise Performance in France, in: Economic Analysis, Bd. 3, Nr. 2, S. 93-111.

Faltlhauser, K. (2002), Teilhabe am Wachstum: Der Börsenkurs als Indikator des Unternehmenserfolgs und das steuerliche Leistungsfähigkeitsprinzip, in: Wagner, K.-R. (Hrsg.), Mitarbeiterbeteiligung. Visionen für eine Gesellschaft von Teilhabern. Festschrift für Michael Lezius zum 60. Geburtstag, Wiesbaden, S. 260-270.

Fazzari, S.M./Hubbard, R.G./Petersen, B.C. (1988), Financing Constraints and Corporate Investment, in: Brookings Papers on Economic Activity, S. 141-195.

Festing, M. u.a. (1999), Financial Participation in Europe – Determinants and Outcomes, in: Economic and Industrial Democracy, Bd. 20, S. 295-329.

Fischer, S. (2003), Globalization and Its Challenges, AEA Papers and Proceedings, Bd. 93, Nr. 2, S. 1-30.

FitzRoy, F.R. (1987), Unemployment and the Share Economy: A sceptical note, European University Institute, Working Paper, Nr. 87/286, Florenz.

FitzRoy, F.R./Kraft, K. (1985), Participation and division of labour: a West German case study, in: Industrial Relations Journal, Bd. 16, Nr. 4, S. 68-74.

FitzRoy, F.R./Kraft, K. (1986), Profitability and Profit-Sharing, in: The Journal of Industrial Economics, Bd. 35, Nr. 2, S. 113-130.

FitzRoy, F.R./Kraft, K. (1987a), Formen der Arbeitnehmer-Arbeitgeberkooperation und ihre Auswirkungen auf die Unternehmensleistung und Entlohnung, in: FitzRoy, F.R./Kraft, K. (Hrsg.), Mitarbeiter-Beteiligung und Mitbestimmung im Unternehmen, Berlin und New York, S. 173-196.

FitzRoy, F.R./Kraft, K. (1987b), Cooperation, Productivity and Profit Sharing, in: The Quarterly Journal of Economics, Bd. 102, Nr. 1, S. 23-35.

FitzRoy, F.R./Kraft, K. (1992), Forms of Profit Sharing and Firm Performance: Theoretical Foundations and Empirical Problems, in: Kyklos, Bd. 45, Nr. 2, S. 209-225.

FitzRoy, F.R./Kraft, K. (1995), On the choice of incentives in firms, in: Journal of Economic Behavior and Organization, Bd. 26, S. 145-160.

FMR Corp. (2002), Glossary, http://personal300.fidelity.com/products/stockoptions/glossary.shtml#I (13.02.2002).

Föhl, C. (1953), Kritik der progressiven Einkommensbesteuerung, in: Finanzarchiv, Bd. 14 N.F., S. 88-109.

Föhl, C. (1964), Aktuelle Pläne zur Beeinflussung der Einkommensverteilung und Vermögensbildung, in: Stiller, E. (Hrsg.), Lohnpolitik und Vermögensbildung. Frankfurter Gespräch der List Gesellschaft. 29.-30. November 1963. Protokolle und Gutachten, Basel und Tübingen, S. 133-162.

Föhl, C./Wegner, M./Kowalski, L. (1964), Kreislaufanalytische Untersuchung der Vermögensbildung in der Bundesrepublik und der Beeinflußbarkeit ihrer Verteilung, Gutachten im Auftrag des Bundeswirtschaftsministeriums, Institut für angewandte Wirtschaftsforschung Tübingen, Schriftenreihe, Bd. 2, Tübingen.

Fondact (2002), Glossary, http://www.fondact.org/1_accueil-en.htm (24.06.2002).

Forschungsinstitut für Ordnungspolitik (1999), Die Flexibilisierung der Arbeitszeit und der Lohngestaltung im Urteil der Bevölkerung – Erste Ergebnisse einer empirischen Studie zur Zukunft der Erwerbsarbeit, Arbeitspapier Nr . 7, Köln.

Frank, U. (2000), Mitarbeiterfonds: Interessanter Baustein für die Vermögensbildung, Frankfurter Allgemeine Zeitung v. 22.5.2000.

Freeman, R.B. (1995), Are Your Wages Set in Beijing?, in: Journal of Economic Perspectives, Bd. 9, Nr. 3, S. 15-32.

Frenkel, R. (1993), Gelächter im Gottesdienst, in: Zeit-Punkte, Nr. 3, S. 83-84.

Fröhlich, T./Reinking, G. (2000), Neuer Optionsplan bei DaimlerChrysler: Manager müssen auf Kursexplosion hoffen. Erst bei Steigerung um 20 Prozent gibt es Geld. Aktionäre kritisieren Einstieg bei Mitsubishi, in: Financial Times Deutschland v. 19.4.2000.

Gaston, N./Nelson, D. (2001), Integration, FDI and Labour Markets: Microeconomic Perspectives, Research Paper 2001/31, Leverhulme Centre for Research on Globalisation and Economic Policy, Nottingham.

Gaugler, E. (1982), Neue Maßstäbe für die Erfolgsbeteiligung der Mitarbeiter, in: Knebel, H./Zander, E. (Hrsg.), Der zweite Lohn – Personalzusatzleistungen, Bonn, S. 128-137.

Gaugler, E. (2002), Die Anfänge der Mitarbeiterbeteiligung im 19. Jahrhundert, in: Wagner, K.-R. (Hrsg.), Mitarbeiterbeteiligung. Visionen für eine Gesellschaft von Teilhabern. Festschrift für Michael Lezius zum 60. Geburtstag, Wiesbaden, S. 17-26.

Genttner, S. (1994), Die staatlichen Förderungsmaßnahmen der investiven Gewinnbeteiligung in den USA, Pfaffenweiler.

Gerlach, K. (1997), Beschäftigungsförderung durch Gewinnbeteiligung?, in: Sadowski, D./ Schneider, M. (Hrsg.), Vorschläge zu einer neuen Lohnpolitik. Optionen für mehr Beschäftigung I, Schriftenreihe der ADIA-Stiftung zur Erforschung neuer Wege für Arbeit und soziales Leben, Bd. 5, Frankfurt am Main und New York, S. 311-329.

Gerlach, K/Hübler, O. (1994), Gewinnbeteiligung in Europa: Empirische Ergebnisse, institutionelle Besonderheiten und mögliche Harmonisierungstendenzen, in: Gahlen, B./ Hesse, H./Ramser, H.J. (Hrsg.), Europäische Integrationsprobleme aus wirtschaftswissenschaftlicher Sicht, Tübingen, S. 365-401.

Gersemann, O./Hoffmann, M,/Losse, B. (2000), Profit, People, Planet, in: Wirtschaftswoche, Nr. 28, S. 22-27.

Gesellschaft für innerbetriebliche Zusammenarbeit GmbH (2002), Aktuelles, http://www.mitarbeiter-beteiligung.de/Aktuelles.htm (22.06.2002).

Geuenich, M. (1998), Beteiligung der Arbeitnehmer am Produktivkapital, in: SPD-Bundestagsfraktion (Hrsg.), Beteiligung am Produktivkapital – Den gesellschaftlichen Wandel gestalten, Fachkonferenz der SPD-Bundestagsfraktion am 24. September 1997, Bonn, S. 9-13.

Giarini, O./Liedtke, P.M. (1998), Wie wir arbeiten werden. Der neue Bericht an den Club of Rome, 3. Aufl., Hamburg.

Gilman, N.P./Katscher, L. (1891), Die Teilung des Geschäftsgewinns zwischen Unternehmern und Angestellten. Ein praktischer Beitrag zur Arbeiter- und Lohnfrage, Leipzig.

Grabka, M. (2000), Einkommensverteilung in Deutschland – Stärkere Umverteilungseffekte in Ostdeutschland, in: DIW-Wochenbericht, Bd. 67, Nr. 19, S. 291-297.

Grossmann, V. (2001), Inequality, Economic Growth, and Technological Change. New Aspects in an Old Debate, Heidelberg und New York.

Grüske, K.-D. (1985), Personale Verteilung und Effizienz der Umverteilung – Analyse und Synthese, Reihe Abhandlungen zu den Wirtschaftlichen Staatswissenschaften, Bd. 26, Göttingen.

Grüske, K.-D. (2000), Globalisierung und Vermögensverteilung. Gilt der „U-turn" auch für Deutschland, in: Lüdeke, R./Scherf, W./Steden, W. (Hrsg.), Wirtschaftswissenschaft im Dienste der Verteilungs-, Geld- und Finanzpolitik, Festschrift für Alois Oberhauser zum 70. Geburtstag, Berlin, S. 101-130.

Guski H.-G./Schneider, H.J. (1983), Betriebliche Vermögensbeteiligung in der Bundesrepublik Deutschland, Teil 2: Ergebnisse, Erfahrungen und Auswirkungen in der Praxis, Köln.

Härtel, H.-H./Jungnickel, R. (1998), Strukturprobleme einer reifen Volkswirtschaft in der Globalisierung: Analyse des sektoralen Strukturwandels in Deutschland, Veröffentlichungen des HWWA Hamburg, Bd. 43, Baden-Baden.

Hagemann, H. (1991), A Kaldorian Saving Function in a Two-sectoral Linear Growth Model, in: Nell, E.J./Semmler, W. (Hrsg.), Nicholas Kaldor and Mainstream Economics. Confrontation or Convergence?, London, S. 449-468.

Hagemann, H. (1993a), Makroökonomische Konsequenzen der deutschen Einigung, in: Hagemann, H. (Hrsg.), Produktivitätswachstum, Verteilungskonflikte und Beschäftigungsniveau, Reihe Probleme der Einheit, Bd. 11, Marburg, S. 11-34.

Hagemann, H. (1993b), On Some Macroeconomic Consequences of German Unification, in: Kurz, H.D. (Hrsg.), United Germany and the New Europe, Aldershot, S. 89-107.

Hagemann, H. (1997), Die gesamtwirtschaftlichen Beschäftigungswirkungen von Lohnsenkungen, in: Sadowski, D./Schneider, M. (Hrsg.), Vorschläge zu einer neuen Lohnpolitik. Optionen für mehr Beschäftigung I, Schriftenreihe der ADIA-Stiftung zur

Erforschung neuer Wege für Arbeit und soziales Leben, Bd. 5, Frankfurt am Main und New York, S. 47-69.

Hagemann, H./Seiter, S. (1993), Structural change, productivity and employment: perspectives from a unified Germany, in: Rima, I.H. (Hrsg.), The Political Economy of Global Restructuring, Bd. 1, Economic Organization and Production, Aldershot u.a., S. 140-158.

Halusa, M. (1999), Michael Dell: Der Erfinder des maßgeschneiderten Computers, in: Die Welt v. 18.8.1999.

Hanesch, W. (2000), Beschäftigungsentwicklung, Niedrigverdienste und Working Poor in den USA, in: Schäfer, K. (Hrsg.), Geringere Löhne – mehr Beschäftigung?: Niedriglohnpolitik, Hamburg, S. 20-43.

Hardes, H.-D./Wickert, H. (2000), Erfolgsabhängige Beteiligungsentgelte in vergleichender europäischer Perspektive: Empirische Befunde und Erklärungsansätze, in: Zeitschrift für Personalforschung, Bd. 14, Nr. 1, S. 52-77.

Harrod, R.F. (1939), An essay in dynamic theory, in: The Economic Journal, Bd. 49, S. 14-33.

Harrod, R.F. (1960), Second essay in dynamic theory, in: The Economic Journal, Bd. 70, S. 277-293.

Hart, R.A./Hübler, O. (1990), Wage, Labour Mobility and Working Time Effects of Profit Sharing, in: Empirica – Austrian Economic Papers, Bd. 17, Nr. 2, S. 115-130.

Hauschild (2000a), Mit einem radikalen Kurswechsel will die IG Metall in der New Economy Boden gewinnen. Zwickels schweres Spiel um die Zukunft, in: Handelsblatt v. 14.4.2000.

Hauschild (2000b), IG-Metall-Chef Klaus Zwickel plant umfassende politische Reform als Antwort auf die New Economy. „Ein großer Wurf für die IG Metall", in: Handelsblatt vom 14.4.2000.

Hauser, R./Becker, I. (1999), Wird unsere Einkommensverteilung immer ungleicher? Einige Forschungsergebnisse, in: Döring, D. (Hrsg.), Sozialstaat in der Globalisierung, Frankfurt am Main, S. 89-116.

Hauser, R./Becker, I. (2000), Changes in the Distribution of Pre-Government and Post-Government Income in Germany 1973-1993, in: Hauser, R./Becker, I. (Hrsg.), The Personal Distribution of Income in an International Perspective, Berlin u.a., S. 72-98.

Hauser, R./Wagner, G.G. (2002), Die personelle Einkommensverteilung, in: Zimmermann, K.F. (Hrsg.), Neue Entwicklungen in der Wirtschaftswissenschaft, Heidelberg, S. 371-438.

Hebig, M./Zacharias, E. (1991), Handbuch der betrieblichen Vermögensbildung. Betriebliche und außerbetriebliche Beteiligungsformen aus handelsrechtlicher, steuerrechtlicher und betriebswirtschaftlicher Sicht, München.

Heidhues, F. (1998), Globalisierung, Wachstum und Einkommensverteilung in Entwicklungsländern, in: Hesse, H./Welzel, P. (Hrsg.), Wirtschaftspolitik zwischen gesellschaftlichen Ansprüchen und ökonomischen Grenzen, Festschrift für Reinhard Blum zum 65. Geburtstag, Göttingen, S. 393-406.

Hein, E./Krämer, H. (1997), Income Shares and Capital Formation: Patterns of recent developments, in: Journal of Income Distribution, Bd. 7, Nr. 1, S. 5-28.

Hicks, J.R. (1963), The Theory of Wages, 2. Aufl., London.

Höffner, J. (1966a), Sechzig Jahre »Rerum novarum«, in: Schreiber, W./Dreier, W. (Hrsg.), Gesellschaftspolitik aus christlicher Weltverantwortung. Joseph Höffner – Reden und Aufsätze, Jahrbuch des Instituts für christliche Sozialwissenschaften der westfälischen Wilhelms-Universität Münster, Sonderband, Münster, S. 183-192.

Höffner, J. (1966b), Gedanken zur Partnerschaft in der neuen Sozialenzyklika »Mater et Magistra«, in: Schreiber, W./Dreier, W. (Hrsg.), Gesellschaftspolitik aus christlicher Weltverantwortung. Joseph Höffner – Reden und Aufsätze, Jahrbuch des Instituts für christliche Sozialwissenschaften der westfälischen Wilhelms-Universität Münster, Sonderband, Münster, S. 443-447.

Hofmann, H./Holzner, C. (2002), Mitarbeiterkapitalbeteiligung – Ein internationaler Vergleich, in: ifo Schnelldienst, Bd. 55, Nr. 12, S. 7-13.

Howard, M.C. (1979), Modern theories of income distribution, London u.a.

Hübler, O. (1995), Produktivitätssteigerung durch Mitarbeiterbeteiligung in Partnerschaftsunternehmen?, in: Mitteilungen aus der Arbeitsmarkt- und Berufsforschung, Bd. 28, Nr. 2, S. 214-222.

IBM Deutschland GmbH (2000), Im weltbesten Regelwerk, in: Fiedler-Winter, R. (Hrsg.), Innovative Mitarbeiterbeteiligung. Der Königsweg für die Wirtschaft. Beispiele aus der Praxis, 2. Aufl., Landsberg/Lech, S. 161-163.

IG Metall (1999), Vermögenswirksame Leistungen/Sparförderung nutzen, Frankfurt am Main.

Inland Revenue (2002a), Employee Share Schemes, http://www.inlandrevenue.gov.uk/stats/emp_share_schemes/ess_b_1.htm (05.06.2002).

Inland Revenue (2002b), Profit-Related Pay Schemes, http://www.inlandrevenue.gov.uk/stats/prp/intro.htm (05.06.2002).

Inland Revenue (2002c), Profit-Related Pay, http://www.inlandrevenue.gov.uk/stats/prp/prp_t02_1.htm (05.06.2002).

Institut der deutschen Wirtschaft (2000a), Zahlen zur wirtschaftlichen Entwicklung der Bundesrepublik Deutschland, Köln.

Institut der deutschen Wirtschaft (2000b), 10 Jahre Währungsunion. Licht und Schatten, in: iwd, Bd. 26, Nr. 25, S. 4-5.

Institut der deutschen Wirtschaft (2001), Deutschland in Zahlen, Köln.

Institut der deutschen Wirtschaft (2002), Deutschland in Zahlen, Köln.

Institut der deutschen Wirtschaft (2003), Deutschland in Zahlen, Köln.

Institut für Arbeitsmarkt- und Berufsforschung (2002), Die Verbreitung von Kapital- und Gewinnbeteiligungsmodellen, Nürnberg.

International Monetary Fund (verschiedene Jahrgänge), Balance of Payments Statistics Yearbook, Washington.

ISA Consult (Hrsg.) (2000a), Einkommen der Zukunft: Vermögenspolitik und Beteiligung der Arbeitnehmer/-innen am Produktivkapital. Neue Elemente zur Gestaltung der Einkommensverteilung und der sozialen Absicherung im 21. Jahrhundert, Hamburg.

ISA Consult (Hrsg.) (2000b), Einkommen der Zukunft: Beteiligung der Arbeitnehmer/innen am Produktivkapital: Neue Elemente der Einkommensgestaltung für das 21. Jahrhundert. Schlußbericht, Hamburg.

ISA Consult (Hrsg.) (2000c), Mitarbeiterbeteiligung als Instrument für Vermögenspolitik und Alterssicherung – Bilanz und Perspektiven. Zweite Fachtagung im Projekt „Einkommen der Zukunft", Berlin.

ISA Consult (Hrsg.) (2000d), Fachtagung „Entwicklungsperspektiven der Mitarbeiterbeteiligung – Europäische Initiativen unter PEPPER II", Brüssel.

Issen, R./Weitershausen, O.F. von (1994), Lohnpolitik im Spannungsfeld von Produktivität und Lohnhöhe – Investive Lohnpolitik als Chance und Gestaltungselement der Sozialpartner, in: Spilker, M. (Hrsg.), Investive Lohnpolitik – Vision für Aufbau und Beschäftigung, Gütersloh, S. 43-56.

Jeck, Albert (1970), Wachstum und Verteilung des Volkseinkommens. Untersuchungen und Materialien zur Entwicklung der Einkommensverteilung in Deutschland 1870-1913, Tübingen.

Jehring, J.J. (1968), Profit Sharing, in: Roberts, B. C. (Hrsg.), Industrial Relations: Contemporary Issues, Selected Papers given at the first World Congress of the International

Industrial Relations Association, Geneva, 4-8 September 1967, London u.a., S. 341-351.

Jenkins, S. (1991), The Measurement of Income Inequality, in: Osberg, L. (Hrsg.), Economic Inequality and Poverty: International Perspectives, London, S. 3-38.

Jerger, J./Michaelis, J. (1995), On the Choice of Adequate Remuneration Systems in Transitional Economies: A Theoretical Approach, in: ifo-Studien, Bd. 41, Nr. 3, S. 305-326.

Jerger, J./Michaelis, J. (1999), Profit Sharing, Capital Formation and the NAIRU, in: Scandinavian Journal of Economics, Bd. 101, Nr. 2, S. 257-275.

Jettmar, R. (1980), Vermögensbildung – eine Standortbestimmung, Volkswirtschaftliche Schriften, Heft 294, Berlin.

Jirjahn, U. (1998), Effizienzwirkungen von Erfolgsbeteiligung und Partizipation. Eine mikroökonomische Analyse, Frankfurt am Main.

Johannes XXIII. (1963), Über die jüngsten Entwicklungen des gesellschaftlichen Lebens und seine Gestaltung im Licht der christlichen Lehre, Enzyklika „Mater et magistra" vom 15.5.1961, in: Binkowski, J. (Hrsg.), Die sozialen Enzykliken, Villingen, S. 91-150.

Johnson, H.G. (1973), The Theory of Income Distribution, London.

Jones, D.C./Kato, T./Pliskin, J. (1994), Profit Sharing and Gainsharing: A Review of Theory, Incidence and Effects, Annandale-on-Hudson.

Jones, D.C./Pliskin, J. (1989), British Evidence on The Employment Effects of Profit Sharing, in: Industrial Relations, Bd. 28, Nr. 2, S. 276-298.

Jones, D.C./Svejnar, J. (1985), Participation, Profit Sharing, Worker Ownership and Efficiency in Italian Producer Cooperatives, in: Economica, Bd. 52, S. 449-465.

Kagermann, H. (2000), Redetext auf der außerordentlichen Hauptversammlung der SAP AG am 18. Januar 2000 in Mannheim.

Kaldor, N. (1959), Economic Growth and the Problem of Inflation, in: Economica, Bd. 26, S. 212-226.

Kaldor, N. (1966), Marginal Productivity and the Macro-Economic Theories of Distribution, in: Review of Economic Studies, Bd. 33, S. 309-319.

Kaldor, N. (1976), Alternative Verteilungstheorien, Deutsche Übersetzung des Originalbeitrags, in: Schlicht, E. (Hrsg.), Einführung in die Verteilungstheorie, Reinbek, S. 101-128.

Kalmbach, P. (1993), Transformation in eine Marktwirtschaft mit Hilfe eines reichen Onkels. Zwei Jahre Währungs-, Wirtschafts- und Sozialunion, in: Hagemann, H. (Hrsg.), Produktivitätswachstum, Verteilungskonflikte und Beschäftigungsniveau, Reihe Probleme der Einheit, Bd. 11, Marburg, S. 35-68.

Kalmbach, P. (1995), Die Entwicklung der Lohnquote und die Entwicklung der Einkommensverteilung, in: Hamburger Jahrbuch für Wirtschafts- und Gesellschaftspolitik, Bd. 40, S. 273-289.

Kantzenbach, E. (1998), Globalisierung, Beschäftigung und Verteilung, in: Galler, H.P./ Wagner, G. (Hrsg.), Empirische Forschung und wirtschaftspolitische Beratung, Festschrift für Hans-Jürgen Krupp zum 65. Geburtstag, Frankfurt am Main und New York, S. 345-359.

Keynes, J.M. (1983), Vom Gelde (A Treatise on Money), ins Deutsche übersetzt von Carl Krämer unter Mitwirkung von Louise Krämer, 3. Aufl., unveränderter Nachdruck der 1931 erschienenen ersten Auflage, Berlin.

Kirchenamt der Evangelischen Kirche in Deutschland/Sekretariat der Deutschen Bischofskonferenz (2000), Für eine Zukunft in Solidarität und Gerechtigkeit, Wort des Rates der Evangelischen Kirche in Deutschland und der Deutschen Bischofskonferenz zur wirtschaftlichen und sozialen Lage in Deutschland, Hannover und Bonn.

Kleinhenz, G./Kühlewind, G. (2000), Arbeitsmarkt, Soziale Sicherung und Vermögensbildung: Ein grundlegender Zusammenhang für die Zukunftsfähigkeit des deutschen Ordnungsmodells der Sozialen Marktwirtschaft, in: Lüdeke, R./Scherf, W./Steden, W. (Hrsg.), Wirtschaftswissenschaft im Dienste der Verteilungs-, Geld- und Finanzpolitik, Festschrift für Alois Oberhauser zum 70. Geburtstag, Berlin, S. 293-310.

Klöckner, K. (1998), Fünftes Vermögensbildungsgesetz: Änderungen durch das Dritte Vermögensbeteiligungsgesetz, in: Der Betrieb, Bd. 51, Nr. 33, S. 1631-1632.

Kommission der Europäischen Gemeinschaften (1991), Soziales Europa. Der Pepper-Bericht. Die Förderung der Gewinn- und Betriebsergebnisbeteiligung der Arbeitnehmer in den Mitgliedstaaten der Europäischen Gemeinschaft, Neufassung 1991, Luxemburg u.a.

Kommission der Europäischen Gemeinschaften (1996), Bericht der Kommission: Pepper II. Die Förderung der Gewinn- und Betriebsergebnisbeteiligung (einschließlich Kapitalbeteiligung) der Arbeitnehmer in den Mitgliedsstaaten, Brüssel.

Krämer, H. (1996), Bowley's Law, Technischer Fortschritt und Einkommensverteilung. Eine methodische, empirische und theoretische Untersuchung der langfristigen funktionalen Einkommensverteilung, Marburg.

Kraft, K. (1992), Profit-Sharing and Employment, in: Jahrbuch für Sozialwissenschaft, Bd. 43, S. 349-363.

Kramarsch, M.H. (2000), Aktienbasierte Managementvergütung, Stuttgart.

Krelle, W. (1962), Verteilungstheorie, Wiesbaden.

Krelle, W./Schunck, J./Siebke, J. (1968a), Überbetriebliche Ertragsbeteiligung der Arbeitnehmer. Mit einer Untersuchung über die Vermögensstruktur der Bundesrepublik Deutschland, Bd. 1, Tübingen.

Krelle, W./Schunck, J./Siebke, J. (1968b), Überbetriebliche Ertragsbeteiligung der Arbeitnehmer. Mit einer Untersuchung über die Vermögensstruktur der Bundesrepublik Deutschland, Bd. 2, Tübingen.

Krelle, W. u.a. (1969), Ein Prognosesystem für die wirtschaftliche Entwicklung der Bundesrepublik Deutschland, Meisenheim am Glan.

Kromphardt, J. (1966), Kapitalbildung in Arbeitnehmerhand und Einkommensverteilung im Gleichgewicht, in: Zeitschrift für die gesamte Staatswissenschaft, Bd. 122, S. 247-257.

Krugman, P.R. (2000), Technology, trade and factor prices, in: Journal of International Economics, Bd. 50, S. 51-71.

Krupp, H.-J. (1967), „Personelle" und „funktionelle" Einkommensverteilung, in: Jahrbücher für Nationalökonomie und Statistik, Bd. 180, S. 1-35.

Kruse, D.L. (1991a), Profit Sharing in the 1980s: Disguised Wages or a Fundamentally Different Form of Compensation?, in: Groshen, E./Eberts, R. (Hrsg.), Structural Changes in US Labor Markets: Causes and Consequences, New York, S. 67-99.

Kruse, D.L. (1991b), Profit-Sharing and Employment Variability: Microeconomic Evidence on the Weitzman Theory, in: Industrial and Labor Relations Review, Bd. 44, Nr. 3, S. 437-453.

Kruse, D.L. (1993), Profit Sharing. Does It Make A Difference?, Kalamazoo.

Kühlewind, G. (1993), Der Investivlohn im Lichte volkswirtschaftlicher Kreislaufzusammenhänge, in: Kirchenamt der Evangelischen Kirche in Deutschland/Sekretariat der Deutschen Bischofskonferenz (Hrsg.), Beteiligung am Produktiveigentum, Hannover und Bonn, S. 167-183.

Kühlewind, G. (2000), Vermögensbeteiligung – Drei auf einen Streich, IAB Kurzbericht, Nr. 8, Nürnberg.

Kumbhakar, S.C./Dunbar, A.E. (1993), The elusive ESOP-productivity link. Evidence from U.S. firm-level data, in: Journal of Public Economics, Bd. 52, S. 273-283.

Lampert, H./Althammer, J. (2001), Lehrbuch der Sozialpolitik, 6. Aufl., Berlin u.a.

Landmann, O. (1999), Die Globalisierung: Wachstumsmotor oder Job-Killer?, in: Hamburger Jahrbuch für Wirtschafts- und Gesellschaftspolitik, S. 133-152.

Landmann, O./Pflüger, M. (1998), Verteilung und Außenwirtschaft: Verteilungswirkungen der Globalisierung, in: Gahlen, B./Hesse, H./Ramser, H.J. (Hrsg.), Verteilungsprobleme der Gegenwart: Diagnose und Therapie, Schriftenreihe Wirtschaftswissenschaftliches Seminar Ottobeuren, Bd. 27, Tübingen, S. 127-157.

Langmantel, E. (1998), Investitionsstau löst sich auf, in: ifo Schnelldienst, Bd. 51, Nr. 19, S. 17-20.

Lautenbacher M./Netzler A. (1999), Zukunft sichern: Teilhabegesellschaft durch Vermögensbildung, Hanns Seidel Stiftung, Akademie für Politik und Zeitgeschehen, Reihe Argumente und Materialien zum Zeitgeschehen, Bd. 2, München.

Lawrence, R.Z./Litan, R.E. (1997), Globaphobia: The Wrong Debate Over Trade Policy, Policy Brief, Nr. 24, The Brookings Institution, http://www.brookings.org/printme.wbs?page=/comm/policybriefs/pb24.htm (06.07.2003).

Lawrence, R.Z./Slaughter, M.J. (1993), International Trade and American Wages in the 1980s: Giant Sucking Sound or Small Hiccup, in: Brookings Papers on Economic Activity, Nr. 2, S. 161-226.

Leo XIII. (1963), Über die Arbeiterfrage, Enzyklika „Rerum novarum" v. 15.5.1891, in: Binkowski, J. (Hrsg.), Die sozialen Enzykliken, Villingen, S. 1-35.

Leontief, W. (1982), Werkzeuge, Maschinen, Computer, Roboter. Die Folgen für Arbeitsplätze und Einkommensverteilung, Spektrum der Wissenschaft, Nr. 11, S. 146-156.

Leontief, W. (1983), Technological Advance, Economic Growth, and the Distribution of Income, in: Population and Development Review, Nr. 3, S. 403-410.

Loeffelholz, H.D. von (1998), Förderung der Beteiligung von Arbeitnehmern am Produktivvermögen, in: SPD-Bundestagsfraktion (Hrsg.), Beteiligung am Produktivkapital – Den gesellschaftlichen Wandel gestalten, Fachkonferenz der SPD-Bundestagsfraktion am 24. September 1997, Bonn, S. 22-27.

Loritz, K.-G. (1992), Die Beteiligung der Nichtselbständigen am Produktivvermögen. Die staatliche Förderung sowie steuer-, gesellschafts- und arbeitsrechtliche Aspekte für die Beratungspraxis, Göttingen.

Lubig, J. (1998), Vermögensbildung in Arbeitnehmerhand durch Tariffonds. Eine branchenspezifische Analyse, Europäische Hochschulschriften, Reihe V, Bd. 2321, Frankfurt am Main.

Mahr, H. (2002), Mitarbeiterbeteiligung und Altersvorsorge: Das Partnerschaftsmodell, in: Wagner, K.-R. (Hrsg.), Mitarbeiterbeteiligung. Visionen für eine Gesellschaft von Teilhabern. Festschrift für Michael Lezius zum 60. Geburtstag, Wiesbaden, S. 354-360.

Mann, C.L. (1997), Globalization and Productivity in the United States and Germany, Board of Governors of the Federal Reserve System, International Finance Discussion Papers, Nr. 595, Washington.

Marx, K. (1975), Das Kapital. Kritik der politischen Ökonomie, Band I: Der Produktionsprozeß des Kapitals, Mit einem Geleitwort von Karl Korsch, 6. Aufl., Frankfurt am Main u.a.

Meckl, J./Vosgerau, H.-J. (2001), Globalisierung und internationaler Handel: Verteilungsaspekte, in: Franz, W. u.a. (Hrsg.), Wirtschaftspolitische Herausforderungen an der Jahrhundertwende, Wirtschaftswissenschaftliches Seminar Ottobeuren, Bd. 30, Tübingen, S. 325-344.

Menke-Glückert, P. (1994), Perspektiven durch Investivlohn für Aufbau und Beschäftigung in den neuen Bundesländern, in: Spilker, M. (Hrsg.), Investive Lohnpolitik – Vision für Aufbau und Beschäftigung, Gütersloh, S. 57-69.

Meyer, J.E.L. (1987), Die Absicherung spezifischen Humanvermögens durch Beteiligung der Arbeitnehmer am Produktivvermögen, Spardorf.

Michaelis, J. (1999), Der Weitzman-Plan – was ist geblieben?, in: Wirtschaftswissenschaftliches Studium, Bd. 28, Nr. 5, S. 229-234.

Michaelis, E./Picot, A. (1987), Zur ökonomischen Analyse von Mitarbeiterbeteiligungsrechten, in: FitzRoy, F.R./Kraft, K. (Hrsg.), Mitarbeiter-Beteiligung und Mitbestimmung im Unternehmen, Berlin und New York, S. 83-127.

Michaelis, J./Spermann, A. (1991), Investivlohn, Sozialpakt für den Aufschwung, Gewinnbeteiligung – Lösungen für Ostdeutschland?, in: Wirtschaftsdienst, Nr. 12, S. 614-622.

Mill, J.S. (1848), Principles of Political Economy, Bd. 2, London.

Ministerium für Arbeit, Gesundheit, Familie und Sozialordnung Baden-Württemberg (1990), Beteiligung am Produktivkapital. Kenntnisse über die Änderungen der Förderungsbedingungen und Interessen an Produktivkapitalbeteiligungen. Eine Untersuchung des Instituts für Demoskopie Allensbach, Stuttgart.

Möller, I. (2000), Produktivitätswirkung von Mitarbeiterbeteiligung, in: Mitteilungen aus der Arbeitsmarkt- und Berufsforschung, Bd. 33, Nr. 4, S. 565-582.

Möller, I. (2001), Mitarbeiterbeteiligung – Ein Weg zu höherer Produktivität, IAB Kurzbericht, Nr. 9, Nürnberg.

Mückl, W.J. (2000), Über den Einfluß der Gewinnbeteiligung der Arbeitnehmer auf die Bildung und Verteilung des Vermögens, in: Lüdeke, R./Scherf, W./Steden, W. (Hrsg.), Wirtschaftswissenschaft im Dienste der Verteilungs-, Geld- und Finanzpolitik, Festschrift für Alois Oberhauser zum 70. Geburtstag, Berlin, S. 59-82.

Müller, A. (2000), Aufholprozeß der ostdeutschen Wirtschaft stagniert, in: ifo Schnelldienst, Bd. 53, Nr. 3, S. 9-16.

Müller, G. (1998), Impulse der Wiedervereinigung auf die westdeutsche Wirtschaft, in: Wirtschaftsdienst, Bd. 78, Nr. 6, S. 357-363.

Müller, H. (1986), Mitbestimmung im Aufsichtsrat und Kontrolle der Unternehmenspolitik. Eine empirische Untersuchung zur Handhabung repräsentativer Mitbestimmung in einem Mitarbeiterunternehmen, Europäische Hochschulschriften, Reihe V, Bd. 693, Frankfurt am Main u.a.

Müller, U. (2000), Die vermögens- und verteilungspolitischen Aspekte einer Mitarbeiterbeteiligung, Europäische Hochschulschriften, Reihe V, Bd. 2569, Frankfurt am Main u.a.

Münnich, M. (2000), Einkommens- und Geldvermögensverteilung privater Haushalte in Deutschland – Teil 1. Ergebnis der Einkommens- und Verbrauchsstichprobe 1998, in: Wirtschaft und Statistik, Nr. 9, S. 679-691.

NCEO – The National Center for Employee Ownership (1998), An Overview of ESOPs, Stock Options, and Employee Ownership, http://www.nceo.org/ library/overview.html (16.02.2000).

NCEO – The National Center for Employee Ownership (2001), A Statistical Profile of Employee Ownership, http://www.nceo.org/library/eo_stat.html (13.02.2002).

NCEO – The National Center for Employee Ownership (2002), An Comprehensive Overview of Employee Ownership, www.nceo.org/library/overview.html#espps (16.10.2002).

Nell-Breuning, O. von (1957), Sparen ohne Konsumverzicht, in: Der Volkswirt, Bd. 11, Nr. 37, S. 2051-2053.

Nell-Breuning, O. von, (1960), Eigentum und Verfügungsgewalt in der modernen Gesellschaft, in: Nell-Breuning, O. von (Hrsg.), Wirtschaft und Gesellschaft heute, Bd. 3: Zeitfragen 1955 – 1959, Freiburg, S. 253-339.

Nell-Breuning, O. von (1965), Referat Prof. von Nell-Breuning, in: Nell-Breuning, O. von/ Ortlieb, H.D. (Hrsg.), Vermögensbildung in Arbeitnehmerhand, Frankfurt am Main, S. 4-21.

Nell-Breuning, O. von (1977), Soziallehre der Kirche. Erläuterungen der lehramtlichen Dokumente, Wien.

Neumann, J. u.a. (1874), Ueber Betheiligung der Arbeiter am Unternehmergewinn. Gutachten auf Veranlassung des Vereins für Socialpolitik, Schriften des Vereins für Socialpolitik, Bd. 6, Leipzig.

Nordhaus, W. (1986), Introduction to the Share Economy, in: Journal of comparative Economics, Bd. 10, Nr. 4, S. 416-420.

Nuti, D.M. (1987), Profit-Sharing and Employment: Claims and Overclaims, in: Industrial Relations, Bd. 26, Nr. 1, S. 18-29.

o.V. (1999a), Unternehmen schlagen Zusatzrente vor, in: Frankfurter Allgemeine Zeitung vom 8.1.1999, abgedruckt unter: http://www.agpev.de/ (29.11.2002).

o.V. (1999b), Cash oder Aktie, in: Manager-Magazin, Bd. 29, Nr. 10, S. 306-308.

o.V. (2000a), Aktien statt Gehalt, in: DM – Geld, Wirtschaft, Internet, Nr. 5, S. 12.

o.V. (2000b), Belegschaft fordert Macht, in: Berliner Morgenpost v. 18.2.2000.

o.V. (2000c), DGB: Beschäftigte am Kapital beteiligen, in: Hannoversche Allgemeine Zeitung v. 27.4.2000, S. 1.

o.V. (2000d), Arbeitgeber gesprächsbereit: Stumpfe lobt neuen Kurs der IG Metall, in: Handelsblatt v. 17.4.2000.

o.V. (2000e), „Die Arbeitgeber haben eine Bringschuld". DGB-Chef Schulte: Unternehmen müssen mehr einstellen – Teilzeitoffensive gefordert – WELT-Gespräch, in: Die Welt v. 3.2.2000.

o.V. (2000f), DaimlerChrysler setzt sich ehrgeizige Ziele. Große Pläne in Asien – Ruhige Hauptversammlung – Kritik an Dividendenhöhe und Optionsplan, in: Börsen-Zeitung v. 20.4.2000.

o.V. (2000g), Schröder: Arbeitnehmer stärker beteiligen, in: Frankfurter Allgemeine Zeitung v. 29.03.00, Nr. 75, S. 17.

o.V. (2000h), International Experiences Of Employee Share Ownership And Lessons For South Africa Muncipal Service Partnerships, http://www.dbsa.org/PrivateSector/ppinote5.htm (25.09.2001).

o.V. (2000i), Mitarbeiterprogramm schwächt SAP. Quartalsergebnis deutlich gesunken – Höhere Investitionen ins Internet-Geschäft, in: Die Welt v. 20.4.2000.

o.V. (2001), Größte Freihandelszone der Welt beschlossen, http://www.n-tv.de/2270777.html (12.10.2002).

Oberhauser, A. (1996), Die Bedeutung der Kreislauftheorie der Verteilung für Wirtschaftstheorie und Wirtschaftspolitik, in: Jahrbuch für Nationalökonomie und Statistik, Bd. 215, Nr. 2, S. 129-142.

OECD (1995), Employment Outlook, Paris.

Oppenländer, K.H. (1998), Globalisierung der Märkte: Stellenwert der nationalen Forschungs- und Technologiepolitik, in: Hesse, H./Welzel, P. (Hrsg.), Wirtschaftspolitik zwischen gesellschaftlichen Ansprüchen und ökonomischen Grenzen, Festschrift für Reinhard Blum zum 65. Geburtstag, Göttingen, S. 249-266.

Ortlieb, H.D. (1965), Referat Prof. Dr. H. D. Ortlieb, in: Nell-Breuning, O. von/Ortlieb, H.D. (Hrsg.), Vermögensbildung in Arbeitnehmerhand, Frankfurt am Main, S. 22-35.

Oswalt, W. (1993), Masseneigentum und Freiheit, in: Zeit-Punkte, Nr. 3, S. 77-79.

Ott, M. (2002), Die Aktienprogramme im Lufthansa Konzern, in: Wagner, K.-R. (Hrsg.), Mitarbeiterbeteiligung. Visionen für eine Gesellschaft von Teilhabern. Festschrift für Michael Lezius zum 60. Geburtstag, Wiesbaden, S. 372-380.

Paefgen, T.C. (1992), Betriebliche Vermögensbeteiligung in den USA, in: Recht der internationalen Wirtschaft, Bd. 38, Nr. 6, S. 463-473.

Pasinetti, L.L. (1962), Rate of Profit and Income Distribution in Relation to the Rate of Economic Growth, in: Review of Economic Studies, Bd. 29, S. 267-279.

Pasinetti, L.L. (1976), Der Zusammenhang zwischen Profitrate, Einkommensverteilung und wirtschaftlichem Wachstum, Deutsche Übersetzung des Originalbeitrags, in: Schlicht, E. (Hrsg.), Einführung in die Verteilungstheorie, Hamburg, S. 205-222.

Patinkin, D. (1965), Money, Interest and Prices. An Integration of Monetary and Value Theory, 2. Auflage, New York u.a.

Patzig, W. (1997), Mikroökonomische versus makroökonomische Investitionsfunktion, in: Wirtschaftswissenschaftliches Studium (WiSt), Bd. 26, Nr. 8, S. 432-435.

Peck, M.J. (1986), Is Japan Really a Share Economy?, in: Journal of Comparative Economics, Bd. 10, Nr. 4, S. 427-432.

Perrey, M. (1992), Gewinnbeteiligung als alternatives Entlohnungssystem: Mikroökonomische Fundierung und Analyse der Auswirkungen auf Beschäftigung und Einkommen, Hamburg.

Pinkernell, R. (2001), Bundesfinanzhof klärt Besteuerung von Mitarbeiteraktienoptionen, http://www.pinkernell.de/esop.htm (30.11.2001).

Pius XI. (1963), Über die gesellschaftliche Ordnung, ihre Wiederherstellung und ihre Vollendung nach dem Heilsplan der Frohbotschaft. Zum 40. Jahrestag des Rundschreibens Leo XIII. „Rerum novarum", Enzyklika „Quadragesimo anno" v. 15.5.1931, in: Binkowski, J. (Hrsg.), Die sozialen Enzykliken, Villingen, S. 37-89.

Pol-di.net e.V./politik-digital.de (2001), "Are we family?!" – Umfang und Formen der Mitarbeiter-Mitbestimmung in der New Economy, Berlin.

Poutsma, E. (1999), Recent Developments in Financial Participation within the European Union, Nijmegen, http://cog.kent.edu/lib/Poutsma.htm (25.09.2001).

Preiser, E. (1981), Erkenntniswert und Grenzen der Grenzproduktivitätstheorie, in: Klanberg, F./Krupp, H.-J. (Hrsg.), Einkommensverteilung, Königstein im Taunus, S. 53-73 (ursprünglich 1953 in der Schweizerischen Zeitung für Volkswirtschaft und Statistik (Bd. 89) erschienen).

Priewe, J. (1997a), Investivlöhne in Ostdeutschland – kein Königsweg, aber hilfreich, in: Wirtschaftsdienst, Nr. 9, S. 530-532.

Priewe, J. (1997b), Wege aus dem ostdeutschen Lohndilemma – Investivlöhne und Vermögenspolitik, in: Wirtschaftsdienst, Nr. 6, S. 332-339.

Priewe, J./Havighorst, F. (1999), Auf dem Weg zur Teilhabergesellschaft? Investivlöhne, Gewinn- und Kapitalbeteiligungen der Arbeitnehmer in Westeuropa und den USA – eine vergleichende Bestandsaufnahme, Reihe Wirtschaftspolitische Diskurse der Friedrich-Ebert-Stiftung, Nr. 123, Bonn.

Proshare (2001a), Background to Employee Share Plans & Employee Share Ownership, http://www.proshare.org/eso/eso.asp (31.10.2001).

Proshare (2001b), ProShare's ShareSave Scheme Fact Sheet, http://www.proshare.org/eso/sharesavefacts.asp (31.10.2001).

Proshare (2001c), ProShare's Profit Sharing Scheme Fact Sheet, http://www.proshare.org/eso/profitfacts.asp (31.10.2001).

Proshare (2001d), ProShare's Company Share Option Plan (CSOPs) Fact Sheet, http://www.proshare.org/eso/csopfacts.asp (31.10.2001).

Putzhammer, H. (2000), Stellungnahme im Rahmen des Round-Table-Gesprächs „Visionen und Ideen für ein Bündnis für Arbeit – Mitarbeiterbeteiligung und Alterssicherung in der Diskussion", in: ISA Consult (Hrsg.), Mitarbeiterbeteiligung als Instrument für Vermögenspolitik und Alterssicherung – Bilanz und Perspektiven. Zweite Fachtagung im Projekt „Einkommen der Zukunft", Berlin, S. 67-106.

Ragnitz, J. (2000), Was kostet die Einheit? Zur Bewertung der Transferleistungen für Ostdeutschland, in: Brümmerhoff, D. (Hrsg.), Nutzen und Kosten der Wiedervereinigung, Schriften zur öffentlichen Verwaltung und öffentlichen Wirtschaft, Bd. 167, Baden Baden, S. 15-27.

Reichensperger, P.F. (1847), Die Agrarfrage aus dem Gesichtspunkte der Nationalökonomie, der Politik und des Rechts und in besonderem Hinblicke auf Preußen und die Rheinprovinz, Trier.

Roberts, C.C. (1980), Verteilungstheorie und Verteilungspolitik. Eine problemorientierte Einführung mit einem Kompendium verteilungstheoretischer und -politischer Begriffe, Reihe Problemorientierte Einführungen, Bd. 9, Köln.

Robinson, A./Pérotin, V. (1997), Is profit-sharing the answer?, in: New Economy, Juni 1997, S. 112-116.

Rose, K. (1965), Theorie der Einkommensverteilung, Wiesbaden.

Rose, K./Sauernheimer, K. (1995), Theorie der Außenwirtschaft, 12. Aufl., München.

Rothschild, K.W. (1968), Zur Arithmetik und Interpretation von Lohnquoten, in: Hamburger Jahrbuch für Wirtschafts- und Gesellschaftspolitik, Bd. 13, S. 143-158.

Rothschild, K.W. (1986-87), Is there a Weitzman miracle?, in: Journal of Post Keynesian Economics, Bd. 9, Nr. 2, S. 198-211.

Rothschild, K.W. (1989), Der Weitzmanplan – Darstellung und Kritik, in: Emmerich, K. u.a. (Hrsg.), Einzel- und gesamtwirtschaftliche Aspekte des Lohnes, Beiträge zur Arbeitsmarkt- und Berufsforschung der Bundesanstalt für Arbeit, Bd. 128, Nürnberg, S. 176-188.

Ryscavage, P. (1999), Income inequality in America: an analysis of trends, London.

Sachs, J.D./Shatz, H.J. (1994), Trade and Jobs in U.S. Manufacturing, in: Brookings Papers on Economic Activity, Nr. 1, S. 1-84.

Sachverständigenrat zur Begutachtung der gesamtwirtschaftlichen Entwicklung (1972), Gleicher Rang für den Geldwert, Jahresgutachten 1972/73, Stuttgart und Mainz.

Sachverständigenrat zur Begutachtung der gesamtwirtschaftlichen Entwicklung (1975), Vor dem Aufschwung, Jahresgutachten 1975/76, Stuttgart.

Sachverständigenrat zur Begutachtung der gesamtwirtschaftlichen Entwicklung (1982), Gegen Pessimismus, Jahresgutachten 1982/83, Stuttgart.

Sachverständigenrat zur Begutachtung der gesamtwirtschaftlichen Entwicklung (1990), Auf dem Wege zur wirtschaftlichen Einheit Deutschlands, Jahresgutachten 1990/91, Stuttgart.

Sachverständigenrat zur Begutachtung der gesamtwirtschaftlichen Entwicklung (1998), Vor weitreichenden Entscheidungen, Jahresgutachten 1998/99, Stuttgart.

Sachverständigenrat zur Begutachtung der gesamtwirtschaftlichen Entwicklung (1999), Wirtschaftspolitik unter Reformdruck, Jahresgutachten 1999/2000, Stuttgart.

Sachverständigenrat zur Begutachtung der gesamtwirtschaftlichen Entwicklung (2000), Chancen auf einen höheren Wachstumspfad, Jahresgutachten 2000/01, Stuttgart.

Sachverständigenrat zur Begutachtung der gesamtwirtschaftlichen Entwicklung (2001), Für Stetigkeit – Gegen Aktionismus, Jahresgutachten 2001/02, Stuttgart.

Sachverständigenrat zur Begutachtung der gesamtwirtschaftlichen Entwicklung (2002), Zwanzig Punkte für Beschäftigung und Wachstum, Jahresgutachten 2002/03, Stuttgart.

Samuelson, P.A./Modigliani, F. (1966), The Pasinetti Paradox in Neoclassical and More General Models, in: Review of Economic Studies, Bd. 33, S. 269-298.

Schäfer, C./Rürup, B. (1998), Der Investivlohn – Förderung der Arbeitnehmer-Vermögensbildung? Möglichkeiten, Grenzen, Transformationen –, Gutachten im Auftrag der Enquête-Kommission „Zukunft der Erwerbsarbeit“ des Landtags von Nordrhein-Westfalen, Darmstadt und Düsseldorf.

Schares, C. (1994), Can Profit- or Capital-Sharing Reduce Structural Unemployment?, in: Konjunkturpolitik, Bd. 40, Nr. 3-4, S. 237-278.

Schares, C. (1995), Mehr Arbeitsplätze durch Gewinn- oder Kapitalbeteiligung von Arbeitnehmern?, in: Beihefte zur Konjunkturpolitik, Nr. 43, Wege aus der Arbeitslosigkeit, Tagungsband zur Jahresversammlung der Arbeitsgemeinschaft deutscher wirtschaftswissenschaftlicher Forschungsinstitute e.V. im Mai 1995 in Bonn, Berlin, S. 245-274.

Scharping, R. (1998), Vermögenspolitik als Element für die Teilhabe-Gesellschaft, in: SPD-Bundestagsfraktion (Hrsg.), Beteiligung am Produktivkapital – Den gesellschaftlichen Wandel gestalten, Fachkonferenz der SPD-Bundestagsfraktion am 24. September 1997, Bonn, S. 4-8.

Schebitz, J. (1972), Wirkungen von Investivlohn und Ertragsbeteiligung auf Preisniveau, Beschäftigung und Investitionen, Marburg.

Schmitt-Rink , G. (1978), Verteilungstheorie, Tübingen und Düsseldorf.

Schneider, H. (1998), Wirtschafts- und sozialpolitische Herausforderungen der NICs durch die Globalisierung, in: Eschenburg, R./Dabrowski, M. (Hrsg.), Konsequenzen der Globalisierung: ökonomische Perspektiven für Lateinamerika und Europa, Münster, S. 265-287.

Schöb, R. (2000), Steuerreform und Gewinnbeteiligung: neue Wege aus der Beschäftigungskrise, Reihe Beiträge zur Finanzwissenschaft, Bd. 9, Tübingen.

Schöb, R. (2001), Durch „staatliche Gewinnbeteiligung“ zu mehr Beschäftigung, in: ifo Schnelldienst, Bd. 54, Nr. 21, S. 11-17.

Schreiber, W. (1959), Investieren, Sparen, Wirtschaftswachstum und Eigentumsbildung, in: Jahrbuch für Nationalökonomie und Statistik, Bd. 171, S. 251-261.

Schröder, G. (2000), Mitarbeiterbeteiligung als ein Weg zur Teilhabegesellschaft, in: Gewerkschaftliche Monatshefte, Nr. 6, S. 321–327.

Schüler, K. (1984), Einkommensverteilung nach Haushaltsgruppen. Ergebnisse der Volkswirtschaftlichen Gesamtrechnungen 1962 bis 1983, in: Wirtschaft und Statistik, Nr. 7, S. 561-575.

Schultz, R. (1987), Gewinn- und Kapitalbeteiligung der Arbeitnehmer (Vermögensbildung), München.

Schutz, P. (1993), Die Beteiligung der Arbeitnehmer am Produktivkapital und deren staatliche Förderung in der Bundesrepublik Deutschland, Frankreich und Großbritannien, Bonn.

Seiter, S. (1993), Konsequenzen eines steigenden Produktivitätsniveaus für die Beschäftigung in Ostdeutschland, in: Hagemann, H. (Hrsg.), Produktivitätswachstum, Verteilungskonflikte und Beschäftigungsniveau, Reihe Probleme der Einheit, Bd. 11, Marburg, S. 193-221.

Sen, A.K. (1975), Ökonomische Ungleichheit, Frankfurt am Main und New York.

Shapiro, M. (1986), Capital and Saving in a Share Economy, in: Journal of Comparative Economics, Bd. 10, Nr. 4, S. 444-447.

Siebke, J. (1995), Verteilung, in: Bender, D. u.a. (Hrsg.), Vahlens Kompendium der Wirtschaftstheorie und Wirtschaftspolitik, Bd. 1, 6. Aufl., München, S. 387-419.

Siegler, A. (1979), Der Beteiligungsgedanke im 19. und frühen 20. Jahrhundert und seine Beurteilung durch die organisierte Arbeitnehmerschaft. Parallelen zur Entwicklung der Gegenwart?, in: Die Betriebswirtschaft, Bd. 39, Nr. 1b, S. 143-153.

Sievert, O. (1994), Für Investivlöhne: Plädoyer für ein vernachlässigtes Konzept, in: Spilker, M. (Hrsg.), Investive Lohnpolitik – Vision für Aufbau und Beschäftigung, Gütersloh, S. 9-21.

Sinn, G./Sinn, H.W. (1991), Kaltstart: volkswirtschaftliche Aspekte der deutschen Vereinigung, Tübingen.

Sinn, H.-W. (1995), Schlingerkurs: Lohnpolitik und Investitionsförderung in den neuen Bundesländern, in: Gutmann, G. (Hrsg.), Die Wettbewerbsfähigkeit der ostdeutschen Wirtschaft: Ausgangslage, Handlungserfordernisse, Perspektiven, Schriften des Vereins für Socialpolitik, Bd. 239 N.F., Berlin, S. 23-60.

Sinn, H.-W. (1997), Kapitalbeteiligung und Lohndifferenzierung: ein Vorschlag zur Lösung der Beschäftigungskrise, in: Mitteilungen aus der Arbeitsmarkt- und Berufsforschung, Bd. 30, S. 822-827.

Sinn, H.-W. (1998), Vermögensbildung aus Sicht der Wissenschaft, in: Lautenbacher, M./ Netzler, A. (Hrsg.), Zukunft sichern: Teilhabegesellschaft durch Vermögensbildung, Hanns Seidel Stiftung, Akademie für Politik und Zeitgeschehen, Reihe Argumente und Materialien zum Zeitgeschehen, Bd. 2, München.

Sinn, H.-W. (2000), Zehn Jahre deutsche Wiedervereinigung – Ein Kommentar zur Lage der neuen Länder, in: ifo Schnelldienst, Bd. 53, Nr. 26-27, S. 10-22.

SPD (1973), Leitsätze zur Beteiligung der Arbeitnehmer am wachsenden Produktivvermögen, in: Institut für Städtebau, Wohnungswirtschaft und Bausparwesen e.V. (Arnold-Knoblauch-Institut) (Hrsg.) (1977), Materialien zur Vermögensbildung in Arbeitnehmerhand. Thesen, Pläne, Gesetze. Vierte Folge: 1973 bis 1977, Bonn, S. 10-17.

Statistisches Bundesamt (2003a), Arbeitslosenquote Neue Länder und Berlin-Ost, http://www.destatis.de/indicators/d/arb230ad.htm (15.07.2003).

Statistisches Bundesamt (2003b), Arbeitslosenquote Deutschland, http://www.destatis.de/indicators/d/arb210ad.htm (15.07.2003).

Stein, G. (2000), Lohnender Clinch, in: Focus-Money, Nr. 20, S. 152-154.

Steinle, R. (1985), Die Beteiligung der Mitarbeiter am arbeitgebenden Unternehmen. Eine finanzwirtschaftliche Wirkungsanalyse, Betriebswirtschaftliches Forschungszentrum für Fragen der mittelständischen Wirtschaft e.V. an der Universität Bayreuth, Reihe Betriebswirtschaftliche Forschungsergebnisse, Bd. 4, Frankfurt am Main u.a.

Stercken, V./Lahr, R. (1992), Erfolgsbeteiligung und Vermögensbildung der Arbeitnehmer bei Krupp. Von 1811 bis 1945, Beiheft 71 der Zeitschrift für Unternehmensgeschichte, Stuttgart.

Stobbe, A. (1962), Untersuchungen zur makroökonomischen Theorie der Einkommensverteilung, Kieler Studien, Forschungsberichte des Instituts für Weltwirtschaft an der Universität Kiel, Bd. 59, Tübingen.

Stolper, W.F./Samuelson, P.A. (1958), Protection and Real Wages, in: The American Economic Association (Hrsg.), Readings in the Theory of International Trade, Blackiston Series of Republished Articles on Economics, Bd. 4, London, S. 333-357, Wiederabdruck der Originalveröffentlichung (Review of Economic Studies (1941), Bd. 9, S. 58-73).

Suntum, U. van (1997), Löhne, Wechselkurse und Beschäftigung – Zur Aussagekraft von Lohnstückkosten und realen Wechselkursen als Beurteilungsmaßstab für die nationale Lohnpolitik, in: Zeitschrift für Wirtschaftspolitik, Bd. 46, Nr. 1, S. 23-50.

The Gallup Organization (2001), Pressemeldung: Nur 16 Prozent der Arbeitnehmer in Deutschland sind engagiert am Arbeitsplatz – Der gesamtwirtschaftliche Schaden dadurch beläuft sich auf 436,4 bis 442,9 Milliarden Mark im Jahr, Wiesbaden und Berlin.

Thünen, J.H. von (1930), Der isolierte Staat in Beziehung auf Landwirtschaft und Nationalökonomie, 2 Bd., 3. Aufl., Neudruck nach der Ausgabe letzter Hand (2. bzw. 1. Auflage 1842 bzw. 1850), Jena.

Tinbergen, J. (1978), Einkommensverteilung. Auf dem Weg zu einer neuen Einkommensgerechtigkeit, Wiesbaden.

Tofaute, H. (1998), Arbeitnehmerbeteiligung am Produktivkapital. Fortschreibung einer unendlichen Geschichte, in: WSI Mitteilungen, Bd. 51, Nr. 6, S. 371-381.

Totomianz, B. (1927), Die Stellungnahme der Arbeiter gegenüber der Gewinnbeteiligung und dem Copartnership-System, in: Schmollers Jahrbuch für Gesetzgebung, Verwaltung und Volkswirtschaft im Deutschen Reiche, Bd. 51, S. 561-574.

Trabold, H. (1997), Globalisierung: Falle oder Wohlstandsquelle?, in: DIW Wochenbericht, Bd. 64, Nr. 23, S. 413-419.

Trautwein, H.-M. (1986), Arbeitnehmerfonds in Schweden – der dritte Weg? Entwicklung und Kritik eines aktuellen Modells zur Demokratisierung der Wirtschaft, Europäische Hochschulschriften, Reihe V, Bd. 706, Frankfurt am Main u.a.

Vanberg, V. (1998), Globalisierung, Wettbewerb und Protektionismus. Eine ordnungsökonomische Analyse, in: Eschenburg, R./Dabrowski, M. (Hrsg.), Konsequenzen der Globalisierung: ökonomische Perspektiven für Lateinamerika und Europa, Münster, S. 1-19.

Vanek, J. (1965), Workers´ Profit Participation, Unemployment and the Keynesian Equilibrium, in: Weltwirtschaftliches Archiv, Bd. 94, S. 206-214.

Vaubel, R. (1989), Möglichkeiten einer erfolgreichen Beschäftigungspolitik, in: Scherf, H. (Hrsg.), Beschäftigungsprobleme hochentwickelter Volkswirtschaften, Berlin, S. 17-35.

Vogler-Ludwig, K. (1990), Verdeckte Arbeitslosigkeit in der DDR, in: ifo-Schnelldienst, Bd. 43, Nr. 24, S. 3-10.

Vollmer, L. (1976), Die Entwicklung partnerschaftlicher Unternehmensverfassungen, Schriften zum Wirtschafts-, Handels-, Industrierecht, Bd. 16, Köln u.a.

Wadhwani, S. (1988), Profit-Sharing as a Cure for Unemployment, in: International Journal of Industrial Organization, Bd. 6, S. 59-68.

Wadhwani, S./Wall, M. (1990), The Effects of Profit-Sharing on Employment, Wages, Stock Returns and Productivity: Evidence from UK Micro-Data, in: The Economic Journal, Bd. 100, S. 1-17.

Wagner, K.R. (1994), Modelle für eine betriebliche und tarifvertragliche Investivlohnpolitik, in: Spilker, M. (Hrsg.), Investive Lohnpolitik – Vision für Aufbau und Beschäftigung, Gütersloh, S. 23-42.

Waizenegger , D. (2000), Mitarbeiterbeteiligung und Pensionsfonds – Was lehrt das amerikanische Modell? Employee Ownership and Pension Funds – What can we learn from the American Model?, in: ISA Consult GmbH (Hrsg.), Fachtagung „Entwicklungsperspektiven der Mitarbeiterbeteiligung – Europäische Initiativen unter PEPPER II", Hannover, S. 149-162.

Weidenfeld, U. (2000), Mitarbeiterbeteiligung schlägt Betriebsrat. Die neuen Unternehmen lassen Traditionen hinter sich. Arbeitnehmer werden Miteigentümer, in: Financial Times Deutschland v. 22.5.2000.

Weitzman, Martin L. (1987), Das Beteiligungsmodell: Vollbeschäftigung durch flexible Löhne (The share economy), Frankfurt am Main und New York.

Welter, P. (2000), Der Shareholder Value ist kein vorrangiges Ziel, in: Handelsblatt v. 17.3.2000.

Werner, J. (1979), Verteilungspolitik, Stuttgart und New York.

Willgerodt, H. (1967), Vermögen und Arbeitsangebot, in: Wirtschaftspolitische Chronik, Bd. 16, Nr. 2/3, S. 267-297.

Willgerodt, H./ Bartel, K./Schillert, U. (1971), Vermögen für alle. Probleme der Bildung, Verteilung und Werterhaltung des Vermögens in der Marktwirtschaft. Eine Studie der Ludwig-Erhard-Stiftung, Schriftenreihe der Ludwig-Erhard-Stiftung, Bd. 2, Düsseldorf und Wien.

Winter, S. (2000), Den „Workholder Value" fest im Blick. Volkswagen ist der Vorreiter bei Aktienoptionen für die Mitarbeiter, Handelsblatt v. 28.3.2000, Nr. 41, S. 53.

Winterstein, H. (1961), Der Investivlohn in der Bundesrepublik Deutschland, Nürnberger Abhandlungen zu den Wirtschafts- und Sozialwissenschaften, Heft 16, Berlin.

Wolf, E./Zwick, T. (2002), Produktivitätswirkung von Mitarbeiterbeteiligung: Der Einfluss von unbeobachteter Heterogenität, in: Mitteilungen aus der Arbeitsmarkt- und Berufsforschung, Bd. 35, Nr. 1, S. 123-132.

Wolf, M. (2002), Bedeutung und Zukunft der Mitarbeiterbeteiligung, in: Wagner, K.-R. (Hrsg.), Mitarbeiterbeteiligung. Visionen für eine Gesellschaft von Teilhabern. Festschrift für Michael Lezius zum 60. Geburtstag, Wiesbaden, S. 165-169.

Woll (1993), Allgemeine Volkswirtschaftslehre, 11. Aufl., München.

Wood, A. (1995), How Trade Hurt Unskilled Workers, in: Journal of Economic Perspectives, Bd. 9, Nr. 3, S. 57-80.

Zwiedineck-Südenhorst, O. von (1924), Neuere Literatur über Gewinnbeteiligung, in: Jahrbücher für Nationalökonomie und Statistik, Bd. 122, III. Folge Bd. 67, S. 97-105.

HOHENHEIMER VOLKSWIRTSCHAFTLICHE SCHRIFTEN

Band 1 Walter Deffaa: Anonymisierte Befragungen mit zufallsverschlüsselten Antworten. Die Randomized-Response-Technik (RRT). Methodische Grundlagen, Modelle und Anwendungen. 1982.

Band 2 Thomas Michael Baum: Staatsverschuldung und Stabilisierungspolitik in der Demokratie. Zur neoinstitutionalistischen Kritik der keynesianischen Fiskalpolitik. 1982.

Band 3 Klaus Schröter: Die wettbewerbspolitische Behandlung der leitungsgebundenen Energiewirtschaft. Dargestellt am Beispiel der Fernwärmewirtschaft der Bundesrepublik Deutschland. 1986.

Band 4 Hugo Mann: Theorie und Politik der Steuerreform in der Demokratie. 1987.

Band 5 Max Christoph Wewel: Intervallarithmetische Dependenzanalyse in der Ökonometrie. Ein konjekturaler Ansatz. 1987.

Band 6 Heinrich Pascher: Die U.S.-amerikanische Deregulation Policy im Luftverkehrs- und Bankenbereich. 1987.

Band 7 Harald Lob: Die Entwicklung der französischen Wettbewerbspolitik bis zur Verordnung Nr. 86-1243 vom 01. Dezember 1986. Eine exemplarische Untersuchung der Erfassung der Behinderungsstrategie auf der Grundlage des Konzepts eines wirksamen Wettbewerbs. 1988.

Band 8 Ulrich Kirschner: Die Erfassung der Nachfragemacht von Handelsunternehmen. Eine Analyse der ökonomischen Beurteilungskriterien und der wettbewerbsrechtlichen Instrumente im Bereich der Verhaltenskontrolle.1988.

Band 9 Friedhelm Herb: Marktwirtschaftliche Innovationspolitik. 1988.

Band 10 Claus Schnabel: Zur ökonomischen Analyse der Gewerkschaften in der Bundesrepublik Deutschland. Theoretische und empirische Untersuchungen von Mitgliederentwicklung, Verhalten und Einfluß auf wirtschaftliche Größen. 1989.

Band 11 Jan B. Rittaler: Industrial Concentration and the Chicago School of Antitrust Analysis. A Critical Evaluation on the Basis of Effective Competition. 1989.

Band 12 Thomas Märtz: Interessengruppen und Gruppeninteressen in der Demokratie. Zur Theorie des Rent-Seeking. 1990.

Band 13 Andreas Maurer: Statistische Verfahren zur Ermittlung von oligopolistischen Strukturen. 1990.

Band 14 Peter Mendler: Zur ökonomischen und politisch-institutionellen Analyse öffentlicher Kredithilfen. 1992.

Band 15 Heinrich J. Engelke: Die Interpretation der Rundfunkfreiheit des Grundgesetzes: Eine Analyse aus ökonomischer Sicht. 1992.

Band 16 Thomas Fischer: Staat, Recht und Verfassung im Denken von Walter Eucken. Zu den staats- und rechtstheoretischen Grundlagen einer wirtschaftsordnungspolitischen Konzeption. 1993.

Band 17 Stefan Elßer: Innovationswettbewerb. Determinanten und Unternehmensverhalten. 1993.

Band 18 Reinhard Scharff: Regionalpolitik und regionale Entwicklungspotentiale. Eine kritische Analyse. 1993.

Band 19 Karin Beckmann: Probleme der Regionalpolitik im Zuge der Vollendung des Europäischen Binnenmarktes. Eine ökonomische Analyse. 1995.

Band 20 Bernd Nolte: Engpaßfaktoren der Innovation und Innovationsinfrastruktur. Eine theoretische und empirische Analyse für ländliche Wirtschaftsräume in Baden-Württemberg. 1996.

Band 21 Klaus-Rainer Brintzinger: Die Nationalökonomie an den Universitäten Freiburg, Heidelberg und Tübingen 1918 - 1945. Eine institutionenhistorische, vergleichende Studie der wirtschaftswissenschaftlichen Fakultäten und Abteilungen südwestdeutscher Universitäten. 1996.

Band 22 Steffen Binder: Die Idee der Konsumentensouveränität in der Wettbewerbstheorie. Teleokratische vs. nomokratische Auffassung. 1996.

Band 23 Alexander Burger: Deregulierungspotentiale in der Gesetzlichen Rentenversicherung. Reformnotwendigkeiten versus Reformmöglichkeiten. 1996.

Band 24 Burkhard Scherer: Regionale Entwicklungspolitik. Konzeption einer dezentralisierten und integrierten Regionalpolitik. 1997.

Band 25 Frauke Wolf: Lorenzkurvendisparität. Neuere Entwicklungen, Erweiterungen und Anwendungen. 1997.

Band 26 Hans Pitlik: Politische Ökonomie des Föderalismus. Föderative Kompetenzverteilung im Lichte der konstitutionellen Ökonomik. 1997.

Band 27 Stephan Seiter: Der Beitrag Nicholas Kaldors zur Neuen Wachstumstheorie. Eine vergleichende Studie vor dem Hintergrund der Debatte über den Verdoorn-Zusammenhang. 1997.

Band 28 André Schmidt: Ordnungspolitische Perspektiven der europäischen Integration im Spannungsfeld von Wettbewerbs- und Industriepolitik. 1998.

Band 29 Bernd Blessin: Innovations- und Umweltmanagement in kleinen und mittleren Unternehmen. Eine theoretische und empirische Analyse. 1998.

Band 30 Oliver Letzgus: Die Ökonomie internationalen Umweltschutzes. 1999.

Band 31 Claudia Hafner: Systemwettbewerb versus Harmonisierung in Europa. Am Beispiel des Arbeitsmarktes. 1999.

Band 32 Jürgen Kulle: Ökonomie der Musikindustrie. Eine Analyse der körperlichen und unkörperlichen Musikverwertung mit Hilfe von Tonträgern und Netzen. 1998.

Band 33 Michael Ganske: Intertemporale Aspekte von Staatsverschuldung und Außenhandel. 1999.

Band 34 Margit Ströbele: Die Deregulierungswirkungen der europäischen Integration. Das Beispiel der Sondermärkte. 1999.

Band 35 Marion Benesch: Devisenmarktinterventionen in Theorie und Praxis. Eine umfassende Analyse ihrer Zielsetzungen, Wirkungsweisen und wirtschaftspolitischen Bedeutung. 1999.

Band 36 Torsten Gruber: Unterschiedliche geldpolitische Transmissionsmechanismen und Stabilitätskulturen als mögliche Ursachen geldpolitischer Spannungen in der Europäischen Währungsunion. 2000.

Band 37 Bertram Melzig-Thiel: Arbeit in der Informationsgesellschaft. Chancen und Risiken neuer Informations- und Kommunikationstechnologien für die Beschäftigung. 2000.

Band 38 Annette Fritz: Die Entsorgungswirtschaft im Spannungsfeld zwischen Abfallpolitik und Kartellrecht. Eine industrieökonomische Branchenstudie. 2001.

Band 39 Harald Strotmann: Arbeitsplatzdynamik in der baden-württembergischen Industrie. Eine Analyse mit amtlichen Betriebspaneldaten. 2002.

Band 40 Dietrich Benner: Qualitätsungewißheit bei Gütern mit Vertrauenseigenschaften. Entwicklung und Anwendung eines entscheidungstheoretisch fundierten Analyserahmens. 2002.

Band 41 Jürgen M. Schechler: Sozialkapital und Netzwerkökonomik. 2002.

Band 42 Kay-Uwe May: Haushaltskonsolidierung durch Ausgabekürzungen. Restriktionen und Strategien. 2002.

Band 43 Peter Kühnl: Der Wechselkurs als Zwischenziel der Geldpolitik im Aufholprozess. Die monetärkeynesianische Entwicklungsstrategie der Berliner Schule vor dem Hintergrund der makroökonomischen Entwicklung ausgewählter Länder Mittel- und Osteuropas. 2003.

Band 44 Steffen Wirth: Nichtparametrische Analyse von Bildungsertragsraten. Neuere Entwicklungen und Anwendungen. 2003.

Band 45 Bernhard Holwegler: Innovation, Diffusion und Beschäftigung. Die ökonomische Theorie der Technologiediffusion und ihr Beitrag zur Erklärung technologischer Arbeitslosigkeit. 2003.

Band 46 Guntram R. M. Hepperle: Zukunftsorientierte Industriepolitik. Möglichkeiten und Grenzen. 2004.

Band 47 Udo Vullhorst: Stabilisierungspolitik bei supranationaler Geldpolitik und nationaler Fiskalpolitik. Eine spieltheoretische Betrachung. 2004.

Band 48 Matthias Rösch: Die Bedeutung von Investivlöhnen und Gewinnbeteiligungen für Einkommensverteilung und Beschäftigung. 2004.

www.peterlang.de

FSC
www.fsc.org
MIX
Papier | Fördert gute Waldnutzung
FSC® C083411

Kolibri 360 GmbH
Ferdinand-Jühlke-Straße 7
99095 Erfurt, Deutschland
produktsicherheit@kolibri360.de

Druck:
CPI Druckdienstleistungen GmbH
im Auftrag der
Kolibri 360 GmbH
Ferdinand-Jühlke-Str. 7
99095 Erfurt